W0243194

Michael Mendizza &
Joseph Chilton Pearce

Neue Kinder, neue Eltern

Michael Mendizza & Joseph Chilton Pearce

Neue Kinder, neue Eltern

Die Kunst spielerischer Elternschaft
und die Intelligenz des Spiels

Aus dem Amerikanischen übersetzt
von Marion Kroh

arbor
Arbor Verlag
Freiamt im Schwarzwald

Für meine Lehrer

Eric, John-Michael, Bonnie,
Joe, David, Ashley und K.

Copyright © 2003 by Michael Mendizza und Joseph Chilton Pearce
Copyright © der deutschen Ausgabe: 2004 Arbor Verlag, Freiamt
Titel der amerikanischen Originalausgabe:
Magical Parent, Magical Child – the Optimum Learning Relationship

1 2 3 4 5 Auflage
04 05 06 07 08 Erscheinungsjahr

Lektorat: Amrei Schwalm
Druck und Bindung: Wilhelm & Adam, Heusenstamm

Dieses Buch wurde auf 100% Altpapier gedruckt und ist alterungsbeständig.
Weitere Informationen über unser Umweltengagement
finden Sie unter www.arbor-verlag,de/umwelt

Alle Rechte vorbehalten
www.arbor-verlag.de

ISBN 3-936855-20-X

Inhalt

Teil 2: Prinzipien für optimales Lernen und Bestleistung

Teil 3: Gespräche zwischen Joseph Chilton Pearce und Michael Mendizza

Vorwort

Von Michael Mendizza

Die Jahre der Kindheit sind bekanntlich ein Entwicklungsprozess, der sich mit einer langen Reise vergleichen lässt. Das ist den meisten Erwachsenen wohl bewusst. Weniger bewusst ist ihnen allerdings, dass auf dieser Reise nicht nur die Kinder von den Erwachsenen lernen, sondern die Erwachsenen auch von den Kindern; dass unsere Vorbild- und Mentorenrolle ebenfalls ein Lern-, Entwicklungs- und Umwandlungsprozess ist, in jeder Hinsicht so anspruchsvoll und nachdrücklich wie ein geistiger Schulungsweg in einem Kloster, ein athletisches Trainingslager oder das Erlernen einer der Selbstverteidigungskünste.

Erwachsene zu verwandeln und auf diese Weise auch die Kindheit – das ist unser erklärtes Ziel, und es lässt sich ohne Zweifel erreichen, wenn die Beziehung zwischen Kindern und Erwachsenen, diese wichtige Schnittstelle, optimiert wird. Wenn Erwachsene durch ihre Vorbild-Mentorenrolle wie auch durch ihre Bereitschaft, von Kindern zu lernen, die kindgleiche Genialität ihres eigenen Wesens wieder entdecken, erweckt dies in ihnen neue Fähigkeiten und fördert neue Möglichkeiten zutage. Eine Beziehung zwischen Erwachsenen und Kindern, die von solch kreativer Kraft und Aufmerksamkeit durchdrungen ist, verändert den Erwachsenen und gewährleistet dem sich entwickelnden Kind eine grundlegend andere Lebens- und Lernumgebung. Ein verwandelter Erwachsener bedeutet ein verwandeltes Umfeld für das Kind, eine verwandelte Kindheit und ein verwandeltes Kind, was wiederum auf den Erwachsenen rückwirkt und den Erwachsenen verändert. Diese spielerische, wechselseitige Dynamik soll im Weiteren als *optimale Lernbeziehung* bezeichnet werden.

Wir bedienen uns dabei der psychologischen Erkenntnisse von Optimumerfahrungen und wenden diese auf unsere Elternrolle an, auf das Leben mit unseren Kindern, deren Schulbildung, auf freiwilliges Training. Sportler kennen einen „Zustand", der sich durch ein „Ich-freies In-den-Augenblick-Vertieftsein" auszeichnet, durch eine von einer Ich-Vorstellung freien, vollständigen Konzentration auf die Gegenwart, auf ein gegenwärtiges Geschehen. Sie nennen ihn *Zone*, Forscher und Profis *Flow* und Kinder *Spiel*. Wir gehen davon aus, dass dieser „Zustand" eines vollständig *konfliktfreien* Verhaltens der natürliche Grundtenor ist, sozusagen der von der Natur vorgegebene Grundzustand für optimales Lernen, optimale Leistung und optimales Wohlbefinden.

Langzeitstudien zeigen, dass Lernen, Leistung und Wohlbefinden „zustandsspezifisch" sind. Zustände sind immer primär. Ein Zustand tritt auf, filtert, was wir tatsächlich lernen, definiert, wie unsere Leistung aussieht und wie es um unser relatives Wohlbefinden oder *Krank*sein bestellt ist, und dies in jedem Augenblick. Der in einem gegebenen Augenblick vorherrschende Zustand einer Beziehung ist der Primärinhalt unserer Erfahrung; er ist das, was gelernt wird (besonders in der Kindheit) und woran wir uns oft ein Leben lang erinnern, egal, was in der Absicht der Erwachsenen lag. Wenn wir unsere Aufmerksamkeit auf den augenblicklichen, wechselseitigen, dynamischen „Zustand" der Erwachsenen-Kind-Beziehung richten anstatt auf unsere üblichen abstrakten Vorstellungen davon, wie ein Kind sich zu verhalten habe und wie nicht, stellt das in unserer Vorgehensweise als Eltern, Lehrer und Mentoren eine ähnlich dramatische Veränderung dar wie die, die sich Anfang des 20. Jahrhunderts abspielte, als die Newton'sche Physik sich den subtilen Variablen der Quantenmechanik, der Relativität, der Chaoswissenschaft und der Komplexität beugte.

Vorbei sind die Zeiten einfacher, vorhersagbarer und kontrollierbarer Ursache-Wirkung-Beziehungen. Veränderliche Systeme wie Sie und ich, das Wetter, unsere Kinder, unser Sozialgefüge, unsere Art zu denken – alles ist weitaus komplexer, als wir es uns je vorgestellt hatten.

Der Versuch, immer komplexere Beziehungen mittels starrer Formeln vorherzusagen und zu kontrollieren, gerät schnell außer Kontrolle. Strukturen, die in der Vergangenheit zu funktionieren schienen, unsere Familien brechen zusammen: unser Schulsystem, unsere Religionen, unsere Gesellschaft. Das vorliegende Buch wendet die kreativen Grundsätze von Komplexität und Chaoswissenschaft auf die dynamischen veränderlichen Systeme an, die wir Eltern, Erziehung und Schule nennen.

Unser Vorschlag ist bemerkenswert einfach. Ob es nun um Lernen geht, um Höchstleistung oder Gesundheit, die Natur geht immer vom Optimum aus. Wenn das Optimum so natürlich ist, warum ist dieser Zustand der Leichtigkeit, Ausgewogenheit und enormen Kreativkraft dann nicht die Regel, sondern die Ausnahme? Schon in frühester Kindheit führen ständig missbilligende Äußerungen der Erwachsenen wie „Nein! Rühr das nicht an! Lass das! Schäm dich!" und dergleichen zu Verteidigungs- und Abwehrreaktionen im Kind. Immer und immer wieder bekommen sie es mit Nachdruck zu hören: „Schäm dich!", und allmählich nimmt es Gestalt an. Ein Bild entsteht – von einem Selbst, das sich verteidigen muss. Dieses Bild wird schnell zur Gewohnheit und für das Kind zur Realität. Mit ihm und der darin implizierten Abwehr ist freilich das wesentliche Merkmal der optimalen Erfahrung – die totale, von einer Ich-Vorstellung freie Konzentration auf ein augenblickliches Geschehen, dieses vollständig „Ich"-freie In-den-Augenblick-Vertieftsein – verloren, und nicht selten für immer.

Erwachsene, die sich in einem Zustand des Optimums befinden, bieten Kindern eine völlig anders geartete Modellumgebung als die auf Autorität und Drohung, Bestrafung und Belohnung beruhende. Weil es sich nicht verteidigen muss, kann das Kind mit seiner selbstlosen ungeteilten Aufmerksamkeit und Energie am Ort des Geschehens bleiben, kann sie voll und ganz darauf richten, den Augenblick – das momentane Geschehen – wahrzunehmen, sich damit zu beschäftigen und daraus zu lernen, nicht oberflächlich, sondern das Wesentliche erfassend. Die Kräfte und Fähigkeiten, die üblicherweise in die „Selbst"-Verteidigung einfließen würden, werden in optimales Lernen, optimale Leistung und optimales Wohlbefinden umgewandelt, ganz wie es die Natur eigentlich vorsieht.

Wir sind der Überzeugung, dass die Beziehung zwischen Erwachsenen und Kindern die wichtigste aller Beziehungen ist. Alles, was sich an dieser „Schnittstelle" abspielt, oft noch bevor das Kind zu sprechen gelernt hat, ist entscheidend für seine persönliche Zukunft und für die Zukunft der Menschheit. Die Optimierung dieser Beziehung ist *der* stärkste Katalysator für persönliche, gesellschaftliche und globale Veränderung.

Der erste Teil des vorliegenden Buches beschäftigt sich ausführlich mit diesem neuen Paradigma; der zweite Teil bietet sieben von Chaoswissenschaft und Komplexität inspirierte Prinzipien, mit deren Hilfe optimale Lernbeziehungen jederzeit und überall gepflegt und bewahrt werden können. Der letzte Teil des Buches lässt den Leser an drei sehr persönlichen, die Thematik vertiefenden Gesprächen teilhaben. Ergänzend zum eigentlichen Text finden sich außerdem Zitate aus Josephs wichtigsten Büchern *Crack in the Cosmic Egg, The Magical Child/Die magische Welt des Kindes, Magical Child Matures/Die magische Welt des Kindes und der Aufbruch der Jugend, Bond of Power/Die heilende Kraft, Evolution's End/Der nächste Schritt der Menschheit* sowie *The Biology of Transcendence/Biologie der Transzendenz.*

Die grundlegenden Anschauungen dieses neuen Paradigmas wurden in den erwähnten früheren Veröffentlichungen bereits vorgestellt. Für all jene, die den Autor kennen, ist sein neues Buch wie ein Konzentrat, das die Essenz seines lebenslangen, leidenschaftlichen Interesses wie auch seiner Erkenntnisse enthält. Meiner Meinung nach ist es niemand anderem so wie ihm gelungen, derart viele unterschiedliche Facetten der menschlichen Entwicklung gleichzeitig zu betrachten und zu einem Ganzen zusammenzufügen, und es ist unser Wunsch, dass Leser, die ihn eben erst entdecken, durch die hier präsentierten Höhepunkte seiner Arbeit Geschmack auch an seinen früheren Publikationen finden werden.

MICHAEL MENDIZZA

Vorwort

Von Joseph Chilton Pearce

Seit dem Erscheinen von *Magical Child (Die magische Welt des Kindes)* vor 25 Jahren haben neue wissenschaftliche Erkenntnisse zu einer beachtlichen Erweiterung unseres Wissens über die kindlichen Entwicklungsvorgänge beigetragen. In dem vorliegenden Buch haben wir einerseits die Erstveröffentlichung aktualisiert und andererseits all jene darin angesprochenen Inhalte zusammengefasst, die für das Wohlergehen von Kindern *und Eltern* wichtig sind.

Eltern und Kinder sind nachweislich Spiegel füreinander; der eine beeinflusst das Wohlbefinden des anderen. Die geistige Verfassung der Eltern sowie die Gefühlsbindung zwischen Eltern und Kindern sind dabei weitaus wichtiger als Lebensstil oder Markenkleidung. Ein Kind, das sich behütet, umsorgt und vor den Unbillen einer gewalttätigen oder feindseligen Welt „da draußen" beschützt fühlt, wird zu einem intelligenten, zufriedenen Erwachsenen heranwachsen, der fähig ist, sich den Anforderungen der Welt zu stellen, und ganz nebenbei auch die Eltern glücklich macht.

Es gibt Eltern, die der Ansicht sind, dass die Welt da draußen ein Dschungel ist und dass sie ihr Kind zu einem harten Kerl heranziehen müssen, der sich durchsetzen und überleben kann. Neuere Ergebnisse aus der Gehirnforschung zeigen, warum diese Vorstellung nicht brauchbar ist und weder dem Kind noch den Erwachsenen noch der Gesellschaft nützt. Die besten Voraussetzungen, um in einem Dschungel überleben zu können, sind Intelligenz, Ausgeglichenheit, Selbstbewusstsein, Einfallsreichtum und die Fähigkeit, glücklich zu sein. Mit solchen Eigenschaften ausgestattet findet man „da draußen", egal wo man sich aufhält, auch keinen feindlichen Dschungel vor, sondern eher eine Art Spielplatz.

Spielen ist für Kinder der Königsweg zu Intelligenz, kreativem Denken und Freude. Ein Kind, das spielen kann, wird Zeit seines Lebens von dieser Fähigkeit profitieren. Erwachsene jammern oft, dass Kinder immer nur spielen wollen, aber genau diese Eigenschaft, die Fähigkeit, staunen zu können, und die Freude am Lernen, ist natürlicherweise in uns angelegt, und eigentlich sollten wir sie uns auch als „reife" Erwachsene bewahren. Wenn aus dem Kind ein Erwachsener wird, sind es genau diese „kindgleichen" Eigenschaften, welche die Elternrolle zu einer der intensivsten Lernerfahrungen machen, die man sich vorstellen kann.

Der evolutionäre Prozess strebt nach höherer Intelligenz, und völlig altersunabhängig ist Spiel der Schlüssel zu dieser Intelligenz, zu ihrer Entwicklung und all ihren Spielarten. Der natürliche Hang zum Spiel macht das Leben für alle glücklicher und gewinnbringender. Nicht spielen zu können widerspricht der Natur und führt früher oder später zu Gewalt.

Ganz offensichtlich brauchen Kinder Grenzen und fühlen sich innerhalb bekannter Einschränkungen durchaus wohl, sofern diese gerecht und nicht willkürlich sind. Grenzen zeigen Kindern, dass sie wichtig sind, dass man auf sie schaut und sich um sie kümmert. Aber Grenzen sind auch Fesseln. Kleine Kinder haben den natürlichen Drang, sich mit den Gegenständen und Geschehnissen in ihrer Umwelt auseinanderzusetzen. Ihre Intelligenz ist von dem Forschungsdrang abhängig, der sie dazu antreibt, ihre Welt zu erkunden, über sie zu lernen, und das bedeutet, sie zu schmecken, zu berühren, zu riechen, zu fühlen, mit ihr zu sprechen, ihr zuzuhören, mit ihr in Interaktion zu treten. „Für Kinder verboten", „Für Kinder unzugänglich aufbewahren" läuft der natürlichen Entwicklung von Intelligenz entgegen. Fernsehen kann die Interaktion mit der wirklichen Welt nicht ersetzen, denn es kann nicht geschmeckt werden, nicht berührt, gefühlt oder gerochen werden, und man kann auch nicht damit reden.

Das Wort „Disziplin“ bedeutet soviel wie „freudiges Nachfolgen“. Ein Kind möchte das Richtige tun und den Eltern und der Familie nicht missfallen. Kinder lernen, indem sie spielend ihre Welt erforschen und dem Modell, das die Eltern ihnen vorgeben, folgen. Sie wachsen und gedeihen, wenn sie Zustimmung und Ermutigung erfahren, ziehen sich zurück und errichten Verteidigungswälle, wenn sie fortwährend kritisiert und korrigiert werden. „NEIN!“ und „DAS WIRST DU NICHT TUN!“ sind Äußerungen mit verheerender Wirkung, die nur in wirklichen Notfällen Verwendung finden sollten! Die einfachen, leicht verständlichen Ratschläge im zweiten Teil des Buches führen, wenn sie angewendet werden, dazu, dass es fast gar nicht mehr nötig ist, ständig „Nein!“ auszurufen und die Kinder durch Bestrafung und Belohnung gefügig zu machen.

Das Gehirn ist auf Lernen spezialisiert, aber niemand kann lernen und sich gleichzeitig verteidigen, auch Kinder nicht. Wenn man damit beschäftigt ist, sich selbst zu verteidigen, sind Aufmerksamkeit und Energie geteilt. Um diese lebendige Welt erkunden und verstehen zu können, braucht ein Kind Geborgenheit und Sicherheit; es muss sich von eben dieser Welt akzeptiert und gemocht fühlen. Die erste Welt, die das Kind kennenlernt, sind die Eltern. Ein Kind, das sich der Liebe und Zuneigung der Eltern nicht sicher ist, wird in seiner Entwicklung zurückbleiben.

Wirkliches Lernen geschieht spielerisch und ohne jede Anstrengung. Lernen aufgrund von Angst ist nicht wirkliches Lernen, sondern Konditionierung und ein Keim für Gewalt. Kinder spielen und lernen, wenn sie einen Ort der Geborgenheit vorfinden, an dem sie spielen und lernen können. Eltern, die ihren Kindern diese Sicherheit zu geben verstehen, entdecken dadurch ihren eigenen Ort der Geborgenheit wieder, der nichts anderes ist als Liebe und Akzeptanz. Die Erfahrung einer liebevollen, akzeptierenden Umgebung wirkt sich positiv auf die gesamte Körperchemie und damit auf die Gesundheit aus, im Gegensatz zu einer

Umgebung, in der man ständig auf der Hut ist und bereit, sich jederzeit zu verteidigen. Ein sicherer Hort, ein Ort der Geborgenheit wirkt sich positiv auf die Gesundheit aus; Gefühle der Angst und des Zurückgewiesenwerdens machen krank.

Mit Kindern zu wachsen ist für die Eltern ein Quell steten Lernens. Ein fünfjähriges Mädchen erklärte ihrem Vater, Kinder würden geboren, um ihren Eltern zu helfen, mit dem Herzen zu denken, damit alles gut wird, weil sie sonst immer nur mit dem Kopf denken, und dann ist das Leben schwer. Fünfjährige können recht intuitiv sein. (Intuition ist die Fähigkeit, den Sinnen nicht präsente Informationen wahrzunehmen. Wenn Eltern positiv auf die Intuition des Kindes reagieren, wird diese Fähigkeit im Allgemeinen gestärkt und nimmt zu.)

Mit Kindern zu wachsen ist eine Herausforderung und ein Abenteuer. Die Evolution hat keineswegs vorgesehen, dass wir uns mit unseren Kindern bekriegen oder dass Kinder den Eltern Kummer verursachen. Es liegt vielmehr in der Natur der Beziehung, dass wir unsere Kinder lieben und ihnen erlauben, uns zu lieben. Liebe und Zuneigung *sind* diese Geborgenheit, dieser sichere Hort, an dem sowohl Kinder als auch Eltern spielen und spielend lernen können, wo Lernen ganz natürlich stattfindet. Eltern können Liebe zwar nicht „beibringen", aber zum Ausdruck bringen, und als Erwiderung darauf wird der natürliche Zustand des Kindes zur Entfaltung kommen. Eltern, die als Kinder selbst keine Liebe erfahren haben, können wenig Liebe geben, aber wenn sie sich auf das Kind einstellen, wird ihnen der natürliche Zustand des Kindes zeigen, wie sie Liebe erwidern können.

Die wirkliche Natur unserer Kinder lässt sich entdecken, wenn wir sie beobachten und in ihnen lesen wie in einem Buch. Diese Entdeckung ist eine Lektion für die Eltern und ein Geschenk für die Kinder, denn im Allgemeinen beobachten Eltern ihre Kinder nicht, um herauszufinden, mit wem sie es zu tun haben, wer ihr Kind ist oder in welchem Zustand es sich befindet, sondern ob es sich „richtig" verhält oder nicht.

Aus Prinzip Einfluss auf das Verhalten von Kindern zu

nehmen, ihr Verhalten zu modifizieren, ist Willkür, zeugt von Voreingenommenheit und ist restriktiv. Kinder spüren, dass sie beurteilt werden, und gehen in die Defensive. So ist die Kraft der Aufmerksamkeit im Kind geteilt – ein Teil ist auf die beurteilenden Eltern und die eigene Verteidigung gerichtet, der andere Teil auf das, was es eigentlich zu erforschen und zu lernen gäbe. Dadurch entsteht ein Bruch, eine Spaltung, ein Riss in der Kraft der Aufmerksamkeit, der volle Konzentration unmöglich macht und dem natürlichen Lernprozess schadet.

Eltern können nicht gleichzeitig liebende Zuneigung empfinden und Kritik üben. Und Kinder können nicht lernen, wenn sie dabei ständig kritisiert werden. Liebe und Zuneigung bringen natürliches Lernen zuwege; kritisierendes Beurteilen Konditionierung. Der Unterschied zwischen diesen beiden ist der Unterschied zwischen einer glücklichen Kindheitserfahrung und einer unglücklichen – für beide, Eltern und Kinder. Ein glückliches Kind ist ein aufgeweckteres Kind und wird ein weiserer Erwachsener. Die folgenden Ratschläge dienen zur Entdeckung und Anwendung der optimalen Lernbeziehung, auf die Eltern und Kinder ein Anrecht haben. Ich wünsche allen, dass die Arbeit daran zu einer beglückenden Reise wird.

JOSEPH CHILTON PEARCE

Teil I

Die Intelligenz des Spiels

Einleitung

Wirkliche Jediritter spielen

Athleten, Kampfsportler, Musiker, Tänzer – kurz, Menschen, deren Leben von Höchstleistungen geprägt ist, beschreiben einen verwandelten, magisch anmutenden Zustand, in dem außerordentliche Leistungen möglich, ja sogar leicht sind. Sie nennen ihn die *Zone.* In der Zone erreichen sie ihre persönliche Bestform wie von selbst. Leistungen, die an Wunder grenzen, sind in der Zone normal und natürlich. Forscher nennen diesen optimalen Leistungszustand „Flow", Kinder nennen ihn *Spiel.*

Spitzensportler wissen, dass ihre persönliche gute oder schlechte Tagesverfassung für das Ergebnis in einem Endkampf ausschlaggebend sein kann. Über Jahrhunderte hinweg waren fernöstliche Meister, Zenbogenschützen, Yogis, Samurais und viele andere auf der Suche nach der Zone. Der „Krieg der Sterne"- Mythos füllt eine weit, weit, sehr weit entfernte Galaxie vor langer Zeit mit Jedirittern an, die in der Zone agieren. So manche Frau erfährt Schwangerschaft und Geburt als Zonenerfahrung. Sexuelle Intimität kann als transzendierend, als grenzüberschreitend erfahren werden.

Die Zone ist kein fernes mystisches Phantasiereich. Sie pulsiert in jeder unserer Zellen, jetzt und hier. Das Optimum ist einfach, und Wunder sind natürlich, wenn Widerstände gegen Lernen und Leistung reduziert oder beseitigt werden. Wenn das Fließen in der Zone für die Meister des Aikido und für Spitzensportler gut ist, warum dann nicht auch für Sie und mich? Warum nicht auch für unsere Kinder? Stellen Sie sich vor, Sie

Die Zusammenhänge, um die es mir geht, regen vielfältige Reaktionen an, weil sie einigen sehr grundlegenden Fragestellungen zum menschlichen Bewusstsein und unserer Entwicklung als Spezies nachgehen:
• wie unsere Welt- und Selbsterfahrung in dem „Ozean von Neuronen" in unserem Kopf Gestalt annimmt;
• warum es in der Natur unseres Gehirn/Geist-Systems liegt, uns zu einer „Herrschaft über" die physische Welt und sogar weiter, über deren Grenzen hinauszuführen;
• warum wir in unserer Entwicklung scheitern und uns stattdessen als Opfer dieser Welt fühlen, und
• welche einfachen Schritte wir als Einzelne unternehmen können, um unsere natürliche Entwicklung zu vollenden und das Potential zu erreichen, das in uns angelegt ist.

Der nächste Schritt der Menschheit

Das menschliche Gehirn/Geist-System ist dazu angelegt, drastisch anders geartete und weitreichendere Funktionen als jene zu erfüllen, für die wir es gewöhnlich gebrauchen. Eingebaut in unsere Gene ist eine erstaunliche Kreativkraft, die nur darauf wartet, zur Entfaltung zu kommen. Die angeborenen Fähigkeiten unseres Geistes sind schlichtweg wundersam, und wir streben von Geburt an danach, diese Fähigkeit auszudrücken… Um der Intelligenz zur vollen Entwicklung zu verhelfen, müssen wir diesen natürlichen, biologischen Fahrplan anerkennen und in Übereinstimmung damit handeln. Dann werden viele der Probleme, die wir heutzutage mit unseren Kindern erleben, sich gar nicht erst materialisieren, denn sie sind von uns selbst erzeugt, gleichsam hausgemacht, weil wir die natürliche biologische Entwicklung ignorieren. Die Natur selbst hat diese Probleme schon vor Äonen gelöst.

Die magische Welt des Kindes

sind in der Zone, nicht nur ab und zu, in seltenen Momenten, sondern so gut wie immer. Lernen, Leistung, Elternsein, alles geschieht „in der Zone". Stellen Sie sich vor, die Konflikte, die die meisten Eltern-Kind-Beziehungen belasten, werden verringert oder gar beseitigt. Ein Jediritter zu werden könnte leichter sein, als wir „denken". Wir *sind* die „Macht"; warum also sollten wir nicht Gebrauch davon machen und das, was wir über diesen optimalen Zustand wissen, auf die wichtigste aller Beziehungen anwenden, die Beziehung zwischen Kindern und Erwachsenen, jederzeit, jetzt, egal welchen Alters, egal in welchem Bereich.

In der Zone entfalten sich *Optimale Lernbeziehungen* auf natürliche Weise. Verwandelte Eltern erziehen verwandelte Kinder; verwandelte Kinder sind eine Herausforderung für Erwachsene und gleichzeitig eine Ermutigung, die eigene, schöpferische Natur wieder zu entdecken. Das Kind bringt den Erwachsenen dazu, ungeahnte Möglichkeiten zu entdecken, und der Erwachsene modelliert ähnliche Möglichkeiten für das Kind. In der Zone werden Kindererziehung, Kindheit und Lernen zu einem Tanz, zu einer spielerischen, ausgedehnten Erkundung neuer Möglichkeiten. Sie ist der optimale Lern- und Leistungszustand.

Sport ist ein gutes Beispiel für die Zone, aber allgemein gesprochen gilt, dass jede Erfahrung, die uns aus unserem gewöhnlichen Selbstgefühl heraushebt, geeignet ist – ein Spaziergang im Wald, Sandburgen am Strand bauen, tanzen, ein Kind zur Welt bringen, einen Sonnenuntergang erleben, sich lieben. In der Zone geht es nicht um bestimmte Beschäftigungen, sondern allein um unseren Zustand.

In der Zone

Im Jahr 1995 veröffentlichten Michael Murphy, der Mitbegründer des Esalen-Instituts, und die Forscherin Rhea A. White das Buch *In the Zone, Transcendent Experience in Sports.* Es war eine Sammlung von 6500 Quellen und Berichten von Profi- und Amateurathleten; von Beschreibungen ekstatischer Augenblicke wie auch von Augenblicken außerordentlich klaren Wissens, außerkörperlicher Erfahrungen, veränderter Wahrnehmung, außerordentlicher Höchstleistungen und Ausdauer, die nahezu das gesamte Spektrum sportlicher und anderer körperlicher Abenteuer umspannten.

„Sport hat die enorme Kraft, uns über unser gewöhnliches Selbstgefühl hinauszukatapultieren und Fähigkeiten zum Vorschein zu bringen, die im Allgemeinen als wundersam bezeichnet werden... Die großen Seher der meditativen Traditionen haben die Innenwelt tiefer als die meisten von uns erforscht und uns geistige Räume eröffnet, die wir betreten mögen oder auch nicht. Viele Sportler und Abenteurer sind, wenn auch unabsichtlich, durch das Tor des Sports teilweise in diese Bereiche vorgedrungen."

Michael Murphy, Rhea A. White
In the Zone, Transcendent Experience in Sports

Es gibt keine Formel, mit der man in die Zone gelangt. Sie ist nicht auf den Sport beschränkt; es ist keine einmalige Erfahrung und auch keine bestimmte Aktivität. Die Zone ist eine einzigartige Qualität der Beziehung. Nicht die Beschäftigung entscheidet über eine Höchstleistung; es ist unsere Beziehung zu der Beschäftigung, die zählt. In der Zone zu sein bedeutet nichts anderes, als sich in einem optimalen Zustand zu befinden.

„Ein überraschendes Wohlgefühl, ein Gefühl des Friedens, der Ruhe, des Stillseins, des Losgelöstseins; ein Gefühl von Freiheit, Leichtigkeit, Ekstase, Kraft, Kontrolle; im Augenblick sein, ein mystisches Gefühl, Ehrfurcht, ein Gefühl von Einssein, veränderte oder übernatürliche Wahrnehmung, Fließen, eine Optimumerfahrung, authentisches Spielen ... Was diese Menschen beschreiben, ist ein Zustand jenseits ihres normalen Funktionierens, und wenn man die Bedeutung dieser Beschreibungen entschlüsselt, stellt man fest, dass es die unterschiedlichsten Möglichkeiten gibt, um über unsere Normalität hinauszugehen. In the Zone *hat diese unterschiedlichen*

Erfahrungen katalogisiert und die Frage gestellt: ‚Warum geschehen sie?', ‚Wie wurden sie hervorgerufen?' Wenn wir die solche Erfahrungen auslösenden Aktivitätsmuster kennen, können wir sie bewusst herbeiführen und uns in ihnen schulen. Sie stellen eine Art Transformationstechnologie dar, für die unsere Zeit reif zu sein scheint."

Persönliches Interview
MICHAEL MURPHY
Mitbegründer des Esalen-Institutes;
Autor, *In the Zone, Future of the Body*

Johnny Miller, ein Spitzenathlet der Weltrangliste, entdeckte die optimale Lernbeziehung auf dem Golfplatz.

Es geht immer um Bonding, egal in welchem Alter. Eltern, die ein Kind bekommen haben, sind in der glücklichen Lage, sich durch das Bonding mit diesem Kind mit dem undifferenzierten primären Prozess (der angeborenen Intelligenz) zu verbinden. Die Signale unserer Kinder aufgreifen zu lernen und in angemessener Weise darauf zu antworten, heißt auch, zu lernen, auf die primären Vorgänge der eigenen innewohnenden Intelligenz zu achten und ihnen stattzugeben. Ein Kind kann uns unglaublich viel beibringen, wenn wir bereit sind, von ihm zu lernen, genauso wie es in seiner biologischen Entwicklung liegt, unsere Signale aufzufangen und von uns zu lernen.

Die magische Welt des Kindes

„Die stärkste Kraft auf unserer Welt ist die Liebe, und wenn du das, was du tust, mit Liebe tust, hast du die Möglichkeit, dich mit einem reinen Kanal zu verbinden. Du wirst aufgeladen, dein Gehirn ist vollständig wach, auf höchster Stufe einsatzbereit; dein Körper fühlt sich stark, deine Intuition steht auf Abruf, du denkst vollkommen klar, kannst alles geben. 1970 zog ich aus, um die Phoenix Open zu gewinnen. Es war, als spielte ich nur für mich selbst. Ich empfand keinerlei Aufregung, keinen Stress, keine Anspannung. Ich war vollkommen zuversichtlich. Immer wenn ich über dem Ball stand, fühlte ich mich absolut leicht, fast, als könnte ich über dem Boden schweben. Es war ein Gefühl von Vertrauen und Zuversicht, gepaart mit der inneren Gewissheit, alles im Griff zu haben. Ich war in der Lage, meine Energien zu lenken, und hatte das Gelände des Golfplatzes klar vor Augen. Ich konnte auf jede Situation kreativ antworten. Jeder Schlag schien besonders, und ich war bereit, mich darauf einzulassen.

Es machte so viel Spaß, dass ich den nächsten Schlag kaum abwarten konnte. Jeder Schlag wurde zu einem Meisterschlag; ich spielte Golf der Spitzenklasse. Die meisten Golfer sind Zeit ihres Lebens vielleicht für ein, zwei Runden in der Zone. Ich war oft darin, weil ich auf mein Herz hörte. Ich machte immer meine Hausaufgaben, aber ich hörte auch auf das Kind in mir. Ich hörte auf diese innere Stimme."

Persönliches Interview
JOHNNY MILLER
Pacific Golf Association (PGA) Hall of Fame

Stellen Sie sich vor, Ihre Beziehung zu Kindern als Eltern oder Erzieher wird von diesem optimalen Zustand bestimmt. Wenn es auf dem Golfplatz funktioniert, warum sollte es dann nicht auch bei Ihnen und den Kindern, die Sie lieben, funktionieren? Haben wir – oder sie – Geringeres verdient?

Optimale Lernbeziehungen

Optimal bedeutet bestmöglich. Lernen impliziert das Entdecken und Meistern neuer Muster oder Möglichkeiten. Beziehungen sind Verbindungen, bedeuten Interaktion und gegenseitiges Abhängigsein. Eine Optimale Lernbeziehung ist daher *der* für Kinder und Erwachsene wirkungsvollste Prozess, um die persönlichen Grenzen zu überwinden und hinter sich zu lassen, um zu wachsen und miteinander zu lernen. Nur dadurch lassen sich die Beschränkungen, Konflikte und Aggressionen, die wir uns selbst und unseren Kindern Generation um Generation erneut aufbürden, abschwächen und beseitigen.

Optimale Lernbeziehungen öffnen die Tür zu Neuem, Unbekanntem, das nur darauf wartet, entdeckt zu werden. Es gibt keine Autorität, keine festen Regeln. Kind und Erwachsener sind bewegliche Zielobjekte; sie wachsen, lernen und verändern sich mit jedem Tag. Um auf diese dynamische, sich ständig verändernde Beziehung angemessen eingehen zu können, müssen beide Teile zu einfühlsamen Beobachtern werden. Was gestern oder vor einigen Augenblicken angebracht war, mag jetzt, in diesem völlig neuen Augenblick, gänzlich unangebracht sein. Eine solche vollständige Aufmerksamkeit erfordert Disziplin, tiefen Respekt und Zuneigung; man muss sie pflegen und entwickeln.

Perfektion bedient sich aller Zustände des Geistes ... Unser Streben nach Vollkommenheit wagt es, unsere wahre universelle Dimension zu umarmen; wagt es, das göttliche Feuer zu stehlen, furchtlos über Wasser oder Feuer zu schreiten, zu heilen, in Zeiten des Mangels nach Fülle zu verlangen, diesem Wunsch kühn ins Angesicht zu schauen und zu dem zu werden, nach dem wir uns sehnen.

Crack in the Cosmic Egg

Je weiter die Entwicklung des Wahrnehmenden vorangeschritten ist, desto großartiger und lebendiger ist die Wirklichkeit, die er erfährt. Für einen Weisen, einen Seher, einen Künstler oder einen Heiligen ist ein Baum realer als für jemanden mit einem dumpfen Geist ... Unsere gewöhnliche Betrachtungsweise, unsere gewöhnliche Art zu sehen, ist mechanisch und leblos; visionäres Sehen sieht das Universum nicht als erstarrte, tote Materie, sondern als den Stoff, aus dem alles Existierende entsteht, aus dem alles erzeugt wird.

Die heilende Kraft

Der Begriff „Disziplin" wird oft mit Gehorsam in Verbindung gebracht: wir tun, was uns gesagt wird, folgen unseren eigenen Vorgaben oder denen einer äußeren Autorität, passen uns einem Schema an. Für gewöhnlich verstehen wir unter Disziplin zwingende oder aufgezwungene Maßnahmen, welche auf eine Modifizierung des Verhaltens angelegte Belohnungen oder Bestrafungen beinhalten. Das Wort „Disziplin" bedeutet eigentlich „Schulung", (das englische *discipline* und *disciple*, der Schüler, zeigen die Verwandtschaft sehr klar) und bezog sich ursprünglich darauf, ein freudiger, enthusiastischer Schüler zu sein. Wirkliche Disziplin benötigt keine Zwänge, keine äußeren Belohnungen oder Bestrafungen. Der Schüler folgt dem Lehrer freiwillig und mit Freude.

In der Optimalen Lernbeziehung betrachtet nicht nur das Kind den Erwachsenen als Lehrer, dem es folgt, auf den es sich einlässt; ebenso betrachtet der Erwachsene das Kind als Lehrer, auf den er sich einlässt. Jeder folgt dem „Modell" des anderen, und das Verhaltensmodell des einen ist genau das, was der andere für seine Weiterentwicklung zu „entdecken", d.h. zu „lernen" hat. Im Fall des Kindes mögen es motorische Fähigkeiten sein, die es entwickeln muss – laufen, eine Gabel halten, Rollschuhlaufen. Für den Erwachsenen mag das Modell die Neugierde des Kindes sein, dessen Spontaneität oder Verspieltheit. Sie zeigen einander neue Wege, um die bestehenden Beschränkungen spielend überwinden zu können.

Um einem Modell folgen zu können, muss man wissen, dass es existiert. In Optimalen Lernbeziehungen hat der Zustand, in dem man sich innerhalb der Beziehung befindet, Vorrang vor der Information, dem Inhalt, der Aufgabe oder der Herausforderung des Augenblicks. In Bonding-Beziehungen (Beziehungen, in denen die Abfolge biologischer Verbindungen zwischen Mutter und Kind entstehen konnte; s.a. *Der nächste Schritt der Menschheit*, S. 143 u. 151. *Anm. d. Ü.*) wird den ständig wechselnden Zuständen der Beziehung natürlicherweise Aufmerksamkeit geschenkt. Wir können andere nicht wirklich sehen und auf sie eingehen, wenn uns in Wirklichkeit nur unsere eigene Agenda, d.h. unsere eigenen Interessen wichtig sind. Ein Band ehrlicher Zuneigung und Fürsorge ist die unerlässliche Vorbedingung für eine optimale Lernbeziehung.

Lernen bedeutet, neue Muster und Möglichkeiten zu entdecken und zu meistern. Damit etwas Neues entstehen und erblühen kann, bedarf es einer Öffnung und des Einstellens oder zeitweisen Aussetzens alter, bekannter Muster mit ihrer „Agenda". Optimale Lernbeziehungen implizieren einen neuen Umgang mit Wissen und Information, insbesondere mit allem, was wir bisher über unsere Elternrolle und über das Lernen selbst gelernt haben und zu wissen glauben. Persönliche Überzeugungen sind eine starke Kraft, und sie machen Vorgaben: Das ist falsch, das richtig. Die Stärke unserer Überzeugungen macht uns oft blind für das, was tatsächlich vorgeht, für die eigentlichen Anforderungen eines gegebenen Augenblicks. Oft genug verstehen wir gar nicht, welche Erfahrung ein Kind gerade macht, was es ausdrücken will oder braucht, oder wir missverstehen es überhaupt. Wir sehen nur unsere Vorgaben und ob unsere lieben Kleinen unsere Erwartungen erfüllen oder nicht, ob sie unseren Vorstellungen davon, wer sie zu sein haben, entsprechen oder nicht.

Keine einzige Fähigkeit kann sich ohne ein entsprechendes Modell und richtige Nahrung entwickeln … Kinder könnten um ein beliebiges Modell herum Modelle ihrer Universen konstruieren oder nachbilden und in Übereinstimmung mit ihrem Konstrukt agieren. Sie richten sich nach dem Modell, das ihnen gezeigt wird. Was ihnen Grenzen setzt, ist nicht ein innerer Mangel, sondern ein Mangel an äußeren Modellen und Nahrung. Wir gestalten unser Leben nicht nach Theorien oder abstrakten Funktionen, sondern nach lebendigen, sichtbaren, fühlbaren Modellen. Wir erstellen keine Bindung zu universellen Abläufen, sondern zu Personen. Die Kraft der Bindung kann nur durch die Kraft der verbundenen Person zu uns gelangen.

Die heilende Kraft

Hier macht die Optimale Lernbeziehung eine Schwerpunktsverlagerung erforderlich – weg von den Vorgaben der Erwachsenen, die sich auf vorherbestimmte Resultate konzentrieren, hin zum augenblicklichen Standort des Kindes und einer angemessenen Antwort auf die eigentlichen Notwendigkeiten, die sich in diesem Augenblick in der Beziehung ausdrücken. Ganz offensichtlich ist an der Beziehung nicht nur das Kind beteiligt! Optimale Lernbeziehungen beruhen auf Gegenseitigkeit und berücksichtigen die Notwendigkeiten aller Beteiligten, der Eltern wie der Kinder. Jeder entlockt dem anderen das Beste, indem sich beide gemeinsam immer neuen und zunehmend komplexen Herausforderungen stellen.

Der nachfolgenden Generation beratend zur Seite zu stehen ist der höchste Ausdruck menschlicher Liebe und Kreativität. In der optimalen Lernbeziehung erfahren Kinder und Erwachsene die gleiche Situation, aber aus ganz unterschiedlicher Sicht. Das

Kind betrachtet den jetzigen Augenblick vielleicht aus der Sicht des Krabblers, der erste Schritte wagt; der Erwachsene aus der Sicht eines gerade Promovierten. Unsere Kinder zu erziehen ist ein Entwicklungsprozess, der uns in unserer eigenen Entwicklung auf die nächsthöhere Ebene bringt und durch den wir an die Quelle unseres eigenen Wesens gelangen, während unsere Kinder den gleichen Prozess durchlaufen. Die Optimale Lernbeziehung lässt uns erahnen, worum es im nächsten Stadium unserer Entwicklung gehen könnte – um einen Schritt, mit dem wir uns über die jetzigen Beschränkungen erheben.

Um eine Raupe neu entdecken zu können, sie sehen zu können wie beim ersten Mal, muss man wirklich voll und ganz im Augenblick sein. Am Staunen und an der Neugierde von Kindern teilzuhaben gibt uns die Möglichkeit, selbst wieder zu staunen und neugierig auf Dinge zu sein. Das Band der Zuneigung zu einem Kind und seinem nicht vorbelasteten, vorurteilsfreien Zustand bewirkt im Erwachsenen eine starke Veränderung. Er beginnt, das Kind so zu sehen, wie es eigentlich, in diesem Augenblick, ist, und betrachtet es nicht länger durch die Brille fertiger Vorstellungen und Meinungen. Es heißt in der Bibel, dass wir nicht in das Himmelreich gelangen können, es sei denn, dass wir werden wie die Kinder. An dem unvorbelasteten, vorurteilsfreien Zustand eines Kindes und seiner Fähigkeit, staunen zu können, teilzuhaben, öffnet uns diese Pforte noch einmal.

Umwelt/persönliches Umfeld und genetische Veranlagung stehen in einer gekoppelten, komplementären Dynamik. Wie in der Beziehung zwischen Schöpfer und Schöpfung bedingen sie gegenseitig ihr Entstehen in einer Abhängigkeit von unbekanntem Ausmaß. Während der ersten neun bis zwölf Monate nach der Geburt verkörpert die Mutter die einzige Umgebung für das Kind, und während der ersten drei bis vier Lebensjahre ist sie der wichtigste Teil der Umgebung des Kindes.

Biologie der Transzendenz

Zur Entwicklung der Menschheit gehört letztlich eine geistige Höherentwicklung, und die Erziehung unserer Kinder kann in starkem Maß dazu beitragen. Erwachsene, die in der Beziehung zu ihren Kindern, die sie lieben, die Chance für den nächsten Entwicklungsschritt sehen und sich ihm öffnen, indem sie sich ihnen zur Verfügung stellen, verleihen ihrer Elternrolle eine neue Dimension. Sie entdecken, dass die Entwicklung des Menschen, unsere eigene eingeschlossen, unbegrenzt und völlig offen ist. Wir alle, Erwachsene und Kinder, erfahren unsere unendliche Natur stufenweise, wobei die einzelnen Entwicklungsstadien durchaus ihre Grenzen haben. Wachstum, Lernprozesse und Entwicklung auf jeder Stufe bestehen aus nichts anderem als daraus, die Grenzen der jeweiligen Stufe auszuloten und über sie hinauszugehen. Optimale Lernbeziehungen werden so zu einem spielerischen geistigen Entwicklungsprozess für jeden, der bereit ist, Beschränkungen, die er für sich selbst und seine Kinder als gegeben akzeptiert hat, hinter sich zu lassen.

Die in unserer Gesellschaft gängige Herangehensweise ist oft genau umgekehrt. Mit Bestrafung und Belohnung bringen wir Kinder dazu, den gleichen einengenden Mustern zu folgen, die wir akzeptiert haben. Indem wir sie unseren Kindern überstülpen, erklären wir sie für gültig und verbindlich und verweigern ihnen und uns selbst die Unendlichkeit unserer eigentlichen Natur.

Kulturen werden durch ihre spezifischen Anschauungen zusammengehalten. Wie wir uns selbst und unsere Kinder wahrnehmen, wird von diesem kulturellen Modell geprägt. Sich an die kulturellen Beschränkungen anzupassen wird niemals die von der Kultur geschaffenen Probleme überwinden können. Dazu bedarf es einer vollkommen anders gearteten Herangehensweise.

Optimale Lernbeziehungen geben Eltern, Lehrern, Betreuern und Ausbildern die Möglichkeit, eigene Grenzen und die, die wir unseren Kindern stecken, zu erweitern und über das altbekannte, allzu vertraute Bestrafungsmodell hinauszugehen. Optimale Lernbeziehungen befreien Eltern von den Fesseln ihrer Konditionierungen. Erwachsene, die ihren Kindern die Freiheit zugestehen, solche Zwänge nicht übernehmen zu müssen, befreien sich selbst von diesen Fesseln. Kulturell bedingte Muster und Überzeugungen, in denen immer auch ein Aggressivitätspotential schlummert, werden durch eine intelligente, einfühlsame und bewusste Achtsamkeit ersetzt, die spontan und vollkommen natürlich zum Wohl aller handelt.

Optimale Lernbeziehungen laden Erwachsene ein, Hand in Hand mit jedem neuen Leben den nächsten evolutionären Schritt nach vorn zu tun. Die Instrumente dieser optimalen Beziehung sind einfühlsame Achtsamkeit, Zuneigung, die Kunst des Zuhörens und echten Beobachtens, Intuition, spielerische

Intelligenz und (die Fähigkeit zur) Einsicht. In dem Augenblick, wo wir Signale, die unsere Kinder uns geben, zu sehen lernen und annehmen, finden wir auch die richtige Erwiderung darauf und können angemessen antworten. Genaues Hinsehen, wirkliche Betrachtung und Intuition führen unvermeidlich zu neuen Einsichten und diese zu neuen Modellen. Verspielt, immer gut für Unerwartetes und voller Herausforderungen steckend, wird das Kind für den Erwachsenen ebenso zum Lehrer wie umgekehrt der Erwachsene für das Kind, und ihre Beziehung wird zum idealen Klassenzimmer für beide.

Der spielerische Eltern-Kind-Tanz beginnt in jedem Augenblick neu, wo man den Zustand, in dem die Beziehung sich befindet, betrachtet. Vertrauen, Geborgenheit und gegenseitiger Respekt bilden das schützende Umfeld. Als hätten sie genau jetzt eine unglaublich seltene Kostbarkeit erblickt, schenken sie sich gegenseitig Aufmerksamkeit, hören einander zu, betrachten sich gegenseitig mit ehrlichem Interesse und sind empfänglich für die Signale des anderen. In einer solchen Atmosphäre ist kein Platz mehr für die Zwänge eigener, fester Vorstellungen davon, wie der andere zu sein oder nicht zu sein habe. Nicht vorgegebene Ideale und Erwartungen bestimmen die Beziehung, sondern der augenblickliche Seinszustand eines jeden. Die sich ständig verändernde Dynamik der Beziehung wird zum Objekt spielerischer Entdeckung von Neuem, wobei der spielerische Aspekt Lernen bewirkt und Lernen so zum Spiel wird. Aus dem unendlichen Reich unserer Vorstellungskraft zeichnen sich neue Muster und neue, ungeahnte Möglichkeiten ab. Neue Einsichten fließen in die Beziehung ein und verändern sie. Dieser Vorgang wiederholt sich mit jedem Augenblick – spielerisch, unverbraucht, dynamisch –, eine ständige Herausforderung.

Unser Wort ‚Existenz' stammt vom lateinischen ‚existere' ab, was ‚getrennt werden' bedeutet. Ohne Trennung gibt es keine Vielfalt, keine Schöpfung, keine Erfahrung, keine Liebe, keine Sehnsucht und keine anschließende Vereinigung. Was wir im anderen ersehnen, ist die perfekte oder vollkommene Beziehung. Aus der vollkommenen Beziehung entsteht die Einheit, nach der wir suchen, eine Einheit, die nur in uns selbst existiert. Finden wir sie in uns, werden unsere Liebe und Mitgefühl für alles Existierende, das Ausdruck unseres Selbst ist, ins Unermessliche anwachsen.

Der nächste Schritt der Menschheit

Aber klingt das alles nicht einfach nach einer Art Idealvorstellung, die nur in der Phantasie existiert und an der Wirklichkeit des Alltags vorbeigeht? Das denken wir ganz und gar nicht, denn die dynamischen Eigenschaften Optimaler Lernbeziehungen scheinen jene Prinzipien widerzuspiegeln, die der Chaostheorie zugrunde liegen. In ihrem Buch *Seven Life Lessons of Chaos* definieren John

Briggs und F. David Peat die Chaostheorie als die Erforschung der scheinbar willkürlichen Ereignissen zugrunde liegenden Vernetzung. „Im Mittelpunkt der Chaoswissenschaft stehen versteckte Muster, Nuancen, die Reaktionsfähigkeit von Objekten und die ‚Regeln', nach denen Nichtvorhersagbares zu Neuem führt." Dabei kristallisieren sich drei Punkte heraus, die, wenn wir sie auf unser Leben und unsere Beziehungen anwenden, Stress und Konflikte vermindern und die schöpferischen Kräfte in uns zu stärken vermögen, nämlich Kontrolle, Kreativität und Subtilität.

Das Leben ist ungewiss, sagen die Wissenschaftler. Menschen spüren diese Ungewissheit stärker, weil sie aufgrund der außergewöhnlichen Fähigkeiten des Geistes in der Lage sind, sich an frühere Verletzungen zu erinnern und zukünftige zu projizieren. Seit Menschengedenken verwenden wir unsere kreativen und intellektuellen Fähigkeiten darauf, jegliche Ungewissheit auszuschalten, indem wir versuchen, uns selbst und unsere natürliche Umgebung vorhersagbar zu machen und zu kontrollieren.

Die traditionelle Vorstellung von der Elternrolle und auch das, was wir im Allgemeinen unter (Kindes-)Erziehung verstehen, nämlich ein vollständiges Eintauchen und Eingebundensein in das allgemein akzeptierte Moral- und Wertesystem einer jeweiligen Kultur, läuft darauf hinaus, alles „im Griff" zu haben, das Verhalten unserer Kinder vorhersagen und kontrollieren zu können.

Aber die wahre Natur von Kindern – ihre Komplexität, ihre Offenheit für Möglichkeiten – sprengt die Versuche Erwachsener, etwas vorherzusagen, sie zu manipulieren und im Griff zu haben. Früher oder später machen alle Eltern und Erzieher diese für sie meist betrübliche Erfahrung. Aus der Chaoswissenschaft stammt der Vorschlag, die Nichtvorhersagbarkeit, die Bestandteil unserer eigenen Natur wie auch der unserer Kinder ist, zu akzeptieren, anstatt sich ihr zu widersetzen; sie gewissermaßen zu umarmen, zu erforschen, kennenzulernen, in das Spiel mit einzubeziehen und dadurch Neues entstehen zu lassen. Genau das tun Optimale Lernbeziehungen.

Der zweite der oben erwähnten drei Punkte ist die Kreativität, ebenfalls ein dem Chaos zugrunde liegendes Prinzip. Sie blüht und gedeiht in den Sprüngen und Rissen unserer Vorhersag- und Kontrollsysteme. Die Physiker David Bohm und F. David Peat beschreiben „kreative Wahrnehmung" in ihrem Buch *Science, Order and Creativity* als einen extrem klaren Zustand der Wahrnehmung von intensiver Erregung und hoher Energie, welche konventionell akzeptierte, stark übertriebene, starre Wissensstrukturen und Meinungen auflöst. Das kommt der Eigenschaft der Aufmerksamkeit sehr nahe, die Optimale Lernbeziehungen kennzeichnet. Kreativität ist eine der Komponenten der Elternrolle in einer Optimalen Lernbeziehung und kommt zum Tragen, wenn vorgefasste Meinungen oder Auffassungen darüber, wie ein gutes Kind oder gute Eltern zu sein haben, außer Kraft gesetzt werden. Sie ermöglicht etwas völlig Neuem, durch die Ritzen unserer Versuche, die Zukunft vorherzusagen und zu kontrollieren, einzudringen. Vorgefasste Meinungen und Erwartungen außer Kraft zu setzen befreit die Wahrnehmung und ermöglicht es ihr, sich auf subtilere Vorgänge zu richten.

In allen großen, kreativ schaffenden Menschen ist ein Stück kindgleicher Feenhaftigkeit am Leben geblieben. Irgendwie scheint sich ein intakter Faden durch ihre unterschiedlichen Denkmodi zu ziehen, der es ihnen ermöglicht, zu diesem Primärprozess-Denken zurückzukehren, welches eine neue Weltsicht, Verwandlung und den Erkenntnisblitz des ‚Heureka!' hervorbringt, der kreativem Denken entspringt.

Crack in the Cosmic Egg

„Traditionelle Logik und lineares Denken haben ihre Berechtigung, aber die dem Chaos innewohnende Kreativität lässt darauf schließen, dass es mehr bedarf, um das Leben wirklich zu meistern, nämlich eines Sinns für Ästhetik, jenes feine Empfinden dafür, was angebracht ist und was nicht, was wachsen kann und was nicht. Einen Pakt mit dem Chaos einzugehen gibt uns die Möglichkeit, nicht als Kontrolleure an der Evolution teilzuhaben, sondern als kreative Partner... Kontrolle zugunsten eines kreativen Lebens aufzugeben, erfordert Aufmerksamkeit auf die feinen Nuancen und Unregelmäßigkeiten, die um uns herum stattfinden... Die Chaostheorie zeigt uns, dass scheinbar winzige und unbedeutende Ereignisse für den Ausgang einer Sache von entscheidender Bedeutung sein können. Wenn wir auf Feinheiten achten, öffnen wir uns schöpferischen Dimensionen, die uns in die Tiefe führen und das Leben harmonischer machen."

John Briggs, Ph. D., und
F. David Peat, Ph. D.
Seven Life Lessons of Chaos

Je mehr wir durch persönliche Erfahrung lernen, desto mehr *können* wir lernen; je mehr wir uns auf Dinge und Ereignisse einlassen und uns mit ihnen auseinandersetzen, desto mehr sind wir in der Lage, auch mit komplexeren Ereignissen umzugehen. Kann man sich eine komplexere und dynamischere Lernerfahrung und Herausforderung vorstellen als die, die in alle Richtungen offene Intelligenz eines heranwachsenden jungen Menschen zu nähren und sich entwickeln zu lassen? Dieser sich verändernden, sich erweiternden, ständig neue Möglichkeiten sehenden Intelligenz täglich zu begegnen, ist eine unglaubliche Herausforderung, eine außerordentliche Verantwortung und ein großes Privileg. Unser Leben ist nicht mehr das gleiche, wenn wir auf die tatsächlichen Bedürfnisse unserer Kinder, die wir ja lieben, eingehen. Die Entdeckung, dass unser Zustand, unsere Verfassung, ihnen jeden Augenblick neu als Beispiel dient und umgekehrt ihr Zustand die gleiche Wirkung auf uns hat – diese Entdeckung führt dazu, dass wir unserem eigenen Verhalten mehr Beachtung schenken und mehr Bedeutung beimessen. Die einzige Kraft, die in der Lage ist, eine so tiefgreifende Änderung der eigenen Sichtweise zu bewirken, ist die Kraft wahrer Liebe. Unsere eigenen Konditionierungen zu erkennen, sie zu sehen, zuzugeben und diese Beschränkungen nicht an unsere Kinder weiterzugeben, ist ein starker Auslöser für eine tiefgreifende Veränderung in uns selbst. Mit beständiger Zuneigung und natürlichem Vertrauen bringen Kinder Erwachsene spielerisch dazu, sich auf die nächste Stufe ihrer Entwicklung vorzuwagen. Das gleiche sollten wir für unsere Kinder tun und sie in ihrer Entwicklung spielerisch eine Stufe weiter bringen. Dieser magische Vorgang der Optimalen Lernerfahrung hört nicht auf, sondern setzt sich fort und erweitert sich spielerisch, ein Leben lang.

Kultur ist ein Zirkelschluss, eine Sackgasse, ja eine Art spöttischer Tautologie, die sich selbst hervorbringt und nahezu unantastbar ist. Dass wir von der Kultur geformt wurden, die wir erzeugen, macht es uns schwer, zu sehen, dass unsere Kultur transzendiert werden muss; was bedeutet, dass wir uns über unsere Vorstellungen vom Überleben und unsere Überlebenstechniken erheben müssen, wenn wir tatsächlich überleben wollen.

Biologie der Transzendenz

Wer führt wen, und wohin gehen wir eigentlich?

Unser Vorschlag ist ganz einfach. Optimum, oder das Bestmögliche, ist der natürliche Ausgangspunkt für jegliches Wachstum.

Kinder befinden sich zunächst in diesem natürlichen Zustand, aber wohlmeinend, wie wir Erwachsene nun einmal sind, beginnen wir sofort damit, Maßnahmen einzuleiten, die unsere Kinder möglichst in kleine Erwachsene verwandeln sollen und die besonderen Merkmale und Eigenschaften, die Kinder auszeichnen, verfälschen. Noch im Kleinkindalter werden sie mittels Bestrafung und Belohnung aus der Zone vertrieben. Zurück bleiben zufriedene Erwachsene, die der Ansicht sind, dass sie ihre Aufgabe als Eltern, Erzieher und Ausbilder bestens erfüllt haben.

In Optimalen Lernbeziehungen kommen diese besonderen Eigenschaften von Kindern zum Tragen, allen voran ihre sich explosionsartig entwickelnde Auffassungsgabe. Der Erwachsene bewirkt eine Veränderung im Kind, das Kind eine Veränderung im Erwachsenen. Ashley Montagu, Freund und Schriftsteller, dessen Bücher über die Evolution der Menschheit zu Klassikern geworden sind, hat diese *gegenseitige Dynamik* als „jung werden" bezeichnet.

Die Regel lautet: Spiele an der Oberfläche; die Arbeit findet darunter statt… Heranwachsende Intelligenz ist niemals ein bewusster Vorgang: konzeptuelle Veränderungen geschehen immer unterbewusst.

Die magische Welt des Kindes

„In Wirklichkeit weist die Evolution der Spezies Mensch darauf hin, dass sie sich in Körper, Geist und Verhalten auf eine Weise entwickeln müsste, welche die speziellen Eigenschaften von Kindern fördert, anstatt sie zu verkrüppeln, und es wäre besser, wir würden diese Eigenschaften beibehalten, denn ganz sicher war es niemandes Absicht, dass wir zu der Art von Erwachsenen werden, zu denen die meisten von uns geworden sind.

Und was sind nun diese speziellen Merkmale, die Kinder auszeichnen, die so wertvoll sind und die wir verlieren, wenn wir älter werden? Man muss Kinder nur beobachten, um sie sofort zu entdecken. Eines der wichtigsten ist die Neugierde; dann Einfallsreichtum, Verspieltheit, Offenheit, die Bereitschaft, Dinge auszuprobieren; Flexibilität, Humor, Energie, Offenheit für Neues, Aufrichtigkeit, Freude am Lernen, und vielleicht die kostbarste und umfassendste aller Eigenschaften – das Bedürfnis, zu lieben. Alle normalen Kinder zeigen diese Eigenschaften in ganz natürlicher Weise, es sei denn, Erwachsene haben sie korrumpiert. Nie hören sie auf, Fragen zu stellen: „Warum? Was ist das? Was macht man damit? Wie geht das?"

Sie beobachten, und sie hören zu. Sie wollen einfach alles über alles wissen. Mit den einfachsten Spielzeugen können sie sich stundenlang beschäftigen; Stöcken, Steinen und gesichtslosen Gegenständen Persönlichkeit verleihen, Geschichten und Sagen erfinden, die sich über Tage und Wochen erstrecken. Ihre Spiele haben kein Ende. Sie folgen Regeln, die sie manchmal vorher sorgfältig festlegen und manchmal erst während des Spiels erfinden. Veränderungen stellen keine Bedrohung dar und werden gelassen zur Kenntnis genommen. Wenn ihnen etwas auf eine Weise nicht gelingt, versuchen sie es auf eine andere, solange, bis es klappt. Sie lachen – Säuglinge lernen lächeln und lachen, noch ehe sie zu stammeln beginnen –, und Kinder lachen aus purem Überschwang und Glücksgefühl heraus. Sie sind ehrlich und geradeheraus, es sei denn, sie müssen fürchten, für irgendetwas bestraft zu werden. Wie Schwämme saugen sie Informationen in sich auf, jeder Augenblick ist mit Lernen angefüllt. Wie viele Erwachsene bewahren sich diese Eigenschaften bis in ihre mittleren Jahre?...

Meist schon im nachadoleszenten Alter hören sie auf, zu lernen und sich aktiv darum zu bemühen, ihr Wissen um die Welt und ihr Verständnis der Welt, in der sie leben, zu erweitern oder zu vertiefen. Es ist, als dächten sie schon am Ende ihrer Schulausbildung, mit achtzehn oder einundzwanzig Jahren, sie wüssten bereits ausreichend über alles Bescheid, als verstünden sie alles bestens und hätten es nicht mehr nötig, dazuzulernen. Bald beginnen sie, einen Schutzwall um diesen winzigen Wissensausschnitt zu errichten, und wehren dann alle Versuche ab, diesen Wall mit etwas Neuem zu durchdringen, energisch ab...

Alle unsere erzieherischen Maßnahmen hatten (und haben) zum Ziel, aus Kindern möglichst schnell Erwachsene zu machen... Je mehr ihr Verhalten dem der Erwachsenen ähnelt, desto besser... Phantasie, Vorstellungskraft wurde (und wird) missbilligt, sogar gefürchtet; Neugierde verspottet; Verspieltheit und Humor als Mangel an nötigem Ernst getadelt; Offenheit wurde (und wird) als Ketzerei und Ehrlichkeit als Grobheit ausgelegt. Und die kostbarste aller kindlichen Eigenschaften, die Freude am Lernen, wurde (und wird) von Erwachsenen nur unterstützt, solange das Objekt ihrer Einschätzung nach ein ‚korrektes' war (und ist). Alles andere war (und ist) verboten.

Intelligenz ist nicht nur eine Sache des Gehirns und des Nervensystems. Jede einzelne unserer Körperzellen besitzt Intelligenz von wahrhaft überwältigender Komplexität und handelt intelligent. Das Gehirn/Geist-System ist eine wunderbare Anordnung von Intelligenzen, angefangen bei den simplen Lebensformen einer Zelle und dem ältesten Hirn bis hin zu den komplexesten Formen. Jedes menschliche Wesen verfügt über die Muster aller denkenden Formen, die sich über Jahrmilliarden hinweg entwickelt haben.

Die magische Welt des Kindes

Kinder, denen es unter diesen spartanischen Bedingungen nicht gelang, zu wachsen und zu gedeihen, wurden für ihr ‚Versagen' selbst verantwortlich gemacht (wie heutzutage oft an der Therapierung mit Ritalin und Prozac deutlich wird). Nur in wenigen Köpfen begann der Gedanke zu keimen, dass das Problem möglicherweise bei den Erwachsenen liegen könnte, in deren Unvermögen, das kindliche Wesen und seine Welt zu verstehen, und darüber hinaus in einem völligen Unverständnis die menschliche Entwicklung überhaupt betreffend...

Erwachsene sind oft nicht in der Lage, zu sehen, dass die besonderen Eigenschaften von Kindern eigentlich zum Kostbarsten gehören, was die menschliche Spezies an Eigenschaften aufzuweisen hat, und dass sie es wert sind, (lebenslang) gepflegt, entwickelt und geschätzt zu werden; dass Kinder Erwachsenen durch ihren Reichtum an Möglichkeiten weit überlegen sind. In einem sehr realen Sinne wissen Säuglinge und Kinder erheblich mehr über viele Aspekte des Großwerdens als die Erwachsenen; diese haben folglich von den Kindern mehr über diese Dinge zu lernen als die Kinder von den Erwachsenen lernen könnten...

Kinder sind Mittelspersonen; immer, wenn wir es ihnen „erlauben", helfen sie uns, wirklich Mensch zu sein, unser wirkliches Menschsein zu entdecken. Die Beziehung zu unseren Kindern ist wie ein klarer Spiegel, ein klares, helles Licht, in dem wir uns selbst sehen."

ASHLEY MONTAGU
Growing Young, the Genius of Childhood, Recaptured

Intelligenz und das sich entwickelnde Gehirn

Was ist Intelligenz, und wo ist sie?

Der Ratschlag des Königs an Alice im Wunderland lautete, „am Anfang zu beginnen, es zu Ende zu bringen und dann aufzuhören“. In der Tat ein guter Ratschlag. Beginnen wir also mit der Frage: Was ist Intelligenz, und wo findet man sie?

In einem letztlichen Sinn lässt sich Intelligenz nicht definieren, denn jede Definition hat Grenzen; Intelligenz nicht. Man könnte sagen, dass Intelligenz sich im Menschen als ein Streben nach Ganzheit manifestiert, nach Zusammengehörigkeit und Wohlbefinden, nach dem Zusammenspiel von Organismus und Umgebung, denn beide sind nicht voneinander zu trennen. Intelligenz ist für die meisten von uns gleichbedeutend mit Gehirn, Kontrollzentrum, Schaltzentrale. Und tatsächlich ist „da oben“ eine Menge los, mehr sogar, als wir uns vorstellen können. Bei genauerer Betrachtung stellen wir jedoch fest, dass das, was wir als Intelligenz bezeichnen, sich überall im Körper wie auch in der Gesamtheit der Natur manifestiert.

Wenn wir Intelligenz nur im Gehirn ansiedeln oder suchen, erhalten wir einen äußerst kleinen Bildausschnitt. Mindestens 60 % der Zellen, aus denen das menschliche Herz besteht, sind Neuronen – die gleichen Zellen, die wir im Gehirn vorfinden. In jeder lebenden Zelle lassen sich alle grundlegenden Funktionen feststellen, die der menschliche Organismus zum Gedeihen benötigt – Motorik, Nahrungsaufnahme und Verwertung, Aus-

Erinnern wir uns: Die evolutionär älteste Gehirnstruktur, das Reptilien- oder Hinterhirn, versorgt uns mit schnellen Reflexen. Angetrieben von einem auf Überleben und Verteidigung ausgerichteten Urinstinkt ist sie auf rohe Gewalt spezialisiert, reflexartig, nicht reflektierend und auch nicht besonders verhandlungsbereit. Das Vorderhirn mit seinen intellektuellen, verbalen und schöpferischen Möglichkeiten andererseits ist bedachter, es reflektiert und ist ungleich intelligenter und verhandlungsbereiter als unser defensives, reflexhaft-spontanes Hinterhirn.

Biologie der Transzendenz

scheidung, Zeugungsfähigkeit, Aufmerksamkeit und ja, sogar Intelligenz. Das Leben ist ein Hologramm. Jeder Teil, jeder Ausschnitt, enthält ein Muster des Ganzen. Intelligenz durchdringt alles, und wir sind diese Intelligenz. In jedem Augenblick *sind* wir in Berührung mit Licht, Klang, Wärme, Gerüchen, Geschmack, Emotionen, Ideen, Gedanken, Überzeugungen, Traditionen und vielem mehr.

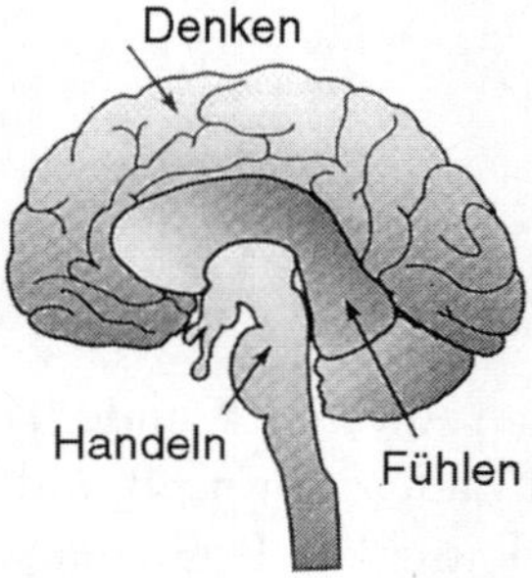

Die Beziehungsmuster, die jeden von uns zu etwas Einzigartigem machen, umfassen ganze Galaxien bestehend aus Kontakten und Verbindungen, die sich innerhalb unserer Körpergrenzen und in einem Universum von Kräften außerhalb befinden. Das, was wir als „Ich" bezeichnen, ist diese unglaublich winzige und unglaublich riesige, sich in alle Richtungen unendlich ausdehnende Galaxie von Beziehungen.

Gehirne, nichts als Gehirne

Es gibt Beziehungen, die uns voranbringen, und solche, die uns blockieren. Um den Wert einer Optimalen Lernbeziehung schätzen zu können, müssen wir verstehen, was es bedeutet, in Beziehung zu stehen, eine Beziehung zu haben. Eine Beziehung bedeutet Berührung, Verbindung, gegenseitige Abhängigkeit. Die Evolution hat komplexe Systeme hervorgebracht, die unsere Begegnungen überwachen, interpretieren und in Handlungen umsetzen. Wir nennen diese Systeme „Gehirn". Wir werden uns mit einigen grundlegenden Theorien über das Gehirn beschäftigen, dürfen dabei aber nicht außer Acht lassen, dass das Gehirn selbst genauso wenig intelligent ist, Intelligenz hervorbringt oder besitzt wie etwa ein Computer. Intelligenz ist ein subtiles Phänomen und sehr viel umfassender als alles, was es hervorbringt.

Das menschliche Gehirn ist Teil des Nervensystems; beide bestehen aus unterschiedlichen Strukturen, die alle an der sich ständig verändernden Beziehung, die wir Leben nennen, ihren Anteil haben. Das Gehirn ist etwas Einzigartiges, denn es hat unter anderem die Fähigkeit, einen Ausschnitt aus *allen* variablen Formen und Energien/Kräften, aus denen die Welt „da draußen" besteht, zu erstellen und eine resonierende Darstellung oder ein *inneres Bild* desselben zu erzeugen. Auf der Grundlage dieses inneren Bildes kann der Organismus dann innerhalb seiner Grenzen agieren.

„Vor über 600 Millionen Jahren, mit dem Auftreten der kaltblütigen Wirbeltiere, entwickelten sich Sinnessysteme, die in der Lage waren, Ausschnitte der äußeren Welt in innere Bilder umzuwandeln. Das Leben von Kaltblütern, die ich als einhirnige Wesen bezeichnen möchte, beschränkt sich auf das Spektrum ihrer Sinnessysteme und auf die Vorstellungskraft des Stamm- oder Reptilienhirns, dessen Primärfunktion die Sicherung des Überlebens durch Nahrungsbeschaffung, Fortpflanzung und Verteidigung ist.
Vor etwa 200 Millionen Jahren begann sich eine zweite Gehirnstruktur zu bilden, die Paul MacLean als limbisches System bezeichnete. Das Stammhirn reagiert auf die äußere Umwelt und erstellt ein Abbild derselben; das zweite oder limbische Gehirn überwacht und erstellt Bilder von physischen Zuständen, jener komplexen inneren Welt dynamischer Stoffwechselvorgänge und Abläufe, die wir Emotionen nennen.
Mit dem Fortschreiten der Evolution entstanden neue, zunehmend dichtere Neuralstrukturen und mit ihnen die Neugierde; keine auf Nahrung oder Überleben bezogene Neugierde, sondern Neugierde um ihrer selbst willen. Noch etwas später bildete sich die Fähigkeit zu abstrakten Bildern – Buchstaben, Worten, Zahlen. Vergleichen, Analogien, Ähnlichkeiten. Diese dritte Gehirnstruktur reflektierte logi-

Das Instrumentarium der Kultur besteht ausnahmslos aus sorgfältig getarnten Drohungen, die sich unserer rasch erlernten Angst vor Schmerz, Schaden oder Verlust und der angeborenen Angst vor einer Trennung oder Entfremdung von Eltern, engen Bezugspersonen oder der Gesellschaft bedienen. Wie sehr wir unsere Absicht auch zu verbergen suchen, für uns selbst und unsere Kinder besteht Kindererziehung und Schulbildung aus: „Du hast das zu tun, oder du wirst die Folgen zu spüren bekommen." Diese Drohung hat sich in jede der Facetten unseres Lebens eingenistet, bestimmt das frühe Töpfchentraining, das Abschlussexamen, mündliche Doktorandenprüfungen, Arbeitszeugnisse, Einkommenssteuer und alles weitere ad infinitum bis hin zu unserem offiziellen Tod. Kultur stellt eine massive Einschränkung, Beengung und Schmälerung wahrer Freude unter dem Deckmantel von Pseudo-Notwendigkeiten dar. In ihrem langen Schatten fristen wir unser Leben.

Biologie der Transzendenz

sche Sequenzen und spielte mit Symbolen, Worten, Farben, Klängen und Formen. Die Kraft der Vorstellung war geboren.
Eidechsen leben in einer eindimensionalen Welt. Ihre Verhaltensmuster sind starr, sie reagieren nur auf den Augenblick. Ihr Erinnerungsvermögen ist armselig. Wesen mit zwei Gehirnstrukturen entwickeln eine enorme Fähigkeit, vergangene Ereignisse zu speichern, abzurufen, sich an sie zu erinnern. Aber die zweite Gehirnstruktur hat nicht die Fähigkeit, sich mit Zukünftigem zu beschäftigen. Diese Erweiterung erfolgt mit der Entwicklung der dritten Gehirnstruktur, die auf der Vergangenheit der zweiten und der Gegenwartsbezogenheit der ersten aufbaut. Sie verleiht dem Leben eine dreidimensionale Perspektive, aus der das innere Bild, die subjektive Erfahrung eines unabhängig existierenden ‚Ich' erwächst."

Persönliches Gespräch
KEITH BUZZELL, M.D.

Unsere Weltanschauung oder Sicht der Welt ist in Wirklichkeit ein kulturell gefärbtes Muster, das unseren Geist gleichsam schicksalshaft von Geburt an formt und prägt. Wenn ein Kind sich konform verhält, sozusagen ein passender Faden im sozialen Netz wird, sagen wir, dass es sich der „Realität anpasst". Das Netz formt uns; es bestimmt, wie wir denken, wie wir betrachten und wahrnehmen, was wir sehen und wahrnehmen. Das Netz ist unser Darstellungsmuster, und unsere Erwiderungen, unser ständiges Reagieren darauf erhält es am Leben. Aber jede Weltsicht ist in einem unbekannten Ausmaß willkürlich, was schwer zu durchschauen ist, weil die Welt, die wir sehen, von unserer Sicht der Welt bestimmt wird.

Crack in the Cosmic Egg

Unsere ältesten Gehirnstrukturen erzeugen und überwachen Bilder (oder resonierende Darstellungen) verschiedener äußerer Energiemuster: Dinge, die wir berühren, sehen, riechen, hören und schmecken. Weitere, innere Sensoren überwachen, wie wir uns mit diesen Begegnungen fühlen, wie sie auf uns wirken. Dazu gehören das Immunsystem, die Erhaltung des hormonellen Gleichgewichts sowie Myriaden anderer Systeme und Prozesse. Ohne Unterbrechung werden im Verlauf eines Tages die durch Milliarden neuer Kontakte gesammelten Informationen von den äußeren und inneren Sinnessystemen aktualisiert. Dieser sich ständig verändernde Informationsfluss wird im Geist-Körper-System in der Form von inneren Bildern oder Gefühlen wie gut, schlecht, glücklich, traurig usw. dargestellt. Antonio Damasio, weltweit einer der anerkanntesten Neurowissenschaftler, beschreibt diese weitreichende Vernetzung von Kontakten und Verbindungen, die in jedem Augenblick neu entsteht, in seinem Buch *The Feeling of What Happens,* einem faszinierenden Werk über das Bewusstsein und die Vorstellung von einem Selbst aus neurobiologischer Sicht. Wir sind selbst diese Kontakte, diese bekannten, unbekannten, immer neuen, immer in Veränderung begriffenen, einem Fluss gleichenden Verbindungen.

„Der Begriff ‚Verbindung' bezieht sich sowohl auf die Verbindung von Dingen und Ereignissen, wie sie sich geschichtlich abgespielt haben könnten, als auch auf deren geistige Bildvorstellung während der Erfahrung selbst, sowie auf die Neuralverbindung zwischen den Gehirnschaltkreisen, die notwendig sind, um Dinge und Ereignisse aufzuzeichnen und diese Aufzeichnungen in expliziten Neuralmustern sich wieder entfalten zu lassen..."

Antonio Damasio, M.D., Ph.D.
The Feeling of What Happens

Die multifunktionalen Fenster unserer Computer sind nichts, verglichen mit der Fähigkeit des Gehirns, gleichzeitig physische, emotionale und symbolische Bilder darzustellen. Während wir schlafen, werden Bilder von Vergangenem, Gegenwärtigem und vielleicht sogar Zukünftigem zu Traumbildern. Unsere bewusste Wahrnehmung, das, was wir Wirklichkeit nennen, ist eine sich fortwährend verändernde Mischung aus mannigfaltigen, zusammenfließenden Informationsflüssen – äußere, innere, vergangene, vorgestellte und intuitive –, die gleichzeitig im Bewusstsein dargestellt werden. Die Entwicklung dieser erstaunlichen Fähigkeit dauerte Jahrmilliarden, und wir halten sie für selbstverständlich – aber das ist ein Teil des Wunders.

Vorstellungsbilder, das Gehirn und sein Betriebssystem

Es gibt nichts Natürlicheres für das Gehirn, als Erfahrungen in Bilder umzusetzen und so Informationen zu vermitteln. Die sofortige Wiedergabe von Erinnerungen erfolgt durch Bilder mit allen dazugehörigen physischen und emotionalen Qualitäten der Originalerfahrung. Eine jetzt erlebte Empfindung vermag Erinnerungen an vergangene Ereignisse auszulösen, die in Form von

Die Störungen, die der Einzelne erfährt, scheinen genau den Störungen der ihn prägenden Kultur zu entsprechen... es bleibt uns gar nichts anderes übrig, als uns mit unseren Konstrukten, die zu erstellen wir nicht umhin können, zu identifizieren. Da wir uns selbst und unsere Weltsicht nach unseren Eltern und deren Kultur modellieren, enden wir – falls diese Modelle gestört sind – mit genau den gleichen Störungen. Wenn wir dann den Versuch unternehmen, diese Störung zu beheben, bedeutet dies, dass unsere gesamte konzeptuelle Struktur umstrukturiert werden müsste, deren Aufrechterhaltung unser natürlicher Haupttrieb ist... Die Initialverzerrung in unserem sich entwickelnden Drang nach Ganzheit und Autonomie, der in der Natur des sich entwickelnden Gehirns liegt, muss von uns zwangsläufig als eine Bedrohung der ersehnten Autonomie interpretiert werden und erfährt ebenso zwangsläufig Widerstand um jeden Preis... Die Störung kann gar nicht anders als sich mit allen Mitteln aufrechtzuerhalten ... Die Kraft, die allein uns aus diesem Schlamassel herausziehen kann, ist die Intelligenz der Einsicht, die durch unser Bewusstsein operiert.

Die heilende Kraft

Bildern aufsteigen. Eine Erinnerung kann plötzlich eine andere ins Bewusstsein rufen. Archetypische Muster, tief in der Struktur unserer Zellen vergraben, können sich in unsere Alltagswirklichkeit einschleichen. Intuition, Telepathie oder tiefe Einsicht tauchen als Bilder auf. Träume werden als Bilder erfahren.

Die Wirklichkeit ist ein sich ständig verändernder Strom von Bildern. Manche besitzen mehr Kraft als andere. Unter den Milliarden von Kontakten, die wir täglich erfahren, sind nur einige wenige so intensiv und bedeutungsvoll, dass unsere Aufmerksamkeit sich voll und ganz darauf richtet. Wenn wir uns mit dem Hammer auf den Daumen schlagen, wird die Empfindung des Schmerzes für einen Augenblick all unsere Aufmerksamkeit beanspruchen; Freude oder Kummer können uns so überwältigen, dass wir die Stechmücke am Ohr nicht einmal bemerken. Eine Geschichte kann uns in die zauberhafte Welt der Phantasie versetzen und die „wirkliche" Welt vorübergehend ausblenden. Vergangene, gegenwärtige und vorgestellte Bilder tragen alle zu dem sich unablässig verändernden Mix bei, den wir „Ich" nennen.

Selbstverteidigung – die Wiege des Selbst

Ich oder nicht ich – das ist die Frage

Leben besteht aus Verbindungen. Unsere Erfahrungen (das Universum) und die diesbezüglichen Gefühle (wer wir sind) erzeugen ein Bild, welches unentwegt sich verändernde Beziehungsmuster widerspiegelt. Im Allgemeinen halten wir uns nicht für ein sich ständig veränderndes Muster von Beziehungen. Wir halten uns für „ich" – Johannes, Heidi, Michael oder Maria. Wir haben die eigenartige Vorstellung akzeptiert, wir hätten eine unveränderliche, d.h. beständige Identität, ein Selbst-Bild. Johannes ist Johannes, ob er nun etwas Gelbes trägt oder etwas Blaues. Maria sieht mit den Jahren ein wenig anders aus und benimmt sich ein wenig anders, aber sie ist dennoch Maria. So *erscheint* es uns zumindest. Michael ist immer da, ob er nun träumt oder wach ist, die Augen offen oder geschlossen sind. Diese spontane Vorstellung, die wir von unserem Selbst haben, ist uns etwas Selbstverständliches, Normales und Notwendiges. Aber wo beginnt Heidi, und wo hört sie auf? Ist sie wirklich immer die Gleiche? Stimmt die Vorstellung, die sie von sich selbst hat, wirklich? Wenn Heidis Vorstellung von sich selbst nur eine Vorstellung ist, warum ist sie dann beleidigt, wenn jemand etwas wenig Schmeichelhaftes zu ihr sagt? Wer ist es, der sich beleidigt fühlt? Haben Vorstellungsbilder Gefühle? Kann man sie beleidigen? Vielleicht sind die Bilder, die wir als unser „Selbst" wahrnehmen, gar nicht so, wie es unserer Vorstellung erscheint.

Unsere Wahrnehmung, d.h. wenn wir etwas bewusst geschmeckt, berührt, gerochen, gehört und gesehen haben, ist das Endprodukt eines äußerst komplexen und weitgehend unbekannten Vorgangs. Ein Vorgang bedeutet immer Ablauf, Bewegung, Aktivität/Handlung, aber nie ein bestimmtes „Ding". Das gilt für unsere Wahrnehmung der äußeren Welt wie auch für die Wahrnehmung unserer eigenen Gedankenprozesse, unseres Wissens und unserer Fähigkeiten.

Die magische Welt des Kindes

Sich einer Gesellschaft zugehörig zu fühlen ist positiv und gründet auf etwas Angenehmem; Enkulturation ist negativ und gründet auf Angst und Furcht. Ersteres eröffnet uns den Zugang zu unseren höheren Intelligenzen und zu kreativem Spiel, letzteres bedient sich unserer Verteidigungsinstinkte.

Biologie der Transzendenz

In dem bereits erwähnten Buch *The Feeling of What Happens* beschreibt Damasio zwei Arten von Selbst, ein sogenanntes „Kernselbst" und ein „autobiographisches Selbst". Als Kernselbst bezeichnet er die neuronalen und hormonellen Körper-Gehirn-Verbindungen sowie alle Systeme und Schaltkreise, die es dem Körper ermöglichen, ein Leben lang mehr oder weniger zuverlässig zu funktionieren. Man könnte es auch als das physische Selbst bezeichnen. Wir erfahren es durch einen unmittelbaren Rückkopplungsprozess, *Propriozeption* genannt. Schließen Sie die Augen und führen Sie einen Arm hinter den Rücken. Während Sie die Bewegung ausführen, wissen Sie in jedem Augenblick, wo sich Ihre Hand in Bezug zum Rest des Körpers befindet. Das gleiche gilt für die Füße, Beine, Kopf, den ganzen Körper. Propriozeption, dieses unmittelbare Spüren des physischen Körpers, seiner Natur und genetischen Geschichte, erzeugt in uns die Erfahrung eines Kernselbst.

Damasio führt aus: „Praktisch die gesamte ‚Maschinerie' hinter dem Kernbewusstsein und das Entstehen des Kernselbst unterliegt stark der Kontrolle durch die Gene." Oder anders ausgedrückt, die Erfahrung unseres Kernselbst hängt direkt mit unserer biologischen Geschichte zusammen. Manche Aspekte des Kernselbst sind eindeutig generationenübergreifend. Haar- und Augenfarbe erben wir von den Eltern. Überempfindliche Reaktionen auf Stress, die wir Allergien nennen, sind oft vererbt. Spuren vergangener Generationen, die bis zum Ursprung des Lebens selbst zurückreichen, drücken sich durch das Kernselbst aus. Alle jene „früheren Leben" und deren Bedeutungsfelder drücken sich als unser augenblickliches Kernselbst aus. Nach Damasios Definition erfahren somit alle lebenden Systeme, unabhängig von ihrer Größe oder Komplexität, eine Art Spezies-spezifisches Kernselbst.

Dass eine Sicherheit erfahrende Mutter eine vollkommen anders geartete Physiologie des kindlichen Gehirns bewirkt als eine in Angst lebende Mutter, zeigt und erweitert den natürlichen Modellimperativ. Für das sich entwickelnde Kind verkörpert sie den Modellimperativ auf jeder Ebene. Ein neues Leben muss sich nach den Modellen richten, die das Leben ihm bietet. Merkmale, Natur und Qualität des Modells bestimmen in ungeahntem Ausmaß Merkmale, Natur und Qualität der neuen, sich manifestierenden Intelligenz. Der Modellimperativ der Natur kennt keine Ausnahme.

Biologie der Transzendenz

Die Entwicklung des autobiographischen oder psychologischen Selbst ist eine andere Geschichte. In dem Maß, wie lebende Systeme komplexer wurden, entwickelten sie ein stärkeres Speicher-/Erinnerungsvermögen für physische, emotionale und symbolische Ereignisse, vielleicht sogar für Erinnerungen oder Ausdrucksformen nicht-materieller Felder, ein Thema, das wir später noch genauer betrachten werden. Die Strukturen, welche die Entwicklung des autobiographischen Gedächtnisses unterstützen, entwickeln sich in Abhängigkeit ererbter biologischer Faktoren, wie dies auch beim Kernselbst der Fall ist. Die Erfahrungen, die den spezifischen Inhalt des autobiographischen Gedächtnisses erzeugen, d.h. die persönlichen Erfahrungen eines Individuums, entstehen in Abhängigkeit von unserem persönlichen Umfeld und werden von ihm reguliert: durch die Familie, das Zuhause, gesellschaftliche und kulturelle Einflüsse. All das geschieht ganz von selbst, vollkommen natürlich. Wir machen eine intensive angenehme oder schmerzliche Erfahrung, und ein Bild dieser Erfahrung wird als Erinnerung gespeichert. Dieser Vorgang wiederholt sich immer und immer wieder; täglich entstehen ganze Muster solch persönlicher Bilder. Wenn wir auf uns „selbst" Bezug nehmen, beschreiben wir meistens Bildvorstellungen in Verbindung mit der Geschichte unseres persönlichen Umfelds.

Was wir als unser „Selbst" bezeichnen, ist also ganz klar nicht eine feste oder beständige Entität. Es ist eher eine Vorstellung, bestehend aus vielen Bildern, von denen manche recht alt sind, manche von den Eltern übernommen, manche das Resultat vorgeburtlicher Erfahrungen, wieder andere Kindheitserfahrungen. Andere Bilder entstehen aus jüngeren Ereignissen, die sich vielleicht erst gestern oder heute Morgen ereignet haben. Was wir als „Selbst" bezeichnen, ist ein Konstrukt all dieser Eindrücke, die sich entweder in einem latenten Zustand befinden oder auf Grund bestimmter Umstände plötzlich aktiv werden können.

Warum identifizieren wir uns mit diesen Bildern? Warum rechtfertigen und verteidigen wir sie, als wären sie unabhängige oder beständige Größen? Welche Rolle spielt unser „Selbstbild" für die optimale Erfahrung? Ist es ihr förderlich oder hinderlich? Auf welche Art und Weise?

Alles deutet darauf hin, dass die Optimale Lernbeziehung da beginnt, wo Rechtfertigung und „Selbst"-Verteidigung aufhören. Es ist tatsächlich so einfach. Je weniger Energie wir aufwenden, um unsere Vorstellung von uns selbst zu rechtfertigen und zu

Die Aneignung der Kultur, die Enkulturation, ist das von der Kultur selbst verschriebene Heilmittel für die Krankheit, an der die Kultur leidet. Unsere aufrichtige Sorge um das Wohl unserer Kinder und auch um unser eigenes Wohl zwingt uns, diese Rezeptur schon unseren Jüngsten zu verabreichen. Wie oft hört man Eltern, die sich über die Zukunft ihrer Kinder Gedanken machen, voller Bedauern sagen: „Du meine Güte – das ist ein echter Dschungel da draußen!“ Der Dschungel ist nichts anderes als unsere Kultur, und die Raubtiere sind enkulturierte Menschen. Die von der Kultur verschriebenen Rezepte für die Erziehung unserer Kinder verschleiern die Kultur als Verursacher unserer Schmerzen und brüten als Heilmittel für sich selbst eine neue, vollständig in der Kultur gefangene Generation aus. Dieses Heilmittel schleudert uns in eine lebenslange Korrektur der Unzulänglichkeiten eben jener Kultur, um den Schmerz ein wenig zu lindern. Dabei merken wir dann nicht einmal mehr, dass jede Korrektur der Kultur diese noch mehr stärkt und noch mehr ihrer schmerzhaften Beschränkungen hervorbringt.

Biologie der Transzendenz

verteidigen, desto mehr Aufmerksamkeit und Kraft stehen uns für Lernen und Leistung zur Verfügung. Beide nehmen in dem Maß zu, wie die Ansprüche unseres Selbst-Bildes abnehmen.

Das Bild, das wir von uns haben, fühlt sich äußerst wichtig an und reicht weit über unsere physische Geschichte wie auch die unseres persönlichen Umfelds hinaus; es umfasst alles, was wir je gelernt haben, alle unsere persönlichen Überzeugungen, Meinungen, Vorlieben und Abneigungen. Wenn jemand eine unserer persönlichen Auffassungen herausfordert, fühlt es sich an, als würden „wir“ angegriffen. Wir nehmen es persönlich. Sind also unsere Überzeugungen und Vorstellungen Teil dieses Selbstbildes, das wir kultivieren? Ganz offensichtlich. Fast alles, was wir wissen, wird in dieses Bild integriert, und wir konstruieren unsere persönliche Identität daraus. Historisch gesehen ist die Vorstellung, dass wir alle einzigartige Individuen sind, recht neu.

„(Im Mittelalter) bezog sich der Begriff ‚Identität' nicht auf eine persönliche Identität, sondern auf die Standeszugehörigkeit, den gesellschaftlichen Status. Man war Bäcker oder Schmied, vielleicht Goldschmied, oder der Sohn von Matthäus. Mehr war nicht nötig für die gesellschaftliche oder persönliche Identität... Der mittelalterliche Gebrauch des Wortes ‚Individuum' war der im Sinne von ‚einer aus einer Gruppe' (so wie man von einer individuellen Perle spricht oder von einem Protozoon, einem Einzeller). Erst mit dem ausgehenden 16. Jahrhundert., als die feudalen Institutionen mit ihren Lasten sich in ganz Europa aufzulösen begannen, als gesellschaftlicher Status Verträgen weichen musste und Unternehmer herrschaftliche Güter aufzukaufen begannen, entstand der moderne Begriff von einem Individuum ‚qua' Individuum, dem ‚jeder für sich selbst.'“

Ashley Montagu
The Dehumanization of Man

Es ist der Mühe wert, darüber nachzudenken, dass unser Selbstbild tatsächlich nicht dinglich ist, dass es nicht festgelegt und auch nicht permanent, d.h. unveränderlich ist, sondern eine Reaktion, ein Prozess, eher einem Fluss vergleichbar, der jeden Augenblick anders ist. Das Vorstellungsbild entsteht nur aufgrund von Aktivität, wenn Energien aktiv sind, und die Bewegung von Energien wird durch wirkliche oder eingebildete Geschehnisse, wie z.B. eine Bedrohung, ausgelöst.

Das sich selbst verteidigende Selbst

Warum beginnen die Hände vor dem ersten Tee-Abschlag oder vor dem ersten Rendezvous zu schwitzen? Warum werden wir vor einer öffentlichen Rede nervös? Weil wir eine Bedrohung spüren. Irgendwie meinen wir, uns verteidigen zu müssen. Was wird man von mir denken, wenn mir etwas Dummes passiert? Unser Selbstbild macht sich meistens dann bemerkbar, wenn wir uns bedroht fühlen. Wissenschaftlichen Erkenntnissen zufolge zeichnen sich Zustände höchst konzentrierten Lernens oder Höchstleistungen durch die völlige Abwesenheit dieser „Ich"-Vorstellung (und der damit verbundenen Notwendigkeit, es verteidigen zu müssen) aus. Wenn wir uns sicher fühlen, geborgen, und völlig im gegenwärtigen Augenblick aufgehen, vollständig auf etwas konzentriert sind, verschwindet unser Selbstbild.

„Wirkliches Lernen braucht keine Formeln; es geschieht. Wenn Joe Montana für einen Pass zurückfiel, dachte er nicht: „Gleich rennt Soundso nach rechts ..." etc. Ganz und gar nicht. Er geht vollständig in der Handlung auf. Zeit existiert nicht mehr. In diesem Zustand hört auch die „Ich-Vorstellung" auf. Sie löst sich im wahrsten Sinn des Wortes einfach auf. Nur das Spiel existiert, die Handlung, die gerade im Gange ist, und die Freude daran, eine Freude, die nur entsteht, wenn das Ich verschwindet. Es geht nicht um mich. Es geht um das, was ist, um das Spiel und die Leute."

Persönliches Interview
FRED SHOEMAKER
Leistungsexperte, *Extraordinary Golf*

Scham und die Ursprünge des Selbst

So wie der Tag in die Nacht übergeht und die Nacht dem Tag weicht, ist alles eine Vorbereitung für etwas sich Heranbildendes, Nachfolgendes... Die Weiterentwicklung der Matrix verlagert sich von konkret zu abstrakt, oder, anders ausgedrückt, von der rein physischen Welt der Gebärmutter, Mutter, Erde und des Körpers zur rein geistigen Welt der Gedanken. Der Zyklus entfaltet sich nach einem in allen Kulturen ähnlich ablaufenden, genetischen Fahrplan.

Die magische Welt des Kindes

Wir haben gesehen, dass Bilder und Vorstellungen, aus denen wir unsere Identität zusammenbasteln und dann auch als „Ich" erfahren, aus unserer persönlichen Geschichte entstehen. In seinem bahnbrechenden Buch *Affect Regulation and the Origin of Self: The Neurobiology of Emotional Development*, schreibt Allan Schore, Ph.D., dass sich unsere Vorstellung von einem Selbst im Alter zwischen zwölf und achtzehn Monaten zu bilden beginnt, wenn das Kind mobil wird und den sicheren Schoß der Mutter verlässt. Dieser Bewegungsdrang birgt einige Risiken, weshalb Vater, Mutter und andere liebevolle Mitmenschen alsbald „nein!" ausrufen, um unsere wilden Erkundungsausflüge etwas einzudämmen. „Nein!" und „Lass das!" im Neun-Minuten-Takt wird für das Kleinkind aber genau zu dem Zeitpunkt seines Lebens zu einer Lernblockade, wo das Lernen wie von selbst geht und auch vorgesehen ist. „Nein" wird zur Bedrohung, und gegen Bedrohungen muss man sich verteidigen. Die Verteidigungsreaktion auf eine wahrgenommene Bedrohung erzeugt das Vorstellungsbild.

Schore führt aus: „Die Mutter bringt ihr Missfallen durch schamauslösende Mimik zum Ausdruck und zeigt so, dass die Harmonie gestört ist, was Angst und Ungewissheit im Kind auslöst." Durch ihren Blick löst die Mutter Schuldgefühle aus. Ihr Blick signalisiert dem Kind, dass die Handlung, die es gerade ausführen will, die Bindung mit der Mutter zerstören wird. Dies hinterlässt einen bleibenden Eindruck, und der strafende, schuldzuweisende Blick begleitet uns – oft ein Leben lang.

Ab jetzt lebt das Kind mit einer Angst. Es ist hin- und hergerissen zwischen seinem natürlichen Entdeckertrieb und der Angst, die Beziehung zur Mutter, die er ebenfalls aufrechterhalten möchte, zu gefährden, wenn er ihm folgt. Dieser Konflikt treibt den ersten Keil in den Geist des Kindes. Es wird versuchen, soviel Integrität wie möglich zu bewahren, aber früher oder später ist die Spaltung vollzogen und es ist einer von uns geworden. Wir sprechen dann davon, dass das Kind sein „soziales Selbst" entwickelt, aber was wir wirklich meinen, ist, dass es nun die gleiche kulturell verordnete Maske aufgesetzt hat, die wir zu tragen gelernt haben. Diese Maske ist es, mit der unsere Kinder sich immer mehr identifizieren werden, wie wir es auch getan haben, und die wir immer mehr für unser Selbst halten, zu der wir werden, die wir verteidigen – und darüber vergessen, wer wir wirklich sind.

Unsere Reaktion auf „Lass das“ und „Nein“ wird im Laufe der Zeit zu einem reaktiven Muster, zu einem konditionierten Reflex. Jedes Mal, wenn wir uns physisch oder psychisch bedroht fühlen, ist dies mit der Angst vor einem Verlust an Geborgenheit und Zuneigung verbunden, die verteidigt werden müssen. Verteidigung als inneres Bild wird so schon früh in unserem Leben zu etwas Normalem, ja Notwendigem. Sobald die Bedrohung abnimmt oder verschwindet, verschwindet auch die Notwendigkeit der Verteidigungsvorstellung. Wenn das Bild verschwindet, können Energie und Aufmerksamkeit, die aufgewendet wurden, um es zu erhalten, wieder in den Lernprozess fließen. Eigentlich ganz einfach.

Jean Piaget nannte als eines der herausragenden Merkmale der Kindheit die fraglose Akzeptanz des Gegebenen“. Für Kleinkinder ist alles so, wie es ist – ein Wunder, faszinierend, verheißungsvoll und verzaubernd, voll unwiderstehlicher Anziehung. Alles schlägt sie vollkommen in Bann und verwickelt sie in Interaktionen mit der Welt. Sie nehmen die Welt so, wie sie sich bietet, denn diese Welt ist das Ausgangsmaterial für ihre einfallsreichen Verwandlungsspiele. Nachdem ihnen jedoch Scham eingeprägt wurde, gibt es diese „fraglose Akzeptanz des Gegebenen“ nie wieder. Sie wird durch ein verzagtes Zaudern ersetzt, da Zweifel sich einschleichen und das Wissen des Kindes um sich selbst und die Welt verdunkeln.

Biologie der Transzendenz

Wir werden zu dem, was die anderen in uns sehen

Kleinkinder unterscheiden nicht zwischen ihrem eigentlichen, natürlichen Wesen und ihrem Verhalten – sie *sind* ihr Verhalten. Für das Kleinkind können Billigung oder Missbilligung lebenswichtig sein, und Überleben bedeutet, sich in das bestehende Sozialgefüge einzupassen. Wie gut uns das gelingt, prägt unser Selbstwertgefühl und entsprechend das Bild, das wir von uns selbst haben. Nach Ashley Montagu „sehen wir uns nicht nur so, wie die anderen uns sehen, wir *werden* auch zu dem, was die anderen in uns sehen“.

Wie empfindlich reagieren wir wirklich auf äußere Impulse? Neueste Erkenntnisse aus der Genforschung bestätigen, dass Umweltsignale die Gene veranlassen, neue Formen auszudrücken

Das Gehirn/Geist-System ist zu phantastischen Leistungen fähig, aber seine Entwicklung basiert darauf, dass das Kleinkind und das Kind der mittleren Altersgruppe Wissensstrukturen über die bekannte Welt erstellen. Kinder sind kaum in der Lage, diese Wissensstrukturen als Grundlage zu erstellen, da wir sie unbewusst mit einer von Angst konditionierten Weltsicht belasten (die uns bereits unbewusst übergestülpt wurde). So wird die Kindheit zum Schlachtfeld zwischen der Entfaltung des biologischen Plans, der das Kind von innen heraus antreibt, und unseren Ängsten, die das Kind von außen unter Duck setzen.

Die magische Welt des Kindes

oder sogar zu mutieren, und zwar entsprechend der sich verändernden Umwelt. Marian Diamond, Ph.D., von der University of California in Berkeley veröffentlichte unter dem Titel *Enriching Heredity* die Ergebnisse einer 30-jährigen Studie über den Einfluss der Umwelt auf das Gehirn. Die Studie belegt, dass altersunabhängig als Reaktion auf innere und äußere Veränderungen in der Umwelt messbare Veränderungen im Gehirn stattfinden. Innerhalb von nur vier Tagen bildeten sich als Reaktion auf Umweltsignale in den Gehirnen von Versuchsmäusen neue Gehirnstrukturen. Wenn Gehirnstrukturen sich derart schnell an Umweltsignale anpassen, um wieviel stärker ist dann ihr Einfluss auf subtilere Vorgänge wie Gedanken und Gefühle und auf unser Selbst-Bild.

Jean Liedloff, die vier Jahre lang unter Amazonasindianern lebte, schreibt in ihrem Buch *Auf der Suche nach dem verlorenen Glück:*

„Positive Erfahrungen, die wir erhoffen oder erwarten und die nicht eintreffen, sind genauso traumatisch wie negative Kindheitserfahrungen. Die Spuren jener negativen Erfahrungen wie auch der verpassten guten Erfahrungen nehmen die Form fester Überzeugungen in Bezug auf die eigene Person an: dass wir nie etwas richtig machen, dass wir es nicht wert sind, geliebt zu werden. Oder dass wir für die ganze Welt verantwortlich sind.

Diese Überzeugungen bilden wir in der Kindheit, noch bevor wir irgendetwas beurteilen können. Wir können nicht in den Spiegel schauen und uns selbst gut zureden: ‚Ich bin doch eigentlich ein recht nettes kleines Mädchen. Ich habe alle Finger und Zehen und bin ziemlich süß. Ich bin intelligent und charmant und habe ein kleines rosa Partykleid an und bin eigentlich total in Ordnung.' Dies können wir nicht tun. Unser Selbstwertgefühl wie auch alle anderen Wertmaßstäbe erhalten und übernehmen wir von den Autoritätspersonen in unserem Leben. Kinder glauben an die Autorität der Erwachsenen, und sie glauben ihnen alles. Egal was es ist. Dies wird das Grundgefühl, das wir über uns selbst und unsere Beziehungen zu anderen haben. Wir brauchen Kinder nicht zu nötigen, sich selbst zu vertrauen – das Vertrauen ist da. Wir müssen ihnen einfach nur erlauben, es zu tun.

Wir sollten mit Kindern nie so umgehen, dass sie das Gefühl haben, sie seien schlecht oder nicht gut genug, aber wir tun es ständig, mit Worten, mit Blicken. Im Umgang mit unseren Kindern scheinen wir nur zwei Möglichkeiten zu kennen: entweder sie zu bestrafen oder ihnen Vorwürfe zu machen („Du bist unmöglich! Stell' dich in die Ecke oder ich verpass dir eine!") oder ihnen alles zu erlauben (‚Oh, das ist ganz in Ordnung, Liebling. Mach nur, es macht mir nichts aus, wenn du über Mamis Gesicht spazieren willst'). Andere Möglichkeiten sehen wir nicht.

Aber es gibt eine andere Möglichkeit. Sie heißt Information. Wenn man verstanden hat, dass Kinder ihrem innersten Wesen nach sozial sind, versteht man, dass sie sich Informationen wünschen. Man braucht nicht wütend zu sein, um ihnen mitzuteilen, was nötig ist. Lassen Sie es sie einfach wissen. Es geht nicht darum, Lob oder Tadel auszuteilen – beides ist eine Beleidigung. Erwarten Sie ruhig, dass Ihre Kinder es richtig machen werden. Seien Sie ein eindeutiges Vorbild, dann gibt es keine Konflikte. Das sollte eigentlich unser natürliches Verhalten sein."

Persönliches Interview
JEAN LIEDLOFF
Auf der Suche nach dem verlorenen Glück

Fähigkeiten entwickeln

Höhere Systeme können niedere Systeme in ihren Dienst nehmen und sie so umwandeln. Umgekehrt kann das gleiche passieren – das Höhere kann in das Niedere inkorporiert werden, und die Transformation verläuft umgekehrt; das heißt, sie wird sozusagen auf den Kopf gestellt, indem das Niedrigere das Höhere transformiert. In Legenden und Märchen machen mächtige Könige folgenschwere Fehler, handeln in niederträchtiger Weise und verwandeln sich in grässliche Ungeheuer. Der hübsche Prinz wird zum Frosch. Ihr höherer menschlicher Kortex wird dem animalischen Reptiliengehirn einverleibt – und dann ‚Gnade uns Gott' oder ‚Hilf uns Herr' beziehungsweise Herrin, denn in diesen Fällen ist der Herr immer ein weibliches Wesen, eine Herrin. Sie allein ist es, die durch die ihr innewohnende Weisheit und ihren nährenden Kuss das männliche Wesen aus den Notlagen befreien kann, in die sein Intellekt ihn immer wieder bringt.

Biologie der Transzendenz

Lernstadien

Wissenschaftlichen Erkenntnissen zufolge gibt es „Lernstadien“ oder Zeiträume, die für das Entwickeln unterschiedlicher Fähigkeiten optimal sind. Das Leben ist eine Schatzsuche. Als Kleinkinder beginnen wir, die mit unserer menschlichen Natur eng verwobenen körperlichen, emotionalen und geistigen Schätze zu entdecken und zu entwickeln, eine Entwicklung, die in Stadien verläuft. Die frühesten Stadien – Schwangerschaft, Geburt, die ersten drei Lebensjahre – sind die wichtigsten. Während dieser frühen Entwicklungsjahre bilden sich die neuronalen Netzwerke, auf denen die späteren Stadien aufbauen.

Die Entwicklungsstadien entfalten sich in groben Schüben. Den drei „Schwangerschaftstrimestern“ folgt ein Entwicklungsschub im ersten Lebensjahr, einer im zweiten, vierten, siebten, elften, fünfzehnten und achtzehnten Lebensjahr. Im Brennpunkt der frühen Stadien steht die Entwicklung der sensomotorischen Fähigkeiten. Es folgt ein Stadium emotionaler Entwicklung, gefolgt von einer Entwicklung der analytischen und kreativen Denkfähigkeit. Die Entwicklung der jüngsten Gehirnstruktur, dem Vorderhirn oder den Stirnlappen, die für unsere transpersonale, spirituelle Entwicklung verantwortlich sein könnte, reift in den frühen Zwanzigern. Eine starke, vollständige Entwicklung jedes vorangehenden Stadiums bildet die solide Grundlage für das nachfolgende; Beeinträchtigungen eines Stadiums beeinträchtigen die Entwicklung aller nachfolgenden.

Wachstumsschübe des Gehirns und Schwerpunktverlagerung der Entwicklung

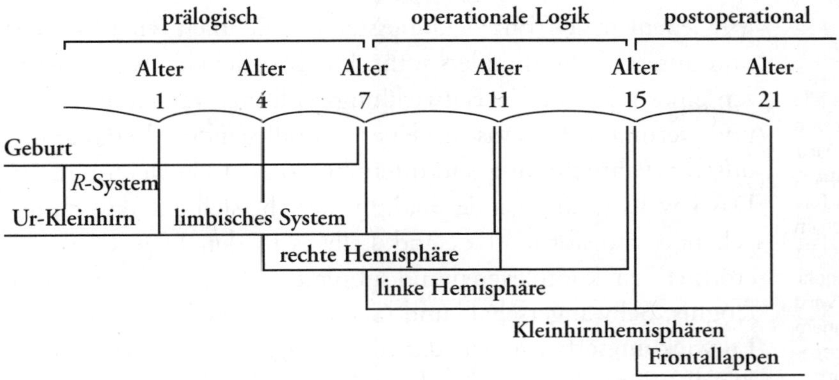

Der Modellimperativ

Die spezifischen Fähigkeiten und Fertigkeiten, die sich aus einem breiten Spektrum an Möglichkeiten herausbilden, tun dies in Entsprechung zu den Beziehungen, die das jeweilige Stadium prägen. In *Die magische Welt des Kindes* und anderen Büchern wird dies als *Modellimperativ* bezeichnet. Kinder entwickeln in erster Linie Fähigkeiten, für die die Erwachsenenwelt das Modell liefert. Als klassisches Beispiel hierfür dient die französisch sprechende Mutter, die ein französisch sprechendes Kind hat. Für das Kleinkind *sind* die Eltern und die Kultur der Erwachsenen die Welt. Diese „Modellumgebung" wird vom Kind dem augenblicklichen Entwicklungsstadium entsprechend wahrgenommen und interpretiert. Ein Kind mag musikalisch sein, aber wie jede potentielle Fähigkeit muss auch Musikalität „geformt" werden, ehe sie entwickelt werden kann. Der Modellimperativ funktioniert ein Leben lang. Eltern und Lehrer werden bestätigen, dass Kinder nicht das werden, was wir wollen, sondern dass sie so werden wie wir. Um dies zu verändern, müssen die Erwachsenen die gewünschte Veränderung konsequent vorleben. Sie müssen die Veränderung, die sie in anderen sehen möchten – und speziell in ihren Kindern –, in sich selbst hervorbringen und vorleben. Der Modellimperativ macht keine Ausnahme.

Evolution – vom Niederen zum Höheren

Mit jedem neuen Entwicklungsstadium nehmen wir uns selbst und unsere Umwelt anders wahr. Die Möglichkeiten und Grenzen eines jeden neuen Entwicklungsstadiums werden ausgelotet und verinnerlicht, was in einer grundlegenden Veränderung unserer Wahrnehmung und Interpretation der Umwelt resultiert. Das jeweils nachfolgende Stadium bezieht sich auf das vorhergehende, transformiert es und stellt es in den Dienst des sich eröffnenden, komplexeren und subtileren neuen Stadiums. Empfängnis, Schwangerschaft und Geburt etwa stellen tiefgreifende Entwicklungserfahrungen dar. Der Säugling ist gewissermaßen der die physische, emotionale und oft auch spirituelle Entwicklung transformierende Umweltimpuls. Vollkommen neue Arten von Beziehungen oder Verbindungen und Wahrnehmungen entstehen, Fähigkeiten, die vor der Empfängnis nicht benötigt wurden. Ohne Säugling besteht für bestimmte Fertigkeiten keinerlei Notwendigkeit. Auch hier gilt der Modellimperativ.

Bonding während der Schwangerschaft und nach der Geburt verändert unsere Selbstwahrnehmung und unsere Lebenseinstellung. Eine Mutter mit Bonding riskiert ihr Leben, um das schreiende Kind zu ernähren und zu beschützen; eine Mutter ohne Bonding wird das schreiende Kind vielleicht selbst anschreien oder es allein lassen. Ein Signal, zwei völlig konträre Reaktionen. Der Unterschied liegt in der Interpretation des Signals aufgrund vollkommen unterschiedlicher Sichtweisen – einer Sichtweise mit Bonding, einer ohne Bonding. Sorge um das Wohlergehen anderer, Zuneigung, Liebe und Mitgefühl sind Antworten einer höheren Ordnung, die im Vorderhirn angesiedelt sind. Sorge um die eigene Person, das eigene Wohlergehen, Verteidigungsdrang und Ärger sind Reaktionen des Reptilienhirns. Alles, was darüber hinauszugehen in der Lage ist, stellt eine Entwicklung dar. Bonding transformiert niedere Impulse in höhere.

Schore beschreibt, wie die Scham internalisiert und zum Auge des Selbst wird, das nach innen schaut... „Die andere Person (die Bezugsperson, die die Scham ursprünglich ausgelöst hat) wird jetzt nicht mehr gebraucht... Scham wird zu einer Prägung, zu einem mentalen Bild eines missgestalteten Muttergesichts... Eine solche Missstimmung zwischen Kleinkind und Eltern „erzeugt eine sofortige Entmutigung und den Beginn eines gehemmten Zustands..." Gehemmtsein ist eine Form von Depression... ; die gleichen Hormone sind an beiden Zuständen beteiligt... Dem Kind wird bewusst, dass durch das, was zu tun es im Begriff steht, schmerzliche emotionelle Reaktionen, hervorgerufen werden könnten. Die Signalscham wird zum primären Modellimperativ, blockiert das Kind in seiner natürlichen Akzeptanz des Lebens und führt zum Entstehen von Zaudern und Zweifel. Wenn das Kind sich aufmacht, um seine Welt zu erforschen, wird dieses verinnerlichte Signal aufleuchten: „Halt! Du taugst nichts. Wenn du das tust, wird man auf dich schauen und dich verachten."

Biologie der Transzendenz

Devolution – vom Höheren zum Niederen

Im Laufe von Jahrmillionen hat die Natur ihre Entwicklungsstadien feinst aufeinander abgestimmt. In einer sich nicht allzu schnell verändernden Umwelt öffnet sie die Tür zu jedem neuen Stadium nach einem gut eingespielten biologischen Zeitplan, und das unabhängig von geographischer Lage oder Kultur. Vor einigen hundert Jahren begann allerdings die rasante technologische Entwicklung die Umwelt dramatisch zu verändern. Plötzlich stimmten äußere Umweltsignale nicht mehr mit dem biologischen Zeitplan überein. Signale, die eigentlich in einem späteren Stadium angebracht wären, überschwemmten frühere. Notwendige alters- und stadienspezifische Erfahrungen wurden durch unangemessene Herausforderungen verdrängt, was die vollständige Entfaltung des vorgesehenen Entwicklungsstadiums auf jeder Stufe behinderte. Nicht abgeschlossene Entwicklungen der frühen Stadien bedeuten eine schwache Grundlage für alle nachfolgenden. Unsere Entwicklung geriet ins Stocken und hat sich nie ganz erholt.

Wir haben ein natürliches Streben nach Ganzheit, nach Höherem. Traumatische Erfahrungen, egal in welchem Stadium, beeinträchtigen die Höherentwicklung. Aufmerksamkeit, die normalerweise Lernen und Wachstum zugute käme, wird nun für die Verteidigung benötigt. Anstelle von Evolution macht eine beeinträchtigte Entwicklung es erforderlich, später benötigte Reserven anzuzapfen, um die entstandenen Löcher zu stopfen. Bei dem Versuch, die Fehler zu korrigieren, macht die Entwicklung allerdings eine Kehrtwende, bei der nicht die höheren Kräfte die niederen in ihren Dienst nehmen und sie der höheren Ordnung zuführen, sondern die niederen Kräfte sich der höheren bedienen und sie in Handlanger der niederen Ordnung verwandeln. Unsere höheren kreativen Fähigkeiten werden in den Dienst der niederen, nicht abgeschlossenen Entwicklungsstufe gestellt. Das Ergebnis ist eine äußerst schlaue, einfallsreiche, defensive, von Eigennutz geprägte, aggressive Menschheit. Kein schöner Anblick. Dabei wäre die Lösung so einfach. Man bräuchte nichts

Schon seit Jahren weiß man, dass unser emotionaler Zustand während eines Lernvorgangs zu einem integralen Bestandteil dieser Lernerfahrung wird und nicht etwa lediglich zu einer Art ‚Fußnote'. Wir haben dies als „zustandsspezifisches Lernen" bezeichnet... Die erfahrenen Gefühle während des Lernvorgangs sind ein Teil des Inhalts des gelernten Musters geworden und feinst mit ihm verwoben. Jedesmal, wenn wir das Gelernte anwenden, feuern auch noch Jahre später die gleichen Hormone, da sie genau wie alles andere zu einem Bestandteil des Neuralmusters geworden sind. Und entsprechend verhält sich unser Körper-Gehirn-Herz-System.

Biologie der Transzendenz

weiter zu tun, als traumatische Erfahrungen gar nicht erst entstehen zu lassen – durch eine Umgebung der Geborgenheit, in der wir den Signalen, die die angeborene Intelligenz unserer Kinder aussendet, mehr Aufmerksamkeit schenken als der Firmenwerbung im Samstagmorgen-Fernsehprogramm.

Umweltsignale

Das Gehirn bildet Strukturen in Erwiderung auf innere und äußere Signale. Art und Qualität dieser Signale bestimmen Art und Qualität der Fähigkeiten, die in jedem Stadium entwickelt werden. Für das Kleinkind ist die Mutter die Primärquelle solcher Signale. Ihre Signale spiegeln ihre Beziehung zur Umwelt wider, und das schließt das ungeborene oder neugeborene Kind mit ein. In Japan gibt es seit zweitausend Jahren die Tradition des *Taikyo*, die werdenden Müttern eine sichere, geborgene Umgebung bietet, weil der Einfluss des psychologischen und emotionalen Zustands der Mutter auf das Kind eine altbekannte Tatsache ist.

Neueste Forschungsergebnisse zeigen, dass sich das Vorderhirn mit seinen kreativen Fähigkeiten im Embryo besser entwickelt, wenn die werdende Mutter sich sicher und geborgen fühlt. Angst oder Unsicherheit der Mutter führen zu einer verstärkten Entwicklung des Reptilienhirns mit seinen Überlebensstrukturen, dem Kampf- und Fluchtmechanismus, den sensomotorischen Strukturen. Geborgenheit bewirkt eine stärkere Ausbildung der kreativen Kräfte; Bedrohung verstärkt Selbstverteidigung.

Seinszustände und deren Bedeutung

Zustandsspezifisches Lernen

Empfundene Gefahr oder Geborgenheit finden ihren Widerhall im gesamten Körper-Geist-System; sie werden als Seinszustände erfahren. Forscher fanden heraus, dass zusätzlich zu zustandsspezifischem Lernen auch die emotionale Qualität der Erfahrung als Teil der Erinnerung an diese Erfahrung gespeichert wird, ein Phänomen, das als „zustandsspezifisches Lernen/Leistung" bezeichnet wird. War beispielsweise die Lernerfahrung 2 + 2 = 4 eine vergnügliche, wird bei der nächsten Gleichung, die es zu lösen gilt, eine subtile Spielfreude mitschwingen. War die Erfahrung beim Vorbuchstabieren oder das Antreten in der Little League eine demütigende, wird bei der nächsten Prüfungs- oder Wettkampfsituation die Angst im Hintergrund lauern.

Eifersucht ist ein Zustand. Staunen ist ein Zustand. Wut, Zorn, Mitgefühl, Lust, Freude, Trauer, Kummer, Liebe, Furcht sind Zustände. Es sind einzigartige Beziehungsmuster, die sich ununterbrochen verändern. Manchmal halten uns mehrere gleichzeitig besetzt. Wir freuen uns, dass unser Kind studieren wird, und sind traurig, weil es nun von zu Hause auszieht und wir es vermissen werden. In dem Maß, wie sich äußere und innere Gegebenheiten verändern, verändert sich unser Zustand. Zustände haben ihre Bedeutung, sie enthalten Informationen. Manche Zustände begünstigen optimales Lernen, begünstigen Wachstum; andere sind hinderlich. Für das Kleinkind ist die durch die Beziehung kommunizierte Information genau das,

Unsere erste Gehirnstruktur gibt uns lediglich die Gegenwart, die zweite sowohl Gegenwart als auch Vergangenheit. Durch die Hinzufügung der dritten können wir uns Vergangenheit, Gegenwart und Zukunft bewusst machen. Und hier scheint die Evolution in eine Sackgasse zu geraten, obwohl sie an dieser Stelle die Tür zu einem ganz neuen Universum öffnet, denn Gedanken um die Zukunft können Fragen aufwerfen wie „Und was ist, wenn die Sonne erlischt?" „Haben wir dann genügend Taschenlampen?" Hier liegt der Ursprung für alle möglichen nutzlosen Ängste und Sorgen des vorausdenkenden intellektuellen Gehirns, das, wie wir gesehen haben, die höheren Systeme durchaus in den Dienst der niederen zu schleudern vermag. Angst bewirkt jene geteilte Aufmerksamkeit, die man in einem Haus findet, das mit sich selbst uneins ist. Angst kann die höheren Gehirne dazu bringen, sich mit dem Reptiliengehirn zu verbünden. Und mit der Einverleibung des Vorderhirns in den Dienst des Reptilienhirns haben wir ein todschlaues Reptil, das zu einer Gefahr für alle wird.

Biologie der Transzendenz

Nach David Bohm ist das sich von uns in alle Richtungen unvorstellbar ausdehnende Universum nicht mehr als ein „leises Kräuseln an der Oberfläche" der schöpferischen Kraft, die in dem Supraquantenzustand steckt. Diese schöpferische Kraft ist eine ungebrochene Holobewegung, deren Resonanz aus einer einzigen Quelle stammt, obwohl sie sich in endlos entstehenden Feldern ausdrückt, die unendliche Ausdrucksformen erzeugen. Aufgrund der unteilbaren Natur dieser Energie ist jede ihrer „Zurschaustellungen" – wie Sie und ich – an irgendeinem Punkt die Gesamtheit ihrer Energieordnung und als notwendige logische Schlussfolgerung eins mit der Einheit des Ganzen.

Der nächste Schritt der Menschheit

was es lernt und woran es sich erinnern wird. Sobald Erwachsene erkennen, dass sie wählen können, eröffnet sich ihnen die Möglichkeit, Eltern in der Zone zu werden.

Forschungsergebnisse legen nahe, dass 95% allen Lernens zustandsspezifisches Lernen ist. Nur 5 % all dessen, was wir Zeit unseres Lebens lernen, eignen wir uns durch formalen Unterricht, Training oder Ausbildung an, und aus diesen 5% können wir uns für unbestimmte Zeit nur an etwa 3 bis 5% erinnern. Zustandsspezifisch Gelerntes hingegen, wir könnten es auch als „primäres Lernen" bezeichnen, bleibt uns ein Leben lang erhalten. Zustandsspezifisches Lernen bedeutet nichts anderes, als dass zu dem Zeitpunkt, wo Lernen stattfindet, die Qualität des Zustands oder der Beziehung in das Erinnerungsmuster mit eingewoben wird.

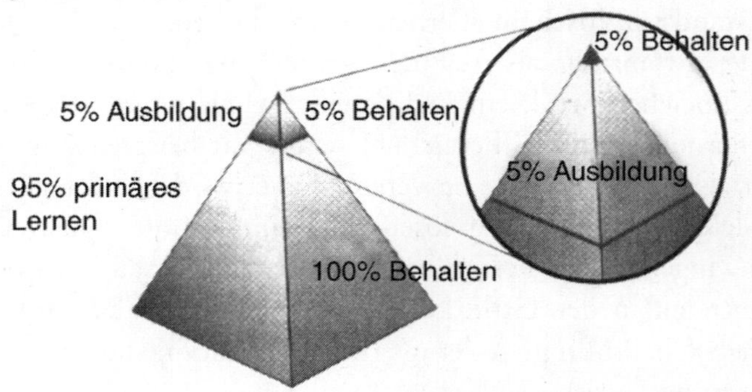

Lebenslanges Lernen

Stellen wir uns einen fünfjährigen Jungen vor, der Fußball spielen lernt. Der Vater erklärt geduldig, wie man den Ball antritt, mit dem Ball läuft, ihm eine bestimmte Drehbewegung gibt und so weiter. Da der Junge aber weniger an der Leistung interessiert ist als sein wohlmeinender Vater, gehen ihm dessen Geschicklichkeitsanweisungen nicht so recht ein, und er wird den Erwartungen des Vaters nicht gerecht.

Der Junge würde einfach gern spielen. Papas Laune schlägt um. Er ist enttäuscht, schlägt einen bestimmteren Ton an. Der Junge spürt die wachsende Spannung im Vater, und seine

Aufmerksamkeit teilt sich. Der eine Teil versucht, den Ball in der gewünschten Weise zu treten, der andere bereitet die Verteidigung vor. Wenn die Aufmerksamkeit geteilt wird, sinkt die Leistung. Der Vater wird laut; der Junge beginnt zu weinen. Wenn alles gut geht, werden 3 bis 6% der väterlichen Anweisungen erinnert. Das zustandsspezifische Lernen, die Qualität der Beziehung, nämlich Missbilligung und Scham, bleiben ein Leben lang.

„Jeder Organismus reagiert auf Bedrohung. Zellen besitzen Intelligenz. Wenn die Mutter ihren Organismus mit Alkohol oder Kokain vergiftet, reagiert das Kind auf der Körperebene. Frühe Bedrohungen sind wie ein Knoten am Anfang eines Wollknäuels, der Verzerrungen verursacht, die sich fortpflanzen und größer und größer werden, je mehr Wolle man aufwickelt. Die Ursprungserfahrung, durch die der Knoten entsteht, mag unbedeutend wie ein winziges Sandkörnchen erscheinen, aber im Lauf der Zeit wird daraus eine Perle. Mit zunehmender Größe wird die Verzerrung als ausgeklügeltes Verhaltensmuster ausagiert – um anderen zu gefallen, als Verteidigungsmechanismus, in der Form von inneren Einstellungen, Denkweisen, Gefühlen, Überzeugungen. Verteidigungsmechanismen nehmen ihren Anfang oft mit einem scheinbar unbedeutenden Gefühl des Schreckens, der Angst oder Bedrohung, und viele Menschen sind später geschockt, wenn sie herausfinden, wie sehr solche frühen Eindrücke ihr Leben beeinflusst haben."

Persönliches Gespräch

Barbara Findeisen, M.F.C.C.

Vorsitzende der Gesellschaft für prä– und perinatale Psychologie und Gesundheit

Reflexe – mentale, emotionale und physische Spielbälle

Der meisten Vorgänge, die täglich in unserem Geist und Körper stattfinden, sind wir uns gar nicht bewusst. Vieles geschieht

Menschen, die emotionale Sicherheit erfahren und nicht von Angst und dem Gefühl, sich schämen zu müssen, umgetrieben werden, entwickeln ein anderes Gehirn und andere Geisteszustände, die sich nicht gegen das Wohl eines anderen richten, auch nicht gegen das Wohl des größeren Körpers, der lebenden Erde. Als Kinder wissen wir, dass wir ein integraler Teil des Kontinuums aller Dinge sind, wie Jean Liedloff ausführt und Jesus gezeigt hat. Wir können und müssen zu diesem Wissen zurückkehren. Gewalt gegen andere und Unterdrückung ist eine nach außen projizierte Form von Selbstmord, und Selbstmord ist die Lösung für jemanden, dem Liebe und Zuwendung jenseits aller Hoffnung, sie je erfahren zu können, vollständig versagt wurde. In den USA begehen Dreijährige Selbstmord.

Biologie der Transzendenz

reflexartig. Lernprozesse erfordern bewusste Aufmerksamkeit, Intelligenz; Reflexe nicht. Reflexe sind vorherbestimmte Antworten. Wenn man genau den richtigen Punkt am Knie trifft, zuckt sofort das ganze Bein als mechanische Erwiderung auf diesen Stimulus. David Bohm vertritt die Auffassung, dass ein Großteil dessen, was wir fühlen und denken, genau so abläuft.

„Man kann Gedanken als konditionierte Reflexe verstehen. Nehmen wir den Pavlov'schen Hund. Auf den Anblick von Futter reagiert er natürlicherweise mit vermehrtem Speichelfluss. Wenn man jedes Mal gleichzeitig eine Glocke ertönen lässt, wird der Hund alsbald das Läuten der Glocke mit dem Anblick von Futter assoziieren und sich daran erinnern. Schließlich überspringt er den Schritt des Anblicks von Futter, und es reicht schon das Läuten der Glocke, um den vermehrten Speichelfluss in ihm hervorzurufen. Ich meine, dass Gedanken ähnlich funktionieren. Wenn wir nachdenken oder wenn uns ein Gedanke in den Sinn kommt, hinterlassen diese Gedanken einen Eindruck, eine Spur in unserem Erinnerungsvermögen, und diese Spur reagiert vermittels Assoziation der jeweiligen Situation entsprechend.

Dass wir Wiederholungsmuster benötigen, steht außer Zweifel, aber die Frage ist, ob sie uns bestimmen oder ob etwas anderes, Intelligenteres mit hineinspielt. Wahrnehmung hat die Fähigkeit, etwas völlig Neues, noch nicht im Gedächtnis Gespeichertes zu erfassen. Wiederholungsmuster sind äußerst beschränkt in ihrer Anpassungsfähigkeit an neue Situationen und Umstände; sie erfordern wenig oder gar keine Intelligenz. Je automatischer Denkvorgänge ablaufen, desto mehr tritt die Intelligenz der Wahrnehmung in den Hintergrund, desto weniger ist sie in der Lage, eine Situation wirklich zu erfassen. Oft sehen wir Dinge dermaßen automatisch, dass wir etwas Neues gar nicht bemerken. Wir neigen dazu, in automatischen Verhaltensmustern stecken zu bleiben."

Persönliches Gespräch
David Bohm, Ph.D.
Theoretischer Physiker, Autor, Ausbilder

Überzeugungen, im Besonderen in Bezug auf uns selbst und andere, funktionieren wie Reflexe. Es liegen ihnen Annahmen zugrunde, die unterhalb unserer Achtsamkeitsschwelle lauern. Aufgrund unserer Annahmen neigen wir zu vorhersagbaren Reaktionen. Blondinen sind dumm, Juden geschäftstüchtig, Schwarze hervorragende Athleten. Die Entdeckung, dass unser Denken und Handeln hauptsächlich von konditionierten Reflexen bestimmt wird, ist an sich bereits erschreckend; geradezu beschämend – wenn wir immer noch ein Selbstbild haben, das verteidigt werden muss – ist jedoch die Erkenntnis, wie wenig intelligent Reflexe sind. Intelligenz bedeutet Achtsamkeit und die Freiheit, sich in angemessener Weise an eine sich ständig verändernde Umwelt anzupassen. Angemessen oder intelligent bedeutet, *sich in Richtung Gesundheit und Ganzheit zu bewegen.* Konditionierten Reaktionen mangelt es an dieser Intelligenz, und genau solche konditionierten Reaktionen bestimmen einen Großteil dessen, was wir Kindererziehung nennen.

Aufgrund dieses „Reflexsystems", wie Bohm es nennt, neigen wir zu vorhersagbaren Verhaltensmustern, die alle kindgleichen, von Montagu als „jung werden" bezeichneten Eigenschaften blockieren. Reflexe sind nützlich, wenn wir im Verkehr im Bruchteil von Sekunden reagieren müssen, aber nicht im Umgang mit Kindern, die unbestritten zu den intelligentesten und dynamischsten Lernsystemen des uns bekannten Universums gehören. Auf ihre enorme Intelligenz mit konditionierten, mechanischen Reflexen zu reagieren, ist keine gute Idee. Wie würden Sie sich fühlen, wenn ein Roboter ständig die gleichen Sätze wiederholen würde wie „Trag den Müll hinaus", „räum dein Zimmer auf" und dergleichen? Nicht der Reflex verursacht den wirklichen Schaden, sondern der Mangel an Aufmerksamkeit und Intelligenz, der den Reflex antreibt.

Wenn unser Aufmerksamkeitspegel niedrig ist, funktioniert das Reflexsystem wie ein Automat. Mit zunehmender Aufmerksamkeit und Achtsamkeit sind unsere Antworten mehr auf die augenblickliche Situation abgestimmt, potentiell intelligenter und weniger reflexartig. Größere Aufmerksamkeit bedeutet,

Voll und ganz achtsame Eltern sind sich des psychologischen Zustands ihrer Kinder bewusst. Sie nehmen an gemeinsamen Funktionen teil, die nicht erst artikuliert werden müssen, sondern einfach nur spontanes Handeln erfordern, durch das die Bedürfnisse beider erfüllt werden. Auf diese Weise erfahren beide Erfüllung auf der emotional-intuitiven Ebene.

Die magische Welt des Kindes

Situationen intelligenter begegnen zu können. Der entscheidende Faktor ist die Aufmerksamkeit. Ohne Aufmerksamkeit sind nur reflexartige Reaktionen möglich: Sie übernehmen das Ruder. Ist Aufmerksamkeit vorhanden, sind konditionierte Reaktionen nur mehr eine von vielen Möglichkeiten. Wenn wir den Faktor der Aufmerksamkeit auf unseren Zustand, unsere augenblickliche Situation richten, bewegen wir uns aus dem Rahmen vorgegebener, konditionierter Reaktionsmuster hinaus. In Optimalen Lernbeziehungen antworten Gedanken, Gefühle und Handlungen konfliktfrei auf die Notwendigkeiten der augenblicklichen Situation. Reflexe mögen beteiligt sein, aber wir sind nicht auf sie beschränkt. Aufmerksamkeit wandelt unsere Erfahrungen um.

Die Magie der Erinnerung

Das Bild, das wir von uns selbst haben, unsere „Ich"-Vorstellung, gleicht einem Fluss, der ständig in Bewegung ist. Wird der Fluss unterbrochen, verschwindet das Bild. Wir verstehen oft nicht, dass es unsere Reaktion auf das „Ich"-Bild ist, die es aufrechterhält; es ist einfach nur eine Reaktion – nicht mehr und nicht weniger. Wenn die Reaktion zur Gewohnheit wird, erzeugt sie die Vorstellung, dass da ein „Denker" sei, ein „Ich", irgendeine Größe, die getrennt und unabhängig vom Fluss der Veränderung existiert und nichts mit unseren Gedanken zu tun hat. Diesen Eindruck, dass es einen unabhängigen „Denker" gibt, der der Verursacher unserer geistigen Vorgänge ist, ist Teil der bilderstellenden Natur des Gehirn-Geist-Komplexes. Die Aktivität der Gedanken, die fast immer reflexhafter Art sind, erzeugt die Vorstellung von einem Denker. Unsere Gedanken, unsere Ich-Vorstellung, das, was wir als den Denker erfahren – es ist immer die gleiche Bewegung von Abermillionen täglich entstehender Kontakte, Verknüpfungen und Reaktionen, die das Bild erzeugen. Diese Aktivität erzeugt den Denker und die Selbstvorstellung, nicht umgekehrt.

Angst verkrüppelt die Intelligenz… Ihre Wurzeln reichen tief, ihr Astwerk ist ausladend und weit verzweigt, sie bringt eine Fülle von Früchten hervor, und ihre Auswirkungen sind verheerend.

Die magische Welt des Kindes

Nehmen wir an, dass ein Umweltsignal zu uns durchdringt – ein Straßenschild, der Duft von Jasminblüten in der Abendluft, ein Lied, das aus einem Radio ertönt. Jedes dieser Signale kann eine Flut von Erinnerungen auslösen. Eine Erinnerung löst die nächste aus, und die nächste. Erinnerungen sind mit körperlichen, geistigen und emotionalen Bildern angereichert, die Körper und Geist automatisch überfluten. Das gilt auch für unseren Fünfjährigen, seinen wohlmeinenden Vater und den Fußball. Kein Kind entscheidet sich dafür, schlecht von sich zu denken. Niemand erzeugt absichtlich ein armseliges Bild von sich selbst. Es geschieht wie von selbst als Reaktion auf die Beziehungssignale. Genauso wie uns die Tränen wie von selbst kommen, wenn im Radio ein bestimmtes Lied gespielt wird. Lieder und Tränen sind voneinander abhängige Ereignisse, genauso wie Eltern und Kinder.

Die Magie der Erinnerung zeigt sich, wenn ein neuer Impuls eine sofortige Wiedergabe eines bereits gelernten Ereignisses auslöst. Die Erinnerung überflutet den Körper mit geistigen, körperlichen und emotionalen Mustern, die mit der Originalerfahrung verbunden sind. Der Auslöser für die sofortige Wiedergabe könnte physischer Art sein, z.B. ein Fußball; oder emotionaler Art, z.B. die Enttäuschung des Vaters. Es könnte ein Satz sein, oder nur ein Wort, das dem Vater in seinem Frust entschlüpft ist. Jede dieser Assoziationen kann eine sofortige vollständige Wiedergabe der Originalerfahrung oder des *gelernten Zustands* in dem Jungen auslösen.

Jedes Mal, wenn unser Fünfjähriger einen Fußball antritt, wird er vielleicht über die früheren Empfindungen der Missbilligung und des Sichschämens in Verbindung mit Fußbällen stolpern. Oder in Verbindung mit Bällen überhaupt. Sein Stolpern erhöht die Wahrscheinlichkeit, auch in Zukunft wieder zu stolpern, was wiederum den Originalzustand verstärkt, in dem es gelernt wurde. Der Ball war nichts weiter als ein Verbindungsglied oder eine Öffnung für ein zustandsspezifisches Lernmuster. Wenn diese Öffnung erst einmal besteht, können die zur ursprünglichen Erfahrung gehörenden Empfindungen

Die Lernforschung hat herausgefunden, dass Angst der Erzfeind von Intelligenz und Entwicklung ist. Ein Zunehmen der Angst muss daher automatisch als ein Hinweis für die gleichzeitige Abnahme von Intelligenz gewertet werden.

Die heilende Kraft

der Missbilligung und Scham ungehindert einströmen. All dies geschieht so schnell und automatisch, dass wir uns der wahren Quelle unserer Gefühle selten bewusst sind. Sie schleichen sich unterhalb unseres Achtsamkeitspegels ein.

So ist es durchaus möglich, dass die gleichen schmerzhaften Assoziationen sich jedes Mal, wenn unser Junge sich einem Ball nähert, wiederholen. Jedes Mal verspürt er aufs Neue die Notwendigkeit, sich zu verteidigen. Jede Verteidigungsreaktion wird als Angriff auf das Selbst erfahren. Aber Fußbälle greifen niemanden an. In Wirklichkeit gibt es weder einen Angriff noch etwas, das verteidigt werden müsste.

Chuck Hogan, ein Mentaltrainer, pflegte nervöse PGA Tourpros mit der Bemerkung „auf dem Golfplatz gibt es keine Dinosaurier" zu beruhigen. Die Angst des Golfers wie auch die des kleinen Jungen sind konditionierte Reaktionen, Reflexe, Schatten vergangener Erfahrungen, die in die Gegenwart transportiert und auf die Zukunft projiziert werden. Wäre diese schamvolle Erinnerung nicht gespeichert worden, hätte die ganze Kraft und Aufmerksamkeit, die für die Verteidigung aufgewendet wurde, in die Lernerfahrung und in die Leistung selbst fließen können. Das Optimum ist vollkommen natürlich und leicht, wenn Lern- und Leistungswiderstände reduziert oder beseitigt werden.

Wenn man die Mechanismen versteht, die unsere Leistung behindern, können sie aufgelöst werden. Einerseits indem man sich des Reflexes bewusst wird, andererseits durch ungeteilte Aufmerksamkeit. Die Kraft des Reflexmusters steckt im Reflex selbst. Jedes Verständnis des Musters, jede Einsicht in seine Natur, zerstört es. Einer Situation ungeteilte Aufmerksamkeit zu schenken bricht die Macht des Reflexes ebenfalls. Wenn wir dem Augenblick unsere ungeteilte Aufmerksamkeit schenken, ist keine Energie für Verteidigung übrig. Ist der Aufmerksamkeitspegel niedrig, schleichen sich Furcht und Verteidigungsmechanismen ein. Aufmerksamkeit ist der entscheidende Faktor, der gemeinsame Teiler. Wenn Eltern und Kinder mit reflexhaften Mechanismen reagieren, bleibt es bei den alten Verhaltensmustern. Die Herausforderung richtet sich an den Erwachsenen. Er muss die Natur

Zwei eng zueinander in Beziehung stehende Menschen können jenseits von Zeit und Raum Informationen austauschen, was wir gern mit allen möglichen okkultistischen Erklärungen abtun, während es sich doch immer nur um unsere eigentliche Biologie, die Logik unseres Lebenssystems handelt, die Sprache des Herzens… So wie die vom Gehirn angezapften Intelligenzen zu spezifischen Fähigkeiten führen, zapft das Herz die supraimplizite Ordnung und den Bereich der Erkenntnisintelligenz, wie Bohm es beschreibt, an. Diese höheren Ordnungen zeigen sich nicht in spezifischer Form, sondern als eine allgemeine, auf das Wohl und die Ausgewogenheit aller Operationen des Gehirn/Geist-Systems ausgerichtete Bewegung.

Der nächste Schritt der Menschheit

des reflexhaften Verhaltens erkennen und verstehen; er muss der Beziehung und dem Zustand, in dem sie sich befindet, mit erhöhter Aufmerksamkeit begegnen. Hätte sich das Kind nicht in den falschen Ängsten des Erwachsenen verfangen, hätte es gar keinen Verteidigungsmechanismus aufgebaut. Es würde den Ball einfach antreten, ihn verfolgen, korrigieren und noch einmal treten. Erwachsene nennen diesen erstaunlichen Vorgang Zone; Kinder nennen es einfach Spielen.

Zustände haben Vorrang

Dass Zustände am Anfang aller Dinge stehen, ist leicht einzusehen. Neue Erfahrungen durchlaufen den Filter unseres augenblicklichen Zustands. Zustände haben ihre eigene Bedeutung; sie enthalten ihre eigenen Informationen. Sie sorgen für den Bezugsrahmen oder Zusammenhang, der notwendig ist, um unsere augenblickliche Erfahrung zu interpretieren. Der Zustand, in dem wir uns befinden, beeinflusst, was wir sehen, woran wir uns erinnern, was wir lernen und wie wir Beziehungen herstellen. Wie wir Beziehungen herstellen, übersetzt sich in Leistung. Unsere Leistung spiegelt unser augenblickliches Wohlbefinden oder Unwohlbefinden wider.

Wenn es sich um eine geistige Herausforderung handelt und die Emotionen Angst signalisieren, wird die geistige Leistung beeinträchtigt. Wenn es sich um eine körperliche Aufgabe handelt, der Geist dabei aber durcheinander ist, wird die körperliche Leistung beeinträchtigt. Zustände sind primär.

In einer optimalen Beziehung ist Bestleistung etwas Natürliches. Angst kommt ins Spiel, wenn wir das Ergebnis vorwegnehmen wollen, wenn wir uns auf die Schulnoten oder auf die Anzahl der Tore konzentrieren anstatt auf die Herausforderung. Angst erzeugt ihre eigene zusätzliche Herausforderung zu der, den Ball zu schießen. Und den Ball zu schießen ist etwas anderes als zu *versuchen*, den Ball zu schießen. Es zu versuchen impliziert zweierlei: erstens den Versuch, den Ball zu treten und zweitens die Kompensation der Angst. Angst zu kompensieren verstärkt

Teilchen, wie auch das aus ihnen aufgebaute Universum, sind im Wesentlichen Licht und Variationen des Lichts und damit als äußerster Bewegungsgrenze der Lichtgeschwindigkeit unterworfen. Die Wellenfelder, die sie manifestieren, stellen allerdings einen völlig anderen Zustand dar, der weder Bewegung noch Licht ist, sondern aus der Frequenz besteht, aus welcher das Licht selbst entspringt – nicht in Zeit und Raum, sondern als Quelle von Zeit und Raum. Sie sind, mit einem Wort, ortlos, wohingegen die Teilchen, als die sie auftreten, örtlich oder ortgebunden sind.

Der nächste Schritt der Menschheit

die Angst. Zu versuchen, sich noch mehr anzustrengen, macht es nur noch anstrengender. Je mehr wir versuchen, uns anzustrengen, desto mehr kommen wir uns selbst in die Quere und desto größer wird die Angst. Man braucht immer mehr Kraft und Energie, um immer weniger zustande zu bringen. Als Luke Skywalker die Herausforderung, die Allianz der Rebellen zu retten, mit den Worten „Ich werde es versuchen" annahm, erwiderte Meister Yoda: „Nicht versuchen. Du musst es tun." Versuchen stört. Tritt den Ball einfach an.

Zustände sind sinngebende Inhalte

Jeder Zustand ist eine einzigartige Ansammlung körperlicher, emotionaler und geistiger Muster, die alle auf unser Verhalten einwirken. Beziehungszustände gehen Inhalten, Lernen und Leistung voraus. Ein gebrochenes Bein beispielsweise oder eine Grippe sind unterschiedliche Körperzustände, die einen Athleten oder Tänzer außer Gefecht setzen können. Ärger, Neid oder das Gefühl des Gedemütigtseins sind unterschiedliche Gefühlszustände, die unterschiedlich auf unser Denken, Fühlen und Handeln einwirken. Zuhören oder aufmerksames Beobachten, durcheinander sein, etwas nicht wissen oder eine starke Auffassung verteidigen sind ebenfalls Zustände.

Die Zustände anderer beeinflussen uns; wir lernen von ihnen. Einen Großteil der frühen Kindheit verbringen wir damit, die Zustände anderer mitzuerleben, auf sie zu reagieren, von ihnen zu lernen. Genau das ist es, was Kinder tun. Sie nehmen Anteil und lernen von den im Erwachsenenzustand impliziten Informationen oder Bedeutungsinhalten. Dieses Teilnehmen prägt das Kleinkind. Der Erwachsenenzustand bietet den Bezugsrahmen, der Ordnung in die Erfahrungen des Kindes bringt und ihnen Bedeutung verleiht. Der intime Lernvorgang, der bereits vor der Geburt begonnen hat, wird in und durch die Anwesenheit der Eltern, Lehrer oder anderer Bezugspersonen fortgesetzt.

Bedeutungsfelder

Die in einem bestimmten Zustand enthaltene Bedeutung oder Information kann mit einem *Feld* in der Quantenphysik verglichen werden. Quantenfelder sind subtile, nicht-örtliche Muster reiner Energie. Im Gegensatz zu den Vertretern der Newton'schen Physik vertritt David Bohm die Auffassung, dass das Universum in gewisser Weise bewusst ist und dass diese bewusste Energie nicht durch die Beschränkungen, denen physische Materie unterliegt, eingeschränkt ist. Die in einem Feld enthaltene Information oder Bedeutung ist zeitlich und räumlich unbegrenzt überall und ständig vorhanden. Nach Bohm ist es die Form des Feldes, die ihm Bedeutung verleiht, nicht dessen Intensität. Die Bedeutung, die Form oder das Muster des subtilen Energiefeldes organisiert physische Materie. Bohm hat beschrieben, wie Wahrnehmung Materie strukturiert – in unserem Fall Sie und mich.

Ein von Dichtern und Weisen intuitiv schon immer wahrgenommenes fünftes Gehirn befindet sich in unserem Herzen... Die Neurokardiologie, eine neue Disziplin der medizinischen Forschung, hat ein tatsächliches, physisches und wichtiges Gehirn in unserem Herzen entdeckt. Dieses mit unseren vier Kopfgehirnen in einer dynamischen Wechselwirkung stehende Herzgehirn funktioniert auf der Grundlage einer bemerkenswerten Herz-Kopf-Dynamik außerhalb unserer Bewusstheitsschwelle. Diese Dynamik reflektiert, beeinflusst und entscheidet über die Natur unseres daraus resultierenden Bewusstseins in der gleichen Weise, wie das Bewusstsein seinerseits zutiefst auf die Herz-Kopf-Dynamik einwirkt.

Biologie der Transzendenz

„Der Vorgang ist nur von der Form des Feldes abhängig, nicht von seiner Intensität. Daher handelt es sich nicht um eine mechanische Aktion wie die einer Welle, die einen Korken oder ein Schiff bewegt; vielmehr ähnelt sie einer Radarwelle, die das Schiff per Autopilot lenkt. Die Form (des Feldes) ruft eine Aktion hervor... Im Normalzustand z.B. verhalten sich Elektronen wie eine unorganisierte Menschenmenge; Elektronen in einem supraleitenden Zustand bewegen sich in einer regulierten, koordinierten Weise und werden so nicht gestreut. Wenn man dies mit einem Ballett vergleicht, könnte man sagen, dass die Wellenfunktion im supraleitenden Zustand der Partitur entspricht – einer Art von Information – und der Tanz der Bedeutung der Partitur... Um diese Analogie eines Balletts noch etwas zu verbessern, wollen wir annehmen, dass die Partitur der Wellenfunktion nicht festgelegt ist, sondern vom Anfangszustand der Teilchen abhängt. Der Tanz würde sich entsprechend dem Anfangszustand der Tänzer verändern."

DAVID BOHM, PH.D.
Im Gespräch mit Rupert Sheldrake
Wissenschaftler und Weise von Renee Weber

Die gleichen Prinzipien, die Elektronen leiten, leiten auch große Ansammlungen von Elektronen wie Sie und mich. Das von unserem Zustand erzeugte Feld beinhaltet Information und Bedeutung. Nach Bohm kann man davon ausgehen, dass das Bedeutungs- oder Informationsfeld sich in einem mehrdimensionalen Raum befindet und ähnlich wie Radar operiert, um Materie – wie unseren Körper zum Beispiel – zu organisieren. Die Bedeutung des Feldes wird nicht durch die äußeren Sinne erfahren und zum Ausdruck gebracht, sondern durch die inneren. Intuition und Telepathie sind Feldwirkungen; Fernwahrnehmung, Präkognition und das direkte „Wissen" der Idio-Savants, wie es in den Anfangskapiteln von *Der nächste Schritt der Menschheit* beschrieben wird, sind Feldwirkungen. Teilchenmuster, die wir das physische Universum nennen, besitzen Inhalt, sie wirken auf uns ein. Wellen oder Energiemuster haben ebenfalls Bedeutung; auch sie beeinflussen uns. Wir nehmen beides wahr, Energie und Materie, reagieren auf beide und lernen von beiden, obgleich unterschiedlich. Zustandsspezifisches Lernen und Leistung machen es erforderlich, dass wir unsere Aufmerksamkeit auf beide Dimensionen lenken, auf die geistige Energie wie auch auf die physische Materie. Dabei stellt man fest, dass beide schlussendlich nichts anderes sind als die beiden Seiten ein und derselben Münze.

Noch lange bevor es sich zu unserem klopfenden und pochenden Vier-Kammer-Organ herangebildet hat, liefert unser rudimentäres Herz das elektromagnetische Feld, in das der Embryo von Anfang an eingebettet ist. Dieses elektromagnetische Feld wiederum ist in das ungleich stärkere Herzfeld der Mutter eingebettet, deren Herzfeld in die Erd– und Solarfelder eingebettet ist. Einer der Gründe für die Phase, in der das Baby in den Armen der Mutter liegt, ist der, dass das Neugeborene wie jedes andere intelligente System während der ersten Monate nach der Geburt dieses Modell einfach benötigt, weil die Nähe zum Herzfeld der Mutter das Herzfeld des Kindes stabilisiert.

Biologie der Transzendenz

Felder teilen

Kinder und Erwachsene haben teil an gemeinsamen Feldern. Sich verändernde Zustände beinhalten sich verändernde Feldmuster oder -bedeutungen. Zustände sind reziprok und dynamisch. Veränderungen im Feldzustand einer Person wirken sich auf eine andere aus. Dieser dynamische, reziproke Austausch von Bedeutungen findet ständig und überall statt. Ungeborene, Säuglinge und Kleinkinder reagieren extrem sensibel auf Feldwirkungen. Sie lernen von ihnen. Ihr Radar ist ausgesprochen fein gestimmt. Störungen intellektueller Art oder aufgrund von

Konditionierungen treten kaum auf. Feldresonanzen leiten sie in dem gleichen Ausmaß, wenn nicht sogar stärker als die von den physischen Sinnesorganen erfassten Informationen.

Mit zunehmendem Alter verlagert sich die Aufmerksamkeit von diesen inneren Bedeutungsfeldern auf die von Gedächtnis, Gedanken und Vorstellungskraft erzeugte innere Bilderwelt. Felder und deren Bedeutungen sind subtil. Die inneren Vorstellungsbilder, die sich in den neueren Gehirnzentren entfalten, sind vergleichsweise spektakulär. In dem Maß, wie sich die bilderstellende Fähigkeit des Gehirns entfaltet, überlagert sie die gemeinsame Bedeutung der Feldwirkungen. In dem Maß, wie Sprache und Vorstellung sich entwickeln, lässt sich die Aufmerksamkeit von der Flut der Gedankenformen und Bilder umgarnen, die unsere jüngste Gehirnstruktur hervorbringt. Aus diesem Grund bekommen viele Erwachsene die subtilen Feldresonanzen, die sie mit Kindern teilen, gar nicht mit. Kindern passiert das nicht.

Die örtlichen und nicht-örtlichen Zustände der Erwachsenen stellen für das Kleinkind lebenswichtige Informationen dar und sind für sie höchst bedeutungsvoll. In diesen subtilen Feldern finden die Gefühle oder Informationen sich verändernder Erwachsenenzustände ihren Widerhall, was sich im Kind als Intuition oder andere subtile Empfindungen ausdrückt. Solch inneres, nicht-verbales Wissen stellt den Bezugsrahmen oder Filter dar, der den Erfahrungen des Kindes Ordnung verleiht. Ändert sich der innere Zustand des Erwachsenen, ändert sich auch der Bezugsrahmen für das, was das Kind lernt. Die Qualität dieser ersten Beziehungen begründet im Kleinkind Wahrnehmungs- und Verhaltensmuster, die ein Leben lang Gültigkeit haben werden, weswegen der Zustand der Erwachsenen-Kind-Beziehung unendlich viel wichtiger ist als die Informationen und Fähigkeiten, die wir Erwachsenen so dringend weiterzugeben wünschen. Zustände sind primär. Sie wirken sich in jedem Alter darauf aus, wie wir lernen, was wir leisten und wie wir uns fühlen.

Die Intelligenz des Herzens

Ein aktuelles, deutliches Beispiel für Feldwirkungen ist die Energie oder Intelligenz des Herzens. Quantenbiologen beschreiben eine kristalline, flüssige Struktur, in die der gesamte Körper eingebettet ist. Jeder Teil des Organismus befindet sich mit allen anderen Teilen in Verbindung und in vollkommener Resonanz – eine innere Symphonie, die vom Herzen orchestriert wird. Jüngste Forschungen haben ergeben, dass die Frequenzen und die elektromagnetische Strahlung dieser flüssig-kristallinen Struktur auch zwischen uns Menschen fließt. Diese Frequenzen haben eine Bedeutung. Sie beinhalten Intelligenz und Informationen.

Die neue Disziplin der Neurokardiologie hat herausgefunden, dass bis zu 65 % der Herzzellen Neuronen von der gleichen Art sind, wie sie auch im Gehirn gefunden werden. John und Beatrice Lacey, (zwei Forscher auf dem Gebiet der Psychophysiologie, die den Informationsaustausch zwischen Herz und Gehirn untersuchten, *Anm. d. Ü.*) entdeckten nach dreißig Jahren Forschung am *National Institute of Health* eine direkte neuronale Verbindung zwischen Herz und Gehirn. Das Gehirn informiert das Herz über den allgemeinen emotionalen Zustand, und das Herz ermutigt das Gehirn zu einer intelligenten Erwiderung. Über die Jahrhunderte hinweg haben Weise und Dichter auf

Im Jahr 1983 veröffentlichte der Physiker und Mathematiker John Hasted an der Universität von London eine Studie über Dutzende von im Schnitt neunjährigen Kindern, die unter geeigneten Bedingungen einfache Metallgegenstände, ohne sie anzufassen, verbiegen konnten. Ein Jahr davor, 1982, saßen wir im Monroe Institut in Virginia mit fünfundzwanzig Menschen im Alter von fünf bis siebzig Jahren im Kreis zusammen und verbogen unter der Leitung eines Oberst der US-Armee rostfreien Stahl zu verschiedenen Formen, indem wir mit der Hand darüber strichen... Ein Physiker der Universität Melbourne verbog in Glaskästen versiegelte Metallstangen. Es wurden Spektographen angefertigt, die zeigten, dass Stahl, nachdem er einmal auf diese Weise verbogen worden ist, eine andere chemisch-molekulare Struktur aufweist als das gleiche, aber durch mechanischen Druck verbogene Metall. Bei seinen Untersuchungen über die Wechselwirkung zwischen Geist und Materie fand Robert Jahn heraus, dass gewöhnliche Menschen elektronische Geräte auf eine klassisch „unmögliche" Art und Weise beeinflussen konnten, und kam zu dem Schluss, dass wir die „Gesetze der Physik neu schreiben müssen".

Der nächste Schritt der Menschheit

diese Rolle des Herzens hingewiesen. Die Neurokardiologie und Untersuchungen am Forschungszentrum des IHM (Institut für HeartMath oder Herzintelligenz-Institut) verpflanzen die Intelligenz des Herzens von der Dichtung und Poesie in die handfeste Biologie, wo sie hingehört.

Jede Phase des Herzschlags erzeugt ihren eigenen Anteil an der den Körper umgebenden Feldwirkung. Das erste Feld ist nicht sehr ausgedehnt und nahe am Herzen. Das nächste, ein sehr starkes Feld, reicht knapp einen Meter über den Körper hinaus, und ein drittes erstreckt sich zwischen ca. 3,5 und 4,5 m über die Körpergrenzen hinaus.

Dass die Felder von Personen sich oft überschneiden, ist leicht einzusehen. Wenn sich zwei Felder überschneiden, treten sie miteinander in Interaktion. Diese *Resonanzwirkung der Felder* gibt es in jeder Beziehung, ist aber besonders in der Mutter-Kind-Beziehung von großer Bedeutung. Die gemeinsamen Anteile ihrer Felder enthalten eine große Menge an Informationen, die für beide gleich wichtig sind.

Das vom Herzen erzeugte Feld spielt eine äußerst bedeutende Rolle. David Bohm und andere Physiker haben beschrieben, inwieweit Felder Bedeutung, Informationen und Intelligenz beinhalten. Viele der neueren Forschungsergebnisse lassen die Annahme zu, dass das Herzfeld für die allgemeinen Umweltbedingungen verantwortlich zeichnet, unter denen das genetische System seine Anweisungen für neues Leben formuliert.

Schon seit langem weiß man, dass der Herzschlag der Mutter das Wachstum des Fötus beeinflusst. Dr. Riddleston von der Universität in Adelaide, Australien, stellte als erster die Behauptung auf, dass beginnend mit der Empfängnis und während der gesamten Entwicklung im Mutterleib der Herzschlag der Mutter gewissermaßen in die Zellen eingraviert oder eingeprägt wird. Nach unserem augenblicklichen Wissensstand deckt der Einfluss oder die Intelligenz des Herzens viele Bereiche ab: hormonelle, klangliche, elektromagnetische und andere, noch subtilere Feldwirkungen. Die Wirkung auf das Kind ist beträchtlich. Eine Trennung von Kind und Mutter zerstört das Resonanzfeld, das

Zwei Erfahrungspole liegen in uns: die Erfahrung unseres einzigartigen, persönlichen Selbst, wie es vom Gehirn erzeugt wird, und die Erfahrung einer universellen, nicht-persönlichen Herzensintelligenz. Der Erfolg des menschlichen Lebens hängt von der Entwicklung dieses Herz-Geist-Dialogs ab … Da der Modellimperativ der Natur keine Ausnahme macht, muss auch eine höchste Intelligenz sich mit uns entwickeln, wenn wir sie uns zugänglich und zunutze machen sollen. Unglücklicherweise gibt es kein akademisches Konzept für eine solche, die Herzensintelligenz nährende Modellumgebung, was unsere Unwissenheit diesbezüglich zu einer bedrückenden, ja lähmenden Tatsache macht.

Der nächste Schritt der Menschheit

sie miteinander teilen. Durch die Trennung geht der harmonisierende, stützende Einfluss des mütterlichen Herzsystems verloren, und der Zustand des gesamten kindlichen Herzsystems wird instabil, zusammenhanglos. Die gegenseitige Stimulierung der Mutter-Kind-Herzfelder bleibt aus.

Dass Herzfelder sich gegenseitig stimulieren, ist eine sehr präzise, messbare, wissenschaftliche Tatsache. Amplitude und Hertzwert der beiden Herzfrequenzen sind kohärent, d.h. sie weisen eine geordnete, harmonische Funktion auf. Die Wellenform stimmt überein. Wenn die Wellenform nicht übereinstimmt, sprechen wir von Dissonanzen. Die gegenseitige Stimulierung der Herzfelder vermeidet Dissonanzen und Konflikte, ermöglicht Harmonie, Ganzsein und Gesundheit und veranlasst die Gehirne zu synchronem Reagieren. Dieser stimulierende, harmonische Zustand zwischen Mutter und Kind, der alles im Gleichgewicht hält, wird als *Bonding* bezeichnet. Später dehnt sich dieses Verbundensein aus und schließt Familie, Gesellschaft und Natur mit ein.

Eine vollständige Entwicklung, für die wir genetisch ausgerüstet sind, ist eine rein kreative Angelegenheit, durchführbar nur, wenn das Denken als ein der Erkenntnisintelligenz dienendes Instrument entwickelt wird, offen und fähig, die ehrfurchteinflößende Macht des Bewusstseins zu steuern. Alles darunter bleibt eine unvollständige Entwicklung, die, egal wie viele Gerätschaften wir um uns herum auftürmen mögen, nichts weiter als immer nur Angst erzeugt, weil wir es versäumen, höheres abstraktes Denken zu entwickeln, ohne das es keine geistige Autonomie gibt. Eine solche Autonomie ist die Fähigkeit, eine von unseren physischen Gegebenheiten unabhängige Wahrnehmungserfahrung zu erzeugen, obwohl unsere kreative Kraft aus diesen entsteht.

Die heilende Kraft

Findet kein anfängliches Mutter-Kind-Bonding statt, sind alle nachfolgenden Bondingvorgänge nicht nur gefährdet, sondern kommen nur noch schwer, wenn überhaupt, zustande. Wenn ein Kind nicht zu sozialem Verhalten in der Lage ist, und es ihm auch nicht gelingt, ein aktives Mitglied der Gesellschaft zu werden, liegt das nicht an seinem moralisch-ethischen Versagen, sondern daran, dass das allererste und wichtigste Band, auf dem alle späteren Beziehungen aufbauen, nicht zustande kam. Untersuchungen, die an der Harvard-Universität durchgeführt wurden, machen deutlich, dass das Wesen unserer ersten Beziehungen sich ein Leben lang sowohl in unserer Gesundheit widerspiegelt als auch überhaupt in unserer Beziehungsfähigkeit. Allan Schore beschreibt, wie die ersten achtzehn Lebensmonate die Entwicklung aller nachfolgenden Intelligenzen wie auch der Fähigkeit zu sozialem Verhalten für den Rest des Lebens bestimmen. Warum? Weil die emotionalen Erfahrungen des Kindes während dieses Zeitraums über die Art und Qualität der Neuralstrukturen entscheiden, die sich in diesem Lebensabschnitt bilden. Schore führt alle krankhaften Symptome bei Teenagern und Erwachsenen auf einen Mangel an emotionaler Sicherheit während der ersten achtzehn Lebensmonate zurück. Emotionale Sicherheit setzt sich direkt in gemeinsame und nicht-gemeinsame Feldwirkungen mit dem unmittelbaren Umfeld um, und das besteht während der ersten achtzehn Monate aus der Mutter, dem Vater und anderen ständigen Bezugspersonen.

Unser intellektuelles und kreatives Gehirn (der Neokortex, die jüngste Hirnstruktur) ist entscheidend von unserem emotionalen Gehirn (dem limbischen System) abhängig. Art und Entwicklung des emotionalen Systems bedingen unsere Erkenntnisfähigkeit. Um höhere Intelligenzstufen entwickeln zu können, in uns selbst und in unseren Kindern, müssen wir zuerst die emotionale Intelligenz entwickeln, ohne die uns die Grundlage für das Entwickeln höherer Stufen menschlicher Intelligenz fehlt. Genau deswegen fallen unsere Familien, fällt unser Erziehungssystem auseinander. Wir sorgen nicht für die unverzichtbare emotionale Sicherheit, den sicheren Hafen und das frühe Bonding. Die dringend benötigte emotionale Sicherheit wiederum hängt von der Interaktion der Herzfelder ab, die wir alle und insbesondere Mutter und Kind miteinander teilen. Emotionales Bonding stellt die notwendige Grundlage bereit, auf der sich höhere Intelligenzen entfalten können. Wenn wir uns intelligente Kinder wünschen, müssen wir von Anfang an auf die Intelligenz des Herzens hören und sie respektieren.

Die Natur programmiert das Kind im Alter von eins bis sieben zu zweierlei: einerseits dazu, Wissensstrukturen über die Welt genau so, wie sie ist, zu erstellen, und andererseits mit dieser Welt auf eine Weise zu spielen, die sie nicht ist… Neue sensorische und motorische Organisationsmuster bilden sich im Gehirn des Kindes nur durch entsprechende körperliche Interaktionen mit der Welt. Der Vorgang der Verinnerlichung äußerer Handlungen führt während der gesamten Kindheit zu präzisen, alle Dimensionen umfassenden Wissensstrukturen.

Die magische Welt des Kindes

Die Intelligenz des Verstehens und der Geist des Anfängers

Informationen, die das Herzfeld und andere Felder verkörpern, werden von unseren alltäglichen Gedanken blockiert. Werden wir vor eine Aufgabe gestellt, durchsuchen die assoziativen Prozesse des Gehirns die gesamte Datenmenge an gesammelten Erfahrungen und unterbreiten auf der Grundlage des bereits Bekannten einen Vorschlag. Die meisten Menschen verbringen ihre Zeit in einem Zustand des Geistes, den wir zwar „Denken“

nennen, der aber hauptsächlich aus Planen, Projizieren, Kontrollieren und Sichsorgen besteht. Denkvorgänge und Gedanken erzeugen sich im Wesentlichen und fast ausschließlich selbst, d.h. die Quelle oder das Rohmaterial für den Vorgang, den wir als Denken bezeichnen, ist bereits bekannt. Denkprozesse und Gedanken beinhalten Erinnerung, und Erinnerung hat mit der Vergangenheit zu tun, mit bereits Bekanntem. Wir können über Neues nachdenken und neue Möglichkeiten ersinnen, aber nur im Kontext des bereits Bekannten und Bestehenden.

Wahres Lernen und wahre Beziehungen entstehen in etwas, das in der Philosophie des Yoga als *ewige Gegenwart* bezeichnet wird. Lernen und Beziehungen können zu Vergangenem in Beziehung stehen, aber nicht ausschließlich durch Vergangenes definiert oder darauf beschränkt werden. Wäre das der Fall, würde man die Intelligenz, die sich im jetzigen gestalterischen Augenblick ausdrückt, ausschließen. Im Gegensatz zu reflexhafter Konditionierung umfasst wahres, adaptives Lernen, umfassen wahre Beziehungen ein kontinuierliches Verschmelzen von gegenwärtig Unbekanntem mit vergangenem Bekannten. Unser bestehendes Wissen wird ununterbrochen von Neuem, Unbekanntem verändert.

Die Natur hat vorgesehen, dass das Kind seine Erfahrungen unbelastet, ohne Vorurteile, macht und sie erst beurteilt, nachdem die Erfahrung gemacht worden ist. Sorgen um das eigene Überleben, um die eigene Sicherheit und das eigene Wohlbefinden erzwingen eine sofortige Bewertung der Erfahrung, noch ehe sie überhaupt eintreten kann. Dergleichen Erwägungen lösen eine sofortige Kampf/Flucht-Reaktion aus (ihr Potential für Wohl oder Weh des Kindes). Die Intelligenz wird auf diese Weise zu einer Entscheidung gezwungen, die auf dem Wert der Erfahrung beruht. Es gibt keine fraglose Akzeptanz des Gegebenen, die das Kennzeichen eines unversehrten Kindes ist. Überlebensängste lösen eine Informationsselektierung unter dem Motto ‚Bin ich sicher?' aus. Ein Kind mit Bonding stellt diese Frage gar nicht. Es fragt sich lediglich ‚Wo stehe ich?' und geht dann zu einer entsprechenden Interaktion über.

Die magische Welt des Kindes

Der Ursprung der Intelligenz und Informationen, die vom Herzfeld und anderen Feldern übertragen werden, liegt nicht im Gedächtnis. Nach David Bohm und anderen sind Informationsgehalt und Bedeutungsinhalt von Feldern nur in der Gegenwart zugänglich. Die Bedeutung eines Feldes kommt in der Wahrnehmung als *Verständnisblitz* zum Ausdruck, wie in dem nicht erlernten Wissen der Idio-Savants oder den plötzlichen Heureka!-Erfahrungen eines Einstein und anderer. Um für Verständnisblitze offen zu sein, müssen die Türen der Wahrnehmung geöffnet sein; sie dürfen nicht durch bereits Bekanntes blockiert oder behindert sein. In der Philosophie des Zen wird dieser unbelastete, aufnahmefähige Zustand als „Geist des Anfängers" bezeichnet.

In einem Schwertkampf auf Leben und Tod, das Schwert mit dem Feind gekreuzt – woran sollte der Schwertkämpfer in dieser Situation denken? Sollte er versuchen, sich an die neuesten Tricks im Schwertkampf zu erinnern? Oder sich Gedanken darüber machen, was seine Mutter über die schmutzigen Sandalen sagen wird? Als Luke auf den Todesstern zuraste, gab ihm Obi-Wan Kenobi nicht den Ratschlag, sich auf die ausgeklügelten Kampfsysteme an Bord der X-Wing zu verlassen. „Gebrauche die Kraft, Luke", war alles, was er sagte.

Sich auf die Kraft zu verlassen, die Kraft zu gebrauchen, könnte auch so interpretiert werden, dass man nicht immer in den Rückspiegel, in die Vergangenheit schauen sollte, in der Hoffnung, dass sich so die Herausforderung des Augenblicks meistern ließe. Anstatt das Augenmerk ausschließlich auf vorgestellte Resultate zu richten, sollten wir den zu uns in Resonanz stehenden, inneren und uns umgebenden Intelligenzfeldern die Möglichkeit geben, sich auszudrücken.

„Der Anfänger weiß nichts über Körper- oder Schwerthaltung, und sein Geist bleibt nirgendwo stecken. Wenn er mit dem Schwert angegriffen wird, wehrt er den Angriff ab, ohne groß darüber nachzudenken. Dann lernt er die verschiedenen Haltungen, Schritte und Positionen und auch, wie er seine Gedanken zu führen hat. Nun bleibt sein Geist oft stecken. Wenn er den Gegner jetzt mit einem Schlag attackieren will, ist ihm extrem ungemütlich dabei. Über der Übung vergeht die Zeit, und er denkt weder über die Körperhaltung nach noch darüber, wie man das Schwert führt. Sein Geist ist wieder so geworden, wie er am Anfang war, als er nichts wusste."

TAKUAN SOHO
Schreiben des Zenmeisters an den Schwertkampfmeister, 16. Jhd.,
The Unfettered Mind, übersetzt von William Scott Wilson

Um neue Fertigkeiten zu erlernen, bedarf es der Aufmerksamkeit. Wir werden zu dem, worauf unsere Aufmerksamkeit sich richtet. Sie ist wie eine Linse, die unsere Energien bündelt. Durch die Linse der Aufmerksamkeit schmiedet die gebündelte Energie neues Gehirnmaterial. Je ungeteilter die Aufmerksamkeit, desto mehr Energie wird gebündelt, desto mehr Lernen findet statt und desto größer ist die entsprechende Gehirnentwicklung.

Zustände, die optimales Lernen und optimale Leistung erlauben, setzen die Aufmerksamkeit optimal ein. Begegnen wir dem Augenblick mit einem Maximum an Aufmerksamkeit? Sind unsere Energien ungeteilt oder wird ein Teil der Aufmerksamkeit zurückgehalten für den Fall, das wir unser Selbst verteidigen müssen? Sei es beim Spielen oder in der Zone, besonders in der Beziehung zu Kindern: die Qualität unserer Aufmerksamkeit macht einen großen Unterschied.

„Wenn du den Geist in deine rechte Hand legst, wird die rechte Hand ihn nehmen, und dem Körper wird sein Funktionieren fehlen... Wenn du ihn nirgendwo hinlegst, wird er sich über den ganzen Körper verteilen und ihn vollständig durchdringen."

Takuan Soho
Schreiben des Zenmeisters an den Schwertkampfmeister, 16th Jhd.,
The Unfettered Mind, übersetzt von William Scott Wilson

„Gebrauche die Kraft, Luke." Dieser Ratschlag befreite den Geist aus dem Gefängnis des Intellekts und seiner Verteidigungssysteme. Der als *Flow* bezeichnete Geist des Anfängers ist jener Zustand, in dem sich der Geist oder die Aufmerksamkeit in natürlicher Weise über den ganzen Körper und darüber hinaus erstreckt und das Unbekannte einlädt, sich durch uns jetzt und hier auszudrücken.

Unser Ziel ist es, die Prinzipien des zustandsspezifischen Lernens und zustandsspezifischer Leistung (in der Zone sein, Flow, echtes Spiel) auf das Leben mit Kindern und ihre Ausbildung anzuwenden. Jahre der Forschung auf den unterschiedlichsten Gebieten zeigen eine dramatisch neue Sichtweise der Entwicklung des Menschen. Jede Zelle unseres Körpers ist mit außerordentlichem Potential ausgestattet. Das Optimum ist die natürliche Ausgangsbasis für Lernen, Höchstleistungen und Wohlbefinden. Jeden Tag geschehen Wunder, wenn Lern- und Leistungswiderstände reduziert oder vollständig beseitigt werden. Das Optimum ist etwas vollkommen Natürliches. Es ist nicht einmal schwer. Es ist geradezu ein Kinderspiel. Tatsächlich ist es Spiel.

Echtes Spiel – der Optimalzustand

Die Intelligenz des Spiels

Der Kampf gegen das Imperium und Schwertkämpfe auf Leben und Tod sind dramatische Ereignisse außerhalb unserer alltäglichen Routine. In der Zone zu sein, in jener Optimalen Lernbeziehung, bedeutet vollkommene Aufmerksamkeit, lebendig zu sein und mit nichts anderem beschäftigt als mit dem jetzigen, kostbaren Augenblick und all seinen Verknüpfungen. Und was tun die meisten Menschen und Tiere, wenn sie sich sicher und geborgen fühlen? Wenn sie sich in einem Zustand des *Flow* befinden? Sie spielen – Verstecken, Schach, Karten, Fußball. Sie spielen mit dem Hund, denken über dies und das nach. Das wirkliche Spiel ist jedoch nicht die jeweilige Beschäftigung, sondern ein besonderer, qualitativ einzigartiger Zustand einer Beziehung.

Angst gebiert Angst. Angst ist der eine Zustand, den wir nicht tolerieren dürfen. Jeder aus Angst entstandene Gedanke trägt genau diese Angst in sich, selbst wenn er aus dem Impuls entstanden ist, der Angst zu entfliehen. Isoliertes Denken kann keine Übereinstimmung, keine Harmonie hervorbringen, und wir sind nur im Zustand der Harmonie angstfrei… Wenn unser Augenmerk auf Fehler gerichtet ist, werden wir zu diesen Fehlern. Gleich und gleich gesellt sich gern. Fehler erzeugen Fehler.

Die heilende Kraft

Je nach Alter und Entwicklungsstadium wandeln sich unsere Spiele. Michael Jordan hat eine besondere Beziehung zu Basketbällen. Dichter und Schriftsteller haben eine spielerische Beziehung zu Worten. Musiker spielen mit Klängen, Sänger und Schauspieler mit Gefühlen. Einstein spielte mit Gedanken. Kinder spielen mit allem und besonders gern mit Menschen, die sie mögen. Die ganze Kindheit ist in natürlicher Weise wie gemacht dafür, diese einzigartige, äußerst spezielle Beziehung namens Spiel zu erkunden und zu entwickeln.

Heute betrachtet man Spiel als wichtigste Antriebskraft für die Entwicklung höherer Gehirnfunktionen. Je intelligenter eine Spezies, desto mehr spielt sie. Je größer das Geschick des Spielers, desto größer und spezialisierter das Gehirn. Das Spiel der Menschen wie auch der Tiere ist für die optimale Entwicklung des Gehirns notwendig, für das Erlernen von sozialem Verhalten, für Flexibilität und Anpassungsfähigkeit. Echtes Spiel ist echtes Lernen und echte Entwicklung. So einfach ist das. John Douillard beschreibt die Wichtigkeit echten Spiels und seine Auswirkungen auf die Leistung von Spitzensportlern.

„Wenn man sich mit Spitzensportlern unterhält – und ich habe viele von ihnen trainiert – sind sich alle darin einig, dass ihr bester Wettkampf der leichteste war. Als Roger Bannister den Vier-Minuten-Rekord über eine Meile brach, berichtete er: „Die Welt schien still zu stehen. Ich hatte das Gefühl, wie in Zeitlupe zu laufen. Kein Schmerz, keinerlei Anstrengung." Und er rannte schneller als jeder andere Läufer vor ihm. Nicht anders erging es Billy Jean King. Inmitten des Tumults im Gerichtssaal brachte sie sich an einen inneren Ort vollkommener Ruhe und vollkommenen Friedens. Tarahumara-Indianer laufen zwischen 75 und 150 Meilen pro Tag, wobei sie einen kleinen Ball vor sich her schießen. Es ist ein Spiel. Nach 26 Meilen ist ihr Blutdruck niedriger als am Anfang des Laufs und ihre Atemfrequenz normal, obwohl sie in großer Höhe acht Meilen pro Minute zurücklegen. Es macht ihnen Spaß; es gehört zu ihrem Leben. 150 Meilen pro Tag ist Schwerstarbeit, dennoch sind sie gelassen und ruhig. Es macht ihnen so viel Spaß, dass sie mühelos und ganz natürlich in diesen Zustand übergehen, in dem solche Höchstleistungen möglich, ja natürlich sind. Kein Stress, keine Arbeit. Spiel und Freude.

Spiel ist die Grundlage kreativer Intelligenz, die entsprechend dem Modellimperativ der Natur genauso wie jede andere Intelligenz entwickelt werden muss. Das Kind, mit dem gespielt wird, wird spielen lernen; ein Kind, mit dem nicht gespielt wird, wird es nicht lernen und auf jeder Stufe seiner Entwicklung beeinträchtigt sein.

Der nächste Schritt der Menschheit

Persönliches Gespräch
JOHN DOUILLARD
Autor von *Body, Mind & Sport*

Spiel als Lernprozess

Die meisten Erwachsenen sehen es genau anders herum. Für sie ist Lernen eine ernste Angelegenheit und Spiel unwichtig, reine

Zeitverschwendung. Wahres Spielen jedoch optimiert und erweitert den Lernvorgang, verbessert die Leistung und das Wohlbefinden. Andere Zustände wie Wetteifern oder Druck, der durch in Aussicht gestellte Belohnungen oder Bestrafung aufgebaut wird, beschränken den Lern- oder Leistungszuwachs auf vorgegebene Muster. Lernen wird zu einer mechanischen Angelegenheit, zu einer trockenen konditionierten Übung. Die Intelligenz des Spiels geht verloren, wenn Beziehungen automatisch, reflexartig werden.

Intelligenz ist umfassend; sie ist eine Bewegung in Richtung Ganzheit und Wohlbefinden. Spielen versetzt Körper und Geist in ihren natürlichen Zustand und öffnet wirklichem Lernen die Tür. Widerstände werden aufgelöst; dadurch eröffnen sich Möglichkeiten, an die die meisten von uns nicht einmal im Traum denken.

Der Geist der meisten Erwachsenen ist durch viele Jahre der Konditionierung verfälscht und kontaminiert. Mit den allerbesten Absichten stülpen sie diese Konditionierungen ihren Kindern über. Erwachsene machen sich Sorgen. Entspricht mein Kind den Erwartungen? Kann es schon genauso gut sitzen, gehen, sprechen, Rad fahren, den Ball treffen, tanzen wie die anderen Kinder? Hat es alles, was es braucht, um den SAT (Standard Aptitude Test, Einstufungstest für den Übertritt ins College. *Anm. d. Ü.*) zu bestehen? Vergleiche, Konkurrenzdenken, Belohnungen und Bestrafungen sind unnötige Beschränkungen des Lernvorgangs, behindern die Leistung und lassen die wirkliche Entwicklung verkrüppeln.

Spiel fördert die Intelligenz, integriert unsere triadische Natur, bereitet uns auf höheres Wissen und auf kreatives Denken vor und darauf, gute Eltern zu werden, wenn die Zeit dafür gekommen ist. Spiel ist die wahre Antriebskraft jeder Zivilisation und Gesellschaft, und ein Zusammenbruch dieser Fähigkeit führt zu einem Zusammenbruch der Gesellschaft.

Der nächste Schritt der Menschheit

Der optimale Zustand des Geistes – die Zone, der *Flow* – stellt sich natürlicherweise ein, wenn alle drei Ebenen des Gehirns – Gedanken, Gefühle und Handlungen – auf eine bestimmte Aktivität gerichtet sind. Solch vollständige Aufmerksamkeit ist uns nicht möglich, wenn wir uns bedroht fühlen. Werden wir beurteilt? Erfüllen wir alle Erwartungen? Werden wir bestraft oder belohnt?

Auch Konkurrenzdenken und Wetteifern verhindert optimales Lernen, Leistung und ungeteilte Aufmerksamkeit. Wie oft denken wir: „Ich muss das jetzt machen. Wenn nicht, bin ich ein Versager, ein Verlierer.“ Wir haben Angst, bestraft oder abgelehnt zu werden. Angst und Konflikte verhindern, dass der Körper sich seiner eigenen Weisheit bedient. Wir sind wie ein Haus im Streit, wo die einen gegen die anderen sind, und verlieren darüber unsere Gesundheit und unser Ganzsein. In der Folge sind wir zu konzentriertem Lernen unfähig und können auch keine Leistung mehr erbringen. Fühlen wir uns dagegen sicher, sind Gedanken, Gefühle und Handlungen frei, unser Universum spielerisch zu erkunden. Echtes Lernen findet nach Maria Montessori „im absorbierten Geist des Kindes“ statt. Kinder, die eine Umgebung der Geborgenheit erfahren, absorbieren ihr Universum. Sie nehmen es in sich auf und werden zu ihm. Ihr Spiel macht es möglich.

Echtes Spiel – vier Perspektiven

Vielen Erwachsenen fällt es schwer, die Wichtigkeit, die dem Spiel zukommt, zu würdigen. Die meisten Erwachsenen haben die Verbindung mit diesem magischen Zustand, in dem alles möglich ist, schon lange verloren. Ehe wir uns damit beschäftigen, wie Spiel unsere Herangehensweise an die Elternrolle und Erziehung verändert, wollen wir diesen optimalen Zustand aus drei unterschiedlichen Perspektiven betrachten – aus der Sicht wissenschaftlicher Forschung, aus naturwissenschaftlicher Sicht und aus der Sicht von Forschungsreisenden.

Wissenschaftliche Forschung

Im Jahr 1990 veröffentlichte Mihaly Csikszentmihalyi das Buch *Flow: Das Geheimnis des Glücks.* Es fasst Jahrzehnte der Forschung über die positivsten Aspekte menschlicher Erfahrung zusammen – über Freude, Kreativität, vollständiges Involviertsein in das Leben und seine Beziehungen.

„Die optimale Erfahrung ist sich selbst Zweck genug... eine eigenständige, in sich abgeschlossene Aktivität, die nicht in der Hoffnung auf einen zukünftigen Nutzen oder irgendeine Belohnung durchgeführt wird. Die Handlung selbst ist der Nutzen, die Belohnung...

Im Flow wird das Leben auf eine höhere Ebene angehoben. Engagiertsein verdrängt Entfremdung; Freude verdrängt Langeweile; Hilflosigkeit verwandelt sich in das Gefühl, die Dinge im Griff zu haben, und die Kraft der Psyche stärkt den Selbstsinn, anstatt sich als Handlanger äußerer Ziele zu verlieren. Wenn Erfahrungen in sich selbst lohnenswert sind, ist das Leben im Jetzt, in der Gegenwart, gerechtfertigt, braucht es keinen hypothetischen zukünftigen Gewinn... Die Lösung ist, sich schrittweise aus dem Zwang der gesellschaftlichen Belohnungen zu befreien und zu lernen, sie durch Belohnungen zu ersetzen, die man selbst im Griff hat.

Die Konzentration ist so stark, dass keinerlei Aufmerksamkeit für Gedanken an irrelevante Dinge, Sorgen etc. zur Verfügung steht. Befangenheit verschwindet; das Zeitempfinden verändert sich. Eine Handlung, die derartige Erfahrungen hervorbringt, ist so lohnenswert, dass Menschen bereit sind, sie um ihrer selbst willen auszuführen, mit kaum einem Gedanken daran, was sie davon haben werden, selbst wenn dies mit Schwierigkeiten oder Gefahren verbunden ist.“

Mihaly Csikszentmihalyi
Flow: Das Geheimnis des Glücks

Spiel ist das universelle Merkmal aller Kinder höher entwickelter Spezies. Während der formativen Phasen räumt die Natur mit allen nicht genügend stimulierten und vergeudeten Möglichkeiten auf, sie werden gewissermaßen wegrationalisiert. Der ständige Spieldrang der Kinder muss logischerweise ein Hauptpunkt in den Plänen der Natur sein.

Die magische Welt des Kindes

Die meisten Erziehungsmodelle basieren auf Konditionierung, externen Belohnungen und Bestrafungen. Diese Kontrollstrategien reduzieren Lernen und Leistung auf vorgegebene Muster, machen sie zu einer reflexartigen, mechanischen, sich wiederholenden Übung. Einer vorgegebenen Erwiderung bzw. Reaktion auf eine neue Herausforderung mangelt es an der dynamischen Flexibilität wahrer Intelligenz. Konditionierungen öffnen die Tür für potentielles Versagen, drohende öffentliche Erniedrigung und Zensur. Sie verhindern die optimale Erfahrung, die durch die Zone, den Flow, das Spiel entsteht.

Wahrhaft große Leistungen kommen zustande, wenn Körper, Geist und Gefühle synchronisiert sind, sich in vollkommener Übereinstimmung befinden; wenn die vollständige Teilnahme an der Erfahrung die Belohnung ist; wenn wir von defensiven Zweifeln und Ängsten frei sind. All dies entfaltet sich ganz natürlich, wenn wir uns sicher und angenommen fühlen.

Naturwissenschaftliche Sicht

Kreatives Forschen, das Herz der Wissenschaft, ist nichts anderes als Spiel. Dieser Tatsache war David Bohm sich sehr genau bewusst.

„Die essentielle Beschäftigung der Wissenschaft besteht aus Nachdenken, welches durch kreatives Wahrnehmen entsteht und spielerisch zum Ausdruck gebracht wird. Dadurch entsteht ein Prozess, in dem sich Gedanken und Erfahrungen als vorläufiges Wissen entfalten, das sich als Handlung nach außen verlagert und als neue Wahrnehmung, als neues Wissen zurückkehrt. Dieser Vorgang führt zu einer kontinuierlichen Anpassung von Gewusstem, welches so einen ständigen Zuwachs, ständige Wandlung und Erweiterung erfährt. Wissen ist also keine starre, fixe Größe, die unbegrenzt auf stetige Weise anwächst, sondern ein Vorgang ununterbrochener Veränderung; sein Anwachsen vergleichbar eher mit dem Wachstum eines Organismus denn mit dem Anwachsen einer Datenbank. Wenn ernsthafte Widersprüche zutage treten, muss man zu kreativer Wahrnehmung und freiem Spiel zurückkehren, die unser Wissen umwandeln. Getrennt von diesem zyklischen Vorgang hat Wissen allein keinerlei Bedeutung... Wenn Kreativität äußeren, nach Belohnung strebenden Zielen untergeordnet wird, beginnt die ganze Beschäftigung zu degenerieren."

David Bohm, Ph.D., und F. David Peat, Ph.D.
Science, Order & Creativity

Erkenntnis scheint eine Art ‚Gnade' zu sein, die man eher empfängt denn durch eigene Anstrengung selbst hervorruft. Einstein nannte sein plötzliches Verstehen einen Erkenntnisblitz, der, obwohl er die Szenerie seines Geistes nur einen Augenblick lang erleuchtete, diese für immer veränderte. Das einzige, das die Art unseres Denkens zu ändern vermag, ist eine Kraft, die stärker als die unserer Gedanken ist.

Die heilende Kraft

Spiel erzeugt eine neue und flexible Beziehung zu Erfahrenem und Gewusstem. Wissen kann nie zu etwas Absolutem werden; es ist nie starr. Das schließt alle Theorien, Überzeugungen, Ideen, Vorstellungen und Meinungen ein, die wir in Bezug auf uns selbst und andere, insbesondere auf unsere Kinder, hegen. Jedes Wissen, auch solches über die Rolle von Eltern und wie man Kinder erzieht, ist vorläufig. Weder unveränderlich noch absolut, sondern behelfsmäßiges Konstrukt, ist jedes Wissen, das wir uns durch Spiel aneignen, immer für Erneuerung offen. Bohm beschrieb dies folgendermaßen: „Wissen verlagert sich als Handlung nach außen und kehrt als neue Wahrnehmung, als neues Wissen zurück. Dieser Vorgang führt zu einer kontinuierlichen Anpassung von Gewusstem, welches so einen ständigen Zuwachs, ständige Wandlung und Erweiterung erfährt.

Die Sicht des Forschungsreisenden

O. Fred Donaldson, Ph.D., der sich der Erforschung des Spiels verschrieben hat, selbst ein Vater ist und Autor des für den Pulitzerpreis nominierten Buches *Von Herzen spielen,* beschreibt die einzigartige Qualität der Beziehung, die mit der optimalen Erfahrung einhergeht:

„Echtes Spiel ist sowohl ein allumfassendes Wirklichkeitsbild als auch eine Übung der Freundlichkeit, die alle eigenen Beziehungen durchdringt. Es bedeutet, tief von unserer wahren menschlichen Natur und der Natur selbst berührt und mit beiden verbunden zu sein. Echtes Spiel hält unseren Sinn für Begeisterung und Engagement am Leben. Spielend werden Gelassenheit, Achtsamkeit und Flexibilität im Umgang mit Stress, Überraschungen oder Herausforderungen entwickelt, denen man ohne Aggression zu begegnen lernt. Spielend werden vollkommen andere Verhaltensweisen als die von unserer Wettbewerbskultur ermutigten gelernt und entwickelt. Die Folgen sind tiefgreifender, universeller und authentischer. Wenn wir uns im Zustand echten Spiels befinden, fallen die Beschränkungen unserer kulturellen Identität von uns ab. Echtes Spiel ist eine Art ökologischer Intelligenz. Es entwickelt eine Sensibilität, die verstanden und in alle Aspekte des Familienlebens, der Gesellschaft und des

Angst ist keine vorübergehende emotionale Störung, sondern ein biologisches Ungleichgewicht, das sein ‚Überleben in Gefahr'- Signal aufblitzen lässt. Das Ergebnis von Angst ist in einer technologischen Gesellschaft ein immer größerer Bedarf an technologischem Fortschritt, um unsere ‚Kontrolle' zu erweitern, in der Hoffnung, so die Angst zu reduzieren. Daraus entsteht ein todsicherer Teufelskreis, denn das Endresultat ist immer ein noch größerer Verlust an persönlicher Kraft, verbunden mit noch mehr Angst und noch mehr Bedarf an technologischem Firlefanz.

Die heilende Kraft

Berufslebens integriert werden muss. Die Intelligenz des Spiels eröffnet noch einmal den Zugang zu kindlicher Genialität, die die meisten Erwachsenen lange verloren haben."

O. Fred Donaldson, Ph.D.
Artikel über *Play As Belonging*

Der Mystiker

Wir hatten unsere Forschungsreise mit Michael Murphys Beschreibung grenzüberschreitender Erfahrungen im Sport begonnen.

„Die großen Seher der meditativen Traditionen haben die Innenwelt tiefer als die meisten von uns erforscht und uns geistige Räume eröffnet, die wir betreten mögen oder auch nicht. Viele Sportler und Abenteurer sind, wenn auch unabsichtlich, durch das Tor des Sports teilweise in diese Bereiche vorgedrungen."

Michael Murphy, Rhea A. White
In the Zone, Transcendent Experience in Sports

Der Zustand, den wir Zone oder Spiel oder *Flow* nennen, *ist* ein grenzüberschreitender Zustand. Im Spiel lassen wir die Grenzen, innerhalb derer wir uns zu bewegen gewohnt sind, hinter uns – wir gehen gewissermaßen über sie hinaus, egal wie alt wir sind, was wir tun oder auf welcher Stufe wir uns befinden mögen. Das Ziel ist immer, jenseits der bekannten Grenzen zu gelangen, sie auszudehnen. Dazu bleibt uns gar nichts anderes übrig, als wenigstens zeitweise die Beschränkungen unserer sozialen und kulturellen Identität aufzuheben. Optimale Lernbeziehungen sind grenzüberschreitend. Frei von der Augenbinde unserer Konditionierungen, die wir als unsere ureigene Identität personifizieren, erweitern sich die Qualität und die Art unserer Beziehungen. Wenn die Grenzen des „ich" und „mein" weiter gesteckt werden oder noch besser ganz aufgehoben werden – dieses Zentrum, das wir so leidenschaftlich verteidigen –, kommt unsere wahre unendliche Natur zum Vorschein, die sich mit Worten nicht erfassen und beschreiben lässt. O. Fred Donaldson beschreibt diese Erfahrung als „Zugehörigkeit." Der Pädagoge und Philosoph J. Krishnamurti, ein enger Freund David Bohms, beschreibt diese mystische Abwesenheit eines defensiven Selbstbildes als nichtselektive Achtsamkeit, wahres Freisein und echte Intelligenz.

„Ungeteilte Aufmerksamkeit kennt keinen Ichsinn und ist frei von Beschränkungen."

Krishnamurti
Washington D.C., 1985

„Wenn man mit aller verfügbaren Kraft Achtsamkeit kultiviert, lösen sich alle Ängste auf."

Krishnamurti
Washington, Ojai, Kalifornien, 1981

„Solange es einen Mittelpunkt gibt [einen Ichsinn, eine Vorstellung von einem Selbst], der Raum für sich beansprucht, gibt es weder Liebe noch Schönheit. Gibt es diesen Mittelpunkt mit seinem Umfeld nicht mehr, dann gibt es Liebe. Wenn man liebt, ist man Schönheit geworden."

Krishnamurti
Freedom From the Known

„Was geschieht, wenn man der Schönheit der Erde gewahr wird, ihrer Flüsse, Seen, Berge [oder Kinder]? Der Anblick majestätischer Berge lässt das eigene ‚Ich' vergessen. Wenn kein ‚Ich' existiert, gibt es nur die Erhabenheit. Schönheit ist da, wo das ‚Ich' nicht ist."

Krishnamurti
Madras, Indien, 1982

Jeder Botaniker, Biologe oder Gärtner wird bestätigen, dass ein während seiner Wachstumsphase ständig bedrohter Organismus zu vorschneller Vermehrung neigt. Unsere Kinder bekommen schon früh mit, dass wir nicht für immer hier sind, und sorgen dafür, dass wenigstens die Spezies überlebt. Die Zahl sexuell frühreifer Kinder nimmt explosionsartig zu. Eine Gruppe von Ärzten im Norden des Staates New York hat einen direkten Zusammenhang zwischen verfrühter Mensis, Fernsehen und allgemeiner Stressangst herausgefunden. Über 24% der amerikanischen Kinder weiblichen Geschlechts entwickeln im Alter von sieben Jahren Brüste, haben mit acht ihre erste Mensis und sind mit neun schwanger. Die gleiche sexuelle Frühreife ist bei Jungen festgestellt worden.

Biologie der Transzendenz

„Die Kinder waren so in ihr Spiel vertieft, dass sie nicht einmal bemerkten, was für ein herrlicher Frühlingstag es war. Sie hatten es auch gar nicht nötig, es zu bemerken, sie waren der Frühling. Ihr Lachen und ihr Spiel waren Teil des Baumes, der Blätter und der Blumen. Das war keine Einbildung; es war spürbar. Es war, als würden die Blätter und Blumen an ihrem Gelächter teilhaben, an ihren Rufen und an dem vorbeischwebenden Luftballon. Jeder Grashalm, der gelbe Löwenzahn und die Kinder waren Teil der ganzen Erde. Die Trennlinie zwischen Mensch und Natur löste sich auf, aber der Mann in seinem Wagen auf der Überholspur und die Frau, die vom Markt zurückkam, waren sich dessen nicht bewusst. Wahrscheinlich würdigten sie den Himmel, die sich leicht bewegenden Blätter, die weißen Lilien mit keinem Blick. Sie trugen schwer an den Problemen in ihren Herzen, und ihre Herzen hatten keinen Blick für die Kinder oder den strahlenden Frühlingstag. Das Traurige daran ist, dass sie diese Kinder zeugen und dass diese Kinder bald zu dem Mann im Auto auf der Überholspur werden und zu der Frau, die vom Markt nach Hause zurückkommt – und dass die Welt wieder dunkel wird. Darin liegt die wirkliche Sorge ohne Ende. Die Liebe auf dem Blatt wird vom kommenden Herbst weggeblasen.

KRISHNAMURTI
The Only Revolution

Geborgen genug, um spielen zu können

Der Ort der Geborgenheit

Freiheit impliziert Sicherheit. Je größer das Gefühl der Sicherheit, desto umfassender wird das Spiel und desto dynamischer der Lernvorgang. Sobald wie auch immer geartete Furcht ins Spiel kommt, gerät die Entwicklung ins Stocken. Verteidigungsstrategien werden aktiv – Flucht/Kampf-Reaktionen, Vergleiche, Wettkampfdenken, der Wunsch nach Belohnung, die Angst vor Bestrafung. Lernen degeneriert zu einer Verteidigungsübung. Je größer die Furcht, desto größer der Wunsch nach Schutz. Für Wachstum und Entwicklung bleibt dann nur noch wenig Energie übrig.

Der Zellbiologe Bruce Lipton bestätigt auf der Grundlage neuester genetischer Forschungen, dass Wahrnehmungszustände bessere Indikatoren für Resultate sind als die *augenscheinliche Wirklichkeit.* In Abhängigkeit von der eigenen *Interpretation* von Umweltsignalen kümmert sich der Körper um Schutz oder Wachstum. Eine wahrgenommene Gefahr wirkt sich auf den Körper aus, selbst wenn sie nur eingebildet ist. Veränderungen in der Wahrnehmung oder Veränderungen eines Zustands wirken sich auf Kontext und Inhalt jeder Lernerfahrung aus, und diese steht in direktem Zusammenhang damit, wie unsere menschliche Entwicklung fortschreitet.

Der Intellekt, getrieben vom Neuheitsstreben, fragt lediglich: „Ist es möglich?" Die Intelligenz, die auf unser Wohl und unsere Erfüllung drängt, fragt: „Ist es angemessen?" Es liegt nicht im Wesen eines voll entwickelten und integrierten Intellekts, irgendetwas zu tun, das dem eigenen Wohlergehen, dem der Gesellschaft und der Welt als Ganzem schaden würde. Die wahre Natur unseres Geistes würde es uns verbieten, unser eigenes Nest mit hundert Millionen Tonnen hochtoxischen Chemieabfalls zu verschmutzen und für Rüstungszwecke an einem Tag Summen auszugeben, die die ca. sieben Millionen Kinder, die jedes Jahr verhungern, ausreichend ernähren würden.

Der nächste Schritt der Menschheit

„Die Forschungsgemeinschaft hat kürzlich bestätigt, dass Veränderungen der Umwelt unsere Gene modifizieren können. So wurde

hinsichtlich der Entwicklung die Umwelt plötzlich wichtiger als die Gene. Allerdings ist es auch nicht einfach die Umwelt, die den entscheidenden Unterschied ausmacht, sondern vielmehr unsere Interpretation der derselben.

Der Körper fluktuiert zwischen Wachstum und Schutz, je nachdem, wie die Umwelt interpretiert wird. Fühlen wir uns sicher und geborgen, steht der Kippschalter auf Wachstum. Werden die Umweltsignale als Bedrohung aufgefasst, kippt er in den Schutz-/Verteidigungsmodus. Wenn er vom Wachstumsmodus in den Schutzmodus kippt, wird das Wachstum beeinträchtigt.

In den fünfziger Jahren beispielsweise wurden Bombenschutzräume gebaut, aber niemand lebte darin. Leben und Wachstum fand außerhalb der Schutzräume statt. Gab es einen Alarm, suchte man Schutz in diesen Räumen. Aber wie lange kann man in einem Schutzkeller ausharren? Der Schutzraum ist dafür konzipiert, für einen kurzen Zeitraum Schutz zu bieten. Jeder Versuch, im Schutzmodus zu leben, beeinträchtigt gesundes Wachstum. Bald hat man keine Nahrung mehr, kein Trinkwasser, keine Luft, und als nächstes ist man tot. Jede einzelne Körperzelle reagiert auf die gleiche Weise... Wenn wir die Umgebung als feindselig zu sehen beginnen, als unsicher und lieblos, wird das System automatisch in den Schutzmodus umschalten, um das Überleben zu gewährleisten. Wird der Schutzmodus chronisch, ist das Wachstum eingeschränkt."

Persönliches Gespräch
BRUCE LIPTON, PH.D.
Zellbiologe

Kinder haben den natürlichen Drang, ihre Welt zu erforschen; sie gehen auf Tuchfühlung. Ihre Erkundungen, die durch die frühe Beziehung zu Eltern und natürlicher Umwelt geprägt werden, führen zur Bildung neuronaler Netzwerke bzw. Proteinfilter, die entscheidend an der Entstehung unserer Weltsicht beteiligt sind. Weltanschauungen sind Muster, die ein Leben lang bestehen und darüber entscheiden, wie wir die Welt interpretieren, Beziehungen interpretieren.

Wenn es keinen Ort der Geborgenheit gibt, an dem Kinder spielen können, können sie der Welt, der sie mit offenen Armen begegnen, nicht vertrauen. Sie werden die Welt als Feind betrachten und Verteidigungswälle dagegen errichten, was die Aufnahme von Sinneseindrücken aus dieser Welt drastisch einschränkt. Von Ängsten geplagte, häufig an psychologischer Verlassenheit leidende Kinder nehmen 25 % bis 30 % weniger Eindrücke aus der Umwelt auf als Kinder, die emotional „gut genährt" sind. Für Maria Montessori sind Kinder wie Schwämme, deren Geist alles aufsaugt, absorbiert, bereit, sich zu erweitern und das Universum im Innern zu umarmen, um alle genetisch angelegten Fähigkeiten auszuschöpfen. Mangelt es dem Kind an Geborgenheit, nimmt es Schaden oder ist traumatisiert, wird es sich der nicht vertrauenswürdigen Welt gegenüber verschließen und sich hinter Verteidigungswällen verbarrikadieren. Die dadurch verminderte Aufnahme von Sinneseindrücken führt jedoch zu einer ernstzunehmenden Beeinträchtigung der neuronalen Entwicklung, was *zur Bildung vollkommen anderer Wissensstrukturen führt.*

Optimale Lernbeziehungen entfalten sich ganz natürlich, wenn wir uns geborgen und eingebettet fühlen. Dann spielen wir mit unserer Welt, mit unseren Beziehungen. Ist das nicht der Fall, kippt der innere Schalter auf den Schutz- und Defensivmodus. Diese beiden Möglichkeiten stehen uns in jedem Augenblick offen. Welche Richtung wir einschlagen, bestimmt nachhaltig, wie wir die Welt interpretieren, was wir lernen, wie gut wir etwas tun und wie es um unser allgemeines Wohl- oder Kranksein bestellt ist. Die höheren Intelligenzen werden begrenzt, gezwungen und eingeschränkt, wenn einem Kind die emotionale Nahrung der Geborgenheit verweigert wird, und es wird bereits entwickelte Fähigkeiten benutzen, um sich verstärkt gegen die Welt zur Wehr zu setzen. Ein Kind, das eine sichere, nährende Umgebung erfährt, sich also nicht verteidigen muss, wird seine Welt umarmen und erkunden. In einem Kind ohne emotionale Defizite findet eine ständige Ausweitung und Erweiterung der Potentiale, Fähigkeiten und Möglichkeiten der Entwicklung von niederen zu immer höheren Intelligenzen statt. Das ist die aktive Intelligenz des Spiels.

Marshall Klaus vom Case Western Reserve Hospital in Cleveland, Ohio, stellt die erstaunliche Behauptung auf, dass Kinder mit unversehrtem Mutter-Bonding nicht schreien. Schreien, so Klaus, sei eine unnatürliche, anormale und unkommunikative Form des Ausdrucks, ein reiner Notfall-/Verzweiflungsmechanismus. In Gesellschaftsformen, in denen Bonding gepflegt wird, ist Kindergeschrei tatsächlich selten. Es werden andere Formen der Kommunikation verwendet, und die Kinder entwickeln ein durch solche Erwiderungen geformtes persönliches Machtgefühl… sie verfügen über eine Matrix, von der aus sie agieren können.

Die magische Welt des Kindes

Grundvertrauen

Grundvertrauen impliziert, dass Kinder und Erwachsene die Welt als sicher erfahren. Ein Mangel an Grundvertrauen bedeutet, dass man sich gegen die Welt, gegen Beziehungen verteidigen muss. Die Erfahrung der Geborgenheit mit den Eltern und anderen primären Bezugspersonen während der kritischen ersten Jahre bildet die physische und emotionale Grundlage für Vertrauen überhaupt. Kinder, die Geborgenheit in ihrer Beziehung zu Erwachsenen erfahren, lernen, auch sich selbst in solchen Beziehungen zu vertrauen. Aus dem Gefühl der Geborgenheit heraus wagen sie sich in die Welt hinaus, die für das Kleinkind voller Entdeckungen und Herausforderungen steckt, begegnen ihr, umarmen sie und machen sie sich zu eigen. Jean Liedloff entdeckte die Wichtigkeit von Urvertrauen während eines Aufenthaltes im Amazonasdschungel.

Durch die Geburt wird der Säugling aus einer weichen, warmen, dunklen, ruhigen und in jeder Hinsicht nährenden und schützenden Umgebung in eine harte, mit Sinneseindrücken überladene Umgebung geschleudert. Er wird einer groben körperlichen Prozedur unterzogen, erfährt Gewalt auf unterschiedlichste Weise, ist den verschiedensten körperlichen Schmerzen sowie Beleidigungen ausgesetzt, die alle verschmerzt und überwunden werden könnten, wenn er dann nicht auch noch die Trennung von der Mutter erleben müsste ... Diese Isolation hebt jede Möglichkeit für Bonding auf, ebenso für das Nachlassen des Geburtsstresses, für die Aktivierung der sensorischen Systeme, die ein gesundes, extra-uterines Funktionieren gewährleisten, und für die Vervollständigung des Retikularsystems, das die Koordinierung der Sinneseindrücke und sofort beginnendes Lernen gewährleistet. Gelingt es nicht, zur bekannten Matrix (der Mutter) zurückzukehren, wird eine Kettenreaktion in Gang gesetzt, von der sich der Organismus nie wieder richtig erholt.

„Für einen beschützt aufgewachsenen Manhattanianer war es ein ziemliches Abenteuer, durch den Dschungel zu wandern, Schlangen und Skorpionen zu begegnen, in einer Hängematte zu schlafen. Die Menschen, denen wir begegneten, lebten noch in einer Art Steinzeit. Wieder zu Hause, waren es nicht die Diamanten, über die ich redete, sondern die Indianer – wie sie leben, wie ihre Kinder sind. Mir wurde klar, dass wir im Hinblick auf unsere menschliche Natur einen schrecklichen Fehler begehen. Wir sind der Auffassung, dass wir schon ‚schlecht' geboren werden, oder, mit den offiziellen Worten der Kirche Englands, ‚von Natur aus verderbt' sind, und das stimmt einfach nicht.

Mehr als zwei Jahre lebte ich unter den Indianern, sah ihnen zu und war dennoch nicht in der Lage, sie wirklich zu sehen, weil ich durch die Brille meiner vorgefassten Meinungen schaute. Ich bemerkte nicht einmal, dass die Kinder erstaunlicherweise nie miteinander kämpften. Den ganzen Tag lang spielten sie unbeaufsichtigt miteinander, vom Krabbelalter bis hin zu den älteren, schon fast Erwachsenen. Sie stritten sich nicht einmal. Das entsprach überhaupt nicht dem, was wir über unsere menschliche Natur lernen: ‚Jungs sind eben Jungs', d.h. sie müssen sich prügeln. So begann ich zu denken, dass Jungs sich vielleicht doch nicht unbedingt prügeln müssen, um Jungs zu sein.

Wir denken, dass diese Menschen Wilde sind, weil sie sich mit roter Farbe bemalen und Lendenschurze aus Federn tragen – also sind es keine wirklichen Menschen. In Wirklichkeit sind sie dieselbe Spezies wie wir, außer dass sie sich so verhalten, wie unsere Entwicklung es eigentlich erwarten ließe, während wir unsere Kinder in einer Weise behandeln, die unserer Spezies unangemessen ist.

Was wir hervorgebracht haben und hervorbringen, ist eine Anti-Gesellschaft. Niemand wird ‚schlecht' geboren. Man hat keine ‚schlechten' Kinder. Es ist einfach nicht wahr. Hingegen ist wahr, dass wir sie ‚schlecht' machen können.

Wir sind Neurotiker und Psychopathen geworden. Warum liegt die Scheidungsrate bei 50%? Warum brauchen wir so viele Polizisten? Nicht nur wir Amerikaner, die ganze westliche Welt leidet an dieser Fehlauffassung bezüglich der eigentlichen menschlichen Natur.

Forscher tun ihr Bestes, um darzulegen, was normal ist. Aber ein nach solchen Maßstäben ‚normales' Kind will keiner meiner Bekannten wirklich haben, denn wenn wir uns anschauen, was normal zu sein scheint, dann haben wir es mit wilden, herumkommandierenden, schlecht gelaunten und von Wutanfällen geplagten Tyrannen zu tun, die zum Glück klein und noch nicht erwachsen sind, denn sonst hätten wir echte Schwierigkeiten. Wir haben auch so schon genügend Probleme und Entfremdung zwischen Erwachsenen und Kindern.

Wir verwenden das Wort ‚normal' als wäre es ein Synonym für ‚natürlich'. Aber dem ist nicht so. Normal ist, wie wir meinen, dass Kinder zu sein hätten. Wir halten es für normal, dass Kinder mit drei Monaten Koliken entwickeln und ständig erbrechen. Wir nennen es Spucken, damit es nicht wie eine Krankheit klingt, aber es ist eine Krankheit. Es ist schmerzhaft. Auch Säuglinge, die gestillt werden, bekommen diese Koliken. Sie erbrechen die Muttermilch.

Wie kommt es nur, dass wir glauben, die eine Spezies zu sein, die die Evolution über Jahrmillionen hinweg hervorgebracht hat, die Muttermilch nicht verdauen kann? Warum sind ‚normale' Säuglinge so gestresst, dass sie ihre Nahrung nicht behalten können? Die Säug-

Jedes zukünftige Lernen ist beeinträchtigt. Der Körper des Säuglings erleidet einen Schock, der aufnahmefähige Geist verschließt sich... Verpasste stadienspezifische Prozesse müssen mühsam nachempfunden werden.

Die magische Welt des Kindes

Die Herzensintelligenz ist kein süßliches Gefühl, sondern eine primäre biologische Notwendigkeit und die Grundlage für jedes Bonding. Bonding selbst entwickelt sich in klaren Stufen: Mutter-Kind, Kind-Familie, Familie-Gesellschaft und als letztes im „Paarbund", dem Bonding von männlich-weiblich, auf dem das Leben selbst beruht. Diese Abfolge biologischer Verbindungen ist die vordringliche Aufgabe der ersten Ebene der Herzensintelligenz, und weit machtvollere Stufen warten noch auf uns, abhängig vom erfolgreichen Abschluss dieser ersten wichtigen Stufe.

Der nächste Schritt der Menschheit

linge, die ich im Dschungel sah, hatten keine schlechte Verdauung, es sei denn, sie litten an einem Fieber. Sie erbrachen niemals. Sie zappelten, quälten, krümmten und verbogen sich nicht und quietschten auch nicht, wie es unsere Babies ‚normalerweise' tun. Was wir unter normal verstehen, ist schädlich. Ich wünsche mir, dass die Leute erkennen, dass das, was sie mit all ihrer Liebe in ihrem Herzen tun (und daran habe ich keinen Zweifel) schädlich ist.

Wenn man dem Rat des Arztes oder der Experten folgt, oder dem der Schwiegermutter, oder dem der eigenen Mutter, der Schwester oder wessen Rat auch immer; wenn man das Kind nach Plan füttert; wenn man ihm den körperlichen Kontakt verwehrt, ihm nicht erlaubt, bei einem zu schlafen und bei einem zu sein, und zwar 24 Stunden pro Tag, nicht weniger, dann ist dies ein feindseliges Verhalten. Es ist wirklich nicht schwer zu verstehen, dass Millionen und Milliarden von Säuglingen, die in diesem Augenblick schreien, einstimmig körperliche Nähe suchen. Ist es wirklich denkbar, dass sie sich alle irren? Ihre Stimme ist die der Natur, die reine, von intellektuellen Störungen freie Stimme der Natur.

Kinder lernen immer, egal was sie tun. Bei allem, was sie tun, lernen sie. Sie sind wie kleine Schwämme. Aber immer wieder bekommen sie zu hören: „Lass das, das ist nicht wichtig. Das *ist wichtig. Pass auf. ‚A' steht für ‚Apfel.' Alles andere wird als unwichtig abgetan. Alle Autoritätspersonen erklären einem ständig, dass die eigene Natur, der eigene Forschungsdrang, keinen Wert hat und unwichtig ist. Alles, was sie uns nicht* beibringen, *ist kein Lernen. Kürzlich kam ich zu der überraschenden, aber offensichtlichen Schlussfolgerung, dass Lernen völlig natürlich immer und überall stattfindet, dass Lehren allerdings nicht der natürliche Vorgang ist. Ich kann mich nicht erinnern, jemals einen jener glücklich lebenden Menschen, von denen ich redete,* lehren *gesehen zu haben. Die jüngeren Kinder lernen von den älteren oder von den Erwachsenen, aber es gibt niemanden, der lehrt. Sie lernen aus eigenem Antrieb, und der ist stark. Man muss nicht nachhelfen – was im übrigen gar nicht ginge. Tatsächlich gibt es keinen besseren Lernantrieb für ein Kind als den eigenen Wunsch.*

Bis wir unser erstes Kind bekommen, sind wir so darauf konditioniert, unseren eigenen Instinkten nicht mehr zu vertrauen, dass wir uns im Krankenhaus von vollkommen Fremden sagen lassen, was wir zu tun haben, und es nicht besser wissen. Eine tragische Situation, denn wir besitzen ein sehr subtiles Wissen, das uns sagt, wie wir etwas tun sollten. Mütter wissen, dass Kinder ihnen bei der Geburt nicht weggenommen werden sollten, aber sie sind so konditioniert und daran gewöhnt, an Autoritäten *zu glauben und nicht an sich selbst, dass sie ihrer eigenen inneren Weisheit zuwider handeln.*

Es wurde beschrieben, was wir unter ‚normal' verstehen. Stellen wir dem gegenüber, was Sie und ich unter ‚natürlich' verstehen würden. Der Säugling weiß, was er braucht, und in dem Augenblick, wo wir ihn absetzen, schreit er. Er lässt uns etwas wissen. Er signalisiert unmissverständlich: „Bitte setz mich nicht ab!" Und wir verstehen auch ohne Wörterbuch, dass ‚wa wa wa' nichts anderes bedeutet als ‚hochnehmen, nicht absetzen, nicht allein lassen!'

Bis vor kurzem war es üblich, Säuglinge ohne Narkose zu operieren. Sie schrien, aber das Fachpersonal stritt ab, dass sie vor Schmerz schrien! Wie können Mütter ihre eigene innere Weisheit verleugnen? Wie ist es möglich, dass wir uns so weit davon entfernt haben?"

Persönliches Gespräch
JEAN LIEDLOFF
Autorin, *Auf der Suche nach dem verlorenen Glück*

Die erste Stunde nach der Geburt ist im menschlichen Leben die kritischste, denn während dieser Zeitspanne wird auf eine uns fremde, geheimnisvolle und in ihrer Tiefe nicht auslotbare Weise ein Bund erstellt. Jeder der Anwesenden wird buchstäblich in den Bann der magnetischen Anziehungsfelder geschlagen, die hin- und herwogen. Eine große Liebesgeschichte hat ihren Anfang genommen, die sinnlich ist, spirituell, geistig und auf eine stille Art ekstatisch. Wie Marshall Klaus es ausdrückt: „Sie müssen lernen, sich zu lieben."… Erst mit dem zweiten großen Bonding viele Jahre später wird diese ekstatische Erfahrung noch einmal gemacht.

Die magische Welt des Kindes

Die Erfahrungen eines Lebens in einem Blick

Wenn sich neue Erfahrungen einstellen, und das tun sie unweigerlich, werfen Kinder Vater oder Mutter Blicke zu, um sich des Intaktseins der Verbindung zu vergewissern. Der erwidernde Blick des Erwachsenen bestätigt sowohl die Verbindung als auch das Grundvertrauen als Lebensgefühl und Wesensbestandteil der Weltsicht. Der Blick des Kindes signalisiert außerdem die Frage: Was ist das? Die Wahrnehmung des Objekts, mit dem das Kind Bekanntschaft schließen will, ruft eine Veränderung im Erwachsenen hervor. Steht das Kind im Begriff, nach einem

Um an der Gesellschaft teilzunehmen, müssen wir die gesellschaftlichen Definitionen und Übereinkünfte akzeptieren, die ihr Realitätsbild ausmachen. Unsere Definitionen skizzieren den gesellschaftlich akzeptablen Rahmen für das, was als wirklich erachtet und akzeptiert wird. Diese Definition dieses Netzwerks verändert sich von Kultur zu Kultur und von Epoche zu Epoche. Sie ist in unbekanntem Ausmaß willkürlich, aber immer die einzige, zur Verfügung stehende Wirklichkeit… Unsere Kultur und unsere Wirklichkeit sind nicht zwei voneinander unabhängige Phänomene.

Crack in the Cosmic Egg

Skorpion zu greifen, wird dies im Erwachsenen eine ganz andere Reaktion auslösen, eine andere Feldwirkung, als der Griff nach einer pelzigen Raupe. Die Handlung des Wahrnehmens verändert die Bedeutung des Zustandes im Erwachsenen. Die persönliche Erfahrung des Erwachsenen mit dem Objekt durchdringt die Beziehung, und weil es der Beziehung vertraut, reagiert das Kind entsprechend, wodurch das Vertrauen in die Beziehung weiter gestärkt wird. Mit jeder neuen Begegnung wiederholt sich dieser Ablauf. Fühlt sich das Kind sicher, beschützt, wird jede Begegnung zu einer spielerischen Lernerfahrung und stärkt das Grundvertrauen als Lebenseinstellung und Wesensbestandteil der Weltsicht. Die Welt des Kindes und seine Fähigkeit, sie zu umarmen, erweitern sich. „Denn dem der hat," so heißt es im Neuen Testament, „wird gegeben". (Markus 4,25)

Bonding – der ideale Lernkanal

Fast jeder ist schon einmal über den Begriff des *Bonding* gestolpert, der vor Jahren von John Kennel und Marshall Klaus geprägt wurde, um die intime Verbindung zwischen Mutter und Neugeborenem zu beschreiben. Ich finde ihn allerdings ein wenig irreführend, denn etwas zu verbinden bedeutet, dass eine Trennung vorliegt. Man verbindet zwei getrennte Objekte, klebt oder bindet sie aneinander, bringt sie zusammen. O. Fred Donaldson bezeichnet diesen Zustand der Beziehung als „Zusammengehörigkeit" oder „Zugehörigkeit", d.h. man ist am richtigen Ort. Zwei getrennte Objekte miteinander in Verbindung zu bringen ist etwas grundlegend anderes als eine Zusammengehörigkeit zu bestätigen. Wir müssen uns nur dann verbinden, wenn eine Trennung vorliegt. „Zugehörigkeit" ist ein expansiver, umfassenderer, dynamischerer Begriff.

Wir *stehen* zueinander in Beziehung, wie immer wir diese Beziehung auch nennen mögen – Bonding, Zugehörigkeit, Verbindung, Anhaftung, oder Gemeinschaft. *Der unseren Beziehungen innewohnende Bedeutungs- oder Informationsgehalt wandelt sich mit jedem Augenblick.* Was wir als Lernen bezeichnen, ist das Entdecken und Erforschen bestimmter Beziehungsmuster. „Die Herdplatte ist heiß" stellt eine Beziehung dar. Bienen können stechen, Wasser ist nass, Tante Molly bringt immer etwas mit, Honig ist süß – jede dieser Aussagen beschreibt den Zustand einer Beziehung. Und das ist es, was wir lernen. Bonding ist daher sehr viel mehr als einfach nur ein sentimentales Gefühl. Es ist ein Kanal für Kommunikation, Information und gemeinsames Wollen.

Wir mögen uns einer bestimmten Umgebung zugehörig fühlen, vielen wunderbaren Dingen verbunden fühlen, Hunden, Katzen, Brüdern, Schwestern, Schildkröten und Spielsachen. Dennoch gibt es eine Beziehung, die wichtiger ist als alle anderen. Es ist die Beziehung zwischen Mutter oder Vater und Kind, die den Bezugspunkt, den *Kontext* für alle weiteren Beziehungen darstellt. Das Band zwischen Erwachsenem und Kind gewährleistet einen offenen, beständigen und dynamischen Kommunikationskanal. Durch diesen Lernkanal, den wir Bonding nennen, fließen ständig Informationen.

Dieser äußerst wichtige Kommunikationsfluss zwischen dem Kleinkind und seinen Bezugspersonen funktioniert, wenn drei Dinge gegeben sind: die physische Präsenz des Erwachsenen; dem Erwachsenen muss bewusst sein, was das Kind erfährt, und das Kind muss die sich wandelnde Beziehung des Erwachsenen zu der Welt, die sie miteinander teilen, verstehen lernen. Eine solche physische Verbindung und gegenseitige Aufmerksamkeit erzeugt einen ständigen Kommunikationsfluss, der sich von Augenblick zu Augenblick, mit jeder Begegnung verändert.

Versuchen wir uns vorzustellen, wie die Welt sich einem Kind darstellt, dessen Vertrauen in diese erste Beziehung zu den Erwachsenen verhindert wurde oder sich nicht entfalten konnte. Versuchen wir uns vorzustellen, wie ein Neugeborenes sich fühlen könnte, wenn es bei der Geburt von der Mutter getrennt wird. Urplötzlich findet es sich in einer neuen, fremdartigen Welt. Die vertrauten Geräusche, Gerüche und Gefühle, die Sicherheit der Wärme und des Herzschlags der Mutter, das Sicherheit

Wenn eine Kultur oder eine Person erst einmal in einen Zustand der Angst gestürzt ist, ist keine der eigenen Anstrengungen gegen diese negative Kraft wirksam. Einzig Einsicht oder Erkenntnis besitzt die Macht, diese negative Kraft zu überwältigen und das System in einen Zustand des Gleichgewichts zurückzuführen. Zwang und Gewalt versagen immer. Geistige Ganzheit kann nicht aus den Handlungen oder Gedanken einer gespaltenen Person entstehen, nur durch eine Art Gnade, die Macht der Erkenntnis, die schlagartig im Gehirn aufblitzt.

Die heilende Kraft

verleihende Band des Vertrauens sowie der feste Bezugspunkt, von dem aus neue Erfahrungen interpretiert wurden, sind verschwunden. Es muss sich dem Alptraum Geburt allein stellen. Begegnen Neugeborene jedem neuen Geräusch, Anblick oder jeder neuen Berührung etwa entspannt, fröhlich lachend oder offen? Keineswegs. Sie rollen sich zu einem unbeweglichen Ball zusammen, um sich gegen eine unbekannte, furchterregende Welt zu verteidigen. Trennungsängste und Gefühle des Verlassenseins zählen zu den größten Bedrohungen im Säuglings- und Kleinkindalter. Versuchen wir uns die Verwirrung vorzustellen, die ein Kind empfindet, wenn es in eine Kindertagesstätte gebracht wird, wo mehrere Kindergärtnerinnen es betreuen werden. Der stabile Bezugsrahmen, den das Kind braucht, um die Welt interpretieren zu können, um ihr Ordnung und Bedeutung geben zu können, ist fort. Vertrauen wird durch Ungewissheit abgelöst. Wenn wir den Bonding-Lernkanal unterbrechen, wird die Entwicklung aller Stadien behindert.

Aber ist Bonding denn wirklich so wichtig? Der Terroranschlag auf das World Trade Center am 11. September 2001 gemahnte uns in schrecklicher Weise daran, dass das 20. Jahrhundert ein Jahrhundert der Weltkriege war, die in der Geschichte der Menschheit ihresgleichen suchen. Wir haben kaum Fortschritte in der Vermeidung persönlicher und globaler Gewalt gemacht. Die wissenschaftlichen Forschungsarbeiten von James W. Prescott über die entwicklungsgeschichtlichen Ursprünge von Liebe und Gewalt treffen genau den wunden Punkt unserer persönlichen und globalen Gewalt. Je mehr wir uns der Quelle unseres Schmerzes nähern, desto heftiger scheinen wir uns dagegen zu wehren – eine Reaktion, die uns oft genug für das Offensichtliche blind macht.

Menschliche Liebe beginnt im Uterus und setzt sich in der Schwangerschaft, während der Geburt und im Bonding und Stillen nach der Geburt fort. Und dennoch wird die wichtigste, formative Beziehung vernachlässigt, die dem sich entwickelnden Gehirn ein Leben in Wut oder Liebe einkodiert – die Beziehung zwischen Mutter und Kind. Sie wird in unserer Kultur weder gewürdigt noch genährt oder unterstützt. Viele Kinder werden nicht im Arm gehalten, nicht liebkost, keiner spielt mit ihnen. Die Mehrheit unserer Kinder wird in Kindertagesstätten betreut; Fernsehen und Computerspiele haben das ideenreiche, schöpferische Spiel zwischen Erwachsenen und Kindern ersetzt. Da dieses frühe Bonding fehlt, das untrennbar mit einem direkten und andauernden körperlichen Kontakt zwischen Mutter und Kind verbunden ist, sind auch die zukünftigen Liebesbeziehungen des Kindes gefährdet – und im weiteren Sinn unsere Gesellschaft selbst. Ohne die Basis des Bonding entstehen Verhaltensweisen, die von einem Kreislauf entfremdeter sexueller, emotioneller und sozialer Aggressivität gekennzeichnet sind und Mutter, Kind, Familie, die Gesellschaft und heutzutage bereits die ganze Welt bedrohen.

Nach Maria Montessori wird eine in der frühen, formativen Phase allein gelassene Menschheit zu einer der größten Gefahren für ihr eigenes Überleben. Allan Schore hat durch seine Studien deutlich gemacht, dass wir alle eine Art Halb-Verlassenwerden erfahren, das sich in unserer Kultur verewigt und unser emotionales Beziehungssystem ernsthaft beeinträchtigt.

Biologie der Transzendenz

James W. Prescott, von 1966 bis 1980 wissenschaftlicher Gesundheitsbeauftragter des Programms für Entwicklungs- und Verhaltensbiologie am *National Institute of Child Health and Human Development,* führte Forschungsprogramme ein, die aufzeigten, dass mangelnde Mutterliebe bei Primaten Störungen in der Entwicklung des Gehirns zufolge haben, die zur Bildung lebenslang bestehender Muster von Depression, Gewalt und Drogenabhängigkeit führen. Die Ergebnisse dieser wie auch anderer Forschungsprogramme lassen keinerlei Zweifel daran, dass die Liebkosungen der Mutter, das Gestilltwerden und die emotionale Geborgenheit in der Mutter-Kind-Beziehung durch nichts anderes ersetzt werden können.

„Zum Ausdruck gebrachte Gewalt wirft zwei grundlegende Problematiken auf: 1. Kinder mit und ohne Bonding; 2. die volle Gleichheit der Geschlechter. Solange Frauen nicht die Souveränität über ihr schwanger werden und die Geburt ihrer Kinder zurück erlangen, gestaltet sich dieser wichtige erste Schritt des Bonding mit dem Kind als schwierig. Denken wir doch nur an all die Gewalt gegen Frauen, Vergewaltigungen, häusliche Gewalt, geschlagene Frauen. Es ist wie eine Epidemie, genauso wie Kindesmissbrauch und Vernachlässigung. Aber was löst diesen Ärger, diese Wut aus, die zu Gewalt

führt? Es ist die Fähigkeit, Freude und Angenehmes zu erfahren.

Auf der Basis des Grundvertrauens, das sich durch zärtliche Zuwendung entwickelt, verhalten wir uns der Welt und Veränderungen gegenüber offener. Sture Menschen, Menschen mit einem Verteidigungspanzer, sind in ihrem Vermögen, Wohlwollen oder Mitgefühl zu empfinden oder sich Veränderungen anzupassen, eingeschränkt, was sich in mangelndes Bonding umsetzt. Es bedeutet auch, dass es ihnen schwer fällt, anderen emotionale Sicherheit zu geben.

Unsere Moralvorstellungen besagen, dass Körper und Vergnügen schlecht sind, der Geist oder die Seele jedoch gut ist. Wir nehmen eine Trennung zwischen dem natürlichen Zustand unseres Körpers und unserer Vorstellung von „gut" und „böse" vor, liegen mit unseren eigenen Körpern im Krieg, und auf vielerlei Weise ist der weibliche Körper, sind Frauen und ihre Kinder die Zielscheiben in diesem Krieg. Unsere unterdrückten natürlichen Lustgefühle bilden einen Damm an aufgestauter Wut, und unsere Glaubenssysteme wählen die entsprechenden Zielobjekte aus. Sie arbeiten Hand in Hand. Wir müssen verstehen lernen, dass Sexualität ein integraler Bestandteil unseres Wesens ist.

Kinder müssen sich in einer komplexen Wissenswelt zurechtfinden, auf die sie sich keinen Reim machen können und für die sie keine Begründungen haben. Sie spielen. Sie haben kein anderes Ziel als den Augenblick, es existiert keine andere Zeit als das Jetzt. Zeit heißt für sie immer jetzt; der Ort, an dem sie anwesend sind, ist immer hier, und der Mittelpunkt sind immer sie selbst.

Die magische Welt des Kindes

Kinder werden bestraft, wenn sie ihre Geschlechtsorgane berühren. Die Bestrafung hat eine neuronal-dissoziative Störung im Gehirn zur Folge. Sinnlich-sensorische Deprivation bewirkt, dass bestimmte Nervenbahnen nicht ausgebildet werden, denn unsere Sinneseindrücke, die Stimulierung der Sinne, liefern dem Gehirn die Nahrung, die es braucht, um sich zu entwickeln und zu wachsen. Je reicher die neuronalen Netzwerke, desto dichter die Vernetzung und neuronale Integration des Gehirns. Wenn während der formativen Entwicklungsstadien des Gehirns die sinnlich-sensorischen Erfahrungen ausbleiben, die wir mit Liebe, Bonding und Intimität gleichsetzen, werden wir in unserem späteren Leben Schwierigkeiten haben, diese ‚Sprache der Liebe' zu erfahren und uns darin auszudrücken.

Sinnliche Befriedigung zu geben und zu erfahren führt zu einer Ausschüttung von Oxytozin, einem Hormon, das mit Liebe und Bonding in Verbindung gebracht wird. Die Befriedigung, die Mutter und Kind erfahren, wenn das Neugeborene der Mutter an die Brust gelegt wird, und der andauernde enge körperliche Kontakt stellen die pränatale, vertrauenbildende Verbindung wieder her. Und was tut die profes-

sionelle Medizin? Sie trennt das Kind routinemäßig von der Mutter.

In den späten Fünfzigern und Sechzigern trennte Harry Harlow Babyaffen von ihren Müttern und brachte sie in Käfigen unter. Sie reagierten mit lautem Protest und extremer Erregung. Wurde das Bonding mit der Affenmutter nicht wieder hergestellt, verfielen die Affenkinder in tiefe Depressionen, in krankhaftes Hin- und Herschaukeln und Selbstbefriedigung, und entwickelten Berührungsängste.

Wenn der intime Körperkontakt zwischen Mutter und Kind verwehrt wurde, „verhungerten" die Sinnessysteme, die gebraucht werden, um sinnliche Befriedigung, Bonding und Liebe erfahren zu können. Harlow züchtete emotional, sexuell und in ihren Beziehungen gestörte Tiere, die zu krankhaften Jugendlichen und Erwachsenen heranwuchsen. Ihre Fortpflanzungsorgane waren intakt, ihre emotionalen und sozialen Fähigkeiten jedoch, die auf Bonding und Liebe aufbauen, waren zerstört worden.

Kein anderes Säugetier außer dem Menschen trennt Neugeborene von der Mutter.

Bonding sorgt für die sensorischen und emotionalen Umwelteindrücke, die für den Rest des Lebens bestimmen werden, wie wir Beziehungen interpretieren und auf sie reagieren. Wird Bonding am Anfang zerstört, bereitet dies den Boden für den Kreislauf von Depression, Ärger, Wut, Drogenmissbrauch und Gewalt, der von Generation zu Generation weitergegeben wird."

Persönliches Gespräch
James W. Prescott, Ph.D.
Neurowissenschaftler, Gehirn- und Verhaltensforscher, Anthropologe

Primäres Lernen und Konditionierung

In den frühen Siebzigern führte die *Carnegie Foundation* eine Studie über Lernen und das Behalten von Gelerntem durch. Die Studie ergab, dass Lernen zu 95% *primär* ist, d.h. spontan geschieht, durch Begegnungen, Körperkontakt und spielerischen Umgang mit der Umgebung. Was Wachstum und Entwicklung des Gehirns anbelangt, so wird im ersten Lebensjahr mehr als in allen nachfolgenden gelernt. Zwei der vielleicht größten Herausforderungen unseres Lebens, das Laufenlernen und das Erlernen der Sprache, geschehen spontan während der ersten achtzehn Lebensmonate, ohne besondere Nachhilfe. Primäres Lernen geschieht auf ganz natürliche Weise.

Als Kleinkinder beobachten wir, dass Mutter oder Vater eine Schranktür auf- und wieder zumacht. Ohne jede weitere Nachhilfe oder Aussicht auf Belohnung rutschen wir hinüber und ziehen am Türgriff. Wir ziehen und zerren, und plötzlich fliegt die Tür auf. Wir wiederholen den Vorgang immer wieder und probieren das gleiche mit allen anderen Türen, derer wir habhaft werden. Bald finden wir heraus, dass Mülleimer Deckel haben, die man auf- und wieder zumachen kann. Tür auf, Tür zu; Deckel auf, Deckel zu, auf und zu, immer wieder. Es funktioniert auch mit Toilettendeckeln und Schmuckkästchen. Überall gibt es Deckel; Hunderte, Tausende, Millionen, Milliarden und Billionen von Deckeln scheint es zu geben. Und alles nur, weil wir sahen, wie die Mutter eine Schranktür öffnete und wieder zumachte. Sie modellierte eine Möglichkeit. Sie stellte den *Modellimperativ* dar, und danach war unser Leben nicht mehr wie vorher.

Angst ist immer der Feind der Intelligenz und behindert stets den biologischen Plan. Im gleichen Augenblick, wo Angst entsteht, macht sich die Intelligenz auf die Suche nach irgendetwas, das diese Angst aufhebt. Dies kann zu einer schlauen Mentalität führen wie man sie braucht, um auf der Straße zu überleben, oder zu einer kulturell gerade noch akzeptablen Frühreife. In jedem Fall jedoch ist die von der Natur vorgesehene biologische Entwicklung unterbrochen.

Die magische Welt des Kindes

Der überaus größte Teil dessen, was wir lernen, geschieht so, ist primäres Lernen, bei dem wir vollständig zu der Erfahrung werden, die Erfahrung sind. Es gibt kein ‚Ich', das außerhalb steht und zum Zeugen wird, beurteilt, lobt oder kritisiert. Unsere ganze verfügbare Energie und Aufmerksamkeit fließt in diese neue erweiternde Erfahrung oder Beziehung. Zeit existiert nicht; es gibt keinen Konflikt. Die Beziehung heißt Spielen. Spielen heißt Lernen. Wir sind die Zone!

Plötzlich – eine Erschütterung der Kraft. Das Telefon klingelt. In einer halben Stunde werden Gäste erwartet. Die Beziehung der Mutter zu *ihrer* Welt verändert sich augenblicklich und damit auch unsere, denn der ungestörte, uneingeschränkte und noch nicht abgeschlossene Lernvorgang des Erkundens von Türen und Türangeln ist plötzlich nicht mehr gesichert. Warum nur? Mutter hat „aufhören" gesagt! Im diesem Augenblick wurde unsere ungeteilte Aufmerksamkeit gespalten – der eine Teil nach wie vor auf den (unterbrochenen) Lernvorgang gerichtet, der andere Teil darauf, Konflikt mit der Mutter zu vermeiden. Die Geborgenheit, die sie eben noch verkörperte, hat sich plötzlich in eine Bedrohung verwandelt.

Wir setzen unser spielerisches Tür auf, Tür zu fort, aber nun mit einem Seitenblick auf die Mutter. Sie stellt drei rote Pappbecher auf den Boden, um uns abzulenken, und lächelt. Wir sind nicht so recht überzeugt. (Bruno Bettelheim vertritt die Auffassung, dass Erwachsene Kinder gar nicht anlügen können, da, egal, was Erwachsene sagen, die Kinder am Erwachsenenfeld teilhaben, darin lesen und daraus lernen). Wir spüren, dass sie versucht, uns abzulenken.

Der Topf, in dem sie vorher herumrührte, läuft nun über. Mutter ebenfalls. Die Spannung steigt. Unsere Aufmerksamkeit wird weiter gespalten. Jetzt haben wir Mutter im Blickfeld, die dummen Pappbecher und die vielversprechenderen Türangeln. Auf und zu. Jetzt stampft Mutter mit den Füßen und schreit. Unsere ohnehin geteilte Aufmerksamkeit wird neuerlich erschüttert, der Konflikt verstärkt sich, und der Lern- und Leistungspegel sinkt, zusammen mit unserem Wohlbefinden. Der Vorgang des Lernens ist eine Beziehung, und Beziehungen sind zustandsspezifisch.

Primäres Lernen ist konfliktfrei. Wir nennen es Spiel. Die Handlung selbst ist so lohnend, dass wir völlig darin aufgehen. Gedanken, Gefühle und Handlung sind in jedem Augenblick vollständig auf die neue Lernbeziehung gerichtet. Nur wenn eine Gefahr, ein Konflikt auftaucht, wendet sich ein Teil der Aufmerksamkeit der Verteidigung zu. Erst dann entsteht eine separate „Ich"-Vorstellung, die beobachtet, beurteilt und sich schützt. Je stärker das Schutzbedürfnis, desto weniger Aufmerksamkeit bleibt übrig, um der Herausforderung der Situation zu begegnen und zu lernen.

Wenn kindliches Spiel und Erwachsenenarbeit streng voneinander getrennt werden, kommt es zu einem Zusammenbruch der Interaktionen zwischen Mensch und Erde. Wir stehen dann allein da mit unseren Energien, und arbeiten müssen wir in der Tat ebenfalls. Das Problem, das sich uns dann stellt, ist, nicht in den Zustand unserer primitiven Vorfahren zurückzufallen – es wäre auch gar nicht möglich. Um zu überleben, müssen wir die Trennlinie zwischen Spiel und Arbeit aufheben. Nur dann erfährt unsere persönliche Kraft Verstärkung… In technologisch ausgerichteten, mit der Erde sich aber in einem ausgewogenen Bonding befindenden Menschenwesen wäre die daraus resultierende Machtentfaltung in der Tat gewaltig und großartig, und vielleicht ist das die Richtung, die die Welt einschlagen wird.

Die magische Welt des Kindes

„Wenn ich spiele, verschwindet die Identität, die ich als Fred wahrnehme und kenne. Nur in dem Maß, wie gesellschaftliche Schubladen verschwinden, ist Spiel möglich. Wahres Spiel beginnt, wenn

unser soziales und kulturelles Image verschwindet.“

Persönliches Gespräch
O. Fred Donaldson, Ph.D.
Autor, *Von Herzen Spielen*

Spiel, Training und Arbeit

Die Klingel ertönt. Die Schule ist aus. Wir sind frei, endlich frei. Um was zu tun? Herumzutoben, ein Nickerchen zu machen, zu träumen, Opas Radio auseinanderzunehmen, Kaulquappen zu fangen und zuzuschauen, wie ihnen Beine wachsen, Burgen zu bauen oder einen Tunnel nach China, sich als Prinzessin zu verkleiden, heimlich in Papas Playboy zu lesen, Pudding zu kochen, auf Stelzen zu gehen. Jetzt, wo diese ultrawichtige Geschichte namens Arbeit erledigt ist, können wir endlich spielen... – was impliziert, dass Schule und Arbeit wichtig sind, Spaß und Spiel nicht. Für die meisten von uns ist Spiel gleichbedeutend mit nicht ernsthaft, unwichtig, vielleicht sogar frivol. Oder wir verstehen darunter Ballspiele oder das Spielen eines Instruments, d.h. Beschäftigungen, die eigentlich mit Trainieren oder Üben einhergehen. Geige zu üben ist etwas ganz anderes, als mit einer Geige zu spielen.

Die Worte „harte Arbeit“ beschwören Bilder von angestrengter Konzentration, angespannten Muskeln und Gesichtern herauf. Konzentriertes Spielen mag äußerlich die gleichen Züge aufweisen, dennoch wird das damit verbundene Bild weicher sein und weniger Anspannung aufweisen. Arbeiten impliziert, dass man ein bestimmtes Ziel vor Augen hat; dass man „etwas aus sich zu machen“ gedenkt. Spielen impliziert Zeitverschwendung, eine Zeit, die man nach Ansicht der Erwachsenen besser in Arbeit investieren sollte. Je älter Kinder werden, desto weniger Zeit wird ihnen zum Spielen eingeräumt. Erwachsen zu werden bedeutet, Spielzeit in Arbeitszeit umzuwandeln. Da draußen lauert immerhin der Dschungel, und nur der Stärkste überlebt. So ist es doch, oder etwa nicht?

Wie der Körper, so kann auch die Intelligenz verletzt oder genährt, angeregt oder ausgehungert werden.
Die magische Welt des Kindes

„Jeder, der es ‚schafft', schafft es, weil er das, was er tut, gern tut. Nicht eine strikte Arbeitsmoral treibt sie an, sondern Spielfreude pur. Michael Jordan ist ein sehr konzentrierter, sehr nachgiebiger Spieler. Ben Hogan spielte Zehntausende von Golfbällen, weil er es liebt, Golf zu spielen. Der Intellekt missversteht dies als Arbeit. ‚Wenn du nur hart genug arbeitest, wenn du ‚am Ball' bleibst, dann wirst du es auch schaffen, genauso wie diese Leute.' Und genau das stimmt eben nicht. Menschen, die Höchstleistungen erbringen und noch dazu mit Leichtigkeit, sind dazu in der Lage, weil sie das, was sie tun, gern tun. Und dann ist es auch keine Arbeit, sondern Spiel."

Persönliches Gespräch
CHUCK HOGAN
Autor, Trainer, Leistungsexperte

Schon früh lernen wir: Spielen ja, aber: Erst die Arbeit, dann das Spiel. Oder hat man jemals an der Schule oder während einer Firmenpreiszeremonie gehört: „Wir würden nun gerne Mary Jones ehren. Mary kommen Sie bitte nach vorn. Ihnen wurde das blaue Band verliehen, eine Auszeichnung für besonders exzellentes Herumgammeln."

„Erwachsene empfinden Spiel als unseriös. Etwas, das man tut, wenn man Zeit ‚übrig' hat. Und leider werden, ebenfalls schon recht früh, alle Dinge, die Spaß machten, von unserem kulturell fest verankerten Wettbewerbsdenken erfasst, so dass selbst Kinderspiele zu einer so ernsten Angelegenheit werden wie ein Jura- oder Mathematikstudium oder die Bewerbung um einen Arbeitsplatz."

Persönliches Gespräch
O. FRED DONALDSON
Autor, *Von Herzen Spielen*

Spielalter und -stadien

„Womit" wir spielen, hängt von unserem jeweiligen Alter und Entwicklungsstadium ab. Der für wahres, echtes Spiel charakteristische Zustand bleibt immer der gleiche. Neugeborene spielen mit dem Schnuller; Kleinkinder mit Autos und mit Sand. Teenager mit Klamotten. Michael Jordan mit dem Basketball. Physiker mit Ideen. Wenn optimales Lernen, Leistung und Wohlbefinden, wenn Ganzheit zu unseren Zielen gehören, werden wir diese spielerische Beziehung beibehalten, auch wenn neue Fähigkeiten sich entfalten.

Der Neurowissenschaftler Paul McLean benennt drei Grundbedürfnisse, die wir ab der Geburt ein Leben lang haben; Primärbedürfnisse, die sich gegenseitig bedingen. Das eine führt zum Entstehen des anderen, und sie unterstützen sich gegenseitig. Er nennt sie die „Familientriade von Bedürfnissen", bestehend aus audio-visueller Kommunikation, Fürsorge und Spiel.

Mit dem Heranwachsen des Kindes wandelt sich die audiovisuelle Kommunikation, die Fürsorge und auch das Spiel. Dieser Prozess der Veränderung ist durch äußerst unterschiedlich geprägte Stadien gekennzeichnet. Fast so deutlich erkennbar wie die Wachstumsringe eines Baumes, entfaltet sich das Wachstum eines Kindes in der natürlichen evolutionären Reihenfolge, in der sich die menschliche Spezies entwickelt hat. Zuerst entwickelt und entfaltet sich das sensomotorische Gehirn, gefolgt von unserem emotional-kognitiven System (dem limbischen System, *Anm. d. Ü.*), sodann die verschiedenen Bereiche des Neokortex, unserer jüngsten Gehirnstruktur. Jedes System bringt bei seiner Entfaltung eine neue, erweiterte ‚Spielversion' mit sich, und die volle Entfaltung eines jeden Systems hängt von diesem Spiel ab.

Jedes Entwicklungsstadium ist in sich selbst vollständig und vollkommen. Das Dreijährige ist nicht ein unvollständiges Fünfjähriges, und das Kind ist nicht ein unvollständiger Erwachsener. Wir sind nie bloß unterwegs: wir sind immer schon angekommen.

Die magische Welt des Kindes

Echtes kreatives Spiel macht Gebrauch von jedem der neuronalen Systeme. Es fördert ihre Entwicklung und wird, indem es auf jede neuronale Entfaltung reagiert, selbst immer komplexer, ideen- und ausdrucksreicher und lohnender. Je ausgedehnter und reichhaltiger die neuronale Struktur, desto ausgedehnter und reichhaltiger die Intelligenz und das Spiel, die beide aus diesem Wachstum resultieren und es gleichzeitig bedingen.

Das Gehirn ist „erfahrungsabhängig", wie Allan Schore es ausdrückt. Das bedeutet, dass Wachstum und Entwicklung der individuellen Gehirnzellen sowie deren Verknüpfungen und Erweiterungen zu „Wissensstrukturen" von entsprechenden Interaktionen mit und Reaktionen der Umwelt abhängig sind. Die früheste Umgebung und der beständigste Einfluss ist die Mutter.

Der Austritt aus dem Leib der Mutter oder aus jeder anderen Matrix bedeutet ‚hinausgetragen zu werden' von einer (Matrix) in eine andere. Es liegt in der Natur unseres Wachstums, dass jede nachfolgende Matrix größer und weniger einengend oder abstrakter und weniger konkret als die vorherige ist. Jede Matrix beinhaltet mehr Möglichkeiten und größere Macht und sollte ein zunehmend sicherer Standort sein. Mit jeder Matrixverlagerung erfährt das Gehirn einen Wachstumsschub, der es auf einen massiven und schnellen Zuwachs an Lernen vorbereitet. Indem es die neue Matrix erforscht, lernt das Gehirn/Geist-System und konstruiert daraus ein konzeptuelles Muster, was der sensorischen Integration jener Matrix gleichkommt. Piaget würde es eine Wissensstruktur nennen, Bohm ein „mathematisches miteinander Verweben von Energien".

Die heilende Kraft

Lächeln

Neugeborene lächeln uns an, wenn wir aus einer Nähe von etwa fünfzehn bis dreißig Zentimeter mit ihnen sprechen. Diese audiovisuelle Kommunikation ist ein erster Versuch, mit dem Kind zu spielen. Bald folgt das „Guck-guck-Spiel; Das Baby lächelt, wenn ein Gesicht auftaucht; verschwindet das Gesicht, verschwindet das Lächeln. Nach zwei oder drei Wiederholungen weiß das Baby, dass gespielt wird, erwartet, dass das Gesicht auftaucht, verschwindet, auftaucht, verschwindet, und lacht dabei voll Vergnügen. Die Worte „Guck-guck" sind ein integraler Bestandteil dieser Handlung, denn sie stellen ihren auditiven Aspekt dar. Alles an dieser Handlung ist Lernen, Lernen durch Spiel.

Bald gibt das Baby den Anstoß dazu, „Guck-Guck" während des Stillens zu spielen. Es stellt fest, dass es das Spiel selbst verursachen kann, versteckt sich an der Brust, kommt wieder hervor, schaut in die Augen, und die Augen sprechen, es versteckt sich wieder, kommt wieder hervor, strahlt vor Freude. Auch mit der Brustwarze zu spielen – ein Spiel mit „Verlieren – Wiederbekommen" – ist eine Art Guck-Guck-Spiel. Assoziatives Lernen entfaltet sich auf diese Weise. Durch jede dieser unterschiedlichen Arten zu spielen bilden sich neue neuronale Verknüpfungen im Gehirn.

Fast jede wiederholte audio-visuelle Handlung signalisiert Spiel, ist eine Einladung zur Nachahmung. Das Neugeborene wird seine Zunge herausstrecken, wenn wir es tun. Die Spiegelwirkung zwischen Modell und Kind besteht von Anfang an. Interaktion ist eine Straße mit Verkehr in beiden Richtungen. Das Kind findet heraus, dass es dem „dort draußen" Antworten entlocken und etwas initiieren kann und dass es von „da draußen" etwas erhalten und darauf reagieren kann. *Spiel gibt einem Macht über die eigene Welt.*

Wir hängen allerlei Spielzeug über das Kinderbett. Es ist wohl zur Unterhaltung gedacht und vielleicht besser als eine leere Wand, aber ein armseliger Ersatz für das sprechende Gesicht und auch keine audio-visuelle Kommunikation. Viel besser als das Kinderbett mit all seinen Anhängseln ist das Tuch, um das Baby am eigenen Körper zu haben. Und zwar nicht die nach außen gerichtete Kindertrage, die kein Gesicht zur Kommunikation bietet und dem Säugling das Gefühl verursacht, ständig nach vorne zu fallen. Das Tuch, das so gebunden ist, dass dieses magische Gesicht und das Herz fünfzehn bis dreißig Zentimeter entfernt sind, funktioniert mit Abstand am besten. Kommunikation umfasst Augen und Stimme, und auf die Stimme der Mutter reagiert das Kind bereits ab dem fünften Monat im Uterus.

Das Hochstuhl-Spiel

Kinder aller Kulturen verwandeln alles in Spiel, wenn man sie lässt, und so wird alles zu einer Gelegenheit, zu lernen, wenn dies zugelassen wird. In der Hochstuhl-Phase gibt ein Spiel namens ‚Essen' den Ton an. Es wird einem ein Löffel in den Mund gesteckt, den man wieder ausspuckt; der Löffel kommt wieder, man spuckt wieder aus. Zweimal ist eine Wiederholung, und Wiederholungen sind eine Einladung zum Spiel. Das Baby wirft den Löffel auf den

Boden; der Löffel wird prompt aufgehoben und einem wieder vorgehalten. Es dauert nicht lange, und das Baby quietscht vor Vergnügen, und wirft den Löffel mit immer größerer Hingabe und Aufregung. Ein Ball, den wir quer über den Tisch in Richtung des Babys rollen, ist eine Einladung, ihn zurückzurollen und eine Quelle großen Vergnügens. Mit jeder spielerischen Handlung dieser Art werden die visuellen und motorischen Fähigkeiten erweitert.

Lernen macht dem Kind Spaß, denn es ist die Aufgabe des Gehirns, zu lernen, dennoch muss die zu lernende Handlung dem jeweiligen Alter und Entwicklungsstadium angemessen sein. Wir würden einem Neugeborenen doch wohl kaum Steak und Champagner vorsetzen, und einem Jugendlichen kommen wir auch nicht mit Brei. Genauso sollten wir dem Kleinkind nicht viel zu früh Spiele anbieten, die erst später an der Reihe sind. Worin soll der Vorteil liegen, wenn wir dem Kleinkind bereits Lernkarten mit Buchstaben und Zahlen zeigen? Es gibt doch viel zu viel spezifische, vom jeweiligen Entwicklungsstadium abhängige Bedürfnisse, die zuerst erfüllt werden sollten. Es ist besser, diesen zuerst zu begegnen, anstatt diese Phase dafür zu verwenden, Fähigkeiten vorzubereiten, die möglicherweise Bedürfnisse der nächsten Stufe sind. Das Kind selbst gibt uns die Hinweise, die wir brauchen; es zeigt uns, wo es steht. Wenn wir darauf eingehen, wird es auch für unsere Signale empfänglich sein. Natürlich wird es, wenn sonst nur wenig angeboten wird, auch auf unsere Lernkarten mit seinem Lächeln antworten, aber nicht mit dem ekstatischen Enthusiasmus, der echtes Spiel kennzeichnet.

Es sind unsere Vorstellungen und Ideen, die unsere Kinder formen und prägen. Wir stellen eine um visuelle, auditive und taktile Stimuli bereicherte Umgebung bereit, um die bestmöglichen Rohmaterialien zur Verfügung zu haben, aber unser eigener Hintergrund entscheidet darüber, was wir für geeignet halten, die Umgebung zu „bereichern". Und selbstverständlich erwarten wir dann von unseren Kindern, dass sie diese Materialien zu einem Muster verarbeiten, das unser Engagement bestätigt. Wir suchen ihre Zustimmung.

Crack in the Cosmic Egg

Kleinkinder

In der Kleinkindphase erweitern sich die Möglichkeiten des Spielens exponentiell. Auf den kleinen Beinen geht es in jede Ecke; jeder Winkel wird erforscht. Alle Sinne sind daran beteiligt – Riechen, Schmecken, Fühlen, Sehen und Hören –, und neue neuronale Wissensstrukturen entstehen. Alles ist reines Spiel und spielerisches Lernen.

„Nein!", „Lass das!" unterdrücken den Lernvorgang, die Freude, das Spiel. Die physische Reaktion darauf ist eine Ausschüttung von Kortisol, einem Hemmstoff, der Körper und Geist des Kleinkinds überflutet. Im Zustand einer Depression ist Lernen nicht möglich, lediglich eine Art von Konditionierung, ähnlich wie bei Tieren. Spiel ist eine neokortikale Antwort unseres jüngsten Gehirns. Der negative Zustand, der durch „Nein" und „Lass das" hervorgerufen wird, ist eine Verteidigungsreaktion des alten, sensomotorischen Reptiliengehirns. Ein Kind wächst durch Ermutigung und Unterstützung, nicht durch negative Einschränkungen. „Nein" und „Lass das" wirken wie Gift.

„Nein!" und schließlich jedes ähnlich lautende Verbot aktiviert die Kampf- und Fluchtinstinkte aus unserer Säbelzahntigervergangenheit, die von der Amygdala* getreu übersetzt werden. Ein entschlossen betontes „Nein!", und unser armer Hund rollt sich mit eingezogenem Schwanz und todtraurigem Blick voller Scham und Schuldgefühl, um Vergebung bettelnd, zusammen. Unsere Tiergehirne sind gemeinsame Systeme und vergessen nie.

(* Zur Erinnerung: Die Amygdala, der Mandelkern, ist eine äußerst wichtige Neuralstruktur von großer Bedeutung für das Gedächtnis, besonders wenn es gilt, Kampf/Flucht-Entscheidungen zu treffen; darüber hinaus nimmt sie die Funktion einer Relaisstation oder eines Kommunikationszentrums zwischen dem Reptilien- und dem Mammaliergehirn wahr. [Fast alle Erinnerungen der ersten drei Lebensjahre sind mit der Amygdala verknüpft.])

Biologie der Transzendenz

Auf dem Boden zu sitzen und mit einer Bezugsperson einen Ball hin und her zu rollen, ist für das Kleinkind ein Riesenspaß. Die Handlung führt zur Bildung von räumlicher Intelligenz, Koordinationsvermögen und zu einer offenen, unbelasteten, vertrauensvollen Beziehung mit der Bezugsperson und der Umgebung. Sing-Bewegungsspiele wie sie *Education Through Music* (ETM, eine gemeinnützige Organisation v.a. in Nordamerika) anwendet, sind ebenfalls bestens geeignet für Kleinkinder.

Drei- und Vierjährige können stundenlang alleine sein, in eine Matschpfütze oder einen Tümpel schauen und die allerkleinsten Kreaturen und Lebensformen beobachten. Kinder brauchen viel Zeit, in der sie für den Betrachter scheinbar nichts tun. Für ein Kleinkind ist die Welt brandneu.

Geschichten erzählen

Kinder lieben Geschichten. Geschichten und Spiel sind miteinander verwoben und unterstützen sich gegenseitig. Kleinkinder sind wie gelähmt, wenn sie einer Geschichte zuhören. Der Kiefer klappt herunter, die Augen sind auf den Geschichtenerzähler gerichtet. Sie verfallen in vollkommene Reglosigkeit. Sie sehen nicht wirklich den Geschichtenerzähler, sondern die durch die Geschichte hervorgerufene, sich vor ihrem inneren Auge entfaltende Bilderwelt. Das Gehirn erzeugt automatisch innere Vorstellungswelten als Erwiderung auf die magischen Worte des Geschichtenerzählers – eine Arbeit, die jeden Bereich des Gehirns und den ganzen Körpers erfasst und umfasst. Der ‚Bau' innerer Vorstellungswelten erweitert die Neuralfelder, verbindet Wissensstrukturen und erstellt neue.

Kinder wollen die gleiche Geschichte oft immer wieder hören, genauso wie sie immer wieder Guck-Guck spielen oder den Löffel werfen wollen. Die Wiederholung stabilisiert die neuen Neuralverbindungen, die mit solchen Handlungen einhergehen, was als *Myelinisierung* bezeichnet wird. Ab einem bestimmten Punkt wird das Kind die inneren Bilder der Geschichte in einem imaginären Spiel ausagieren, sie auf ein äußeres Objekt übertragen. Ein Kind, das die Geschichte von den drei Bären immer wieder gehört hat, sucht sich eines Tages drei Flaschen unterschiedlicher Größe, erwählt die große zu Papa Bär, die mittlere zu Mama Bär, die kleine zu Baby Bär und spielt die Geschichte mit diesen symbolischen Figuren immer wieder. Wenn auf diese Weise ein Objekt für ein anderes steht, findet eine metaphorische und/oder symbolische Handlung statt. Metaphorisches und symbolisches Denken bilden die Grundlage für alle späteren höheren intellektuellen Leistungen. Alle Alphabete, Zahlen und Schriftzeichen sind metaphorisch-symbolische Systeme.

Alles nachmachen

Nachahmendes Spiel prägt die frühen Kindheitsjahre. Das Zweijährige sieht, wie die Mutter Kekse backt, und macht es ihr nach. Ein Glasdeckel wird zur Backschüssel, ein Stöckchen zum Löffel, Erde oder Matsch zu Teig. In einem Schraubdeckel eine Schüssel zu sehen und in einem Stöckchen einen Rührlöffel ist nichts anderes als metaphorisches Denken, bei dem die Information von einer Bestehensweise auf eine andere übertragen wird. Michelangelo sah die Figur im Stein, wenn er zum Meißel griff. Unser Vierjähriger sieht eine Dampfwalze die Straße entlang rumpeln und will unbedingt auf diesem beeindruckenden Ding mitfahren. Er findet eine Garnrolle in Mutters Schrank und verwandelt sie in eine mächtige Walze. Sein inneres Bild dieser riesigen Maschine, auf die er keinen Zugriff hat, die er nicht kontrollieren kann, wird auf die Garnrolle projiziert, auf die er Zugriff hat, die er kontrollieren kann, und nun spielt er stundenlang in seiner eigenen Welt, die er selbst geschaffen und modelliert hat – ein perfektes Beispiel für metaphorisch-symbolisches Handeln. Eine bestimmte Form oder Bedeutung auf eine andere Art zu „sehen" oder in einer anderen Art und Weise zu interpretieren, ist hochkarätig abstraktes Denken!

Unsere Kinder sind notwendigerweise ein Spiegelbild unserer selbst, wie wir wiederum notwendigerweise ein Spiegelbild unserer Eltern waren. Jede nachfolgende Generation ist ebenfalls von Ängsten geplagt, halb verrückt, antisozial, bringt depressive Idioten hervor, die sich zu Tode trinken und einmal mehr unsere Hoffnungen, dass es diesmal anders ist, „enttäuschen". An unseren Früchten sollten wir eigentlich unseren eigenen Zustand erkennen. Wir ernten, was wir säen und was für uns gesät wurde. Was wir in unserem Geist beherbergen, zeigt sich in der Welt da draußen. Wir werden zu dem, was wir sehen.

Die heilende Kraft

Diese Fähigkeit führt viele Jahre später dazu, dass mathematische, algebraische oder chemische Gleichungen verstanden und die darin enthaltenen Möglichkeiten „gesehen" und erfasst werden können. Sie ist gleichzeitig die Ursache dafür, dass man gern mit diesen Spielzeugen der Erwachsenen spielt. Die Grundlage für jedes spätere komplexe Denken basiert auf dem einfachen frühkindlichen metaphorisch-symbolischen Spiel. Ein Kind, das nie spielt, wird nicht spielen können – weder mit Musik noch mit mathematischen Theoremen, auch nicht mit architektonischen Entwürfen und auch nicht mit den großen Philosophien.

Kinder träumen

Nach Piaget sind Vier- bis Siebenjährige „Kinder der Träume". Sie leben in der traumähnlichen Welt des Spiels, die ihre eigene Schöpfung ist. Gelegentlich zeigen sie ihre Träume auf der Bühne der ‚Welt da draußen', die sie mit den Eltern und anderen teilen. Das tagträumende Kind legt jedoch die Fundamente für spätere, große Gedanken. Burton White von der Harvard University fand schon vor langer Zeit heraus, dass sowohl intelligenten als auch glücklichen Kindern ein Merkmal gemein ist – sie verbrachten viel Zeit damit, mit weit offenen Augen ausdruckslos vor sich hin zu starren.

Für das Kleinkind ist ein Gruppenspiel von geringem Wert, es sei denn unter der einfühlsamen, weisen und geschickten Aufsicht eines Erwachsenen, wie bei *Education Through Music* (EdM) der Fall ist. Im Großen und Ganzen spielt das Kleinkind allein oder mit Erwachsenen. Mit ungefähr fünf Jahren sucht es sich dann vielleicht einen Spielkameraden, der seine imaginäre Welt mit ihm teilt. Beide spielen dabei imaginäre Rollen. Meistens jedoch spielen Fünfjährige in ihrer eigenen Welt, in die sie die Gegenwart anderer projizieren. Nur selten spielen sie die organisierten Spiele, die Erwachsene ihnen anbieten, es sei denn, sie werden von ihnen stark dazu angehalten.

Gesprochenes Spiel

In der frühen Kindheit spielt das Sprechen bei jedem Spiel eine große Rolle. Das Kind spricht seine Spiele, drückt seine Welt durch Sprechen aus. Alexandria Luria stellte bedeutende Zusammenhänge zwischen sensomotorischer Entwicklung, Sprache und Lernen im Allgemeinen fest, alle im Spiel koordiniert. Indem Kinder die Erfahrungen ihrer Spielwelt aussprechen, erstellen sie ihre eigene, durch die Geschichte inspirierte magische Welt. Sie agieren ihre eigenen inneren Geschichten durch Sprache und äußere Handlungen aus. Dieses Grundmuster von Hören und Muskelreaktion beginnt bereits im Uterus.

Echte soziale Bedürfnisse treten frühestens im Alter von ungefähr sieben Jahren auf und werden am besten von einem oder maximal zwei anderen Kindern erfüllt. (Wenn drei Kinder zusammenkommen, werden sich in den meisten Fällen zwei zusammentun. Der Mensch fühlt sich in großen Gruppen nicht wohl, auch nicht in der späten Kindheitsphase. Sechs oder sieben Kinder sind bereits eine Menge. „Alle Jungen gehen raus“, verkündet der Sieben- oder Achtjährige. ‚Alle‘ ungefähr sechs…) Bei dieser mittleren Altersgruppe in der Kindheit ist Gruppenspiel noch kein Wettkampf. Konkurrenzgedanken töten echtes Spiel. Gewinnen oder Verlieren haben in diesem Stadium des

Nach Piaget lassen sich zwei Arten von kindlichem Spiel beobachten, nämlich phantasievolles Spiel und nachahmendes Spiel. An beiden ist die Imagination oder Vorstellungskraft beteiligt, ein Vermögen, das per Definition „innere, dem Sinnessystem nicht vorliegende Bilder schafft“. Im phantasievollen Spiel registriert das Kind Umweltreize aus seiner Umgebung… und benutzt das Objekt, um seine Phantasievorstellung zu verwirklichen, indem es das Objekt verwandelt, so dass es seiner Vorstellung entspricht, und das Objekt, mit dem es spielt, ist dieses verwandelte Objekt. An diesem Punkt hat das Kind die Welt seinen Wünschen angepasst… Im nachahmenden Spiel verhält sich das Kind so, als wäre es das Erwachsenenmodell, das es nachmacht, und der Zweck oder die Absicht der Nachahmung ist es, über die gleichen Kräfte wie der/die nachgeahmte Erwachsene zu verfügen…Die Nachahmung erfüllt die gleiche Funktion wie das Phantasiespiel… Die zentrale Beschäftigung des Geistes ist in beiden Fällen die Imagination.

Die magische Welt des Kindes

Spiels noch keinen Platz. Gedanken an Gewinnen oder Verlieren verhindern Lernen. Die für ETM konzipierten Spiele sind für Kleinkinder und jene mittlere Altersgruppe bestens geeignet und bieten Raum für alle notwendigen sozialen Interaktionen.

Drei ist eine Menge

Wenn zwei oder drei Kinder der mittleren Altersgruppe sich zusammentun, spielen sie stundenlang ‚Ich bin Soundso, und du bist Soundso'. Ein Kind nach dem anderen präsentiert sprechend sein Szenario, wobei nicht ein bestimmtes Thema von Anfang bis Ende durchgezogen wird, sondern jeder auf den anderen reagiert und ein neues, gerade passendes ‚Jetzt bin ich Soundso' erfindet. Vor allem Mädchen lieben diese stundenlangen Sprechspiele. Jungen tendieren eher dazu, ihre gesprochenen Spiele auszuagieren.

Kinder der mittleren Altersgruppe, von etwa sieben Jahren bis zur Pubertät, leben ihre Metaphern aus – sie werden zu ihnen. Die Jungen springen und turnen herum und werden zu Affen oder zu Tarzan, der an den Lianen von Baum zu Baum hangelt. Auf Zuruf *sind* sie Cowboys, Indianer, Luke Skywalker oder wer immer gerade der Held in aller Munde ist. Der spindeldürre Lulatsch wird vor seinem eigenen geistigen Auge zum Helden des Universums. Die Projektionen werden nicht mehr alle nach außen verlagert; der eigene Körper wird ebenfalls zum Ziel der Imagination und ist mit Macht und Kontrolle über die eigene Welt ausgestattet.

Nach Rudolf Steiner kommen Kinder mit etwa sieben Jahren in ihrem eigenen Körper an. Die linke Hemisphäre übernimmt die träumende rechte, und die Kontrolle über diesen neu entdeckten Körper ist eine wahre Freude. Jungen wollen auf jeden Baum klettern, über jedes Hindernis springen und schnell wie der Wind rennen. Kleine Mädchen springen stundenlang ohne zu ermüden mit dem Hüpfseil. Spiel und Entwicklung sind in jedem Entwicklungsstadium eng miteinander verwoben. Sich des Körpers voll bewusst zu werden, ist ein wichtiger Entwicklungsschritt, der förmlich nach Bewegung schreit. Zu diesem Zeitpunkt sind Schulbänke ein echtes Desaster.

Balgereien

Während der Vorschul- und Grundschuljahre und auf Spielplätzen überall auf der Welt balgen sich, „wenn man sie lässt", vor allem Jungen in einer aggressiven Art und Weise, die nicht selten nach Körperverletzung aussieht. Es wird gehauen, gezerrt und gestoßen, die einen fallen über die anderen her, werden gejagt, geknufft, lauern sich auf; Spielregeln werden verändert. Kampfspiele sind an der Tagesordnung. Bei näherem Hinschauen allerdings zeigt sich, dass die vermeintliche Körperverletzung in Wirklichkeit eine bestimmte Art von Verhalten ist, die als *Balgerei* bezeichnet wird.

Die Beteiligten lachen und schreien normalerweise und haben ihrer Ansicht nach einen Riesenspaß. Sie wissen ja, dass sie spielen. Dominanz über den anderen ist hier nicht das Thema, wohl aber Zähigkeit und Durchhaltevermögen. Balgen ist eine besondere Art von Spiel, die hilft, starke und flexible Verbindungen und Freundschaften zu knüpfen. Sobald jedoch ein wirklicher Raufbold oder ein kontrollierender Erwachsener eingreift, verändert sich der Charakter des Spiels, und es verliert seine offene Natur.

Mit beginnender Adoleszenz werden Raufereien allmählich durch Wettkämpfe ersetzt, durch die Dominanz- und Machteigenschaften erworben werden. Gewinnen und Verlieren ersetzen das frühere spontane Geben und Nehmen. Diese speziellen frühen Spielerfahrungen scheinen wichtig zu sein; sie nicht zu machen scheint unerwünschte Konsequenzen nach sich zu ziehen.

„In einer Vergleichsstudie mit 36 wegen Totschlags verurteilten Männern wurde durch die Befragung der Angehörigen offenbar, dass es in der Kindheit dieser Männer nahezu keine Spielplatzanarchie des Gebens und Nehmens gab. Die ‚normale', nicht-gewalttätige Kontrollgruppe lieferte Beschreibungen solcher Erfahrungen des Gebens und Nehmens, Gewinnens und Verlierens auf dem Spielplatz; sie erinner-

Für das Kind zählen fast immer die Erfahrungen der Eltern zu den faszinierendsten: die Zauberwelt des Kochens mit all ihren Küchenutensilien, die geheimnisvollen Werkzeuge, mit denen man Autos zusammenbasteln oder Nähmaschinen reparieren kann. Entsprechend den Fähigkeiten der eigenen Forschungswerkzeuge, der fünf Sinne, wird das Kind Forschungen anstellen. Aus den körperlichen Begegnungen mit der fühlbaren Welt der Dinge erstellt und strukturiert das Gehirn/Geist-System ein entsprechendes Wissen über jene Welt. Eltern sollten diese Lernvorgänge nicht steuern, da Lernen ein unbewusster Vorgang ist, dem man nur erlauben muss, sich zu entfalten.

Die magische Welt des Kindes

Zwischen sieben und elf Jahre alte Kinder mit einer unendlichen Neuralkapazität kennen keine Grenzen und betrachten alle Möglichkeiten als gleichermaßen gültig. Die einzige Voraussetzung ist der Imperativ der Natur, der geeignete kulturelle Modelle und eine fördernde Umgebung verlangt. Ernest Hilgard macht deutlich, dass das Kind dieser mittleren Altergruppe äußerst empfänglich für Anspielungen hinsichtlich seiner persönlichen Möglichkeiten ist. Diese Empfänglichkeit erreicht im Alter von etwa elf Jahren ihren Höhepunkt und erfährt bei den meisten von uns mit etwa vierzehn Jahren eine Einengung. Subtile Anspielungen, Implikationen, sogar nebulöse Vorstellungen unserer Eltern, Gleichaltriger oder Autoritätspersonen bezüglich dessen, wer wir sind, was im Bereich unserer Möglichkeiten liegen könnte oder auch nicht, haben eine tiefgreifende Wirkung auf Kinder. Sie übernehmen unsere inneren Überzeugungen und sozialen Anschauungen, ausgesprochene wie auch unausgesprochene, und spiegeln sie automatisch wider. Ihre grenzenlosen Möglichkeiten für neue Muster der Begriffsbildung und Wahrnehmung werden durch die Beschaffenheit ihrer jeweiligen Modelle eingegrenzt, ohne dass jemand davon klüger wird.

Der nächste Schritt der Menschheit

ten sich oft sogar an die Namen oder an besondere Eigenschaften ihrer Raufkumpane. Keiner der gewalttätig gewordenen Männer erinnerte sich an einen Spielplatzkumpel. Spiel-Fallstudien mit über 8000 ambulanten Psychiatrie-Patienten scheinen zu bestätigen, dass Balgereien diejenigen, die sie hatten und die auch ihren Spaß daran hatten, besser für eine flexible und sozial kompetente Zukunft vorbereiteten.

Ähnliches Verhalten lässt sich in der freien Wildbahn beobachten. Wenn beispielsweise ein erwachsener Silberrücken-Gorilla am Spielort auftaucht, dann in der Regel nur, um einen echten Kampf zu beenden, der sich aus einer anfänglichen Balgerei entwickelt hat. Wenn jugendliche Primaten Gefahr wittern und auch kein Erwachsener in der Nähe ist, um in eine gefährlich gewordene Situation einzugreifen, hört das Spiel auf. Für Primaten und Menschen stellt der Erwachsene in den Kulissen, nicht auf der Bühne selbst, den Sicherheitsfaktor dar, der nötig ist, damit sich dieses Spiel der geballten Energien entfalten kann.

Wenn unsere Kinder in Kriegsgebrüll ausbrechen und herumbalgen, fühlen wir Erwachsene uns meistens ungemütlich. In der Regel beendet unsere Sorge und unser Bedürfnis nach einer kontrollierten Umgebung das freie Spiel der Kinder. Umfragen mit weiblichen Junglehrerinnen zeigen eine allgemeine Unsicherheit im Umgang mit diesem für die Entwicklung so wichtigen Spielverhalten sowie einen akuten Mangel an Wissen um dieses Phänomen und Verständnis dafür. Erwachsene organisieren Spiele, die jedoch in keiner Weise das freie Spiel mit seinem Überschwang ersetzen noch für die Belohnung in Form von Entwicklung sorgen, die aus der freien, offenen Balgerei der Kinder selbst entsteht, wenn kein Erwachsener unmittelbar dabei ist. Dazu gehören auch von Erwachsenen organisierte sportliche Wettkämpfe. Balgen ist ein notwendiger Entwicklungsschritt, und Erwachsene sollten die sichere Umgebung schaffen, in der dieses kraftvolle Geschehen sich frei ausdrücken kann.“

Persönliches Gespräch

STUART BROWN, M.D.

Autor, Public Broadcasting System (PBS) Produzent

Fred Donaldson ist der Ansicht, dass Balgereien auf Grund unserer kulturellen Gepflogenheiten oft fälschlicherweise als Wettkampfverhalten gedeutet werden. Wettkämpfe scheinen natürlich und normal zu sein, und immerhin sind „Jungs eben Jungs."

„Die Kinder wissen von Anfang an, dass die Sache in Wirklichkeit Ernst ist. Es wird Gewinner und Verlierer geben. Die Konsequenzen eskalieren. Aufgrund dieser unserer kulturell geprägten Auffassung von Spiel bringen wir den männlichen Mitgliedern unserer Gesellschaft schon im Kindesalter bei, Konkurrenten zu sein, und zeigen ihnen, wie man ‚das Spiel spielt'.

Andererseits gibt es ein Spiel, das zwar ähnlich aussieht, aber grundlegend anders ist. Die Rollen sind anders verteilt, die Bewegungsmuster sind anders, die Beziehungen sind anders, und die Resultate sind es ebenfalls. Spiel und Wettkampf mögen ähnlich aussehen, haben aber gänzlich andere Absichten. Die Bedeutung der Handlung, das daraus Gelernte ist etwas vollständig anderes. Echtes Spiel kennt kein Versagen. Nur Wettkämpfe produzieren Gewinner und Verlierer. Nicht das Geschehen selbst, sondern Wesen und Qualität der Beziehung zum Geschehen bestimmen, ob die Balgerei Spiel ist oder nicht."

Persönliches Gespräch
O. Fred Donaldson, Ph.D.
Spielforscher, Autor, *Von Herzen spielen*

„Sie wollen immer nur spielen." Das unbarmherzige Versunkensein von Kindern in ihr Spiel scheint für Eltern ein großes Problem darzustellen... Das Kind hat den Wunsch, mit der Welt zu spielen; unsere Absicht hingegen ist es, sie dazu zu bringen, sich unseren Vorstellungen von Arbeit zu fügen.

Die magische Welt des Kindes

Gruppenspiel

Gruppenspiele werden im Alter von zehn, elf Jahren wichtig – wenn eine Gruppe vorhanden ist. Nachbarschaftsspiele sind so gut wie ausgestorben. In der Vergangenheit waren solche Gruppenspiele keine Wettkämpfe im Sinn von ‚wir haben gewonnen – ihr habt verloren!' Blinde Kuh, Versteck spielen und viele andere, von den Kindern selbst organisierte Gruppenspiele legten das Fundament für soziales Verhalten, für Fairness, Rücksicht aufeinander, für die Wichtigkeit von Geben und Nehmen. Diese edlen Auffassungen waren gar nicht in den Köpfen der Spielenden. Sie können auch nicht mit Worten beigebracht werden – aber sie entwickeln sich durch die Gruppenspiele.

Brettspiele gewinnen bei den älteren Kindern der mittleren Altersgruppe an Bedeutung. Zehn- oder Elfjährige können z.B. Monopoly faszinierend finden, obwohl dieses Brettspiel Gewinner und Verlierer produziert und daher ein Grenzfall ist, der Kinder an der Grenze zur Pubertät anspricht. Kinder suchen sich die ihrer Stufe entsprechenden Spiele und finden Wege, um ihre Bedürfnisse zu befriedigen.

In der Vorpubertät gewinnen Ball-Gruppenspiele an Bedeutung, wobei Gewinnen oder Verlieren immer noch nicht von Belang sind. Die Betonung liegt auf Fairness, Ausgewogenheit und Geschick. Jede Mannschaft bekommt ihren Anteil an Starken und Schwachen, Stämmigen und Schlaksigen. Die pure Freude daran, den Ball zu schlagen, eins mit dem Schläger zu werden, einen Spurt hinzulegen, den Ball entgegen aller Erwartungen aus der Luft zu fangen – das sind die wirklichen Belohnungen, und sie sind gewaltig!

Wessen Mannschaft gewinnt oder verliert, ist ohne Belang. In den Ballspielen der mittleren Altersgruppe werden auch keine Punkte, Treffer oder Tore gezählt, denn jeder spielt, um sich selbst auszudrücken, aus Freude am Spiel. Es kommt sogar vor, dass die Spieler im Verlauf des Spiels immer wieder die Seite wechseln. Neue Spieler tauchen auf, die gerade mit den Hausaufgaben fertig geworden sind, während andere nach Hause müssen. Die Mannschaften achten höchstens auf das Gleichgewicht in der Anzahl der Spieler auf jeder Seite.

Über ein Foul wird erhitzt diskutiert, auch ob der Ball wirklich fair aus der Luft gefangen wurde oder nicht – diese leidenschaftlichen Diskussionen können leicht die Hälfte der Spielzeit beanspruchen und sind ein überaus wichtiger Bestandteil des Spiels. Das soziale Verhalten, das hier durch Nachgeben und Beharren gelernt wird, ist immens. Es ist lebendige, aktive Demokratie!

Erwachsene unerwünscht

Erwachsene mit ihren starren Regeln, Verordnungen und Entscheidungen zerstören diesen Prozess. Kinder verlieren ihre eigene Welt, wenn sie zum Objekt des Zuschauers werden. Kinder spielen um des Spiels willen, nicht um Zuschauer zu unterhalten. In der Gegenwart Erwachsener verschwindet echtes Spiel; Beurteilung betritt den Ort des Geschehens. Jetzt ist es wichtiger, das Gesicht zu wahren. Plötzlich besteht die Möglichkeit, in Schande zu fallen. Allein ist das ältere Kind der mittleren Altersgruppe fair und hat sich im Griff. Die Fairness verschwindet, sobald ein Erwachsener den Ton angibt. Die Little League (weltweiter Soft- und Baseball-Verband für Kinder und Jugendliche) hat der Kindheit amerikanischer Kinder einen enormen Schaden zu gefügt. Darauf werde ich eingehen, wenn es noch näher um Sportler und die Intelligenz des Spiels geht.

Mit der Pubertät kommt der genetisch programmierte „Herdentrieb“ zum Vorschein und wird in der Spielhandlung zum Ausdruck gebracht. Im prä-adoleszenten Stadium gewinnt eine Art von Konkurrenzdenken an Bedeutung, und Gewinnenwollen kann zu einem entscheidenden Thema werden. In dieser späten Kindheitsphase ist es noch wichtiger als vorher, dass diese Kinder lernen, in ihren Spielen eigene Lösungen zu erarbeiten. Wenn Erwachsene mit ihren Beurteilungen und ihrem Kontrolldrang eingreifen, geht diese Chance für soziales Lernen verloren. Das Eingreifen des Trainers oder Ausbilders verhindert in den allermeisten Fällen, dass soziales Verhalten erlernt wird; normalerweise würde es durch das Spiel vollkommen natürlich erlernt werden. Diese Kinder brauchen keinen Trainer; sie müssen vielmehr lernen, sich selbst in den Griff zu bekommen; müssen lernen, wie man einen Gruppenkonsens erarbeitet; sie müssen lernen und erfahren, dass man verlieren und dennoch zur Gruppe gehören kann; sie müssen lernen, dass man manchmal eigene Wünsche oder ein Stück eigener Freiheit zugunsten des Ganzen zurückstecken muss. Die Anwesenheit Erwachsener oder, noch schlimmer, ihr ständiges Belehrenmüssen verändert die Bedeutung der Erfahrung drastisch.

Intelligenz ist die Fähigkeit zu Interaktion, und diese Fähigkeit hat mit zunehmender Technologisierung keineswegs zugenommen. Sie hat abgenommen. Wir sprechen von unseren technologischen Errungenschaften immer als „Erweiterungen“ unseres persönlichen Vermögens: Teleskope und Mikroskope erweitern unser Sehvermögen; Telefon und Radio unser Hörvermögen ... und so weiter. In der Praxis allerdings untergräbt jede unserer technologischen Errungenschaften diese Fähigkeit, trägt sie sogar ab und ersetzt sie auf die eine oder andere Weise. „Erweitern und vergrößern“ nennen wir das. Stattdessen bewirken sie eine drastische Abnahme dieser Fähigkeit. Jede Abnahme des Gefühls persönlicher Autorität aber erzeugt Angst; Jahrmillionen-alte genetische Programmierungen und Erwartungen werden in kürzester Zeit verändert. Paradoxerweise hat unsere Angst mit unseren technologischen Errungenschaften, die doch eigentlich die Angst vermindern sollten, im gleichen Maß zugenommen – wenn nicht sogar unverhältnismäßig mehr.

Die heilende Kraft

Junge Menschen entwickeln all diese Fähigkeiten spontan und natürlich, wenn sie dabei in Ruhe – aber das heißt nicht: allein – gelassen werden. Der in den Kulissen, aber nicht auf der Bühne stehende Erwachsene sorgt für die Sicherheit, die nötig ist, damit dieses kraftvolle Spielgeschehen sich entfalten kann. Wenn er auf der Bildfläche erscheint – als domanter Elternteil oder Trainer –, verschwindet das sich selbst regulierende Spiel. Wenn wir wirklich möchten, dass unsere Kinder eigenständige, verantwortungsbewusste Teilnehmer einer sich selbst regulierenden Demokratie werden, dann sollten wir sie nicht bevormunden. Erinnern wir uns an die Silberrücken-Affen. Wildtiere spielen unbesorgt, solange kein Raubtier oder Mensch auf der Bildfläche erscheint. Im gleichen Augenblick erstirbt das freie, offene Spiel und macht einer wachsamen Verteidigungsbereitschaft Platz. Unseren Kindern ergeht es ebenso.

Do it yourself!

Unterhaltung ist nicht gleich Spiel, und Spiel *ist* Lernen. Bestimmte Informationen mögen durch Unterhaltung in beschränktem Maß ausgetauscht werden, aber das hat nichts mit Lernen in dem Sinn zu tun, wie wir es hier verstehen. Einem Ballspiel zuzuschauen ist eine nachgemachte Erfahrung und kann sogar höchst frustrierend sein, wenn nämlich der Mangel an persönlicher Ausdrucksmöglichkeit sich im Zuschauer als unterdrückte Wut anstaut. So manches Sportstadion wird zu einem gefährlichen Pulverfass, das jeden Augenblick explodieren kann. Zeit gemeinsam zu verbringen ist eine gute Idee, aber den Sohn oder die Tochter zur Unterhaltung einen halben oder ganzen Tag ins Stadion mitzunehmen, hat für das Kind keinen großen Wert. Besser würde man miteinander fünf Minuten Ball spielen, miteinander rennen, sich fangen, lachen, der Länge nach ins Gras fallen. Der ganze Körper, alle Sinne wären beteiligt. Vergleichen wir diese Situation hinsichtlich ihres Wertes an körperlicher Ertüchtigung und Lernen mit einem halben Tag im Stadion. Je stärker die eigenen Sinne beteiligt und gefordert sind, desto größer der Lerneffekt, desto stärker die Entwicklung.

Fernsehen und Computerspiele

Computerfirmen und Anwender preisen die Fähigkeit zu komplexem Denken, die durch Computerspiele angeblich entwickelt wird. In Wirklichkeit verbreiten sie unter diesem Deckmantel die so populär gewordenen aggressiven Gewaltspiele. Tracy McVeigh vom englischen *Observer* veröffentlichte eine neue, beunruhigende Studie über den Zusammenhang zwischen Computerspielen, Gehirnentwicklung und Aggression.

„Computerspiele produzieren eine verblödete Generation von Kindern, die für Gewalt ungleich anfälliger sind als ihre Eltern. Die Neigung zu unkontrolliertem Verhalten ist nicht darauf zurückzuführen, dass Kinder die Gewalt, die in den Computerspielen steckt, gewissermaßen absorbieren, wie man bisher annahm, sondern auf den Schaden, den das sich entwickelnde Gehirn erleidet.

Prof. Ryuta Kawashima von der Tohoku Universität in Japan, Experte auf dem Gebiet der Gehirnkartographie, hat mit seinem Team unter Einsatz neuester Technologien die Gehirnaktivität einiger Hundert Nintendo spielender Teenager untersucht sowie die Gehirnaktivität einer Kontrollgruppe, die einfache, gleichförmige arithmetische Aufgaben zu lösen hatte. Zu ihrer großen Überraschung zeigte sich, dass durch das Computerspiel lediglich die für Sehen und Motorik verantwortlichen Gehirnareale aktiviert wurden, während die durch Arithmetik stimulierten Gehirne Aktivität in beiden Gehirnhälften des Frontallappens aufwiesen – dem Bereich, der hauptsächlich mit Lernen, Gedächtnis und Emotion in Verbindung steht.

Am beunruhigensten jedoch war die Tatsache, dass die Entwicklung des Frontallappens, der sich im Menschen bis zum Alter von etwa zwanzig Jahren weiterentwickelt, auch für die individuelle Verhaltenskontrolle eine wichtige Rolle spielt. Kinder tun oft Dinge, die sie nicht tun sollten, weil die Frontallappen noch nicht voll entwickelt

All das weist auf eine biokulturelle Dynamik hin – unsere Biologie beeinflusst unsere Kultur und unsere Kultur beeinflusst unsere Biologie. Eine ausreichende Anzahl von Kindern, die mit einer Neigung zur Defensivität und zu schneller, reflexgesteuerten Überlebensreaktionen geboren wurden, wird möglicherweise das Wesen der Gesellschaft verändern, in der sie aufwachsen… Auf diese Weise geben zornige, defensive Menschen ihren Zustand an die nächste Generation weiter, wo er sich dann noch verschlimmert. Die zivilisierte Gesellschaft verschwindet und es entsteht eine Kultur, die von Generation zu Generation explosiver und gefährlicher wird.

Biologie der Transzendenz

sind. Je mehr Arbeit geleistet wird, die die Faserstränge stärkt, welche die Nervenzellen in diesem Teil des Gehirns miteinander verbinden, desto größer ist die Fähigkeit des Kindes, das eigene Verhalten zu kontrollieren. Je mehr dieser Bereich angeregt wird, desto stärker und dicker werden diese Faserstränge. Computerspiele behindern die Entwicklung dieses Teils des Gehirns und dessen Fähigkeit, potenziell anti-soziale Verhaltensweisen zu kontrollieren.

Die Implikationen sind für eine zunehmend gewaltanfällige Gesellschaft äußerst bedrohlich. Für Kawashima ist die Botschaft an alle Eltern eindeutig: ‚Kinder müssen natürlich dazu ermutigt werden, die grundlegenden Fähigkeiten wie Lesen und Schreiben zu erlernen; aber ebenso wichtig ist es, sie dazu anzuhalten, so viel als möglich draußen mit anderen Kindern zu spielen und sich mit ihnen zu verständigen'."

The Observer, 19.8.2001

Fast in allen Familien trat das Fernsehen an die Stelle des Geschichtenerzählens und verwandelte auch das Radio von einem Geschichtenerzähler in einen Musikautomaten ... Es ersetzte auch die Familiengespräche ... Mit dem Fernseher im Haus spielten die Eltern kaum mehr mit ihren Kindern. Alle saßen um den Kasten, und selbst das Spiel der Geschwister untereinander verschwand. Die Fähigkeit, zu spielen und eine innere Bilderwelt zu schaffen, wurde nicht mehr entwickelt. Aber Nintendo ist kein Ersatz für phantasievolles Spielen und kann es auch gar nicht sein.

Der nächste Schritt der Menschheit

Schon vor Jahren äußerte Marshall McLuhan, dass das Medium selbst die eigentliche Botschaft *sei.* Die Maschine, nicht der Programminhalt bestimmt, welche Gehirnbereiche zum Einsatz kommen, während man sich mit technologischen Errungenschaften beschäftigt, sei es ein Drillbohrer, ein Computer oder der Fernsehapparat. Das Gehirn reagiert auf technologische Reize stets mit den gleichen neuronalen Mustern. Bei jeder neuerlichen Begegnung läuft gewissermaßen das gleiche „Neuronenprogramm" ab. Der Inhalt eines Programms hat während der kritischen Entwicklungsphasen so gut wie keinen Einfluss auf das Wachstum des Gehirns und seine Entwicklung.

Bei der ersten Begegnung, die noch mit Spiel einhergeht, lernt das Kind etwas – es lernt den Umgang mit dem Fernsehapparat. Eine Interaktion findet statt. Das Spiel dauert ein paar Minuten, gerade lang genug, um eine Beziehung mit dem unbekannten Objekt zu erstellen, was zunächst die ganze, ungeteilte Aufmerksamkeit beansprucht, die ja das charakteristische Merkmal echten Spiels ist. Ist die Beziehung jedoch einmal hergestellt, und hat die hiermit verbundene Stimulierung und Entwicklung von Neuralfeldern stattgefunden, ist der Spielaspekt an dieser

Beschäftigung beendet und wird durch Unterhaltung ersetzt. Unterhaltung verlangt sehr wenig Aufmerksamkeit verglichen mit dem umfassenden Training, das mit Spiel einhergeht. Die Beziehung, die bei der ersten Begegnung mit dem Fernsehapparat hergestellt wurde, sowie die damit verbundene Stimulierung und Entwicklung bestimmter Neuralfelder werden bei jeder nachfolgenden Begegnung angezapft und reaktiviert. Konkret bedeutet dies für die Entwicklung des Gehirns, dass keine einzige der durchschnittlich 5000 Fernsehstunden, die ein fünfjähriges Kind in den USA vor dem Fernsehapparat verbringt, einen weiteren Lerneffekt auslöst. Was geschieht, ist lediglich die x-te Wiederholung der am Anfang gemachten Lernerfahrung. Das ist die eigentliche Krux in Bezug auf die Entwicklung des Gehirns bis zum zehnten, elften Lebensjahr. Um es noch einmal zu wiederholen: Unterhaltung ist nicht Lernen. Spiel kann allerbeste Unterhaltung sein. Unterhaltung hingegen ist nicht Spiel. Wir dürfen ebenfalls nicht übersehen oder vergessen, dass Computer, Fernsehen und Videospiele „bilderstellende" Systeme sind. Die vorgefertigten Bilder, die sie liefern, sind sozusagen Fälschungen, denn sie täuschen das Gehirn mit Bildern, die dieses selbst herzustellen lernen sollte. Wie zuvor bereits beschrieben, stellen innere Bilder das Betriebssystem des Gehirns dar. Das Gehirn kommuniziert Informationen vermittels von Bildern. Falsche, weil vorgefertigte Bilder täuschen die emotionalen, kognitiven und sensomotorischen Bereiche des Gehirns. Diese älteren Primärstrukturen können nicht zwischen natürlichen, vom Gehirn selbst erstellten Bildern und nachgeahmten unterscheiden. Diese Gehirnzentren reagieren einfach auf den Stimulus – in diesem Fall das Bild – und halten diesen Reiz für ein echtes, d.h. selbst erstelltes Bild. Für diese Gehirnzentren sind die Bilder auf dem Fernsehschirm wirkliche Bilder und die Klänge, die aus millionenschweren Dolby- und THX-Lautsprechern dröhnen, wirkliche, echte Klänge.

Die Technologien, die die Bilder zum Laufen brachten, sind noch nicht einmal ein Jahrhundert alt – eine Nanosekunde in der Zeitrechnung der biologischen Evolution. Charlie Chaplin ist nichts weiter als ein Augenzwinkern auf der unechten Richterskala im Vergleich zu der modernen, von neuesten Trickgraphik-Technologien ausgespuckten Massenware an Bildern. Je realistischer, eindrücklicher und evozierender diese künstlichen Bilder werden, desto stärker reagieren die beiden Primärzentren des Gehirns. Aus diesem Grund werden wir vor der Flimmerkiste oder vor Filmleinwänden auch derart überwältigt – solche Bilder erzeugen eine unmittelbare, sofortige Wirkung. Das Sehen *ist* bereits die Wirkung. Die Auseinandersetzung mit diesen Bildern geschieht erst viel später, weiter unten am Synapsenstrang. Millionen emotionaler und physischer Verbindungen ergießen sich kaskadengleich in den gesamten Körper, ehe wir uns auch nur bewusst werden, dass wir ein Bild gesehen haben. Die Macher solcher Bilder und Hersteller dieser Geräte wissen um diese Wirkung. Täuschung ist ihr Handwerk, und wir lassen uns allzu gern täuschen – aber zu welchem Preis? Teil Zwei dieses Buches beschäftigt sich mit der Rolle der Imagination in einer optimalen Lernbeziehung, und in diesem Zusammenhang werden wir noch einmal auf Computer und Fernsehprogramme zu sprechen kommen.

Das Fernsehen überflutet das Gehirn mit vorgetäuschten, unechten Reaktionen auf Stimuli aus Worten oder Musik, die das Gehirn selbst zu produzieren lernen sollte. Als Folge davon entfällt ein großer Teil der Strukturkopplung zwischen Geist und Umgebung, metaphorische Bilder entstehen nur spärlich; wenige der höheren Kortexbereiche kommen ins Spiel; wenn überhaupt, entwickeln sich nur wenige symbolische Strukturen. Formeln wie $E=mc^2$ bleiben einfach nur Zeichen auf dem Papier, da keine metaphorische Fähigkeit zur Verfügung steht, die diese Symbole zur Begriffsbildung an den Neokortex weiterleitet, und infolgedessen bleibt auch die Ausbildung der symbolischen Begriffssysteme als eine seiner Hauptaufgaben aus.

Der nächste Schritt der Menschheit

Die Kunst des Spielens

In jedem Alter ist Kunst der Höhepunkt des Spiels, von frühester Kindheit an, das ganze Leben hindurch. Von der einfachen Stöckchenzeichnung des Vierjährigen bis hin zum raffinierten oder feinst ausgearbeiteten Kunstwerk, von den ersten Singgeschichten der ETM bis hin zum Vortrag von Beethovens *Apassionata*, von der Sandburg am Strand bis hin zu Michelangelos *David* ist Kunst nichts anderes als Spiel. Menschen, die sich in Spiele vertiefen können, gehören in jeder Kunstrichtung immer auch zu den wirklich Glücklichen. Sie verwandeln jegliche Beschäftigung in Kunst, sei es Politik, Erziehung, Finanzen, Wissenschaft oder was auch immer. Jede Art von Spiel ist eine Art von Kunst und umgekehrt. Die Anthropologin Margret Mead vertrat die Auffassung, dass nur eine auf Kunst gründende Erziehung Überlebenschancen hat. Was sie damit meinte, war, dass alle Lehrfächer als eine Kunstform präsentiert werden sollten. Lernen müsse eine ästhetische Erfahrung sein, die genossen und deren Wert geschätzt werden könne. Die Aussage William Blakes, dass ausgezeichnetes mechanisches Geschick das Vehikel für Genialität sei, heißt nichts anderes, als dass voll ausgebildete neuronale Strukturen vorhanden sein müssen, damit sich die höchsten Formen der Kreativität manifestieren können. Durch das Spiel werden diese Strukturen von Anfang an gebildet. Die Kunst des Lebens und Lernens beginnt sehr früh im Leben. Wenn wir durch das Spiel zu leben lernen, werden wir unser Leben lang „Spielkünstler" sein, welche Richtung wir auch einschlagen mögen. Was auch bedeutet, dass wir in der Lage wären, bis an unser Lebensende zu spielen.

Bestimmte Vorstellungen entstehen aus unserer Angst und pflanzen sich von Generation zu Generation fort. Diese Ideen bilden sich in jedem von uns neu und stellen zusammen mit unserer allgemeinen Weltsicht unseren Bezugsrahmen dar. Diese Konzepte färben die Genauigkeit unserer Wahrnehmung der tatsächlichen, holonomischen oder natürlichen Ordnung, die wir eigentlich wahrnehmen sollten und die das Bewusstsein uns einspeist. Kraft der durch die Angst gebildeten Konzepte/Vorstellungen wird diese eigentlich wahrzunehmende Ordnung dann verformt. Da Konzepte, die aus der Angst geboren werden, in einem machtvollen, subtileren Bereich entstehen, wird unser Oberflächenbewusstsein und Denken davon geprägt. Dieser prägenden Einflüsse sind wir uns nicht bewusst, da sie Verzerrungen eben dieses machtvollen Bewusstseins sind, das uns unsere Weltsicht gibt.

Die heilende Kraft

Erwachsenenspiel

Erwachsenenspiele können alle früheren Formen von Spiel umfassen und eröffnen ein Spielfeld ohne Grenzen. Erwachsene wurden des Spiels beraubt – das ist ihre Herausforderung. Wettkampfmodelle und Konkurrenzdenken ersetzten schon früh ihren natürlichen Spielzustand. Nur einer kann siegen; alle anderen verlieren. Zwar sagen wir höflich, dabei sein sei alles, aber jeder kennt die Wahrheit. Es geht darum, zu gewinnen.

„Schlussendlich dreht sich alles um diesen sicheren Ort, an dem man frei und unbelastet spielen kann. Denn wenn man nicht unbesorgt spielen kann, hängt das eigene Selbstwertgefühl davon ab, dass man gewinnt – Geld oder Preise. Und entsprechend weist man sich selbst einen Platz in der Selbstwerthierarchie zu.

Menschen, die für solch zweckbezogenes Denken und Handeln nicht anfällig sind, die sich einfach nichts daraus machen, spielen gern, lieben es, zu spielen, wirklich zu spielen. Sie spielen sowieso. So ganz nebenbei gewinnen sie auch, und das ist prima, und vermutlich werden sie den Gewinn auch nicht ausschlagen, aber das ist nicht der Grund, warum sie spielen. Es geht ihnen nicht darum, in der Zeitung zu stehen oder einen hoch dotierten Preis zu gewinnen. Sie spielen, weil sie gern spielen… Ich habe noch nie jemanden, der spielt, um zu gewinnen, ähnliche Leistungen erbringen sehen wie Personen, die um des Spiels selbst willen spielen.“

Persönliches Gespräch
CHUCK HOGAN
Autor, Trainer, Leistungsexperte

Echtes Spiel ist frei von jeglicher Gewalt. Spielen, um zu siegen, um einen Preis oder Anerkennung zu gewinnen, beinhaltet Aggression. Unsere Kultur ist aggressiv, und diese Aggressivität ist Teil der Umwelt, die die Synapsen menschlicher Entwicklung bilden. Vergewaltigte Erwachsene spüren diese Aggression, und da sie oft die Verbindung mit ihrer eigentlichen Natur verloren haben, werden sie zu Beobachtern, zu Konsumenten der Unterhaltungsindustrie. Die Trennlinie zwischen Spiel und Unterhaltung wird undeutlich. Profisportler sind Entertainer, und die meisten von ihnen sind sich dessen bewusst. Nach Las Vegas fahren, die Shows besuchen und die Spielautomaten füttern – all das fühlt sich wie Spiel an. Erwachsene arbeiten derart viel und schwer, dass alles, was nicht Arbeit ist, sich wie Spiel anfühlt. Für die meisten Erwachsenen ist Spiel irgendwie unwichtig, etwas, mit dem man unter Umständen die Pausen füllen kann, die das todernste Geschäft, den Lebensunterhalt verdienen zu müssen, einem lässt. Die meisten Erwachsenen sind in der Tat verarmte, des Spiels Beraubte.

Unser Vorschlag ist ziemlich simpel. Der Zustand, den wir Spiel nennen, diese einzigartige Beziehung zu einem Geschehen oder einer Beschäftigung, ist die für echtes Lernen, Leistung und Wohlbefinden optimale Beziehung. Das gilt für jedes Alter und für jede Beschäftigung. Der Zustand, unsere Beziehung zu einer Handlung oder zu einem Geschehen bestimmt, ob etwas Spiel ist oder nicht, nicht die Handlung selbst. Das Geschehen mit dem Zustand zu verwechseln wäre ein großer Fehler. Den Ball anzutreten, einen Aufsatz zu schreiben, ein Lied zu singen, den Garagenboden zu streichen, ein Baby zu stillen, sexuelle

Intimität – so gut wie jede Aktivität kann, abhängig von unserer Beziehung dazu, entweder Spiel oder Arbeit sein. Für die meisten Erwachsenen ist Spiel Arbeit.

Abstraktes Spiel

Rudolf Steiner sprach von der ungeheuren Freude abstrakten Denkens. Es gibt Mathematiker, die geradezu mystische oder Flow-Erfahrungen machen, während sie an der Lösung ihrer Problemstellungen arbeiten. Die Art und Weise, wie die Lösung gefunden wird, die elegante Form des Weges ist fast wichtiger als die Lösung selbst. Von Anfang an werden Spiel und Kreativität miteinander gepaart. Die Physiker Bohm und Peat sind der Ansicht, dass Spiel die Essenz allen Denkens ist.

Jenseits unserer Worte,
wo Sprache überflüssig ist,
ein Wissen jenseits der
Wolken der Unwissenheit,
eine Antwort jenseits aller
Fragen: der Katalysator, der
Heurekas und Synthesen
hervorbringt, die sich dem
Zugriff unseres ungezähmten Geistes entziehen; der
Katalysator, der im richtigen
Augenblick handelt und
dabei selbst unverändert
bleibt; das Unerreichbare,
das ich in mein Sein weder
hineinzwingen noch hineindenken kann – es fällt in
mein Leben, so, wie es selbst
ist: flüchtig, unglaublich,
außerhalb allen strukturierten Denkens und Strebens,
außerhalb aller organisierten
Systeme und Spiele. Hier
sind alle Pfade offen und
miteinander verbunden,
unsere Freiheit besiegelt
und gesichert.

Crack in the Cosmic Egg

„Schöpferisches Spiel ist wesentlich an der Entstehung neuer Ideen und Hypothesen beteiligt. Man kann sogar so weit gehen zu behaupten, dass der Versuch, das schöpferische Element des Spiels aus dem Denken auszuklammern, wie Selbstbetrug ist... Welche Falschheit sich in das Spiel der Gedanken einschleichen kann, zeigt die Etymologie der Worte Illusion, Delusion und Kollusion. Diesen Worten ist die lateinische Wurzel ludere *gemein, was ‚spielen' bedeutet. Illusion ist das Spiel mit falscher Wahrnehmung; Delusion eine Verhöhnung oder Spiel mit falschen Gedanken; und Kollusion ein trügerisches Zusammenspiel, eine Verschleierung, um die gegenseitigen Illusionen und Verblendungen zu unterstützen.*

Während des schöpferischen Spiels entstehen frische Wahrnehmungen, die eine Person dazu bringen, eine neue Idee zu formulieren, die dann erforscht werden kann. Während die Implikationen des neuen Gedankens sich entfalten, werden sie mit vertrautem Gedankengut in Verbindung gebracht. Schließlich kommt die Person zu dem Schluss, dass die neue Vorstellung wohl korrekt sein müsse, mit anderen Worten: Am Anfang steht eine Vermutung, und in der Annahme, dass diese korrekt sei, handelt man entsprechend. Die Abfolge von Formulierung (einer neuen Idee), in Verbindung bringen (mit bekannten Wissensstrukturen) und Annahme (dass es so ist) ermöglicht das Ausführen alltäglicher Handlungen, ohne bewusst darüber nachzudenken... Eine solche Vorgehensweise ist nur zulässig, solange man die Möglichkeit gelten lässt, dass unsere Annahmen sich in einem anderen Kontext als falsch erweisen könnten. Wenn dies der Fall ist, müssen Wissenschaftler [Eltern, Erzieher, Bezugspersonen, Trainer] bereit sein, die betreffende Annahme aufzugeben oder zu korrigieren und zum offenen, echten Gedankenspiel zurückkehren, aus dem neue Gedanken entstehen."

David Bohm, Ph.D., und David Peat, Ph.D.
Science, Order and Creativity

Diese spielerische Beziehung zum Inhalt des Bewusstseins, Überzeugungen, Bildern und Werten, die unser Verhalten definieren, ist das Herzstück der Optimalen Lernbeziehung.

Transzendentes Spiel, geheiligtes Spiel

Spiel bedeutet nicht, den grimmigen Überlebensnotwendigkeiten aus dem Weg zu gehen; vielmehr dient es dem Überleben. Das Überlebensspiel von Tierkindern kreist um Scheinkämpfe und Ausweichmanöver, weil das die wichtigsten Beschäftigungen sind, denen sie, wenn sie alt genug sind, nachgehen werden, um zu überleben. Die korrespondierenden kindlichen Beschäftigungen sind Imagination, Phantasiespiel und Nachahmung.
Die magische Welt des Kindes

Spiel ist zutiefst transzendent und öffnet die Pforte zu Unbekanntem. Bekanntes bedeutet immer auch Grenzen; Grenzen, die unser Verhalten bestimmen, die bestimmen, wie wir lernen, was wir lernen und wie wir etwas tun. Statt sich innerhalb der Grenzen aufzuhalten, überschreitet Spiel diese. Im Sport spielen wir mit unseren körperlichen Grenzen; das Brechen von Rekorden ist ein klassisches Beispiel hierfür. Der Feuerlauf ist ein weiteres. In unseren zwischenmenschlichen Beziehungen, in der Beziehung zu Tieren oder zur Natur spielen wir mit unseren emotionalen Grenzen. In jedem Fall spielen wir voller „Geist", unserer wahren Natur. Bohm vertrat die Ansicht, dass Spiel die Essenz allen Denkens ist, und manchen mystischen Auffassungen zufolge ist das Universum ein „Spiel des Bewusstseins". Zu spielen bedeutet, wieder Kind zu werden. Es ist dieser Aspekt des Kindseins, der Aspekt des Spiels, zu dem wir zurückkehren müssen. Kinder sind näher an ihrer eigentlichen Natur, und diese

Natur oder Essenz ist Spiel.

Das Geheimnis des Erfolgs auf dem Pfad einer geistigen Entwicklung, unserer persönlichen geistigen Reise, liegt in den besonderen Eigenschaften dieses Zustands, den wir Spiel nennen. Um wieder zu diesem Aspekt des Kindseins zurückkehren zu können, muss der Erwachsene allerdings erst wirklich Kind gewesen sein. Damit Kinder wirklich Kinder sein können, müssen wir ihnen ihre Kindheit zurückgeben, und das heißt nichts anderes, als dass wir ihnen wieder erlauben müssen, zu spielen. Es ist sowieso das, was sie am allerliebsten tun, weil es ihrer natürlichen Entwicklung entspricht. Spiel ist die Aktivität des Geistes; Spiel ist ehrlich. Und das macht es heilig.

Belohnung – Bestrafung

Anpassung an Erwartungen

Echtes Spiel ist sich selbst genug – darin ähnelt es echter Liebe. Beide unterliegen keinerlei äußeren oder inneren Zwängen. Erinnern wir uns an Mamas Lächeln, als sie uns jene roten Pappbecher gab – eine Art Bestechung, damit wir endlich aufhören, die Schranktür auf- und zuzuschlagen. Mit ihrem Lächeln und den Pappbechern wurden wir dafür belohnt, etwas *nicht* zu tun. Die Absicht hinter ihrem Lächeln war, unser Verhalten zu modifizieren oder unter ihre Kontrolle zu bringen. Unsere primäre Beziehung, die völlige Versunkenheit in unsere Beschäftigung des Aufmachens und Zuschlagens der Schranktür, wurde plötzlich durch eine Erwartungshaltung und durch Autorität ersetzt. So lernen wir schon recht früh, dass Anpassung an vorgegebene Muster, uns eine Belohnung äußerer Autoritäten einbringt, aber jede in Aussicht gestellte Belohnung impliziert auch eine Bestrafung, wenn wir uns nicht konform verhalten. Primäres Lernen verwandelt sich so in eine *Konditionierung* durch den Gebrauch von Belohnung und Bestrafung.

Primäres Lernen ist offen. Es kennt kein Versagen, ist spielerisch, völlig unabgelenkt und sich selbst Belohnung genug. Es ist ein Zustand der Geborgenheit, der Sicherheit bietet und ohne Selbstverteidigung auskommt. Die Belohnung der primären Lernerfahrung ist intrinsischer Natur, es ist eine innere, aus sich selbst heraus entstandene Belohnung. Konditioniertes Lernen und das, was wir im Allgemeinen Schulbildung nennen, impliziert eine äußere Autorität, Belohnung und potentielles

Bestrafungen und Wut brechen den kindlichen Willen – die Fähigkeit zur Hindernisüberwindung und Erforschung des Unbekannten und damit das Lernen selbst. Sie nehmen dem Kind jedes Selbstvertrauen, und ohne Vertrauen zu sich selbst wird es zögerlich und zieht sich bei der geringsten Schwierigkeit oder Herausforderung zurück... Dieses Kind wird heranwachsen und einer von uns sein, eines denken, etwas anderes fühlen und auf eine Weise handeln, die weder zum einen noch zum anderen passt.

Der nächste Schritt der Menschheit

Versagen. Das Ziel der Konditionierung – die Wiederholung vorgegebener Verhaltensmuster – wird durch den Einsatz äußerer Bestrafungen und Belohnungen erreicht. Konditioniertes Lernen impliziert auch immer einen gewissen Grad an Selbstverteidigung, aber defensiv Gelerntes ist weniger effektiv als primär Gelerntes. Die potentielle Gefahr, zu versagen und die Autorität zu frustrieren oder zu verärgern, wenn man nicht konform geht, nicht gehorcht oder sie enttäuscht, wird zum integralen Bestandteil der Lernerfahrung. Optimale Lernbeziehungen, der Zustand des *Flow* oder des *In-der-Zone-seins*, sind Primärerfahrungen, die ohne Belohnungen auskommen. Das vollständige Aufgehen in der Erfahrung ist sich selbst Belohnung genug.

Kindererziehung, Ausbildung und Arbeit sind in der Regel gleichbedeutend mit äußerer Kontrolle, die durch Belohnung und Bestrafung aufrechterhalten wird. Die Autorität, sei es Mutter, Vater oder eine andere Bezugsperson, Lehrer, Trainer, Anleiter oder Geschäftsführer, rechtfertigt die Notwendigkeit der Kontrolle oft damit, dass dies zum Wohl des Kindes oder Arbeitnehmers gereiche. Untersuchungen bringen jedoch andere Motive ans Licht.

Belohnungen und Bestrafungen sind tief in uns verwurzelt. Sie umgeben uns und sind Bestandteil jeder unserer Beziehungen, eingewoben in unsere Familien, Schulen, Kirchen und geschätzten Institutionen, und so ist es nicht verwunderlich, dass wir uns ihrer kaum bewusst sind. Sich ihrer zu entledigen ist noch schwieriger. In seinem Buch *Punished by Rewards* schreibt Alfie Kohn über den Mythos der Belohnungen, mit dem wir leben und den wir so freizügig an unsere Kinder weitergeben.

„Hinter der Praxis, einen Erstklässler mit einem bunten Dino-Aufkleber zu belohnen, weil er den Mund hält, wenn man es ihm sagt, verbirgt sich eine ganz bestimmte Einstellung hinsichtlich unseres Wissens, hinsichtlich dessen, was unsere Entscheidungsfreiheit ausmacht und hinsichtlich dessen, was unser Menschsein ausmacht ....

Weder ist der Kaugummi das Problem noch das Geld noch die Liebe oder die Aufmerksamkeit. Manchmal sind unsere Belohnungen unschädlich, manchmal unverzichtbar. Beunruhigend ist vielmehr die Tatsache, dass diese Dinge missbraucht werden. Die Erfüllung eines Grundbedürfnisses unter bestimmten Bedingungen anzubieten, um dadurch Kontrolle auszuüben – dort liegt das Problem. Die ganze Aufmerksamkeit wird nicht auf das Bedürfnis, sondern ungeteilt auf die Bedingung gerichtet, d.h. auf das, was man tun muss, um das andere zu bekommen. Menschen für ihre Willfährigkeit zu belohnen, ist nicht die Art, ‚wie die Welt funktioniert' (wie viele behaupten), entspricht nicht dem natürlichen menschlichen Grundgesetz, ist nichts weiter als eine mögliche Denk- und Redensart, eine von vielen Arten, unsere Erfahrungen und Begegnungen mit anderen zu organisieren. Es mag uns natürlich vorkommen, spiegelt aber in Wirklichkeit eine spezielle Ideologie wider, die angeprangert werden sollte. Und ich bin der Überzeugung, dass es höchste Zeit ist, genau das zu tun."

ALFIE KOHN
Punished by Rewards

Belohnungen sind trügerisch. Es sieht so aus, als würden wir beim Buchstabieren helfen, den Müll versorgen, ein Problem lösen oder ein unangebrachtes Verhalten korrigieren. Das eigentliche Ziel der Belohnungs-/Bestrafungstaktik ist allerdings Kontrolle. Und wer profitiert in der Regel am meisten von der Kontrolle? Der Kontrollierende selbst! Um über die bleibende Wirkung unseres Belohnungs-/Bestrafungssystems zu entscheiden, müssen wir uns zwei Fragen stellen: Erstens, haben wir eine dauerhafte Verbesserung des Verhaltens erzielt? Und zweitens, wurde diese Veränderung aus einem angemessenen bzw. korrekten Grund herbeigeführt?

Kurzfristig gelingt es einem mit bestimmten Anreizen tatsächlich, andere dazu zu bewegen, etwas zu tun, was sie normalerweise nicht tun würden, aber Untersuchungen haben ergeben, dass solche Anreize nicht die erhoffte Langzeitwirkung haben. Auch sind die negativen Nebenwirkungen des erfahrenen Zwangs nicht sofort ersichtlich. Aufgrund *unserer* Verwirrung setzen wir Belohnungen immer wieder ein, und je mehr wir

Soziales Verhalten ist ein Instinkt und entsteht ganz natürlich ohne unser Zutun. Kultur ist intellektuell, willkürlich und muss induziert, injiziert, ja zwangsverabreicht werden. Soziales Verhalten bedeutet Lernen in seiner vollständigsten Form und führt zu reflektierendem Denken. Enkulturation bedeutet Konditionierung und eine Verstärkung automatischer Reflexe. Spontane Geborgenheit und liebende Zuwendung machen eine Gesellschaft aus, während Kultur unterschwellig und subtil gehasst wird, so dass man früher oder später subtil oder offen gegen sie rebelliert, wenn nicht im sogenannten „Trotzalter" von zwei Jahren, dann in den Teenagerjahren. Rebellionen dieser Art werden immer gewaltsam beendet, sei es durch Schmerz, Furcht, Schuld, Scham, oder indem der Rebell einfach aus den Augen der Öffentlichkeit entfernt wird.

Biologie der Transzendenz

uns ihrer bedienen, desto mehr scheinen sie notwendig. Das Belohnung-/Bestrafungsprinzip ist etwas so Vertrautes, Alltägliches, so Akzeptiertes und so *Normales*, dass es uns komisch vorkommt, daran zu zweifeln. Bei vielen Menschen würde man sogar Anstoß erregen, würde man ihnen sagen, dass Belohnungen etwas zutiefst Entmenschlichendes sind. Lob, Schokolade, Glitzerbilder, Aufkleber und Pluspunkte zu verteilen oder mit geschenkten Ferien zu winken erscheint gänzlich natürlich, sogar zivilisiert. Zwang und Nötigung erfüllen ihren Zweck bei unseren Haustieren, warum also nicht auch bei unseren Kindern und Angestellten? Es scheint nur logisch.

Immer wieder Belohnungen für bestimmte, gewünschte Verhaltensweisen in Aussicht zu stellen impliziert, dass Kinder und Erwachsene freiwillig nicht verantwortlich handeln würden, von sich aus keine gute Arbeit leisten, nicht gerne lernen oder auch anderweitig aus eigenem Antrieb keine guten Leistungen erbringen würden. Diese Annahme widerlegt Mihaly Csikszentmihaly in seinem Buch *Flow*, in dem er die Ergebnisse umfassender Untersuchungen über die Psychologie der optimalen Erfahrung präsentiert:

> *„Die optimale Lernerfahrung ist sich selbst Zweck genug... es ist eine in sich geschlossene, eigenständige Handlung, die nicht in der Hoffnung auf einen zukünftigen Nutzen ausgeführt wird. Die Handlung selbst ist die Belohnung. Wenn Erfahrungen im Innersten lohnenswert sind, wird das Leben aus der Gefangenschaft zukünftiger, hypothetischer Nutzen- und Gewinnerwägungen befreit und kann sich schon jetzt, in der Gegenwart, entfalten... Die Lösung ist, sich schrittweise von gesellschaftlichen Belohnungen zu befreien und sie durch solche zu ersetzen, die man selbst im Griff hat."*

Mihaly Csikszentmihaly
Flow: Das Geheimnis des Glücks

Darüber hinaus impliziert Kontrolle über andere einen ungleichen Status:

„Wenn Belohnungen Machtunterschiede nicht nur widerspiegeln, sondern auch noch verstärken, dann überrascht es auch nicht, dass ihre Anwendung der ohnehin stärkeren Partei zugute kommt, d.h. dem, der die Belohnung verteilt. Diese Tatsache ist so offensichtlich, dass es eigentlich völlig überflüssig wäre, extra darauf hinzuweisen, wäre es nicht so, dass in der Praxis Belohnungen damit gerechtfertigt werden, dass sie ganz im Interesse des Empfängers seien. Wir behaupten, Menschen zu helfen, indem wir ihnen beibringen, was sie wissen müssen. Aber einer der Autoren kommt, nachdem er die spezifischen Ziele von Verhaltens-Modifikations-Programmen abgehakt hat, zu der Frage: In wessen Interesse ist es, wenn ein Gefängnisinsasse, Student oder Patient dazu gebracht wird, sich weniger zu beklagen, aufmerksamer, gefälliger und arbeitswilliger zu sein?' Wer zieht den wirklichen Nutzen daraus, wenn ein Kind ruhig wird und still sitzt?"

Alfie Kohn
Punished by Rewards

Da wir säen, werden wir auch zwangsläufig ernten. Nichts kann die Spiegelwirkung abmildern, der wir ausgesetzt sind, nichts außer der Abwendung von diesem herzlosen Pfad… Würden wir unsere Kraft einsetzen, um dem Vorstoß des Lebens Vorschub zu leisten, das nach Bewusstwerdung und einer Expansion allen Potentials strebt, könnte sie uns zu den Sternen und all ihren „Freuden und Annehmlichkeiten" führen, so uns danach wäre. Wenn wir sie gegen uns selbst richten, weil wir meinen, unsere „Führungsqualitäten" unter Beweis stellen zu müssen, um zu beweisen, dass niemand uns herumkommandieren kann, ist dies das Ende jeder Entwicklung.

Crack in the Cosmic Egg

Kohn und Csikszentmihaly sind darin einer Meinung, dass Belohnungen die bestehende Ordnung aller Dinge aufrechterhalten. „Das konventionelle Belohnungsprinzip abzuwerten, stellt eine Bedrohung der bestehenden Machtstruktur dar", sei es in der Familie, im Klassenzimmer oder am Arbeitsplatz. Personen, die eine Kontrollfunktion ausüben, tun dies, weil sie gern kontrollieren. Die meisten Eltern werden nervös, sobald man ihre Autorität auch nur ein wenig eingrenzt. Für viele Lehrer ist es kaum vorstellbar, Autorität durch gegenseitigen Respekt und wirkliche Kommunikation zu ersetzen – es würde auch zu viel Zeit und Aufmerksamkeit beanspruchen. Der häufige Gebrauch und die weit verbreitete Akzeptanz, die das Belohnungs-/Bestrafungsprinzip genießen, kaschieren die Tatsache, dass es nicht in der Lage ist, dauernde Veränderungen hervorzubringen. Kohn nennt fünf Gründe, die belegen, warum Belohnungen in einer optimalen Lernbeziehung keinen Platz haben:

1. Belohnungen sind eine Strafe:
   Kontrolle durch Verführung (Belohnung) auszuüben oder durch Drohung (Bestrafung) – darin besteht keinerlei Unterschied. Beide dienen dem Erlangen von Kontrolle. Beide stehen für ein psychologisches Modell, in dem Motivation gleichbedeutend mit Verhaltensmodifikation ist.

2. Belohnungen zerstören Beziehungen:
   Die Fähigkeit zu belohnen oder zu bestrafen impliziert Autorität, Macht und Kontrolle in den Händen des einen, nicht aber des anderen. Dieses Ungleichgewicht verhindert die positive Beziehung, die optimales Lernen und auch Leistung begünstigen würde.

3. Belohnungen kümmern sich nicht um Gründe:
   Sie lenken die Aufmerksamkeit von den eigentlichen Ursachen, der Wurzel eines Problems, ab. Der Belohnende braucht sich mit der Ursache nicht auseinanderzusetzen.

4. Belohnungen machen risikounfreudig:
   Belohnungen unterminieren Kreativität und Innovationsgeist. Sie sind der Erzfeind des Forschungsdrangs. Wenn Belohnungen ausgesetzt sind, tut niemand mehr als notwendig, um diese zu bekommen.

5. Äußerliche Belohnungen schwächen die innere Kraft der Motivation:
   Belohnungen haben die Wirkung, dass ihre Empfänger von äußeren Anreizen abhängig werden, anstatt sich von ihren eigenen inneren Anreizen leiten zu lassen, und verwandeln unsere Einstellung Dingen gegenüber, die wir ansonsten ganz einfach genießen würden. „Eine einzige Belohnung für etwas, das man früher einfach nur gern tat, ist in der Lage, das Interesse daran über Wochen hinweg zum Erlahmen zu bringen."

Wenn Erwachsene Kinderspiele veranstalten, übernehmen sie die Kontrolle und werden zur Autorität. Lob und Tadel bringen vorhersagbare Resultate hervor. Eigenständiges Denken, ehrliches Interesse, angeborene Neugierde und echte Kreativität werden von Erwachsenen oft nicht akzeptiert. Das Verhältnis zwischen „ja" und „nein" liegt bei 17:1 für „nein". Je intelligenter, unternehmungslustiger und wagemutiger ein Kind, desto stärker wird es oft zur Anpassung gezwungen.

Es geht um Kontrolle

In der Hoffnung, die Zustimmung der Eltern oder anderer Bezugspersonen zu gewinnen, lernen Kinder schon früh, sich selbst zu verformen. Sie versuchen, die Kontrollierenden in Schach zu halten, indem sie ihnen zu gefallen suchen, das Erwartete brav tun und sich an bewährte Muster anpassen. Ein ruhiges Kind ist ein gutes Kind. In den Augen der Erwachsenen ist ein Streber gesellschaftsfähig und wird es eines Tages mit ziemlicher Wahrscheinlichkeit „zu etwas bringen." Manche Kinder rebellieren, wenn es ihnen nicht gelingt, die ersehnte Zustimmung zu bekommen; andere ziehen sich zurück.

Immer häufiger werden Kinder, die durch unsere Raster fallen, die in der Schule unruhig sind, stören und schwer zu disziplinieren sind, als verhaltensgestörte, am ADS-Syndrom leidende Kinder abgestempelt und auch medikamentiert. Die weitverbreitete Medikamentierung von Kindern im Vorschulalter mit verschreibungspflichtigen Drogen gegen geistige und emotionale Störungen hat es in der Geschichte noch nicht gegeben.

Die Behandlung von Konzentrationsschwäche oder Aufmerksamkeitsdefizit und Hyperaktivitätssyndrom (ADHS) ist zu einer millionenschweren Industrie geworden. Die Pharmaindustrie wirbt in Frauenzeitschriften und im Fernsehen mit bekannten Namen für ADHS-Medikamente. Diese Anzeigenwerbung bricht ein dreißig Jahre altes Übereinkommen zwischen der internationalen Gemeinschaft und der Pharmaindustrie, Psychopharmaka,

Unser Reptiliengehirn ist äußerst geschickt in Täuschungsmanövern, die es über Äonen hinweg entwickelte, um Raubtiere in die Irre zu führen. Wie ein Chamäleon können wir je nach der gesellschaftlichen Umgebung unsere Farbe wechseln. Wie Politiker oder Anwälte sind wir in der Lage, nicht nur zwei, sondern multiple Gesichter zu zeigen, vor allem wenn wir uns in irgendeiner Weise bedroht fühlen. Wir setzen diese strategische Fähigkeit auch im Auftrag unserer höheren Gehirne ein, um in der trügerischen Welt der Torheiten (wie der Wirtschaft und der Politik) zu den Gewinnern zu zählen. Unsere höheren Gehirne werden dann in geschickter Weise rationale Begründungen finden, um unsere nicht selten unmoralischen Handlungsweisen wenigstens für uns selbst moralisch vertretbar zu machen. Durch die Allianz unserer höheren Gehirne mit diesem trügerischen niederen Gehirn lernen wir zu lügen, sind schadenfroh, wenn es uns gelungen ist, jemanden hinters Licht zu führen, und jammern und bemitleiden uns selbst, wenn gleiches uns widerfährt.

Biologie der Transzendenz

Frei von Schuldgefühlen und eins mit dem universellen System zu sein, heißt frei von Angst zu sein. Nur wegen unserer Angst lassen wir uns bedrohen und kontrollieren. Sozialpolitische Kontrollkräfte müssen daher immer Angst induzieren und aufrechterhalten.

Die heilende Kraft

also verschreibungspflichtige Drogen, nicht direkt am Endverbraucher zu bewerben. Von Mai 2000 bis Mai 2001 wurden mehr als 20,5 Millionen Rezepte für ADHS-Medikamente ausgestellt – das sind 37% mehr als in den fünf vorausgegangenen Jahren. Das Drogendezernat klassifiziert Stimulantien, die in der Behandlung von ADHS eingesetzt werden, als Drogen zweiten Ranges, d.h. höchst suchterregende Drogen, die gerade noch legal sind. Rezepte für ADHS-Drogen gehören heute zu den am meisten gestohlenen Rezepten und ADHS-Drogen zu den am meisten missbrauchten legalen Drogen. In einigen amerikanischen Städten nehmen bereits 20% aller Kinder ab dem vorschulpflichtigen Alter Stimulantien. Kinder sind auch, so sagen die Sprecher des Drogendezernats, die größte missbrauchtreibende Gruppe. Die meisten Händler solcher Drogen sind die Kinder, denen sie verschrieben werden, um ihr ADHS zu behandeln. Direktes Konsumentenmarketing der Pharmaindustrie in den Populärmedien erzeugt einen massiven Druck auf Drogenkinder. Wir vergessen, dass Dealer Dealer sind. Was erwarten wir? Auch hier geht es in Wahrheit wieder einmal um Macht, um Kontrolle.

Eine Titelgeschichte in einer Ausgabe des *Time Magazine* war den außer Kontrolle geratenen Kindern gewidmet. Sobald wir jedoch auch nur ein wenig zwischen den Zeilen lesen, stellen wir fest, dass schon die Eltern außer Kontrolle geraten sind – mit ihren Belohnungen und Bestrafungen, Benotungen und Wettkampfstrategien, mit ihrem übertriebenen Konkurrenzdenken. Je mehr mit Belohnungen gewinkt wird, desto mehr verlieren sie an Wirkung. Wir drehen uns im Kreis. Am Ende werden die Kontrollierten zu den Kontrolleuren.

Unsere Wettbewerbskultur

Wir haben alles in Wettbewerb verwandelt. Schulen mit ihrem Prüfungs- und Bewertungssystem funktionieren auf der Basis des Vergleichs. In der Geschäftswelt wird unser Wert nach dem bemessen, was unter dem Strich steht. Und im Alltag heißt es

„mein Kind hat früher laufen gelernt", oder „meine Durchschnittsnoten sind besser". Kinder verstehen bald, dass Punktesammeln enorm wichtig zu sein scheint. Dieses Denken geht so weit, dass sogar ihr Selbstwertgefühl davon abhängig ist, wie viele Punkte sie bekommen haben, d.h. was sie geleistet haben. Hinter unserem Wettbewerbs- und Vergleichsdenken steht der starke Glaube, dass die wichtigen Dinge im Leben wie Ansehen, Auszeichnungen, Geld und selbst Liebe, dass alles, dem wir einen Wert beimessen, begrenzt sind und dass wir deshalb mit den anderen (die das Gleiche wollen) um die Wette laufen müssen. Das Wunder, ein Mensch zu sein, ist nicht genug. Wir müssen uns selbst beweisen, indem wir die Bewunderung der anderen gewinnen. Das Leben ist ein Wettkampf. Nur wenige können gewinnen. Die meisten verlieren.

So scheinen wir der Auffassung zu sein, dass Wettkampf unsere einzige Überlebenschance ist. Jeder vergleicht sich mit allen anderen. Der Selbstwert wird an zukünftigen, äußeren Erfolgen gemessen. Wir brauchen uns nur umzusehen – in der Familie, in der Schule, im Geschäftsalltag, in den Kirchen, im Militär, unter Straßenbanden –: unsere gesamte Kultur basiert auf der Annahme, dass „mehr für mich", „weniger für dich" bedeuten muss. Schon früh entsteht in uns der Eindruck, dass das, was wir wirklich sind, durch die beschränkten Güter, Dienstleistungen und das Ansehen, das unsere Kultur durch Wettbewerb zur Verfügung stellt, definiert wird. So beginnen wir, in diesem Wettlauf mitzurennen und erkaufen uns die unsere wahre Natur verschleiernde kulturelle Identität. Wir hängen sogar an dieser kulturellen Identität, und die Belohnungen verstärken die Vorstellung von ihrem scheinbaren Wert. Die Kultur kontrolliert uns durch diese Vorstellung. Würden wir uns nicht damit identifizieren, hätte sie es nicht so leicht, Kontrolle auszuüben. Belohnungen und Bestrafungen sind die Kontrollinstrumente der Kultur. Optimale Lernzustände mit daraus resultierenden optimalen Leistungen befreien uns von beidem – der Vorstellung sowie dem Kontrollgriff der Wettbewerbskultur, und plötzlich wird das, was unmöglich schien, vollkommen natürlich und leicht.

Seit ich dies hier schreibe (1996–2001), hat unser Versagen, Geborgenheit zu gewähren, dazu geführt, dass in den USA täglich im Schnitt achtzehn Kinder durch die Kugeln aus den Gewehrläufen in den Händen anderer Kinder niedergestreckt werden. Jedes Jahr sterben sechstausend Kinder an diesen Verletzungen. Die zunehmende Unfähigkeit unserer Kinder und Jugendlichen, primitive Impulse und Verhaltensweisen zu modifizieren, ist nachgerade zu einer Frage nationaler Sicherheit geworden. Wir kommen gar nicht nach mit dem Bau neuer Gefängnisse. Dreizehn- und vierzehnjährige Kinder, Jungen und Mädchen, sitzen in unseren Zuchthäusern. Sechzehnjährige Mädchen bringen in Gefängnissen unter horrenden, bestialischen Bedingungen Kinder zur Welt. Um es milde auszudrücken: Unsere Taktiken der „Sozialisierung" scheinen in unserer verwundeten Gesellschaft nicht zu greifen.

Biologie der Transzendenz

„Diese kulturelle Identität ist äußerst wichtig, denn in einer Wettbewerbskultur gibt es mehr Verlierer als Sieger. Dies ist Teil der Kontrolle, aber das behalten wir für uns. Wenn wir nicht mehr zu den Siegern gehören – so stelllten bestimmte Sportler und Stars fest –, finden wir heraus, dass die Gesellschaft nicht das geringste Interesse daran hat, wer wir wirklich sind. Was die Kultur will und mag, ist die Illusion, ein Gewinner zu sein. Wer diese Position innehat, ist nicht von Belang."

Persönliches Gespräch
O. FRED DONALDSON, PH.D.
Autor, *Von Herzen Spielen*

Es ist wirklich nicht schwer zu verstehen, dass Belohnungen gezielt eingesetzt werden, um Verhalten zu modifizieren und zu kontrollieren, und dass der wirkliche Nutznießer der Kontrolle der Kontrolleur selbst ist. Frühe Identifikation mit einer äußeren Identität verleiht den existierenden Strukturen in Form von Eltern, Bildungsstätten, religiösen Institutionen, Wirtschaft und Politik die Macht, unser Verhalten durch vorgegebene Muster zu kontrollieren, welche die existierende Struktur, die wir Kultur nennen, aufrechterhalten. Wir beteiligen uns am Wettbewerb, um unsere Leistungsfähigkeit zu beweisen und dadurch die Gunst der anderen zu gewinnen. Wenn alle durch diese kulturelle Identität diktierten künstlichen Beschränkungen mit ihren Konflikten, Zwängen und dem damit verbundenen Druck wegfallen, erreichen wir den Zustand der optimalen Erfahrung, des *Flow*, des Spiels, der *Zone*. Für die Dauer dieses zeitlosen Augenblicks entsteht gewissermaßen ein „Sprung im kosmischen Ei." Die Kultur verliert ihren Kontrollgriff über uns, und wir sind in der Lage, den Rekord über 1 Meilen zu brechen. Wir rennen, springen, treffen den Ball, erklimmen Berge, denken, visualisieren und träumen auf eine neue, bis dahin unbekannte Art und Weise. Wir sind im Spiel, in der Zone und dem Zugriff der Kultur buchstäblich durch die Finger geschlüpft. Um das Risiko, derart außerhalb der Kontrolle zu sein, auf uns nehmen zu können, müssen wir uns besonders sicher fühlen.

Das Geniale am Spiel ist, dass man nicht durch all diese Schubladen eingegrenzt ist, in denen wir leben. In dem einzigartigen Raum-Zeit-Gefüge des Spiels sind wir nicht länger an diese Schubladen gefesselt. Wir sind weder Mann noch Frau, weder weißhäutig noch farbig, weder Amerikaner noch Südafrikaner. Mit Schubladen ist jenes gesellschaftliche, kulturelle und psychologische Bild gemeint, das ich als Fred identifiziere, weiß, männlichen Geschlechts, 1,93m groß, 91 kg schwer, Athlet von Beruf. Spiel ist natürliche Energie; es ist nicht Freds Energie. Ich erfand sie nicht. Ich erzeuge sie nicht; ich kann nur daran teilhaben. Ich kann sie zulassen. Und nur in dem Maß, wie die gesellschaftlichen Kategorisierungen verschwinden, kann Spiel entstehen."

Persönliches Gespräch
O. Fred Donaldson, Ph.D.
Autor, *Von Herzen Spielen*

Ein positiver Gefühlszustand harmonisiert unsere für Gedanken, Gefühle und Handlungen zuständigen Systeme und verbindet sie zu einer Einheit, verlagert unsere Konzentration und Energie auf die Unterstützung unseres intellektuellen kreativen Vorderhirns und bewirkt, dass wir mit Leichtigkeit lernen und Gelerntes behalten. Bei Kleinkindern ist der emotionale Zustand der Mutter entscheidend für den des Kindes und damit für die gesamte Entwicklung. Andererseits bewirkt jede irgendwie negativ geartete Reaktion, jede Form von Ärger und Wut, eine Verlagerung unserer Aufmerksamkeitsenergie vom evolutionär jüngsten intellektuellen Gehirn zum ältesten Überlebensgehirn, und das bleibt ein Leben lang so. Wir haben dann keinen vollen Zugang zu den evolutionär höheren Intelligenzen, sondern reagieren auf einer primitiven Ebene. Wenn wir unsicher sind, ängstlich, unentschlossen und angespannt, spaltet sich unsere Aufmerksamkeit und verteilt sich auf unsere drei Gehirne, von denen jedes seine eigene Agenda verfolgt ... Bei Kindern behindert diese allzu weit verbreitete Verunsicherung optimales Lernen und Entwicklung; bei Erwachsenen führt sie zu schwerwiegenden Fehlentscheidungen.

Biologie der Transzendenz

Jede der Vorstellungen, die wir in Bezug auf die eigene Person hegen und deshalb verteidigen, ist notwendigerweise beschränkt und unvollständig. Wie sollte es auch anders sein? Das Universum verändert sich unentwegt, und wir desgleichen. Je starrer und strenger unsere Vorstellungen, desto enger sind die Grenzen. Je flexibler und umfassender die Vorstellung, desto größer ist das Spektrum der Möglichkeiten, die dieses Bild gewissermaßen unterbringen kann. Wirklich frei zu sein bedeutet, keine Vorstellung zu haben, und das wiederum eröffnet unendliche Möglichkeiten. Wenn wir nicht durch Vorstellungen festgelegt sind, können wir alles sein – und sind dadurch weniger leicht kontrollierbar und berechenbar. Warum also befinden sich die meisten von uns nicht die meiste Zeit in der *Zone*?

Zustimmung der anderen

Zugehörigkeit zu einer Gruppe ist sehr wichtig. Im Vergleich zu anderen Spezies werden die Säuglinge der Gattung Mensch neun Monate zu früh geboren. Akzeptanz und die Zustimmung der anderen ist Überlebenssache. Wir müssen innerhalb der Grenzen, die die Kultur vorgibt, leben und überleben. Alle Gruppierungen innerhalb dieser Kultur operieren nach den gleichen grundlegenden Regeln. Wir werden akzeptiert und sind gut, wenn wir uns an die Bedingungen und Regeln für Mitglieder halten. Wir passen uns an die Norm an und erfüllen so unsere Gruppenverpflichtung. Dazu gehören oft Wettkämpfe. Wenn wir nicht am Wettkampf teilnehmen, unserer Pflicht nicht Genüge tun, sind wir auch kein Mitglied der Gruppe mehr. Und das ist sehr beängstigend.

„Jeder weiß, welcher Satz als Nächstes kommt. Es gibt nur eine Art und Weise, etwas zu tun, nämlich die richtige. Alles, was wert ist, getan zu werden, ist wert, richtig getan zu werden. Und wenn du es nicht richtig tun kannst, dann lass es. Durch die Leistung unserer Kinder zeigen wir Eltern, wie gut wir sind. Wir konzentrieren uns auf ihr Verhalten und machen ihr Verhalten zum Maßstab unserer Kompetenz als Eltern. Aber Kinder, die lernen, machen Fehler. Unsere Siege wissen wir zu feiern, aber mit unseren Niederlagen, Verlusten, Fehlern und unserem Versagen können wir nicht umgehen. Wir haben nicht verstanden, dass es an allem, was wir als Fehler oder Niederlage bezeichnen, etwas Positives gibt, nämlich den Lernvorgang, der durch den Fehler stattgefunden hat. Was machen wir stattdessen? Wir verstecken und verheimlichen sie voreinander. Und so funktioniert unsere ganze Kultur.“

Persönliches Gespräch
BOWEN WHITE, M.D.
Autor, Clown

Was werden sie von mir denken?

Wenn es ein Kopf-an-Kopf-Rennen ist und der nächste Punkt die Entscheidung herbeiführt, werden die meisten von uns nervös. Wir fürchten uns mehr davor, eine öffentliche Rede zu halten als zu sterben. Was werden die anderen bloß von uns denken, wenn wir uns versprechen oder den Ball nicht treffen? Das ist doch die große Frage, nicht wahr? Wir haben Angst vor dem, was andere denken könnten. In einem solch kritischen Augenblick teilt sich unsere Aufmerksamkeit – der eine Teil ist auf die Herausforderung gerichtet, der andere darauf, dass wir nur ja eine gute Figur machen. Selbstverteidigung hat immer Vorrang. Je größer die Angst, desto mehr Kraft muss für die Verteidigung aufgewendet werden. Genau diese Spaltung der Aufmerksamkeit macht den Unterschied aus und trennt uns von den Höchstleistungen, zu denen andere fähig sind. Wenn der Druck am größten ist, vergessen große Sportler, Athleten, Tänzer, große „Was-auch-immer", ihr „Ich" und begegnen der Herausforderung mit ganzer, hundertprozentiger Aufmerksamkeit und Energie. Sie lieben den Zustand des Spiels, der Erfahrung, lieben es, im Augenblick mit all seinen Beziehungen zu sein, und das ist nur möglich, wenn wir uns sicher genug fühlen, um uns auf das Spiel einzulassen, weil wir nicht länger das Gefühl haben, eine gute Figur machen oder uns verteidigen zu müssen. Wenn wir uns beurteilt, geprüft, verglichen oder benotet fühlen, versagen wir uns die wahre Intelligenz des Spiels.

„Wettkämpfe werden überall ausgetragen – unter Straßenbanden, in Little-League-Mannschaften, in Profiteams, in der Schule, in der Firma. In einer Wettbewerbsgesellschaft enden wir damit, dass wir gegen die ganze Welt antreten. Es gibt keine Pausen. Eltern sind ein fester Bestandteil ihrer Gruppenhierarchie, die sich auf die Kinder erstreckt. Wir fürchten versagt zu haben, wenn wir nicht wetteifern, sei es in unserer Religion, auf der Arbeit, in der Ehe, in der Kindererziehung, beim Autofahren, und genau diese Einstellung geben wir von Anfang an an unsere Kinder weiter.

Es beginnt damit, dass wir echtes Spiel durch unsere kulturell sanktionierten Wettkampfspiele ersetzen, sowohl zu Hause als auch auf dem Spielplatz. Und schon verschieben sich die Werte. Anstatt wie früher zu teilen, wird nicht mehr geteilt, aber das können wir unseren Kindern nicht ehrlich mitteilen, denn sonst müssten wir sagen: ‚Und übrigens, was ich dir im Vorschulalter beigebracht habe, du weißt schon, die Sache mit der Anteilnahme... also jetzt in der ers-

Kultur existiert nur als ein Prozess, ständig damit beschäftigt, die Fehler ihrer eigenen Existenz zu korrigieren, einer Existenz, die uns Leid und Qualen zufügt und uns gleichzeitig nötigt, Korrekturen vorzunehmen, um diesen Schmerz zu lindern. Dabei müssen wir ein enormes Maß an Energie aufwenden, um diese mit Fehlern beladene Kultur aufrechtzuerhalten, und niemand ist davon ausgenommen. (Sollte dennoch jemand den Versuch unternehmen, sein Kind zu einem anderen Zweck zu erziehen als dem, die Kultur am Leben zu halten, wird die eigene Kultur sich gegen diesen Eigenbrödler wenden und ihn mit politisch geeigneten Mitteln in Stücke reißen. Es ist daher ratsam, den Mund zu halten, wenn man es trotzdem versucht.)

Biologie der Transzendenz

ten Klasse machen wir das anders. Vergiss das mit der Anteilnahme. Was jetzt zählt, ist, dass du gewinnst'.

Wenn echtes Spiel durch Wettbewerb ersetzt wird, verstricken sich die vorher unglaublich unverwüstlichen, flexiblen, kreativen Kinder in der Wettkampfsituation. Ab da werden ihre schöpferischen Energien größtenteils dazu verwendet, sicherzustellen, dass sie nicht verlieren. Etwas Neues zu riskieren ist zu anstrengend.

Ob ein Siebenjähriger sich darüber Sorgen macht, wie er bei seinen Freunden ankommt, oder ob ein Erwachsener in einem fürchterlichen Job festsitzt – beide sind in einem Wettkampf gefangen und können sich nicht daraus befreien. Nicht um den Sieg zu ringen heißt, sich selbst außerhalb der Gruppe zu stellen, nicht dazuzugehören, ein Außenseiter zu sein. Das ist die gesellschaftliche Falle. Nicht nur das Kind steckt in dieser Hierarchie fest, der Erwachsene ebenso. Jeder von uns ist wie ein Knoten in einem Fischernetz. Wir haben versagt, wenn wir nicht die Besten in der Religion und auf der Arbeit sind, zu Hause, in der Ehe, in der Kindererziehung, beim Autofahren. Und das bringen wir schon unseren Kleinsten bei."

Persönliches Gespräch
O. Fred Donaldson, Ph.D.
Autor, *Von Herzen Spielen*

Wenn wir den Intellekt zur Verteidigung benutzen, funktionieren wir in einer der Evolution entgegengesetzten Richtung. Unser neokortikales System dient dann unseren niedersten und primitivsten Strukturen. Das offene Universum, das uns durch das höchste System zugänglich wäre, verengt sich an diesem Punkt zu dem starren Gefängnis unseres archaischen R-Systems (Kern- oder Reptiliengehirn). Unser ohnehin selektiv arbeitendes Gehirn trifft seine Auswahl nun noch starrer als zuvor und verwirft alle Signale, die nicht das primitive Abwehrsystem stärken. Unsere Welt wird zur Bedrohung schlechthin, und wir verwandeln uns in William Blakes „Schalentiere in Waffen, ewig in Alarmbereitschaft".

Der nächste Schritt der Menschheit

Eltern sagen: „Was soll ich machen? Da draußen lauert eine Welt voller Gefahren. Wenn ich meinem Kind nicht beibringe, sich zu behaupten, wird es untergehen. Der Stärkste überlebt. Ich gewinne, du verlierst." Großunternehmer jammern, dass sie die Hälfte der Belegschaft entlassen mussten, um die Firma zu retten; Bandenmitglieder erzählen, dass sie töten mussten, um aufgenommen zu werden. Viele unserer Vorschulen verlangen eine Aufnahmeprüfung und haben lange Wartelisten. Kinderspiele durch von Erwachsenen organisierte sportliche Wettkämpfe zu ersetzen, landesweite Leistungstests durchzuführen, Firmenzugehörigkeiten hervorzuheben und andere Zwänge stellen sicher, dass jeder mit jedem wetteifert. Darwin hat sich geirrt.

„Die Forschung hat gezeigt, dass die menschliche Natur – und die Natur als Ganzes – in Wirklichkeit kooperativ ist. Das ‚Überleben des Stärksten' wurde als Begriff von dem Soziologen Herbert Spencer geprägt und stellt eine verfälschte Sicht der Auffassungen Darwins dar. Im 19. Jahrhundert, das als das ‚Jahrhundert der Konflikte' in die Geschichte einging, galt Wettbewerb als oberstes Prinzip, nach dem die meisten imperialistischen Nationen lebten und handelten. Besonders die Militärs akzeptierten dieses Prinzip gerne...

Der Ursprung allen Lebens ist mit Kooperation verbunden. Betrachtet man beispielsweise das Verhalten von Amöben, stellt man fest, dass zwei gegenüberliegende Amöben sich aufeinander zu bewegen. Es ist das grundlegende, bereits in der Natur unseres Protoplasmas vorhandene Verhaltensmuster aller lebenden Formen. Als nächstes entstehen zwei Zellen, dann vier und so weiter, Milliarden von Zellen, die alle zusammenarbeiten. Dieses kooperative Verhalten bildet die biologische Grundlage allen Lebens und eint den Verband zu einem Ganzen. Das Leben selbst zeigt uns, wie wir leben sollten – als wären leben und lieben eins."

Persönliches Gespräch
ASHLEY MONTAGU
Autor, Erzieher, Humanist

Spielentzug und Gewalt

Stuart Brown hat den Großteil seines Berufslebens mit der Erforschung des Spiels bei Menschen und in der Natur verbracht. Er schrieb eine Titelgeschichte über Tiere und ihr Spiel für *National Geographic* und einen Sonderbericht mit der gleichen Thematik für die *PBS* (*Public Broadcasting Society*). Welch entscheidende Bedeutung echtem Spiel zukommt und welche Gewalt aus einem Spielentzug entsteht, waren die überraschenden Ergebnisse seiner Nachforschungen über das Leben des gefürchteten texanischen Turmschützen Charles Whitman.

Zu der Epidemie von Kindern, die Kinder erschießen, kommt nun noch die wachsende Zahl von Kinderselbstmorden. Bis nach dem 2. Weltkrieg wurde nie ein Fall von Kindesselbstmord unter vierzehn Jahren verzeichnet. Bis zum Jahr 1991 war das Alter von Kindern, die Selbstmord verübten, auf drei herabgesunken. Alle 78 Sekunden versuchte in unserem Land ein Kind, sich das Leben zu nehmen. Sechs Kinder starben täglich bei diesem Versuch. Statistiken aus dem Jahr 2000 zufolge ist Kinderselbstmord jetzt bereits die dritthäufigste Todesursache unter Kindern im Alter zwischen fünf und siebzehn. Mädchen versuchen sehr viel häufiger als Jungen, sich das Leben zu nehmen, aber erheblich mehr Jungen führen den Selbstmord tatsächlich aus. In der ganzen Geschichte hat dieses Phänomen nicht seinesgleichen, und es wird fast vollständig totgeschwiegen. Ständig und überall, von der Wiege bis ins Grab, hört man die schrillen Rufe: „Nein!" und „Lass das!", aber nur selten sieht man, dass die Nahrung der Geborgenheit und liebende Zuwendung gegeben werden. Jahr um Jahr wird der Preis für die vom Kleinkind willkürlich erkaufte Einwilligung in unsere schmählichen Handlungsweisen von unserer ganzen Nation bezahlt.

Biologie der Transzendenz

„Ich erhielt einen Anruf von meinem Vorgesetzten, der mich beauftragte, Nachforschungen über einen 25-jährigen Mann namens Charles Whitman anzustellen und herauszufinden, warum dieser vom Turm der Universität von Texas herab auf 31 Menschen geschossen und 19 von ihnen tödlich verwundet hatte. Das war 1966, drei Jahre nach dem Attentat auf John F. Kennedy. Governor Connelly wollte die Ursachen dieser Tragödie wissen. Wir stellten ein Team zusammen und begannen, uns das Leben von Charles Whitman anzuschauen.

Nach einer gesprächsintensiven Woche mit der Familie und mit Freunden wurde das Bild klarer. Er stammte aus einer streng katholischen Familie. Als Kind war er übermäßig kontrolliert und gedemütigt worden. Charles war ausgesprochen intelligent, der jüngste Pfadfinder in den USA, Ministrant, Mitglied im ROTC (Ausbildungscorps zum Reserveoffizier des Heeres), Stipendiat, mit einer zauberhaften Frau verheiratet; kurzum, es hatte den Anschein, als hätte er das große Los gezogen. Die persönlichen Gespräche ergaben allerdings, dass spontanes Spiel ihm vollkommen fremd war – diese Erfahrung hatte er allem Anschein nach nie gemacht.

Im darauf folgenden Jahr leitete ich ein Team, das in Gefängnissen und öffentlichen Spitälern alle jugendlichen Mörder männlichen Geschlechts in Texas interviewte. Über 90% der befragten Mörder zeigten einen ausgesprochenen Mangel an Spielerfahrung, unabhängig davon, welcher Gesellschaftsschicht sie angehörten.

Wenn die Erwachsenenkultur kein echtes Spiel mehr kennt, wie dies in unserer westlichen Welt der Fall ist, dann wird diese Kultur auch keine natürliche Entwicklung echten Spiels bei ihren Kindern zulassen. Wir brauchen uns nur umzuschauen. Das freie, spontane Spiel der Kindheit wurde systematisch durch von Erwachsenen organisierte Spiele ersetzt."

Persönliches Gespräch
STUART BROWN, M.D.
Autor, PBS-Produzent

Im Brennpunkt des Interesses – die Punktezahl

Es geht um sehr viel mehr als um Glitzersterne, Süßigkeiten, blaue Bänder und Zeugnisse. Schon früh lernen wir, uns mit unserer Leistung, mit der Punktezahl zu identifizieren. Durch Lob und Tadel wurden wir glauben gemacht, dass „tolle Leistung" gleichbedeutend mit „toller Kerl" ist. Wir fühlen uns wunderbar, wenn uns ein Tor gelingt, und abgrundschlecht, wenn der Ball im „Aus" landet. Beziehungen sind Spiegel. In den Augen derer, die uns wichtig sind, sehen wir uns manchmal für einen kurzen Augenblick selbst. Wenn wir die Milch verschütten oder in die Hose machen, ernten wir einen strengen Blick und einen entsprechenden Tadel wie „böser Junge" oder „böses Mädchen," werden vielleicht sogar am Arm gezerrt oder geschlagen. Peter Jacobsen, ein Golfer der Weltklasse, entdeckte die Wichtigkeit des Punktestands für Kinder, als er eine Basketball-Nachwuchs-Mannschaft trainierte.

„Ich zählte die Mannschaftspunkte. Das Team, in dem mein Sohn spielte, erzielte fünfzehn Treffer während der ersten Halbzeit; das andere Team zwei. Es war eine Tragödie. Der Ball befand sich meistens in den Händen der einen Mannschaft; die andere bekam ihn nur selten zu fassen und erzielte auch fast keine Treffer. In der Pause rannten sie zu ihrem Trainer und fragten nach dem Punktestand. „Es reicht noch nicht, nur weiter," lautete die Antwort. Dann kamen sie zu mir. „Mr. Jacobsen, wie steht es?" Also antworte ich ihnen und sage ihnen den Spielstand: 30:4. Darauf die Frage eines Kindes: „Und wer gewinnt?" Eigentlich war für jeden klar ersichtlich, wer gewann, aber die Kinder zeigten uns, dass die Punkte ihnen eigentlich gar nichts bedeuteten. Sie spielten, und die ganze Trefferzählerei war eigentlich nur dazu da, um Eltern und Trainer – die Erwachsenen eben – zufrieden zu stellen. Wen interessieren Punkte? Die Kinder waren zehn Jahre alt."

Persönliches Gespräch
PETER JACOBSEN
PGA Tour Champion

Negative Erfahrungen, welcher Art auch immer sie sein mögen, sei es ein Ereignis in unserem Umfeld oder einfach nur ein Gedanke, den wir hegen, führen zu einer sofortigen Verlagerung der Aufmerksamkeitsenergie vom Vorderhirn zum Hinterhirn, oder anders ausgedrückt, weg von unserem hochintellektuellen, verbalen Gehirn hin zu dem niederen R-System mit seinen Verteidigungsmechanismen. Diese Verlagerung übertölpelt den Intellekt, verkrüppelt jedes Lernen und das Gedächtnis und kann unser höheres Vorderhirn dazu bringen, sich mit unserem niedersten Hinterhirn zu identifizieren und in dessen Dienst zu treten. (Vielleicht ist das die Erklärung für die reptilienhafte Natur Ihres Vorgesetzten oder der Schwiegereltern.)

Biologie der Transzendenz

Die Annahme geht folgendermaßen: Drei Milliarden Jahre lang hat das Leben experimentiert und unser riesiges, brillantes Gehirn/Geist-System hervorgebracht, um uns mit der Intelligenz zu versorgen, dieses Lebenssystem, das uns hervorgebracht hat, zu überlisten und es zu überleben. Das heißt, wir glauben wirklich, dass wir ein überlegenes Gehirn besitzen, mit dem wir es überleben können. Überlisten wiederum bedeutet, dagegen handeln, dominieren, überwinden, Stressursachen beseitigen... Würde ein drei Milliarden Jahre andauerndes genetisches Programmierungsexperiment als sein bestes Resultat tatsächlich ein Gehirn hervorgebracht haben, dessen einziger Zweck es wäre, sich selbst zu überlisten?

Die magische Welt des Kindes

Schläge, Klapse und körperliche Züchtigung

Belohnungen, Bestrafungen, Trefferquoten, Prüfungen und Noten sind nichts anderes als unterschiedliche Arten der Verhaltensmodifikation, Konditionierung und Kontrolle. In einem optimalen Zustand, der Höchstleistung, Lernen und Wohlbefinden ermöglicht, haben sie nichts zu suchen. Diese Behauptung beruht auf überzeugenden Untersuchungsergebnissen. Dennoch beharren alte und traditionelle Methoden mit stark religiöser Prägung auf der Prügelstrafe nach dem Motto: „Wer Kindern den Stock erspart, verdirbt sie."

Fast 400.000 Kinder erfahren in amerikanischen Schulen jährlich körperliche Züchtigung. 23 Staaten lassen diese Form der Bestrafung zu: Alabama, Arizona, Arkansas, Colorado, Delaware, Florida, Georgia, Idaho, Indiana, Kansas, Kentucky, Louisiana, Mississippi, Missouri, New Mexico, North Carolina, Ohio, Oklahoma, Pennsylvania, South Dakota, Tennessee, Texas und Wyoming.

In der Verordnung zum Schutz von Tieren, der Verordnung zum Schutz von Pferden und anderen Gesetzen verbietet die Regierung körperliche Züchtigung in der Ausbildung von Tieren. In einer kürzlich veröffentlichten Statistik über Gewalt an Schulen hieß es, dass alle Kinder in völliger Sicherheit zur Schule gehen können sollten. Kinder zu schlagen *ist* Gewalt. Verdienen Schulkinder weniger Schutz vor Gewalt als Tiere?

Kein einziges europäisches Land erlaubt seinen Lehrern, Kinder zu schlagen. Seit kurzem folgt eine Reihe von Entwicklungsländern dem europäischen Beispiel. Körperliche Bestrafungen sind seither aus den Schulen Kenias, des Punjab (Pakistan), Delhis (Indien), Trinidads, Tobagos und Thailands verbannt, um nur einige dieser Länder aufzuzählen.

Der Trend, das Schlagen zu verbieten, geht über das Verbot im Klassenzimmer hinaus. 1978 räumte Schweden als erstes Land Kindern den gleichen Schutz vor Überfällen und Prügel ein, wie ihn jeder andere Bürger genießt. In Österreich, Kroatien, Zypern, Dänemark, Finnland, Israel, Italien, Litauen,

Deutschland und Norwegen dürfen Eltern ihre Kinder nicht mehr schlagen. England, Kanada, Australien und Neuseeland werden ohne Zweifel bald folgen, ist doch in diesen Ländern die Tendenz für die Einführung eines solchen Gesetzes steigend.

Immer mehr Experten vertreten die Ansicht, dass Kinder im Allgemeinen und Mädchen im Besonderen weder zu Hause noch in der Schule körperlichen Züchtigungen unterworfen werden dürfen. Sie sind der Auffassung, dass durch Schläge bei Mädchen eine gewaltakzeptierende Konditionierung erleichtert wird und bei Jungen die Konditionierung, dass Gewalt „funktioniert". Alle Fallstudien zeigen, dass Jungs sehr viel häufiger geschlagen werden als Mädchen. Im Fall von Mädchen jedoch gibt es hinsichtlich körperlicher Züchtigung einige besondere Aspekte, die es zu berücksichtigen gilt, wie zum Beispiel der sexuelle Aspekt des Schlagens.

Die Experten finden es gleichermaßen wichtig, deutlich zu machen, dass die Prügelstrafe keineswegs bessere Resultate erzielt als alternative Maßnahmen, sondern im Gegenteil eine ganze Reihe schrecklicher Nebenwirkungen auslöst, zu denen Jugendkriminalität, häusliche Übergriffe und Depressionen gehören. „Wenn man nur die Nebenwirkungen in Betracht zieht, muss doch klar sein, dass Prügelstrafen vermieden werden müssen", meint Murray A. Straus, Professorin für Soziologie an der Universität von New Hampshire und Ko-Direktorin des dort ansässigen Labors für Familienforschung. „Verlust des Selbstwertgefühls, ein Leben mit Gewalt, – alles ist Teil des Kreislaufs der Gewalt. Je öfter Kinder geschlagen werden, desto größer ist die Wahrscheinlichkeit, dass sie abwegige Verhaltensweisen entwickeln werden."

Jordan Riak, der leitende Direktor des „No spank" (Prügel, nein danke)–Projekts der *Vereinigung von Eltern und Lehrern gegen die Anwendung von Gewalt in der Erziehung*, vergleicht häusliche Gewalt mit der Prügelstrafe und appelliert an die Frauenrechtsorganisationen im ganzen Land, sich dieser Angelegenheit anzunehmen. „Genauso wie wir als Nation es nicht länger dulden, dass Frauen von ihren Männern geschlagen werden,

Intuitiv wissen wir alle, dass wir von Natur aus keine wilden Tiere sind. Einige wenige verstehen, dass wir durch die Aneignung der Kultur, durch die Enkulturation zu einigen recht niederen, unzivilisierten Verhaltensweisen getrieben werden, obwohl sie eigentlich das Gegenteil bewirken sollte – eine Ironie, die uns zu jenem grundlegenden Kampf zwischen Gesellschaft und Kultur bringt, der auch der Kampf zwischen Intelligenz und Intellekt ist, zwischen Evolution und Devolution, zwischen Geist und Religion, Evangelium und Mythos, Herz und Gehirn, Liebe und Gesetz, Schöpfer und Schöpfung.

Biologie der Transzendenz

sollten wir als Gesellschaft es nicht länger dulden, dass unsere Kinder, speziell unsere Töchter, geprügelt werden."

Sollte die Prügelstrafe zu Hause und in der Schule zugelassen oder verboten werden? Ralph S. Welsh, Ph. D., Vorstandsmitglied des *Center for the Study of Corporal Punishment and Issues in the Schools* der Temple University, stellt klar: „Nach 25 Jahren Forschung über die Zusammenhänge zwischen Prügelstrafe und Kriminalität liegt die Antwort auf der Hand". Welsh fand Folgendes heraus:

Nachdem ich die Fälle von Tausenden kriminell gewordener Jugendlicher abschließend beurteilt und in wirklich erschöpfender Weise persönlich mit den Eltern gesprochen habe, bin ich vollständig davon überzeugt, dass Kinder, die nicht geschlagen werden, auch nicht gewalttätig werden.

- *Der Grad an Gewalt, den Kriminelle an den Tag legen, steht in direkter Beziehung zu der Häufigkeit und Schwere körperlicher Züchtigung durch die Eltern während der Kindheitsjahre. Unter rückfälligen männlichen Verbrechern gibt es keinen einzigen, der nicht mit dem Gürtel, mit Gegenständen, Schnüren oder Fäusten gezüchtigt worden ist. Die größten Mörder der Weltgeschichte – Josef Stalin, Adolf Hitler, Sirhan Sirhan, James Earl Ray und Arthur Bremmer, um nur einige zu nennen – waren nachweislich Gürtelopfer. Stalin, der wohl übelste Schlächter von allen, war bekannterweise ein misshandeltes Kind*
- *Prügelstrafe funktioniert nur durch das Einimpfen von Angst. Wenn die Angst sich abnutzt, bleibt Wut übrig. Fast immer wurden Eltern, die ihre Kinder schlagen, als Kinder selbst geschlagen und halten nun daran fest, dass „ein ordentlicher Schlag auf den Hintern" noch niemandem geschadet hat. Falsch.*
- *Jeder Schlag führt zu einer sensorischen Desensibilisierung, teilweise durch das Beta-Endorphin-System, teilweise durch die Schmerzgewöhnung, und führt dem System ein wenig mehr Wut zu. Wenn das Kind Schlägen gegenüber schließlich unempfindlich geworden ist (nahezu alle jugendlichen Delinquenten, mit denen*

ich mich auseinandersetzte, waren bereit, sich lieber schlagen als sich etwas verbieten zu lassen), stumpft es gegenüber Verletzungen durch andere – einschließlich der Eltern – ab und braucht zusätzliche, stärkere Reizeinflüsse wie Drogen oder reißerische, rücksichtslose Verhaltensweisen.

- *Kinder in der Schule, im Klassenzimmer zu schlagen, um Disziplin aufrechtzuerhalten ist nicht nur idiotisch; es ist ein gefährliches Beispiel für andere. So überrascht es keineswegs, dass jene amerikanischen Staaten, die am längsten an der Prügelstrafe in der Schule festhielten und -halten, auch die Staaten mit der höchsten Kriminalität sind.*
- *Der aggressive A-Typ ist herzanfällig und im Allgemeinen ein Opfer des Gürtels; Bluthochdruck tritt häufig bei Personen auf, die ihre Wut nicht in den Griff bekommen. Auch bei ihnen hat sich herausgestellt, dass sie in ihrer Kindheit häufig Gürtelopfer waren.*
- *Teenager mit Suizid-Tendenzen wurden als Kinder häufig körperlich misshandelt and können ihre Wut nicht ausdrücken. Sie richten die Wut nach innen, gegen sich selbst. Kinder, und besonders Mädchen, die geschlagen werden, sind im späteren Leben höchst suizidgefährdet.*

Es ist nicht leicht zu sehen, dass es das Gleiche ist, ob ein Kind zur Strafe geschlagen oder ob es zur Belohnung mit Gummibärchen, Glitzersternchen, Trophäen und Schulabschlüssen beschenkt wird – aber es ist so. Sobald wir uns der Welt zuwenden, beginnt sie uns mittels dieser Maßnahmen langsam mitzuteilen, wer wir sind und ob sie uns so billigt oder nicht. Tag um Tag akzeptieren wir das Bild, das der Spiegel unserer Beziehungen uns zeigt. Erwachsene mögen von bedingungsloser Liebe, Toleranz und dergleichen mehr sprechen, aber das ist es nicht, was Kinder zu sehen bekommen. Kinder sehen unsere Bestrafungen und Belohnungen, die Vergleiche, denen sie unterworfen sind, die Beurteilungen, den ständigen Wettbewerb. Belohnungen implizieren einen Vergleich; Vergleiche führen zu Wettkämpfen, die, wie die Belohnungen selbst, eine süße Falle darstellen. Sie verführen uns dazu, dass wir uns anpassen. Die Identifizierung mit äußeren

Die Fähigkeit, an der Oberfläche zu spielen, hängt vom Erfolg der darunter stattfindenden Arbeit ab, der wiederum vom Erfolg des Spiels abhängig ist. Wenn das Spiel an der Oberfläche schließlich zerstört worden ist und Arbeit zum Antrieb des bewussten Selbst wird, führt das zum Zusammenbruch der inneren Tätigkeit der Intelligenz und der Synergie des ganzen Systems. Die Angst übernimmt das Ruder, Spaß und Freude verschwinden, und die Vermeidung des Todes wird zur zentralen Lebensaufgabe. Das heißt, wir werden erwachsen.

Die magische Welt des Kindes

Werten beginnt so früh, dass nur Wenige ihre eigentliche unverfälschte Natur, ihren wahren Selbstwert überhaupt je wahrnehmen. Sie haben keine Zeit, weil sie zu sehr in die Wettkämpfe der Wettbewerbskultur verwickelt sind.

Sport & die Intelligenz des Spiels

Die Vergewaltigung des freien Spiels

Das echte Spiel der Kindheit, an das sich viele Erwachsene noch erinnern, ist verschwunden. Straßenspiele mit den Nachbarskindern gibt es nicht mehr. Heute heißt Spiel, die richtige Position auf dem Spielfeld einzunehmen, eine Mannschaftsuniform zu tragen, volle Zuschauerränge, Erwachsenen-Spielregeln.

Angefeuert durch die magischen Fernsehbilder von Profispielern mit millionenschweren Jahresverträgen einerseits und getrieben von der Furcht vor unbeaufsichtigten Aktivitäten in der Nachbarschaft andererseits geben sich heutzutage Millionen von Eltern, Kindern und Trainern den von Erwachsenen durchorganisierten Sportprogrammen hin. Der Druck, einer Mannschaft anzugehören, ist enorm, denn nicht zu einem Team zu gehören bedeutet, außerhalb zu stehen, und das ist ein hoher Preis in einer Wettbewerbsgesellschaft. Die meisten spielen mit, denn Sport scheint zu versprechen, dass er nicht nur die Entwicklung von Selbstdisziplin, Teamgeist, Zusammenarbeit, Loyalität und einer gesunden Selbstachtung fördert und bereichert, sondern die ganze menschliche Entwicklung.

„Sport ist das Yoga des Westens. In seinem innersten Kern, wenn mit Leidenschaft und um seiner selbst willen betrieben, ist Sport eine transformierende Disziplin. Das Problem für die meisten Sportler im Westen ist, dass es keine Philosophie, keine Psychologie, keinen Kontext gibt, die ihnen helfen würden, Sport in dieser umfassenderen Dimension zu verstehen. Wir sind wie die kleinen Liliputaner, die den

Riesen Gulliver in uns geknebelt und gefesselt haben, und im Sport befreit er sich für einige Augenblicke und lässt uns seine Kraft spüren. Die Herausforderung wäre, Sport mit diesem größeren Wesen in uns, das sich zu manifestieren versucht, in Einklang zu bringen."

Persönliches Gespräch
MICHAEL MURPHY
Gründer des Esalen-Institutes, Autor, *In the Zone, Future of the Body*

Irgendwann nach dem 2.Weltkrieg hatte unsere Gesellschaft plötzlich keinen Platz mehr für Kinder. Auf den einst ruhigen Straßen unserer Kindheit, rasten nun die Autos; ein Garten war ein Statussymbol, und unsere Kinderspiele wurden auf von professionellem Aufsichtspersonal überwachte Spielplätze verbannt. Unsere freien Kinderspiele wurden durch organisierte Spiele ersetzt. Erwachsenenregeln, -vorschriften und -entscheidungen ersetzten unsere leidenschaftlichen Diskussionen, bei denen persönliche Kriterien und Urteile verteidigt wurden... Verschwunden waren die Kämpfe darum, wer wo mitspielt, die heftigen Forderungen nach Fairness, das Ausdiskutieren von Regeln und Verstößen, die hitzigen Auseinandersetzungen, um Entscheidungen zu treffen. Alles wurde nun von den Erwachsenen gemanagt: sie stellten die Mannschaften auf, stellten die Mannschaftsuniformen, die natürlich schon bald die Aufschriften der „Sponsoren" trugen. Die Kinder standen sich todernst und mit grimmigen Gesichtern gegenüber, während die Eltern am Randstreifen auf sie einschrien, den Sieg um jeden Preis zu erringen. Diese neuen Kinder trugen auf ihren Schultern nun das Team, den Sponsor, die Eltern und das gesellschaftliche Image in den Sieg oder in die Niederlage.

Der nächste Schritt der Menschheit

Diese größere Dimension wird von unserer Wettbewerbskultur völlig überschattet. Für die überwältigende Mehrheit wird die Möglichkeit der optimalen Entwicklung schon früh zerschlagen; die wenigsten erfahren jemals die Zone. Eine Schlagzeile wie „Tiger Woods gewinnt den Krieg" in dem Magazin *USA Today* drückt aus, was die allermeisten erfahren. Keine persönliche Transformation, sondern Lektionen, die die meisten jungen Spieler im organisierten Sport lernen – Konflikte, Vergleiche, Sieg-Niederlage, weniger für dich bedeutet mehr für mich.

Es gibt den berühmten Ausspruch, dass auf dem Rasen von Eton die Schlachten Englands gewonnen wurden. Eton ist die Nummer Eins unter den Privatschulen Englands. Auf den Sportplätzen dieser Privatschule wurde die junge Elite Englands trainiert; auf dem Programm standen Rugby und Fußball. Der Charakter der jungen Menschen, die dieses Training absolvierten, war entscheidend von dieser sportlichen Erfahrung geprägt, und ihm werden die Siege zugeschrieben, welche die Briten für ihre Queen errangen, ganz besonders in der berühmten Schlacht von Waterloo, die für Napoleon zur Niederlage wurde. Wie dem auch sei, Sport bringt jungen Menschen bei, sich im Wettkampf zu messen.

„Ich spielte Baseball in der Little League, Football auf der Highschool und fuhr Amateurskirennen an der Universität. Auch in meinem Studium eiferte ich mit anderen um die Wette, und nie kam mir der Gedanke, dass es auch etwas anderes geben könnte. Die ganze Welt schien so zu sein. Als ich die Wildlife-Programme von National Geographic *sah, wo es hieß, dass Löwenbabys im Spiel das üben,*

was sie später zu gefürchteten Raubtieren macht, dachte ich spontan: „stimmt." Hätte ich nicht mit Wölfen und Geparden gespielt , dann hätte ich nie mitbekommen, dass Tiere eine andere Art von Spiel kennen. Sicher kennen sie den Wettkampf, aber es gibt noch eine andere Dimension, die ich echtes oder ursprüngliches Spiel nenne – eine Dimension, die die meisten von uns niemals erfahren. In einer Wettbewerbsgesellschaft bleibt diese Dimension verborgen. Wir sind schon so lange an gewisse Programmierungen gewöhnt, nicht nur als Amerikaner, sondern als Menschen, dass wir tatsächlich glauben, Kampf oder Flucht, das Überleben des Stärksten und Wettbewerb seien die einzige Art zu leben.

Wenn jemand spürbar und direkt die Erfahrung macht, dass Liebe und Zusammengehörigkeit nicht einfach nette Ideen, sondern tatsächlich die wichtigsten Dinge im Leben sind, erhebt sich automatisch die Frage ‚Wie lebe ich das, in jedem Moment?' Eine solche Erfahrung verändert alles. Wenn man sich sicher fühlen darf und die Energien nicht in alle Richtungen streuen muss, um sich nach Möglichkeit lückenlos verteidigen zu können, dann ist es viel leichter, zu kommunizieren, zu lieben, verständnisvoll zu sein und all diese Dinge zu tun, die wir sowieso viel lieber täten als uns gegenseitig zu verletzen und zu verteidigen. Genau darum geht es in echtem Spiel.

Die wichtigste Erfahrung, die ich während der vergangenen 25 Jahre durch Spiel gemacht habe, ist die, dass ich zum Universum ‚gehöre', dass ich ein Teil des Ganzen bin. Und genau das hat mir gezeigt, dass alle anderen, von denen wir uns als getrennt empfinden, genau die gleiche Essenz besitzen, sei es ein Löwe, ein Kind, ein Eingeborener oder eine Blume. Jeder ist ein Teil des Ganzen, zu dem wir gehören. Das habe ich gelernt. Ich habe keine Angst mehr vor Unterschieden, dem Anderssein. Sie lehren mich, wirklich und ganz Mensch zu sein und dieses Menschsein mit allen anderen Lebensformen zu teilen. Diese Erfahrung ist so stark, dass sie mich im wahrsten Sinn des Wortes direkt zum Mittelpunkt des Universums befördert."

Persönliches Gespräch
O. Fred Donaldson, Ph.D.
Autor, *Von Herzen Spielen*

Schore beschreibt, wie jedes Nein!-Verbot, jeder beschämende Blick zu einer Bedrohung wird, die einen Schock auslöst, den Willen daran hindert, die Welt zu erkunden und zu lernen, und zu einer Kaskade negativer hormoneller und neuronaler Reaktionen im Kind führt. Diese Scham-Stress-Episoden, so Schore, verstören das Kleinkind und verursachen depressive Zustände, weil in ihm zwei mächtige, einprogrammierte Verhaltensweisen aktiv sind: Die erste will unter keinen Umständen die Verbindung mit der Bezugsperson gefährden; die zweite will, ebenfalls unter allen Umständen, die Welt erforschen und eine Wissensstruktur über sie erstellen. Immer schon war die Bezugsperson für das Kleinkind zugleich auch wichtigste Stütze, wichtigster Mentor und wichtigste Leitfigur in der lernenden Erkundung von Welt und Körper. Wenn also das Kind, vom Imperativ der Natur zur lernenden Erforschung seiner Welt angetrieben, sich von dieser Bezugsperson bedroht fühlt und gleichzeitig von der Natur angetrieben das Band mit ihr unter allen Umständen aufrechterhalten will, stellt dies einen schwerwiegenden Widerspruch und Konflikt dar. Die daraus resultierende Ungewissheit ist der erste schlimme Sprung im Geist des Kleinkinds, der sich schließlich zu einem unüberwindbaren Abgrund ausweitet.

Biologie der Transzendenz

Wenn man Erwachsene fragt, warum ihre Kinder unbedingt einer Mannschaft angehören müssen, lautet die Antwort oft, dass der Sport wie das Leben sei und deshalb eine gute Vorbereitung auf das Leben; dass Sport den Kindern beibringe, im Team zu spielen und mit Würde zu gewinnen oder zu verlieren. Viele Erwachsene denken sogar, dass Sport einen guten Charakter bildet. Entgegen der allgemeinen Überzeugung führt Amateursport jedoch selten zu optimalem Lernen oder zu optimaler bzw. Höchstleistung.

„Eine Lewis-Harris-Umfrage ergab, dass 50% aller amerikanischen Kinder ihre ersten und schlimmsten Versagenserfahrungen im Sport machen. Manche Kinder klettern die Seile mühelos hinauf; andere schaffen das nicht. Seilklettern ist ein öffentliches Ereignis, und wenn man es nicht kann, kommt das einer Demütigung gleich, die ein Kind für den Rest seines Lebens verfolgen kann. Manche Kinder werden jeden Mittwoch krank, weil sie einfach nicht in die Turnstunde gehen wollen. Ich wunderte mich immer über die vielen Zahnarzttermine, bis ich begriff, dass sie vor dieser Stunde Todesängste ausstehen."

Persönliches Gespräch
JOHN DOUILLARD
Autor, *Body, Mind & Sport*

„Als Kind betrieb ich alle möglichen Sportarten. Manche meiner Trainer demütigten mich vor allen Mitspielern und verstärkten meine Gefühle der Unzulänglichkeit. Dies half mir nicht, Talent zu entwickeln und auszudrücken. Ich denke, ich hätte viel besser sein können als ich es war, hätte ich ein wenig mehr Unterstützung erfahren anstatt immer nur Kritik. Das wäre wunderbar gewesen."

Persönliches Gespräch
BOWEN WHITE, M.D.
Autor, Erzieher, Clown

„Wir sind angespannt, weil wir Angst haben, zu versagen. Wir haben Angst, was die Leute sagen werden, Angst, dass man uns kritisieren

könnte. Mein Vater war ein Perfektionist und äußerst kritisch. Wenn wir noch einmal von vorn anfangen könnten, würde ich mir wünschen, dass er mich mehr ermutigen und weniger kritisieren würde; dass es okay wäre, Fehler zu machen. Nach Basketballturnieren hatte ich Angst, nach Hause zu kommen und mir anhören zu müssen, was ich wieder einmal nicht getan hatte und hätte tun sollen. Man könnte viel mehr Spaß am Spiel haben, wenn man wüsste, dass man nach Hause kommen kann und nicht als erstes Kritik zu hören bekommt. Ich beneidete die anderen Kinder, die einfach hinausrannten und spielten, ohne Angst zu haben, sie könnten Fehler machen, und wünschte mir immer, dass ich auch so spielen könnte wie sie. Erst seit drei oder vier Jahren bin ich allmählich in der Lage, alle diese Dinge, die sich jahrelang aufgestaut hatten, abzubauen und zu überwinden. Diese Hürde zu nehmen ist nicht einfach."

Persönliches Gespräch
TOM LEHMAN, PGA
British Open, Sieger

Bonding ist eine nicht-verbale Form von psychologischer Kommunikation, eine intuitiv enge Beziehung, die außerhalb oder jenseits des gewöhnlichen rationalen, linearen Denkens und Wahrnehmens operiert. Bonding umfasst eine biologische Funktion von enormem, praktischem Wert, die ich primäres Verarbeiten nenne, und die dem technologischen Menschen weitgehend verloren gegangen ist.

Die magische Welt des Kindes

Intrinsische versus extrinsische Beweggründe

Nicht die Handlung, sondern unser Motiv, der Beweggrund für unser Tun, bestimmt, welche Bedeutung eine Erfahrung für uns hat. Einen Schläger mit der Absicht zu schwingen, einen Ball zu treffen, oder ihn zu schwingen, um eine andere Person zu „schlagen", ist nicht das gleiche. Es liegen unterschiedliche Motive zugrunde, die ganz verschiedene Zustände der Beziehung darstellen. Die Absicht beeinflusst den Zustand, und dies ändert den Bedeutungsinhalt der Erfahrung; sie formt den Inhalt, sie gibt dem, was wir sehen und lernen und wie wir uns zu anderen in Beziehung setzen, Gestalt. Wenn Erwachsene Kinderspiele in Wettkämpfe verwandeln, verändern sie den Beweggrund, aus dem heraus Kinder spielen, und damit die Bedeutung der daraus resultierenden Erfahrung.

Die Absicht, die die Evolution für uns hegt, liegt weit jenseits aller „Geist über Materie“ -Übungen, aber wir sollten durchaus Kenntnisse dieser Fähigkeiten haben. Unsere Aufgabe auf Erden ist nicht, unsere Erdmatrix zu verstümmeln, sondern sie zu nähren und zu erhalten, so wie sie uns nährt und erhält. Wir müssen die notwendigen Intelligenzen entwickeln, die erforderlich sind, um über diese Matrix hinauszugehen, bevor wir unter ihr begraben werden. Der Weise verändert nichts als Herz und Verstand. Eine wahrhaft reife Gesellschaft würde kaum Spuren hinterlassen. Wenn wir einen solchen Reifegrad erreichten, wo wir willentlich unsere „ontologischen Konstrukte“ (Wunder im klassischen Sinn) verändern könnten, hätten wir keinerlei Interesse mehr an deren Ausführung, weil die Evolution noch viel größere Themen für uns bereithält.

Der nächste Schritt der Menschheit

Lernen geschieht zuallermeist völlig natürlich und wie von selbst jedes Mal, wenn wir mit der Umgebung interagieren. Wir tun das nicht mit der Absicht, zu lernen; Interaktion *ist* Lernen. Atmen und Essen sind Teil unserer Natur; Lernen ebenfalls. Natürliches, primäres Lernen ist *intrinsisch*, d.h. von innen motiviert. Intrinsisches Lernen ist ein Wesensbestandteil unserer Natur.

Zu lernen oder einem speziellen Verhalten zu folgen, um z.B. den Eltern zu gefallen oder Wohlwollen und Zustimmung anderer zu erlangen, ist *extrinsisch*, d.h. von außen motiviertes Lernen. „In“-sein zu wollen ist ein extrinsisches Motiv für das Tragen von Designerjeans. Sich um gute Mathematiknoten zu bemühen, wenn man Mathematik eigentlich nicht ausstehen kann, ist ein extrinsisches Motiv; gute Noten in Mathematik zu erhalten, weil wir Freude daran haben, uns in schwierige Gleichungen zu verbeißen, ist intrinsisch motiviertes Handeln. Wenn wir Freude an etwas haben, tun wir es, weil wir es gern tun, nicht um gute Noten zu bekommen. Nicht die Handlung oder ein Verhalten an sich ist ausschlaggebend, sondern der Beweggrund für unser Tun.

Optimales Lernen und Höchstleistungen sind immer intrinsisch, d.h. von innen motiviert. Wir übertreffen uns selbst, weil wir das, was wir tun, gern tun. Tun *ist* Lernen, und daran haben wir Freude. Optimales Lernen *ist* optimale Leistung und umgekehrt. Leistung und Lernen sind unterschiedliche Beschreibungen des gleichen Geschehens. Eltern finden sportliche Wettkämpfe für ihre Kinder aus den unterschiedlichsten Gründen gut und wichtig. Die folgende Auflistung nennt einige dieser für Eltern maßgeblichen Gründe (außer demjenigen, Sport sei eine Metapher fürs Leben). Beachten Sie, welche intrinsischer und welche extrinsischer Natur sind und wer den größten Nutzen aus dieser Auflistung zieht.

- Sie sind beschäftigt, weg von der Straße und weniger drogengefährdet.
  (extrinsisch/Angst/Kontrolle)

- Sie sind in Sicherheit. Ich weiß, was sie tun. (extrinsisch/Angst/Kontrolle)
- Erwachsene haben die Aufsicht über ihre Wettkämpfe. (extrinsisch/Angst/Kontrolle)
- Als Teil eines Teams lernen sie soziales Verhalten. (extrinsisch/Vergleich/Wettkampf)
- Damit er/sie sich im Leben durchsetzen kann. (extrinsisch/Angst/Wettkampf)
- Ich habe als Kind gern Sport getrieben; es wird ihm/ihr auch gefallen. (extrinsisch/Vergleich/Kontrolle)
- Talent muss man fördern; je früher, desto besser. (extrinsisch/Vergleich/Wettbewerb)
- Sieger sind beliebt. (extrinsisch/Vergleich/Wettkampf)
- Ist besser als Fernsehen und Videospiele. (Angst/Kontrolle)
- Kinder brauchen Bewegung an der frischen Luft. (Angst/Kontrolle)
- Alle tun es, er/sie soll kein Außenseiter sein. (extrinsisch/Vergleich/Kontrolle/Wettkampf)
- Sein(e)/ihr(e) ältere(r) Bruder/Schwester war gut in Sport. (extrinsisch/Vergleich/Kontrolle)
- Kinder sind faul, sie müssen Disziplin lernen. (extrinsisch/Kontrolle)
- Kinder brauchen starke männliche Vorbilder (Trainer). (extrinsisch/Kontrolle)
- Sie lernen, sich an Regeln zu halten. (extrinsisch/Kontrolle)
- Man steht im Mittelpunkt und verdient einen Haufen Geld. (extrinsisch/Vergleich)
- Sie gewinnen eine gesunde Selbsteinschätzung.
- (extrinsisch/Vergleich)

Diese Aussagen deuten alle auf bestimmte Sorgen hin, die Eltern sich machen, aber als Motivatoren sind sie ebenso trügerisch wie

Bonding ist ein psychologisch-biologischer Zustand, eine lebendige physische Verbindung, die das gesamte biologische System koordiniert und vereinigt. Bonding besiegelt ein primäres Wissen, das die Grundlage für rationales Denken ist. Wir sind uns des Bondings nie bewusst, wir bemerken nur unsere akute Krankheit, wenn uns Bonding fehlt oder wenn wir Anhaftung an Zwänge oder an materielle Dinge erleben. (Linus aus den „Peanuts“ mit seiner Schmusedecke ist das tragikomische Symbol hierfür.) Menschen, denen Bonding fehlt – und das Anhaften an Objekte bedeutet im funtionellen Sinne einen großen Mangel an Bonding – werden ihr Leben mit der Suche nach dem verbringen, was das Bonding ihnen hätte geben sollen: der Matrix. Die Intelligenz wird sich nie wie vorgesehen entfalten können, weil sie nie über dieses primäre Bedürfnis hinauskommt. Jede intellektuelle Aktivität, egal wie hoch entwickelt, wird für die Suche nach dieser Matrix benutzt werden und ihre Vorwände als automatisch ansehen, um es in dieser Welt zu irgendetwas zu bringen.

Die magische Welt des Kindes

Belohnungen und Bestrafungen. Wir reden zwar über unsere Kinder, aber tatsächlich sind alle diese Punkte Erwachsenenthemen. Hätten wir Kinder nach ihrer Meinung befragt und diese miteinbezogen, sähe die Liste ohne Zweifel anders aus.

Intrinsisch motiviertes Lernen und intrinsisch motivierte Erfahrungen sind sich selbst Belohnung genug. Die Aufmerksamkeit ruht so vollständig im Augenblick, bleibt so vollständig am Ort des Geschehens, dass kein Quäntchen Energie übrig ist, um ein Bild oder eine Vorstellung von einem guten oder schlechten ‚Ich' zu erzeugen. Diese vollständig einsgerichtete Aufmerksamkeit gelingt uns bei extrinsisch motiviertem Lernen, das mit Beurteilungen einhergeht, nicht, weil die Beurteilung, z.B. die Trefferquote, ihre eigene Aufmerksamkeit einfordert. Es ist die in die Beurteilung fließende Aufmerksamkeit, welche die Vorstellung erzeugt.

Sei es, dass wir ein positives oder negatives Selbstbild haben – beide sind defensiv. Wir neigen zu der Auffassung, ein positives Selbstbild sei, ähnlich der Belohnung, erstrebenswert, aber genauso wie Belohnungen Strafe implizieren, impliziert ein positives Selbstbild genauso wie ein negatives die Notwendigkeit zur Verteidigung.

Ein Selbstbild aufrechtzuerhalten, sei es nun ein gutes oder schlechtes, erfordert Kraft. Genau dieses Maß an Energie trennt uns von den Höchstleistungen anderer, die der Herausforderung einer gegebenen Situation mit ungeteilter Aufmerksamkeit und Energie begegnen. Je mehr Energie wir haben, um einer Herausforderung zu begegnen, desto besser ist das Ergebnis, die Trefferquote, die Punktzahl. Ein Selbstbild zu verteidigen, sei es positiv oder negativ, ist Energieverschwendung. Wenn Erwachsene vorrangig damit beschäftigt sind, sich selbst, d.h. die Vorstellung, die sie von sich selbst haben, zu verteidigen, werden ihre Kinder dem Modellverhalten folgen und das gleiche tun. Extrinsisch motivierte Erwachsene sind das Modell für extrinsisch motivierte Kinder. Erwachsene, die Freude daran haben, den Augenblick zu erfahren, sind das Modell für Kinder, die dies ebenfalls tun. So einfach ist das.

Der Leitfigur folgen

Kinder folgen in natürlicher Weise dem Beispiel oder Modell, das die Erwachsenenkultur vorgibt. Deshalb müssen Erwachsene optimale Lernzustände mit Kindern teilen – ein Thema, zu dem wir immer wieder zurückkehren werden, besonders im zweiten Teil des Buches. Optimales Lernen und Bestleistungen sind intrinsisch motiviert und zeichnen sich daher durch Lernfreude und Erfahrungsbereitschaft aus. Keine dieser Eigenschaften wird „modelliert", wenn Eltern ihre Kinder bei der Little League anmelden.

„Kinder wollen sowieso immer spielen; sie treffen sich im Sandkasten und erfinden ihre eigenen Spiele, Gruppen und Regeln, bis wir Erwachsenen eingreifen und ihnen unsere Regeln vorsetzen. Und was ist das Ergebnis? Man muss nicht viele Spiele der Little League besuchen, um Eltern zu sehen, die sich in der Mitte des Feldes prügeln oder den Schiedsrichter wegen einer angeblich falschen Entscheidung umbringen wollen. Eltern stürmen auf's Spielfeld, beschimpfen sich gegenseitig oder drohen ihren Kindern und schreien sie an, weil sie nicht gewonnen haben. Als ob die Kinder absichtlich verloren hätten."

Persönliches Gespräch
CHUCK HOGAN
Leistungsexperter

Carl Jung sprach davon, dass das Kind im Unterbewusstsein der Eltern lebt. Deren implizite Glaubensüberzeugungen und Erwartungen spielen bei der Heranbildung der kindlichen Welt- und Selbstsicht eine Schlüsselrolle, selbst wenn die Eltern diese nie in irgendeiner Form aussprechen oder zum Ausdruck bringen.

Der nächste Schritt der Menschheit

Als wir Erwachsenen uns daran machten, den Sandkasten, den Spielplatz und das Fußballspiel unser Kinder zu erobern und die Spiele unserer Kinder zu organisieren, brachten wir den ganzen natürlichen Vorgang durcheinander und zerstörten Sinn und Zweck des kindlichen Spiels. Lässt man Kindern die Freiheit, tun sie sich spontan zusammen, bilden Gruppen, formulieren ihre eigenen Regeln und wetteifern aus eigenem Antrieb miteinander. Nur wenn sie sich Regeln erarbeiten, können sie spielen. Sich die Regeln selbst zu erarbeiten und die Verstöße auch selbst zu kritisieren, sind die entscheidenden Erfahrungen. Wenn Erwachsene in diesen Prozess eingreifen, wie wir es mit der Little League in den vergangenen fünfzig Jahren getan haben, die Regeln bestimmen und die Mannschaften aufstellen, rauben wir unseren Kindern die lebenswichtige Erfahrung, sich selbst regulierende, soziale Systeme zu erarbeiten.

Die Little League

Sie hat uns keine fröhlichen, wohl angepassten Kinder beschert, unsere Little League. Wir alle haben Eltern und Trainer aufs Spielfeld eilen und sieben- und achtjährige Kinder anschreien sehen, die mit hängenden Köpfen da standen, während die Tiraden der Erwachsenen über sie herniedergingen, sie Dummköpfe genannt und lautstark angebrüllt wurden, endlich alles zu geben. Die Gesichter der Kinder beschreiben ihren Zustand – eine Mischung aus Verwirrung, Schuld und Scham. Neben dem Trainer haben sich die Eltern aufgebaut. Ihre Kinder haben versagt, haben die eigenen Erwartungen und die der Trainer nicht erfüllt und werden dafür öffentlich beschimpft. Und die Kinder wissen noch nicht einmal, wofür. Fürwahr eine eigenartige Methode, Verhalten zu formen, und Lichtjahre entfernt von dem, was optimales Lernen und Höchstleistungen ermöglicht.

Sally Jenkins, Kolumnistin der *Washington Post*, und Tausende anderer besorgter Erwachsener sehen die Little League als das, was sie wirklich ist – ein weiteres Programm der Erwachsenen und alles andere als ein Kinderspiel. In ihrer Kolumne *Lasst Kinder spielen – sie brauchen keine Liga* beschreibt sie, wie die Little-League-Weltmeisterschaft Kopf stand, als bekannt wurde, dass der Star-Werfer nicht zwölf, sondern vierzehn Jahre alt war.

„Die ursprüngliche Idee der Little League war es, den Spielern einfach nur fehlendes Wissen zu vermitteln, z.B. wie man etwas organisiert, und durch das Organisieren ein paar einfache Geschicklichkeiten und Fähigkeiten zu erlernen. ‚Charakter, Mut, Loyalität' lautete das

Motto der Little League. Schauen wir uns den Bericht über die Little-League-Weltmeisterschaft und die daraus ersichtlichen Werte an.

Die Rolando Paulino All-Stars, auch Baby Bombers genannt, erlebten einen sensationellen Erfolg, als Almonte das erste perfekte Spiel in 44 Jahren lieferte und sein Team zu einem 4:1 Sieg und damit zum dritten Platz führte. Dann begannen eifersüchtige Eltern, Gerüchte zu verbreiten – die Regeln seien nicht eingehalten worden; und zwei besonders misstrauische Erwachsenentrainer beauftragten Privatdetektive (!!), um Almonte und die Bombers unter die Lupe zu nehmen. Die Gerüchte aufgreifend entsandte als nächstes Sports Illustrated *einen Reporter in die Dominikanische Republik, der ein Dokument aufspürte, welches enthüllte, dass Almonte eigentlich 14 Jahre alt war. Zum guten Schluss entschieden die dominikanischen Beamten, dass Almonte mit einer gefälschten Geburtsurkunde angetreten war, die sein Vater Felipe besorgt hatte. Noch dazu schien es, dass beide sich illegal im Land aufhielten, da ihre Visen abgelaufen waren. Weitere Nachforschungen durch die* New York Daily News *ergaben, dass Danny in New York in keiner Schule eingeschrieben war. Das gleiche traf auf den Fänger Francisco Pena zu, einen anderen Spieler des Teams, dem Sohn Tony Penas, einem früheren Oberliga-Spieler. Sofort entstand der Eindruck, dass das fantastische kleine Wunderteam aus der Bronx in Wirklichkeit ein gut gehender Shuttleservice für zukünftige Spieler der Oberliga aus der Dominikanischen Republik war.*

Was ist perverser – dass ein ehrgeiziger Vater ein Dokument fälscht, in der Hoffnung, seinem Sohn so den Sprung von der Insel und vielleicht vor die Augen der Oberliga-Talentsucher zu ermöglichen, oder dass Erwachsene Privatdetektive anstellen, um Geburtsurkunden aufzuspüren?…

Die Little League sollte abgeschafft werden, einfach weil Kinder und Erwachsene sich außerhalb der Reichweite des jeweils anderen aufhalten sollten, wenn es um Spiel geht. Zwischen der Kinderkrippe und den todernsten sportlichen Wettkämpfen auf der Highschool sollte ein vernünftiger zeitlicher Abstand liegen, eine Zeit für kindliches Spiel, das nicht von Erwachsenen bis hin zur Korruption dominiert wird. Denn wenn Erwachsene kindliches Spiel organisieren,

Tückischerweise richtete die Kinderliga ihr Augenmerk auf immer jüngere Kinder, bis schließlich schon die Kleinsten pflichtbewusst in voller Uniform (als Werbeträger) in die Schlacht gegen den Feind marschierten. Was immer das Fernsehen an Spiel noch übrig gelassen hatte, wurde nun von der Kinderliga und ähnlich organisierten Sportvereinen zur Strecke gebracht, und echtes Spiel wurde von einer todernsten Erwachsenenform des Wettkampfs auf Sieg oder Niederlage verdrängt. Vorbei sind die unschätzbar wertvollen sozialen Lernprozesse, die Zurückhaltung und die Fähigkeit zum Entscheiden.

Der nächste Schritt der Menschheit

tun sie es als Erwachsene, getrieben von der gleichen Gier und dem gleichen Machthunger, mit dem sie ihr eigenes Leben organisieren."

Washington Post, 1. September 2001

Unser emotionales Gehirn ist der Sitz aller Beziehungen. Wir lernen, indem wir etwas Unbekanntes zu etwas Bekanntem, Vertrautem in Beziehung setzen. Es ist ebenfalls an unserem Gedächtnis beteiligt, jenem Vermögen, Gelerntes wieder abzurufen. Selbst die abstrakte Fähigkeit zu assoziativem Denken, die, sei es nun wissenschaftlich, mathematisch, philosophisch, logisch und wie auch immer geartet, von unserer dritten Gehirnstruktur abhängt, nimmt ihren Ausgang in diesem alten, emotionalen Mammaliergehirn. (Antonio Damasio schreibt darüber in seinem Buch *Descartes' Error*)

Biologie der Transzendenz

Optimale Lernbeziehungen entfalten sich spontan, gleichsam wie von selbst, wenn wir uns sicher fühlen, wenn wir das, was wir tun, gern tun und aus der Erfahrung lernen (die intrinsischen Motivatoren). Sobald eine äußere Autorität den Schauplatz betritt und die Erfahrung bewertet, wie das bei allen, von Erwachsenen organisierten sportlichen Aktivitäten für Kinder der Fall ist, sobald Belohnungen eingeführt werden, Lob, Anerkennung oder Missbilligung, verschwindet die Zone. Lernen findet statt, aber die Lektionen, die gelernt werden, heißen nicht Charakter, Mut und Loyalität, wie es die Befürworter dieser Ereignisse verheißen. Stattdessen lernen die Kinder, wie man in einer Wettbewerbsgesellschaft überlebt.

Gewinnen und Verlieren

Echtes Spiel und Wettkampf stellen zwei höchst unterschiedliche Zustände dar. Der eine kommt ohne Trefferquoten und Pluspunkte aus; der andere nicht. Ein Treffer ist nichts weiter als ein Treffer; eine Maßeinheit, weder gut noch schlecht. Die Verwirrung entsteht, wenn wir uns mit den Punkten identifizieren, ein Bild darauf aufbauen. Nicht die Punkte, sondern dieses Bild stört den natürlichen Lernvorgang und unsere Leistung.

„Samstags dröhnt es am Vormittag ungefähr so aus dem Lautsprecher: ‚Die Vorschul-Liga aufs Zwergenfeld und die Kindergarten-Liga auf Feld Zwei.' Wir haben die Zeit, in der unsere Kinder wirklich spielen könnten, zu Nullsummen-Spielen mit Gewinnern und Verlierern umorganisiert.

Unsere Gesellschaft ist völlig auf Gewinnen und Verlieren ausgerichtet. Die Vorstellung, der Bessere zu sein, wird einem schmackhaft gemacht, und so bringen wir unseren Kindern das Konkurrenzdenken bei. Kooperation kennen sie; Konkurrenz ist ihnen fremd, also bringen wir es ihnen bei. Und dann geschieht etwas – vor lauter Konkurrieren vergessen und verlernen sie zu kooperieren."

Persönliches Gespräch
BOWEN WHITE, M.D.
Autor, Erzieher, Clown

Falsch/richtig, Gewinnen/Verlieren sind keine natürlichen Verhaltensweisen. Es ist einfach lächerlich, eine starre, höchst stilisierte Beschäftigung herzunehmen, in der Sieg alles ist, die Zensur eine erdrückende Rolle spielt und jeder Fehler dem Kind im Nacken sitzt, und dann zu hoffen oder gar zu erwarten, dass das Kind so zu einem Mitglied eines sozialen Gefüges wird. Während der frühkindlichen Entwicklungsstadien ist Wettbewerbsdenken vollkommen unangebracht und unverantwortlich. Kinder, die man in Ruhe ihre Spiele spielen lässt, spielen niemals auf eine solche Art und Weise. Wettkampf ist eben *nicht* gleichbedeutend mit Spiel. Erst im Alter von ungefähr elf Jahren, als ein Zeichen des prä-pubertären Stadiums, beginnen organisierte Wettkämpfe langsam eine Rolle zu spielen. Bis zu diesem Alter sind die Spiele der Kinder Gruppenspiele, denen jeglicher Wettbewerbscharakter fehlt. Konkurrenzverhalten ist ein Wesensmerkmal der natürlichen Auslese, das sich durch die beginnende Geschlechtsreife auszudrücken beginnt. In diesem Alter tun Kinder sich unweigerlich zu miteinander rivalisierenden Gruppen zusammen, und daran sollte man sie auch nicht hindern.

In einer Wettbewerbsgesellschaft hört das Spiel auf, Spiel zu sein. Die Aufmerksamkeit verlagert sich von der Freude am Lernen auf schnelle Resultate. Im Vordergrund steht nicht mehr das Lernen, sondern die Resultate, aber Resultate sind eine Folge, ein Nebenprodukt des Lernens, nicht das eigentliche Ziel. Wenn wir die Resultate vor das Lernen stellen, wird Lernen engstirnig und defensiv. Wir tun nur, was nötig ist, um Anerkennung zu gewinnen, die Prüfung zu schaffen, das Spiel zu gewinnen. In einer

Wenn es nicht gelingt, unser höchstes Gehirn zu entwickeln, so liegt das meistens daran, dass es uns schon nicht gelingt, dessen Grundlage, die beiden Tiergehirne, zu entwickeln, was zu einem vollständigen Zusammenbruch der Reflektionsdynamik führt. Mit unserem höchsten Gehirn können wir die niederen Instinktreaktionen unseres Überlebenssystems modifizieren, aber unser höchstes Gehirn kann nur auf der stabilen Grundlage eines gut entwickelten Überlebensgehirns entwickelt werden. Wenn wir in einer ausreichenden Entwicklung der niederen primären Gehirne scheitern, ist die vollständige Entwicklung des höheren Gehirns beeinträchtigt. Dann kann das Höhere das Niedere nicht inkorporieren, sich nicht nutzbar machen und das Verhalten des Niederen nicht modifizieren. Und wenn diese alten Überlebensinstinkte nicht unter den modifizierenden, mäßigenden Einfluss des höheren Gehirns gelangen, bedeutet dies Ärger für den Betreffenden, die Gesellschaft und den größeren Körper – die lebendige Erde.

Biologie der Transzendenz

Wettbewerbsgesellschaft ist Gewinnen die höchste Form von Sicherheit. Trefferquoten und Punktzahlen in den Mittelpunkt zu stellen, ist aggressiv und erzeugt aggressives Verhalten.

„Das Football-Training während meiner Highschool-Jahre war gewalttätiger als all unsere anderen Spiele zusammen, weil wir uns, um derjenige an der Startlinie sein zu dürfen, förmlich umbrachten. Aber Moment mal – sind wir nicht ein Team, eine Mannschaft? Wir sind nur dann eine Mannschaft, wenn es eine gegnerische Mannschaft gibt. Auch eine Mannschaft der Little League ist nur dann eine Mannschaft, wenn sie sich einer anderen Mannschaft gegenübersieht. Wenn keine gegnerische Mannschaft auf dem Feld steht, was passiert dann? Dann bekämpft man sich innerhalb der Mannschaft – in genau der gleichen aggressiven, emotional wie körperlich verletzenden Art und Weise, als würde man gegen einen ‚Gegner' antreten.

Time Magazine *veröffentlichte einen Artikel über die olympischen Frauenmannschaften. Auch diese behaupten sich wunderbar gegen gegnerische Mannschaften. Gibt es keinen Gegner, prügeln sie sich. Ein wirkliches Zusammengehörigkeitsgefühl kennen wir nicht; wir haben keine Ahnung, wie es sich anfühlt… Die Wettbewerbsgesellschaft ist so konzipiert, dass jeder Einzelne sich ständig auf einer Gratwanderung befindet und sich unentwegt fragt, ob er nun drinnen oder draußen ist. In dem Moment, wo wir auf der Kippe stehen, uns quasi dauernd in Alarmbereitschaft befinden, bereit, uns zu verteidigen, befindet sich unser Immunsystem, unser gesamter Organismus nicht mehr im Optimalzustand. Dieser Zustand andauernder Anspannung funktioniert wie ein Selbstzerstörungsmechanismus."*

Persönliches Gespräch
O. FRED DONALDSON, PH.D.
Autor, *Von Herzen spielen*

„Wettbewerbskulturen leben von den Siegern. Wettkampf bringt Sieger hervor, aber noch viel mehr Verlierer als Sieger. Dazu bedarf es keiner komplizierten Mathematik. Wie viele Spieler brauchen die Nationalmannschaften? Jeder, der es nicht schafft, in einer der

Nationalmannschaften zu spielen, ist ein Verlierer. Man kann es von Football-Spielern hören: Es geht um nichts anderes, als den Weltcup zu gewinnen. Viele steigen aus, weil es ihnen zu aggressiv ist."

Persönliches Gespräch
GEORGE LEONARD
Ex-Verleger, *Look Magazin*, Autor, *Mastery, Education & Ecstasy*

Magische Eltern – magische Sportler

Die Sorge um die Punkte machen sich die Eltern, nicht die Kinder. Leistungsdruck in der Schule geht von den Eltern aus, nicht von den Kindern. Aber kann man es den Eltern verübeln, wenn sie sich um die Zukunft der Kinder Sorgen machen? Möchten wir nicht, dass sie erfolgreich sind? Kinder brauchen Grenzen. Die Welt ist gefährlich. Kinder müssen Disziplin lernen. Die meisten Erwachsenen nehmen an, dass der Druck, den sie ausüben, damit die Kinder lernen sich anzupassen, zu spuren und es „richtig zu machen", zu „ihrem eigenen Besten" ist. *Head Start*, der Name unseres frühen nationalen Bildungsprogramms, beschreibt dieses Rennen, in dem wir alle mitrennen. Was ist ein Blitzstart? Nichts anderes, als den anderen voraus zu sein.

Ohne den Standort ‚Geborgenheit' steht keine Energie zur Verfügung, um Möglichkeiten auszuloten, kann Absicht nicht zu Inhalt werden und Erfüllung erfahren, und der Stress des Unbekannten, Unvorhersagbaren wird zu einer chronischen Bedrohung. Dann verbringen wir unser Leben damit, dieser Bedrohung aus dem Weg zu gehen.

Die magische Welt des Kindes

Haben die 17 „Neins", die auf jedes „Ja" kommen, die gewünschte Wirkung? Verwandeln Einschüchterung und Kontrolle unsere Durchschnittskinder in Primaballerinen oder Spitzenathleten? Und diejenigen, die es an die Spitze geschafft haben, wie sah ihre Erziehung aus, ihr Training? Wie wurden sie geleitet? Was können wir von Eltern und Sportlern lernen, die trotz der Zwänge, die die meisten von uns ans Mittelmaß fesseln, erfolgreich sind?

Die meisten von uns werden tatsächlich ins Mittelmaß getrieben. Die Kultur strebt den Durchschnitt an, denn sie lebt vom Durchschnitt. Unsere besten Olympialäufer sind gewöhnliches Mittelmaß, gemessen an den Läufern der Tarahumara Indianer, die zwischen 75 und 150 Meilen täglich zurücklegen und dabei noch einen kleinen Ball vor sich herkicken.

Ausprägung, Beschaffenheit und Qualität der Modellumgebung bestimmen in ungeahntem Ausmaß über Ausprägung, Beschaffenheit und Qualität der sich in dem Kind entfaltenden Intelligenz. Dass eine französisch sprechende Mutter ein französisch sprechendes Kind hat, gilt für alle Intelligenzen. Katzenjunge, die in einer künstlichen Umgebung aus senkrechten Streifen aufgezogen werden, können später keine waagerechten Formen wahrnehmen und es auch nicht lernen. Sie werden in alle waagerechten Gegenstände hineinstolpern. Menschen sind flexibler als Katzenjunge, aber dennoch dem gleichen Modellimperativ unterworfen; es findet die gleiche Strukturkopplung zwischen Geist und Umgebung statt. Unser Universum wird so groß sein, wie es uns der Stimulus Universum anfangs darbot, unser Teilnahmeradius genauso weit wie unser Bewusstsein der beteiligten Dynamiken.

Der nächste Schritt der Menschheit

Was außergewöhnlich ist, hängt von dem ab, was innerhalb einer Kultur als normal gilt, was Norm oder Standard ist. Diese künstliche Sperre hält wirkliches Lernen und Leistung unter Verschluss. Wir haben es uns zum Ziel gesetzt, diese Sperre zu entfernen, damit wir und unsere Kinder zu den Wundern fähig werden, die in uns angelegt und in jedem Aspekt unseres Lebens möglich sind. Wir führten mit über dreißig Weltklassegolfern Gespräche und fragten sie, wie sich das ihrer Meinung nach realisieren ließe. Hier sind einige Antworten.

„Ich hatte ein starkes Selbstwertgefühl, weil mein Vater mich nie niedermachte. Immer hieß es ‚Genau so, gut gemacht'. Wenn ich danebenschlug, hieß es ‚schauen wir, wie der nächste Schlag kommt'. Er hängte sich nie an etwas Negativem auf, beschäftigte sich immer nur mit den positiven Dingen. Ausschließlich. Meine Kindheit war wunderbar behütet. Ich wusste, dass er mich liebte und akzeptierte. Ihm verdanke ich die Gewissheit, dass es keine bessere Ermutigung gibt als die eines Vaters, der einem den Erfolg zutraut."

Persönliches Gespräch
JOHNNY MILLER
PGA Hall of Fame

„Mein Vater spielte Golf, und der Golfplatz wurde für mich schon früh zu einem Ort des Friedens. Vermutlich hat mir das zum Erfolg verholfen, denn wenn ich erst einmal auf dem Golfplatz bin, kann mir nichts etwas anhaben. Mein Vater prägte mir immer ein, dass es nichts weiter als ein vergnügliches Spiel ist, und dass man es genießen müsse."

Persönliches Gespräch
NANCY LOPEZ
LPGA Hall of Fame

„Mein Vater brachte mir in meisterhafter Weise bei, aus meinen Fehlern zu lernen und aus jeder Runde das Beste herauszuholen,

was immer es auch sein mochte. Als ich mit zehn 95 Punkte zusammenbrachte, sagte er, ‚auf Nummer 4 hast du zwei außerordentlich schöne Bälle geschlagen, genauso auf der 16. Wenn uns das noch ein paar Mal mehr gelingt…' All die Jahre über und selbst als ich bereits Turniere spielte und gewann, sagte er immer solche Dinge wie ‚du warst nicht mehr als zwei, drei Schwünge davon entfernt, so gut zu spielen, wie man dieses Spiel nur spielen kann'. Seine Kommentare waren immer positiv. Er förderte das Positive immer zutage, hielt es mir unter die Nase und zeigte mir dann, was ich besser machen konnte."

Persönliches Gespräch
DAVIS LOVE III
PGA Gewinner

Eltern, deren Kinder heranwachsen und ohne einen Blick zurück fortgehen können, haben ihre Sache gut gemacht. Blicke zurück, sei es aus Anhaftung oder Hass, sind ein Zeichen für eine nicht abgeschlossene Entwicklung. Man schaut zurück, um etwas zu finden, was einem fehlt, oder um zu versuchen, ein zerbrochenes System zu flicken.

Die heilende Kraft

„Mein Vater hatte eine erfrischend einfache Art, ein Spiel zu nehmen. Ziel ist es, den Ball ins Loch zu befördern. Wenn der Ball es nicht ins Loch schafft, gibt es nur zwei Möglichkeiten: entweder hat man den falschen Punkt anvisiert oder den Ball nicht richtig abgeschlagen. Als ich zu spielen begann, war ich extrem neugierig, wie ich es besser machen und über meine Schläge hinauswachsen konnte – nicht, um die Trefferquote zu verbessern, besser abzuschneiden, irgend jemanden zu besiegen, eine Jugendmannschaftstrophäe zu gewinnen oder ein Universitätsstipendium, auch nicht die PGA-Tour. All das hatte nichts mit meiner Liebe zum Spiel zu tun. Es war einfach nur Neugierde, die mich antrieb."

Persönliches Gespräch
MIKE REID
PGA Tour Professional

Man schlüpft in die Zone, und die Bestleistung entsteht wie von selbst. In optimalen „Zuständen" *geschieht* das Außergewöhnliche ganz einfach, genauso wie man einfach atmet – ohne Anstrengung, ohne den Vorgang kontrollieren zu müssen. Wenn wir annehmen, dass Leistungen oder Resultate von unserem augenblicklichen

Zustand getrennt sind, übersehen wir den wichtigsten Faktor, und das ist die Qualität unserer Beziehung zu der Herausforderung, der wir uns gegenübersehen. Leistung ist eine Bewegung der Beziehung. Das ist die grundlegende Idee. Sehen wir uns die „Qualität der Beziehung" noch einmal anhand der Erfahrungen von Weltklassesportlern an:

Bruce Lipton und andere aufgeklärte Biologen beobachten schon seit Jahren, dass die Umgebung unsere Gene ebenso beeinflusst wie die konventionellerweise anerkannten Erbfaktoren dies tun. Lipton stellte fest, dass von der einfachsten Zelle an aufwärts ein neues Leben sich auf zweierlei Arten entfalten kann: es kann sich gegen eine feindliche Umwelt entweder verteidigen, oder es kann sich öffnen, erweitern und seine Welt umarmen. Es kann nicht beides tun, und die Umgebung ist bei der Entscheidungsfindung das Zünglein an der Waage.

Biologie der Transzendenz

Man fühlt sich sicher, bedingungslos angenommen und geliebt...

Ich wusste, dass er mich liebte und voll und ganz akzeptierte. Ihm verdanke ich die Gewissheit, dass es keine bessere, stärkere Bestätigung oder positive Rückmeldung gibt als die eines Vaters, der davon überzeugt ist, dass man es schafft. Ich hörte immer nur Ermunterungen von ihm: „Gut gemacht, erste Klasse." Frieden habe ich schon als Kind auf dem Golfplatz gefunden. Ich durfte spielen, wann immer ich Lust darauf hatte. Von Punkten war nie die Rede.

Spiel ist Lernen...

Antriebskraft Neugierde. Erfrischende Einfachheit. Ziel ist es, den Ball ins Loch zu befördern. Ich lernte, aus jedem Durchgang das Beste zu machen.

Liebe zur Erfahrung, intrinsische Motivation...

Es ist nichts weiter als ein Spiel, und man sollte Spaß dabei haben. Das gab mir mein Selbstwertgefühl, meine Selbstdisziplin.

Staunen

Formeln und Regeln können Richtlinien sein, aber mehr nicht. Wir gehen auf unsere Kinder, auf die Welt nach unserem besten Vermögen ein, und dann beobachten wir und staunen. Wir machen eine Geste, eine Bewegung, beobachten sie und lernen von ihr, sei es die Flugbahn eines Balles oder der Ausdruck in den Augen unserer Kinder. Beobachten ist Lernen. Jeder Moment wird zu einem Augenblick des Lernens. Die Welt reagiert auf unser Verhalten, gibt uns eine Rückmeldung. Ist der Ball im Loch gelandet? Wenn nicht, nehmen wir ein paar Anpassungen vor; wir lernen und versuchen es erneut.

Wer meint, dass Golfturniere oder Fußballmeisterschaften echte Herausforderungen seien, der möge sich in der Elternrolle versuchen. Kinder sind unendlich viel intelligenter und auch unvorhersagbarer als Bälle. Man stelle sich nur vor, wie die Elternrolle sich verändern würde, wenn man so bewusst und überlegt „Eltern spielen" würde, wie manche „Golf spielen". Wir ziehen alles genau in Betracht, verfolgen die Flugbahn des Balles, seine Position auf dem Grün, die Neigung des Hanges, die Entfernung zum Loch. Wir wählen den genau passenden Schläger (eine Kunst für sich); in Gedanken spielen wir alles ganz genau durch und nähern uns dem Ball mit äußerster Sorgfalt. Ein, zweimal üben wir die Schwungbewegung und bringen uns und das Schlägerblatt in die exakt richtige Position. Wenn wir uns doch nur mit der gleichen Aufmerksamkeit und Sorgfalt unseren Kindern nähern würden, unseren Partnern, der Natur! Und wenn der Ball einen eigenen Willen hätte? Was wäre, wenn er sich nach eigenem Gutdünken bewegen würde, manches mögen und anderes überhaupt nicht mögen würde, diesen Rasen einem anderen vorziehen würde und diese Vorlieben oder Abneigungen mittels Lachen oder Weinen vorbringen würde? Wer denkt, Golf oder Tennis sei eine echte Herausforderung, der möge in die Elternrolle schlüpfen.

Wir haben Chuck Hogan befragt, der Trainer ausbildet, und wollten von ihm wissen, wie die Anweisungen wohl aussehen würden, wenn wir nicht ergebnisorientiert wären, sondern spielorientiert.

„Wenn wir keinen Spaß haben, haben Kinder auch keinen. Wenn wir uns dauernd langweilen, langweilen sie sich auch. Wenn wir dauernd irgendetwas gewinnen müssen, um zu beweisen, dass wir

Interagieren (Beziehungen) ist Spiel; agieren und reagieren ist Arbeit. Wenn wir den genetischen Lernplan umkehren, verlassen wir den Plan der Natur. Wir meinen, wir müssten bewusst lernen, das heißt, wir oder das Kind müsste uns der Arbeit des Lernens unterziehen – eine biologische Unmöglichkeit. Der umfassendste, erstaunlichste Lernprozess, der im Menschen stattfindet, der so weitreichend ist, so unfassbar, so komplex, dass er alles andere in den Schatten stellt, findet während der ersten drei Lebensjahre statt, ohne dass das Kind sich auch nur einen Augenblick lang bewusst wäre, dass es lernt.

Die magische Welt des Kindes

Dass aus unseren Kinder nicht das wird, was wir gern hätten, sondern dass sie mehr oder weniger so werden wie wir, ist eine Tatsache, die uns rasend machen kann. Doch der Modellimperativ ist keine Erfindung der Kultur, die durch die Kultur beliebig modifiziert werden könnte – er funktioniert einfach, wie die Schwerkraft. Ein halbes Jahrhundert oder gar schon länger ignorieren wir Studien, die belegen, dass 95 % allen kindlichen Lernens, d.h. der „Wissensstrukturen", die das Kind erstellt, automatisch geschieht, und zwar als direkte Erwiderung auf dessen Interaktionen mit der Umwelt, und dass lediglich 5 % allen kindlichen Lernens durch verbales „Lehren" oder intellektuellen Unterricht geschieht.

Biologie der Transzendenz

Spaß haben, werden sie gewinnen müssen, um zu beweisen, dass sie Spaß haben. Die wirkliche Frage ist also nicht, was die Kinder tun sollten oder brauchen, um Spaß zu haben, sondern was wir Erwachsene tun sollten. Macht etwas Spaß, oder müssen wir erst gewinnen, um Spaß zu haben?

Im Durchschnitt erhalten Kinder häufiger ein ‚nein' zur Antwort als ein ‚ja' – etwa im Verhältnis 17:1. Drehen wir das Verhältnis um. Was geschähe, wenn wir einfach das Positive bestärken und das negative Feedback sich selbst überlassen würden? Das würde dann so oder so ähnlich klingen:

‚Das ist es, du hast es geschafft. Genial, genauso!' – ‚Ich hab's geschafft?' – ‚Klar, erste Sahne.' Es dauert nicht lang, und das Gehirn hat die Botschaft verstanden. Hey, es macht Spaß. Man fühlt sich sogar gut dabei. Das lässt schon mal viel Dampf ab. Kein schlechter Zustand.

Dann kommt der Augenblick des Abschlags. Sie schwingen den Schläger und hauen daneben. Na und? Kein Problem. Es war ein perfektes Beispiel dafür, was passiert, wenn man direkt über dem Ball schwingt, aber das ist in Ordnung. Jetzt werden wir versuchen, ob wir die Schwungbewegung anpassen können. Und getroffen. Am Ziel vorbei: Wunderbar! Phantastisch! Hä? Ja, wunderbar.

Kannst du mir denn nicht zeigen, was ich falsch mache? Warum sollte ich dir zeigen, was du falsch machst? Das, was du deinem Gehirn anbietest, ist das, was du von ihm zurückbekommst. Schauen wir uns also lieber an, was du richtig machst, und zwar nicht nur auf eine intellektuelle, analytische Weise, sondern auch auf der emotionalen Ebene. Warum machen wir nicht einfach weiter mit der Unterstützung des Richtigen, bis du herausfindest, dass dieses Gefühl absolut in Ordnung ist.

Es dauert nicht lange, und man steht am Morgen auf und freut sich darauf, den Ball zu werfen, anzutreten und zu treffen. Mom, ich komme nicht zum Abendessen, es macht einfach zu viel Spaß. So sollten wir es tun. Es sollte Spaß machen."

Persönliches Gespräch
CHUCK HOGAN
Leistungsexperte

Der Trainer

Elternschaft ist, genau wie die Kindheit, ein Prozess. Sie entfaltet sich. Sie entwickelt sich. Es ist eine Beziehung. Eine Beziehung ist Lernen. Lernen ist Spiel. Intelligente Elternschaft ist spielerische Elternschaft. Das gleiche gilt für unsere Trainer. Trainer sind Vorbilder, Modelle. Kontrollieren sie unsere Kinder durch Belohnungen und Bestrafungen oder entlocken sie ihnen optimales Lernen und natürliche Bestleistungen?

„Gute Trainer lieben ihre Arbeit, die Interaktion. Sie tun nichts lieber als zu spielen und wollen damit auch gar nicht aufhören. Gute Eltern können ebenfalls spielen, auch wenn ihr Spiel vielleicht ‚Geschäft/Büro' heißt oder ‚ich bin Mutter'. Das Wichtigste ist, nicht den Spaß zu verlieren, das Licht, das Glück, die Freude an dem, was man im Leben tut, egal, welche Bezeichnung es trägt. Um ein Beispiel zu sein, muss zuerst das eigene Leben zum Beispiel werden. Dann wird ein guter Trainer oder werden gute Eltern diese Erfahrung, diese Freude auch in jeden Aspekt des Lebens ihrer Kinder einbringen können."

Persönliches Gespräch
JOHN DOUILLARD
Autor, *Body, Mind and Sport*

„Lass sie machen – das ist das Beste, was ein Trainer tun kann. Lass sie selbst herausfinden, wie sie es machen müssen, wie es geht. Ab und zu ist man da. Einige der schönsten Erfahrungen machte ich in Situationen, wo ein paar Worte alles veränderten. Wir haben Computer, die Millisekunden einer Gewichtsverlagerung ablesen können. Gib jemandem einen neuen Gedanken, und du kannst zuschauen, wie sofort eine Veränderung eintritt; erkläre jemandem, technische Daten, und es wird die Person keinen Deut verändern."

Persönliches Gespräch
RANDY HENRY
Begründer der Henry-Griffith-Golfclubs

„*Die wirkliche Herausforderung besteht für einen Trainer wie auch für Lehrer oder Ausbilder darin, jungen Menschen, Eltern und Erwachsenen dabei zu helfen, die künstlich geschaffene Wichtigkeit und Bedeutung zu durchschauen, die wir Sieg und Niederlage verliehen haben. Und dann versucht man, der Beschäftigung gemeinsam einen neuen Sinn zu geben, der es ihnen erlaubt, ihr weiter nachzugehen und Nutzen daraus zu ziehen, ohne in die Falle falscher Hoffnungen und Niederlagen zu fallen. Menschen, denen das gelingt, haben nicht nur mehr Spaß an ihrer Arbeit, sondern verleihen ihrer Tätigkeit eine Würde, die sie vorher nicht besaß.*"

Persönliches Gespräch
TIM GALLWEY
Autor, *The Inner Game*

Beziehungen sind der Schlüssel... Das Kind in der Gebärmutter hat eine symbolische Beziehung zum Körper der Mutter, aber diese Beziehung ist eingeschränkt. Erst durch die Trennung von dieser Matrix kann eine größere Matrix erfahren und kennengelernt werden... Die Natur stellt sicher, dass jede Trennung, Teilung und Hinzufügung während der Entwicklung des Kindes in der richtigen Reihenfolge stattfindet. Wenn allerdings gegen den natürlichen Ablauf verstoßen wird, schlägt der gesamte Reifeprozess fehl. Wird die selbstbezogene Entwicklungsphase eines Kindes beispielsweise vorzeitig durch ein erzwungenes, verfrühtes Abnabeln oder Einschulen beendet, gerät der Entwicklungsprozess ins Stocken, und das Kind bleibt mehr oder weniger im sensomotorischen Entwicklungsstadium stecken (wo die Mehrheit unserer Bevölkerung steckt)... Wenn die Individuation in der Isolation endet, dann haben wir anstelle von Autonomie Angst, anstatt Kreativität ein Greifen nach Materiellem als Matrix, Angst vor Veränderung und eine Unfähigkeit, kreativ-abstrakt zu denken.

Die heilende Kraft

Grenzen weiter stecken

Die potentiellen Verbindungsbahnen und der Informationsaustausch, der zwischen den Nervenzellen des Gehirns und dem Rest des Körpers pulsiert, sind unendlich. Die meisten Menschen kratzen lediglich an der Oberfläche. Irgendetwas hält uns zurück. Da ist ein schweres Gewicht, ein starkes Feld namens „Glaube", dessen Gefangene wir sind und das uns zwingt, immer wieder in vorgegebenen Mustern zu reagieren. Die längste Zeit glaubten wir alle, dass kein menschliches Wesen eine Meile in weniger als vier Minuten bewältigen könnte. Roger Bannister zerstörte diesen Mythos. Die optimale Lernbeziehung bewirkt für Eltern und Erzieher das, was Bannister für die Sprinter tat. Sie sprengt unsere engen, selbst geschaffenen Grenzen und öffnet neuen Möglichkeiten und Mustern die Tür.

„*Sport und Leichtathletik sind jedermann zugängliche Bereiche, die uns nicht nur herausragende Beispiele für den Menschen in der Zone bieten, sondern auf einer komprimierten, beschleunigten und überschaubaren Bühne Beispiele für die Evolution überhaupt. Die Ban-*

nistermeile, zu ihrer Zeit geradezu atemberaubend und übernatürlich anmutend, hat heute eher alltäglichen Charakter. Rekorde zu brechen ist nicht mehr länger die Ausnahme, es wird erwartet.

Golfprofis spielen eine 59, einen Basketball zu versenken ist keine große Sache, und 960 auf einem Snowboard ist normal. (Und wer nicht weiß, was 960 auf dem Snowboard bedeutet, der lebt ein wenig hinter dem Mond.) Die heutigen X-Games lassen die Rekorde von Roger Bannister oder Wilma Rudolf reichlich blass aussehen.

Wir alle haben das Zeug zum Athleten, es ist in jeder unserer Körperzellen angelegt. Interessanterweise bezeugen alle Athleten, die Rekorde gebrochen haben, dass ihre beste Leistung ‚ganz einfach' war. Die Vorbereitung war die wirkliche Herausforderung. Für das eigentliche Tun ‚in der Zone' musste das Gehirn nur vergleichsweise wenig Energie aufwenden. Dies wird durch EEG- und MRT-Aufzeichnungen der Gehirnwellentätigkeit und -topographie dokumentiert. In einem ganz wörtlichen Sinn ist das Beste ‚kinderleicht', ein ‚Kinderspiel'. Am Ende seines Buches Sweet Spot In Time *(mit ‚sweet spot' bezeichnet er die ‚Zone') stellt John Jerome fest: „Das einzige, was wir aufgrund der vorliegenden wissenschaftlichen Studien über ungewöhnliche Höchstleistungen mit Sicherheit sagen können, ist, dass die Zellen ständig reagieren. Je mehr wir sie gebrauchen, desto stärker reagieren sie. Diese Fähigkeit scheint unbegrenzt zu sein."*

Persönliches Gespräch
CHUCK HOGAN
Leistungsexperte

Die durch Eltern, Erziehung, Mythen, Rituale, Glauben, Ideologien, Bräuche und damit verbundene Verhaltensweisen stattfindende Einbindung in die Kultur erzeugt unsere Grenzen. Das schwere Gewicht der Traditionen und die ungeheure Anziehungskraft der Massenmedien heutzutage bewirken, dass mit Ausnahme einiger weniger die meisten Menschen nie über die derart eng gesteckten Grenzen hinausgelangen. Das Netz verstärkt sich und wird gleichzeitig immer enger.

Die vergangenen fünfzig Jahre haben Entwicklungen gesehen, die in der Geschichte ihresgleichen suchen, die unser genetisches System nicht kompensieren kann und die unser mentales Gefüge so verändert haben, dass wir für den offensichtlichen Zusammenhang zwischen Ursache und Wirkung blind geworden sind ... Krankenhausgeburt, Kindertagesstätten, Fernsehen und Unterminierung des kindlichen Spiels. Das Schulwesen tut das Seine dazu und daran wird sich auch nichts ändern, denn die Interessengruppen betrachten das Dilemma nur im Hinblick auf ökonomische oder politische Vorteile. Keine der bisherigen nationalen „Lösungen" geht über einen politisch motivierten oder „finanziell tragbaren" Standpunkt hinaus. Der massive Vorstoß zur computerisierten Bildung, der die Phantasien der Öffentlichkeit in seinen Bann zieht, ist ein gutes Beispiel hierfür. Ein Computer auf jeder Schulbank und Software in Millionen – und Milliardenhöhe für die Investoren werden der Gipfel sein, der den Kindern einen Schaden jenseits aller Bildungsfähigkeit zufügt.

Der nächste Schritt der Menschheit

Einer deutschen Langzeitstudie zufolge sinkt die allgemeine Sensibilität für Umweltreize jährlich um ein Prozent. Dreißig Jahre bedeuten also einen Abfall um 30%, d.h. es gelangen 30% weniger Umweltsignale in unser Bewusstsein. Subtile Eindrücke haben es besonders schwer. Die Intensität äußerer Reizeinflüsse nimmt zu, aber gleichzeitig nimmt unser Vermögen, subtile Erfahrungen machen zu können, ab. Unsere Erfahrungswelt wird homogenisiert, kontrolliert und in vorgegebene Kanäle umgeleitet – und wir bekommen es nicht einmal mit! Es wirkt doch alles so normal. So intensiv. Zu Hause, im Film und in der Schule.

Vor kurzem hat der amerikanische Kongress umfassenden Reformen im Erziehungswesen zugestimmt, die den Weg freimachen sollen für einheitliche Hochleistungstests auf jeder Stufe. Das angestrebte Ideal ist ein nationales, standardisiertes Erziehungssystem, das einem „Masterplan" folgt, mit dem Ziel, dass künftig landesweit in jedem Klassenzimmer jedes Kind am gleichen Tag die gleiche Buchseite aufschlägt. Und wozu? Damit wir in der sogenannten globalen Wirtschaft konkurrenzfähig bleiben. So wird es uns wenigstens verkauft.

Verwandeln wir zuerst uns selbst, dann die Kultur

Unser schönes neues industrielles Denken

Je schneller die Dinge sich verändern, desto größer das Bedürfnis, jede Veränderung vorhersagen und kontrollieren zu können. Alles erwärmt sich, heizt sich auf, der Planet, unser Stress, die Anzahl der täglich zu treffenden Entscheidungen, Konflikte, Gewalt.

Tausende von Jahren mussten die Menschen vom Fliegen träumen, bis es den Gebrüdern Wright mit der Kitty Hawk gelang, sich in die Lüfte zu erheben. Weniger als siebzig Jahre später landeten wir auf dem Mond. Noch um 1900 lebten 97% der Bevölkerung in Großfamilien auf dem Land. Unsere Urgroßeltern lebten vom Eigenanbau und verkauften ihren Überschuss auf dem Markt. Während der vergangenen Jahrzehnte ist die traditionelle Familie fast verschwunden. Die Hälfte aller geschlossenen Ehen wird geschieden. Kinder aus einer Vorschule in New York zeichneten kleine orangefarbene Quadrate, als sie Karotten malen sollten. Amerikanische Kinder kennen nur wenige Pflanzen, können jedoch mit Leichtigkeit hundert und mehr Firmenlogos identifizieren. Bis hin zur Gute-Nacht-Geschichte haben sich kommerzielle Medien in die Zeit eingeschlichen, die Familien miteinander verbrachten. Mütter, die zu Hause bleiben, um ihre Kinder zu erziehen, sterben so schnell aus wie manche vom Aussterben bedrohte Spezies. Unsere sich rapide verändernde Welt wird von Annahmen ungeheuren Ausmaßes angetrieben,

Warum nur legen wir, mit einer an noblen Idealen und hohen Philosophien so reichen Geschichte, derart verabscheuungswürdige Verhaltensweisen an den Tag? Die Gewalt, die wir gegen uns selbst und unseren Planeten richten, überschattet alles und spottet unserer höchsten Ideale ... Warum hat sich die menschliche Natur auch nach Tausenden von Jahren der Meditation nicht um ein Iota verändert? Warum ist unsere westliche Zivilisation nach zweitausend Jahren des Zitierens der Bibel, des Missionierens, Betens, Singens frommer Lieder, Bauens von Kathedralen und Verbrennens von Hexen noch gewalttätiger und erschreckend effizient im Massenmord geworden? Die Beschäftigung mit der Frage der Transzendenz muss sich auch die Frage nach unserer Gewalttätigkeit durch Vernachlässigung stellen. Beide sind eng miteinander verwoben.

Biologie der Transzendenz

Annahmen, die sich direkt auf die Eltern-Kind-Beziehung und die Erziehung unserer Kinder auswirken. Hinter diesen Veränderungen, die in der bisherigen Geschichte der Menschheit ihresgleichen suchen, lauert, wie es der Ökologe David Orr ausdrückt, unser *industrielles Denken.*

„Unsere gegenwärtigen Diskussionen um Erziehungsmaßstäbe und Reformen werden alle von dem Glauben angetrieben, dass wir unsere Kinder vor allem darauf vorbereiten müssen, dass sie in einer globalen Wirtschaft mithalten können... Aber die disziplinorientierte Erziehung, die uns befähigt hat, unseren Planeten zu industrialisieren, wird uns nicht notwendigerweise dabei behilflich sein, den enormen Schaden zu reparieren, den wir durch die Industrialisierung angerichtet haben. Genau betrachtet betrifft die ökologische Krise (wie auch die Krise, die unsere Kindheit bedroht) unsere Denkweise und die Institutionen, die vorgeben, die Denkfähigkeit heranzubilden und zu verfeinern...Noch mehr Erziehung von der gleichen Art wird unsere Probleme nur zementieren...

An diesem heutigen Tag werden wir 300 km² Regenwald verlieren, das entspricht ungefähr 4000 m² pro Sekunde. Bis zum Jahresende wird der Verlust an Regenwald insgesamt eine Fläche von der Größe des Staates Washington ausmachen; sich ausdehnende Wüsten eine Fläche von der Größe West Virginias; die Bevölkerung wird um mehr als 90.000.000 angewachsen sein. Am Ende des Jahres 2000 werden circa 20 % der Lebensformen, die im Jahr 1900 die Erde bevölkerten, ausgestorben sein."

Der gewaltige Einfluss unseres industriellen Denkens auf die Umwelt zeigt sich auch in der Familie, Nachbarschaft und in unseren Schulen. Zwischen 1983 und 1996 verdoppelte sich der Kindesmissbrauch in den Vereinigten Staaten; die Zahl schwer misshandelter Kinder vervierfachte sich sogar. Jedes Jahr laufen eine Million Kinder von zu Hause fort; acht Millionen Kinder verbringen mehr Zeit in der Tagesbetreuung als mit den Eltern. Der Anteil berufstätiger Mütter am Arbeitsmarkt steigt sprunghaft an. Dieses Jahr werden allein zwanzig Millionen Rezepte für höchst suchterregende Psychopharmaka an Kinder – sogar bereits im Vorschulalter – ausgestellt, um deren Verhalten zu kontrollieren. Selbstmord als Todesursache rangiert unter amerikanischen Kindern an dritter Stelle, und das bedeutet einen Teenager-Selbstmordversuch alle 78 Sekunden.

„Hier waren nicht Dummköpfe am Werk, sondern kluge Köpfe mit akademischen Titeln bis hin zum Doktorgrad. Erziehung und Bildung können also gefährlich sein… Nicht Erziehung, sondern eine bestimmte Art von Erziehung wird uns retten… *Erzieher müssen selbst wieder Lernende werden, müssen ökologisch wirksames Denken lernen und alles, was dazu gehört, um ein solches Denken zu fördern. Was auf nichts anderes hinausläuft als auf einen Neuentwurf der Erziehung selbst.“*

David W. Orr, Ph.D.
Lehrstuhl für Umwelt, Oberlin College
Ausgewählte Zitate aus
Earth In Mind, On Education, Environment and the Human Prospect

Optimale Lernbeziehungen öffnen einem solchen vollständigen Umdenken im Bildungswesen und in der Elternrolle die Tür. Die Veränderung unseres Zustands *ist* der Schlüssel für die Neuorientierung, die beide Bereiche neu definieren wird.

Wir alle wie auch unsere Wirtschafts-, Gesellschafts- und Bildungsinstitutionen sind vom „industriellen Denken“ geprägt. Wir stecken darin fest. So wie Wasser für Fische transparent ist, sind es die dem industriellen Denken innewohnenden Annahmen und Werte. Nur selten einmal blitzt eine Ahnung davon auf, wie sehr unsere Sicht der Welt durch Beschränkungen und tiefsitzende Konditionierungen bestimmt ist. Was wir allerdings sehen, ist der gewaltige Einfluss, den unser Denken auf unsere Familien hat, auf unsere Kinder, auf die Umwelt.

Bohm, Einstein und andere haben immer wieder betont, dass die Probleme, das industrielles Denken erzeugt hat, nicht durch die gleiche Art von Denken überwunden und beseitigt werden

Eine von der Kultur gespaltene Person wird jede Bewegung in Richtung Ganzheit als eine Bedrohung empfinden, als eine endgültige Fragmentierung, einen Verlust an Kohärenz. Wenn das Körper/Gehirn-Werkzeug nichts Neues mehr zulässt, muss alles, was außerhalb seiner geringen Energie liegt, von ihm als bedrohlich und potentiell zerstörerisch empfunden werden. Die persönlichen Auffassungen verkehren sich, wir sehen die Dinge verkehrt herum und machen den Himmel zur Hölle. Dabei müssten wir nur loslassen, aufhören, alles fest im Griff haben zu wollen, und zwar nicht aufgrund irgendeiner göttlichen Verfügung oder eines moralischen Imperativs, sondern einfach nur aufgrund der Gesetzmäßigkeiten der Energie und der Beschaffenheit unseres Geist/Gehirn-Systems.

Die heilende Kraft

können. Man kann ein Problem nicht auf der Problemebene lösen, denn das Denken, welches das Problem heraufbeschworen hat, *ist* das Problem.

Gleiches gilt für unser Leben mit Kindern, für unser Bildungswesen. Wir Erwachsenen brauchen ein neues Denken, ein frisches Denken, ein unverfälschtes, authentisches Denken, das in der Lage ist, über die Beschränkungen hinauszusehen, die so viele Konflikte in uns selbst erzeugen, in unseren Kindern und in der Welt. Optimale Lernbeziehungen öffnen die Tür und laden dieses neue Denken ein, sich mit der Welt zu treffen und auf sie zu antworten. Und was es offenbart, wird für unser industrielles Denken eine echte Offenbarung sein.

Wege zu finden, um jenseits der Zwänge und engen Grenzen zu gelangen, die wir uns durch unsere Konditionierungen auferlegen, das ist, so Bohm, die große Herausforderung. Um ihr zu begegnen, müssen wir einen anderen Zustand entdecken, andere, neue Fähigkeiten entwickeln, die nicht auf unsere vorgegebenen Muster beschränkt sind. Jedes Mal wenn wir „denken", dass wir es geschafft haben, müssen wir zu dem optimalen Zustand echten Spiels zurückkehren und die Wahrnehmung neuer Muster und Möglichkeiten zulassen. Wenn wir uns zu lange auf einer Überzeugung oder einer Schlussfolgerung ausruhen, büßen wir die Vitalität und die Intelligenz unserer wahren Natur ein.

Viele Potentiale gehen verloren, weil Eltern es versäumen, sie in ihren Kindern zu fördern und zu entwickeln, so wie ihre eigenen Eltern es bei ihnen versäumt haben. Die Kette lässt sich bis ins Unendliche zurückverfolgen. Jede vorstellbare Fähigkeit ist in uns vorhanden, weil wir mit einem unbegrenzt offenen Geist/Gehirn-System ausgestattet sind, aber jede spezifische Fähigkeit muss dennoch hervorgebracht und entwickelt werden.

Die heilende Kraft

Optimale Lernbeziehungen erweitern das vorherrschende Eltern- und Bildungsmodell, indem sie in jedem Alter und in jedem Bereich Seins- und Beziehungszustände als für den Lernvorgang, das allgemeine Wohlbefinden und die Leistung fundamental wichtige und zunehmend entscheidende Komponenten berücksichtigen.

Aber ist all das überhaupt durchführbar? Wird es uns die Resultate bescheren, die wir jetzt mit unseren Kontrollstrategien, unseren Belohnungen und Bestrafungen zu erzielen hoffen? Einige Lehrer haben in ihren Klassen mit Optimalen Lernbeziehungen gearbeitet und folgende Beobachtungen gemacht:

- Weniger Gewalt, weniger soziale Isolation und weniger Verteidigungsaggressivität im Wettkampfverhalten von Kindern und Erwachsenen.
- Besseres Einfühlungsvermögen, bessere Zusammenarbeit, stärkere Wahrnehmung der Gruppe durch Abbau von Konflikten, die für gewöhnlich mit Kategorien, Beurteilungen und Meinungsverschiedenheiten verbunden sind.
- Eine positivere Selbsteinschätzung, erhöhte Kommunikationsfähigkeit und echte Kreativität durch Abbau von Ängsten und Stress, die man in den meisten Lernsituationen antrifft.
- Ein tieferes Verständnis der Tatsache, dass Berührung und Bewegung an jedem normalen Lernvorgang und an einer gesunden Entwicklung wesentlich beteiligt sind.
- Die Schüler waren zu vollständigerem Lernen in der Lage. In dem Maß, wie sie sich sicher und geborgen fühlten, wurden sie konzentrierter, aber auch fähig, von der Umgebung zu lernen, nicht nur von den Lehrern. Sie entwickelten eine höhere Sensibilität für Wahrnehmung und für Veränderungen.
- Optimale Lernbeziehungen/Spiel zeigen uns, dass es möglich ist, sich kultur- und artübergreifend mit Menschen und anderen Lebensformen verbunden zu fühlen.
- Optimale Lernbeziehungen/Spiel eröffnen ständig neue Möglichkeiten.
- Man erfährt die positiven Auswirkungen körperlicher Bewegung; man lernt und versteht Körpersprache, lernt und versteht den Zusammenhang zwischen Ursache und Wirkung in Beziehungen, erlernt nicht-verbale Formen der Kommunikation, lernt achtsam zu sein, die Aufmerksamkeit auf etwas zu richten, einer Situation volle Aufmerksamkeit zu schenken.
- Im Spiel mit autistischen Kindern nahm die Häufigkeit des Augenkontakts zu, Berührungen nahmen zu, sie verbalisierten stärker, die Interaktionen untereinander nahmen zu, Gewalt nahm ab, es wurde mehr gelacht. Nach dem Spiel waren die Schüler aufnahmebereiter und williger, sich anderen Aufgaben zu widmen.
- Optimale Lernbeziehungen/Spiel geben den Kindern die

Teilhard de Chardin projiziert seine Sehnsucht auf ein großes Omega „irgendwo da draußen". Aber sogar dort würden wir wieder eine Meganuss vorfinden, und wir würden keine Ruhe finden, bevor wir sie nicht geknackt hätten. In einer eigenartig prophetisch anmutenden Vision stellt Walt Whitman vor etwa hundertfünfzig Jahren bei der Betrachtung des endlosen Sternenuniversums die Frage: „Wenn wir über alle Himmelskörper Bescheid wüssten, über ihre Freuden und Annehmlichkeiten, wären wir dann zufrieden?" Nein, erkannte er, „wir würden die erreichte Stufe benutzen, um noch höher zu gelangen, jenseits zu gelangen ..." Es ist höchste Zeit, den Menschen in seiner eigentlichen Perspektive zu sehen, wie Whitman es tat, als er schrieb: „ ... in den Gesichtern von Männern und Frauen sehe ich Gott, und in meinem eigenen Gesicht im Spiegel finde ich Botschaften, die Gott auf der Straße hinterlassen hat, und jede einzelne trägt seine Unterschrift."

Crack in the Cosmic Egg

Möglichkeit, soziales Verhalten stärker zu entwickeln. Viele der Kinder, mit denen wir spielen, sind zurückhaltend, still, ja zaghaft. Spielen hilft Kindern, „aus ihrem Schneckenhaus" zu kommen.

Optimale Lernbeziehungen bauen Konflikte und dadurch Gewalt ab und erhöhen so gleichzeitig die Sicherheit:

- Schüler sind weniger gewalttätig und können mit Differenzen besser und vernünftiger umgehen. Sie entwickeln eine größere Sensibilität Lehrern und Mitschülern gegenüber.
- Sie entwickeln starke freundschaftliche Bande und können sich die Arme um die Schultern legen, ohne Angst vor Hänseleien zu haben.
- Sie wissen besser, was eine „sichere" Berührung ist. Sie wissen, wie es sich anfühlt, auf eine positive Weise berührt zu werden, so dass sie es schneller mitbekommen, wenn jemand sie aggressiv oder sexuell berührt.
- Sie entwickeln ein starkes Zugehörigkeitsgefühl zu etwas „Größerem".
- Gruppenzwang wird abgebaut. Sie brauchen keine Gruppe und auch keine Drogen, um ein Gefühl von Dazugehörigkeit zu entwickeln.
- Spiel ist ein sicherer Ort, an dem man der sein kann, der man ist, und an dem man wachsen kann (Lernen durch Erfahrung). Kinder lernen, dass „Ausagieren" in einer Atmosphäre des Vertrauens, der Sicherheit und der Zuneigung überflüssig ist.
- Spiel sorgt für ein Umfeld, ein Modellverhalten und ein maßgebliches Muster, bei dem Freundlichkeit die Norm ist und nicht die Ausnahme.

Endlich sehen wir uns dem Spiegelbild unseres wahren Selbst gegenüber, jenem Schicksal, das wir sind. Unser Schicksal liegt in unseren eigenen Händen.

Crack in the Cosmic Egg

Und das ist erst der Anfang. Wir haben auch nicht die leiseste Ahnung, wo die menschlichen Grenzen für Wahrnehmung, Lernen und Leistung liegen. Wir haben noch nie in Modellumgebungen gelebt, die diese Potentiale optimal nutzen. Bis jetzt noch nicht.

Teil 2

Prinzipien für optimales Lernen und Bestleistung

Einleitung

Wenn Spiel der optimale Zustand für Lernen, Bestleistung und Wohlbefinden ist, das Herzstück von Erziehung, Training und Elternschaft; wenn wir optimale Lernresultate und Leistungen erwarten, dann sollten wir, die Erwachsenen, spielen – oder wenigstens spielerischer werden. Leider sind spielerische Elternschaft und Erziehung nicht die Norm. Erwachsene haben ihre eigenen Ziele. Entspricht das Verhalten des Säuglings oder Kindes den in den Zielen der Erwachsenen versteckten Erwartungen, die manchmal ausgesprochen werden, ebenso oft aber auch unausgesprochen bleiben? Erwartungskonformes Verhalten des Kindes wird in aller Regel gelobt oder belohnt; entspricht das kindliche Verhalten nicht den Zielen der Erwachsenen, wird es auf das unpassende Verhalten aufmerksam gemacht, und das bedeutet meistens Vorwürfe oder Strafen in Form von bösen Blicken, Gebärden oder einem groben „Nein". Optimales Lernen ist Spiel. Was wir für Lernen halten, für Erziehung, Trainieren und Elternschaft, ist in Wirklichkeit nichts anderes als eine Verhaltensmodifizierung, die niemals optimal ist. Wie kann man einzelne Mitglieder einer Gesellschaft, wie kann man eine ganze Kultur dazu bringen, einen Paradigmenwechsel von Konditionierung zu Optimierung zu vollziehen? Diese Frage stellten wir uns eines nebligen Oktobermorgens in San Francisco, was zu dem nachfolgenden Gespräch führte:

Offene Intelligenz geht mit flexibler Logik einher, und so sind wir in der Lage, umso mehr zu lernen, je mehr wir durch persönliche Erfahrung lernen; und je mehr wir interagieren, desto mehr sind wir zu immer komplexeren Interaktionen in der Lage.

Die magische Welt des Kindes

M: Gibt es eine Möglichkeit, die Eltern-Kind-Beziehung zu revolutionieren? Können wir irgendwie den Deckel der engen Grenzen abnehmen, die wir unseren Kindern – zugegebenermaßen mit den besten Absichten – aufzwingen?

J: Man muss zum Modell werden. Wir müssen ein entsprechendes Modell aufzeigen und vorleben. Wir müssen die Veränderung, die wir in anderen sehen möchten, in uns selbst herbeiführen.

M: Wir nehmen an, dass der Spaß der Erfahrung im Zustand der optimalen Beziehung sich auf das Kind überträgt und in ihm den Wunsch auslöst, etwas selbst zu tun, weil es offensichtlich Spaß macht. Aber das passiert nicht immer.

J: Ich erinnere mich an meinen Sohn John und sein Fahrrad. Er war gerade fünf, als er eines Morgens sein Fahrrad packte und auf den Gehsteig hinaus schob. Er bat niemanden um Hilfe und machte die wahrscheinlich schlimmsten Erfahrungen seines bisherigen Lebens durch. Immer wieder fiel er herunter, schlug sich die Knie blutig, schürfte sich die Hände auf und kämpfte heulend mit sich und dem Fahrrad. Nichts hielt ihn davon ab, wieder aufzusteigen und es erneut zu probieren. Er hatte viele Leute Fahrrad fahren gesehen, und er wollte um jeden Preis auch Fahrrad fahren. Am Ende des Tages hatte er es gelernt. Nichts würde ein Kind jemals mehr motivieren als sein eigener Antrieb – schon gar nicht, wenn seine Tränen daher rühren, dass wir es zum Lernen zwingen.

Unsere Nachbarn hatten ebenfalls einen fünfjährigen Sohn. Der Vater hatte dem Jungen ein Fahrrad gekauft, und wir hörten die beiden draußen auf der Straße. Es war so schrecklich, dass ich fast die Polizei gerufen hätte. Der arme Junge musste die Tiraden des Vaters erdulden, der ihn immer wieder als dumm beschimpfte, zu dumm, um die einfachsten Dinge zu lernen. „Was ist los? Habe ich dir nicht ein Dutzend Mal erklärt, wie es geht? So musst du es machen!“ Er hörte nicht auf zu schimpfen, und der arme Junge lernte das Radfahren damals nicht.

Kinder handeln aus Prinzip, deshalb muss eine Handlung für ein Kind auch eine Bedeutung haben. Nehmen wir beispielsweise den Sohn einer amerikanischen Farmersfamilie. Jeden Morgen um fünf ist er mit den Eltern auf dem Feld, um die Pflanzen vor dem Frost zu schützen. Darüber gibt es keinerlei Diskussion. Sie würden verhungern, und der Junge hat das verstanden. Die ganze Familie hilft, niemand fehlt. Die Kinder wurden früher automatisch mit einbezogen. Nicht mitzuhelfen bedeutete im wahrsten Sinn des Wortes, außerhalb der Familienbande zu stehen. Die Notwendigkeit war spürbar. Piaget nennt das die fraglose Akzeptanz. Ich bin davon überzeugt, dass unsere Kinder unsere Ambiguität und unser Zögern spüren und entsprechend handeln.

M: Auf der Farm gab es solche Zweifel nicht, wurden die Dinge nicht in Frage gestellt.

J: Fraglose Akzeptanz des Gegebenen, und das Gegebene ist der Modellimperativ. Das Modell besteht daraus, wer wir sind und wie wir uns mit der Herausforderung des Augenblicks in Beziehung setzen. In dem Augenblick, wo ein Zweifel auftaucht – tun wir das Richtige? – strahlt dieser in die ganze Umgebung aus. Wir sind geteilt. Die Kinder spüren es, und das Klassenzimmer verwandelt sich in eine Kampfarena.

M: Auswendiglernen, Konditionieren, Üben, all diese Dinge mögen wichtig sein, aber wir haben sie auf vorherbestimmte Muster beschränkt. Welche Art der Umgebung oder welche Umstände müssten wir schaffen, die es Kindern erlauben, ihr ungeheures Potential zu entdecken und voll zu entwickeln? Wir können sie belohnen oder bestrafen, damit sie sich einem Muster anpassen, aber das reicht nicht aus, um Potential optimal zu entwickeln.

J: In den Sechzigern lehnten Eltern Autoritäten jedweder Art ab. Sie wollten keinerlei Obrigkeit oder Struktur. Man war überzeugt, dass sich alles in natürlicher Weise von selbst regeln würde – totale Ausdrucksfreiheit war angesagt. Damit hatten progressive Bildungssysteme wie die Waldorfschulen Probleme. Dort wird Ausdrucksfreiheit propagiert, aber innerhalb sorgfältig gewählter Grenzen. Es gab zwei Extreme – die autoritäre und die antiautoritäre Methode. Maria Montessori bestand darauf, dass Kinder Ordnung und Disziplin brauchen. Viele Dreijährige lieben es, Dinge sauber und ordentlich, symmetrisch anzuordnen. Wenn die Stühle morgens normalerweise ordentlich an ihrem Platz stehen und eines Morgens nicht, werden sie als erstes wieder ordentlich aufgestellt.

Weder unsere Gewalt noch unser Streben nach Transzendenz ist eine ethisch-moralische oder religiöse Angelegenheit, sondern eine Sache der Biologie. Wir sind mit einer eingebauten Prädisposition und Fähigkeit ausgestattet, uns über Beschränkungen, Unzulänglichkeiten oder Grenzen zu erheben, mit einem kraftvollen, anpassungsfähigen Geist, den wir bisher noch nicht einsetzten. Unser Sehnen nach Transzendenz entspringt unserem intuitiven Wissen um dieses Potential, und unsere Gewalt entspringt aus unserem Versagen, es zu entwickeln.

Biologie der Transzendenz

M: Was verstehst du unter Disziplin?

J: Ich verwende das Wort in seiner herkömmlichen Bedeutung als eine zwingende Maßnahme, um auf das Verhalten einzuwirken. Die wirkliche Bedeutung des Wortes Disziplin (engl. *discipline*) ist Schüler (engl. *disciple*), was ganz ursprünglich ein freudiges Nachfolgen beinhaltete. Der Schüler folgte dem Lehrer voll Freude. Davon sind wir heute Lichtjahre entfernt, aber nach meinem Verständnis wäre dies ideal.

M: Ein freudiges Folgen wäre die Essenz des Modellimperativs, der dir vorschwebt.

J: Genau. Wenn das Modell dem entspricht, wozu Kinder zu einer gegebenen Zeit auch in der Lage sind, werden sie sich mit all ihren Fähigkeiten daranmachen. Sie überwinden ihre augenblicklichen Beschränkungen, indem sie lernen. Das ist die Essenz des Modellimperativs. Wenn das Modell die Notwendigkeiten des Augenblicks erfüllt, gibt es keine Zwänge, keinen Druck. Sie werden dem Modell voll Freude folgen, weil es ihnen dabei hilft, den Frust der augenblicklichen Beschränkung zu überwinden und hinter sich zu lassen.

Klare Grenzen stärken das Band und verleihen den Bereichen Klarheit, die zur Erkundung anstehen. Das Kind nimmt die Entscheidungsmacht der Eltern und deren Vertrauen in ihre Entscheidungen wahr. Es spürt die Kraft, mit der es verbunden ist, akzeptiert die Grenzen und Beschränkungen ohne Murren oder Zaudern, weil es wichtige Hinweise von ihnen bekommt, und weil ihre Entscheidungen und seine Absichten zusammenpassen.

Die magische Welt des Kindes

M: Auf dem Bauernhof gab es keine Ambiguität, keine Wahl. Heutzutage sind die wenigsten Kinder solch zwingenden Umständen ausgesetzt. Die „wirkliche" Welt bleibt ihnen lange fremd. Das Essen kommt aus dem Kühlschrank oder als „Happy Meal" von McDonald's. Etwas „Wirkliches" kennen die meisten kaum, und deswegen sind unsere Anforderungen ihnen auch höchstens lästig. Hausaufgaben sind nichts weiter als eine unliebsame Störung des Fernsehprogramms.

Für viele Menschen – Kinder eingeschlossen – ist der Sinn des Lebens äußerst abstrakt. Ich hatte die Vorstellung, dass mein Sohn John das Klavierspiel erlernen „sollte", zu seinem eigenen Vorteil. Ein enger Freund der Familie spielte Klavier – es war sein Lebensinhalt. So baten wir ihn, John Unterricht zu geben. Sie hatten viel Spaß miteinander, aber als der Freund abgereist war, spielte John nur noch selten. Ich nahm ihm den Schwung vollends, indem ich ihn immer wieder dazu anhielt, sich hinzusetzen und zu üben, um etwas aus sich zu machen. Allerdings war das meine Vorstellung, nicht seine. Ich war sogar zutiefst davon überzeugt, dass ich ihm einen schlechten Dienst erweisen würde, wenn ich ihn nicht zum Üben anhielte. Bonnie war dagegen. Wenn die Erfahrung selbst nicht zum Antrieb wird – vielleicht wollte er dann einfach nicht Klavierspielen. Vielleicht ist Klavierspielen eben nicht das, was *er* im Leben braucht. Und wie steht es mit der Unordnung in seinem Zimmer? pflegte ich dann weiter zu überlegen.

Vielleicht entspricht draußen zu spielen und ein unordentliches Zimmer zu haben seiner wahren Natur. Er wird sich die Augen ausstechen oder sonstwie verletzen, wenn wir ihn mit scharfen Messern spielen lassen. Ich muss ihn doch vor seiner wahren Natur beschützen. So dachte ich. In einer Umgebung ohne „echte" zwingende Gründe sieht ein junger Mensch die Notwendigkeit, etwas tun zu müssen, nicht und hat diesen Wunsch auch gar nicht.

J: Hans Gefirst vertritt die Auffassung, dass ein Kind, das frühzeitig lesen lernt, damit die Anerkennung der Eltern zu gewinnen hofft. Dieses Phänomen scheint man in Familien mit niedrigem Bildungsniveau anzutreffen.

M: Soll das bedeuten, dass spontanes Lernen stattfindet, um die Bande zu festigen?

J: Alles, was für ein Kind Bedeutung hat, wird spontan gelernt. Und wie können wir wissen, was für ein Kind von Bedeutung ist? Am wichtigsten ist es, das Modell dem Entwicklungsstadium anzupassen. Ist Übereinstimmung gegeben, wird die dem Kind innewohnende Intelligenz darauf reagieren. Entscheidend ist jedoch die Fähigkeit des Erwachsenen, auf eine den Entwicklungsbedürfnissen des Kindes entsprechende Weise auf die Umgebung und das Kind einzugehen, darauf zu antworten.

M: Eltern, Lehrer oder Trainer müssen sehr geschickte Beobachter werden, um zu erkennen, was für ein Kind bedeutsam ist.

J: Beobachten bedeutet Hinsehen, und Intuition ist Eingebung, eine Art, „hinein, nach innen zu sehen" oder „Einblick" zu gewinnen.

M: Wirkliches Beobachten ist demnach Intuition, Einblick gewin-

Wenn die Fähigkeit zu abstrakter Kreativität und reinem Denken nicht in richtiger Weise entwickelt wird, liegt die Lösung nicht darin, abstraktes Denken immer früher erzwingen zu wollen, wie wir das mit unseren Leseeinstufungstests bei Vorschulkindern tun. Vielmehr müssen wir für möglichst viele entsprechende, von abstrakten Ideen ungestörte Erfahrungen mit der Umwelt sorgen, damit eine ausreichend konkrete Verständnisstruktur erstellt werden kann, die Abstraktionen möglich macht.

Der nächste Schritt der Menschheit

nen.

J: Manchmal bin ich mir meiner Umgebung bewusst, manchmal nicht. Wenn ich ein bestimmtes Ziel habe, stelle ich oft fest, dass ich nur das im Kopf habe und nur das sehe. Dieses Ziel wirkt wie ein Filter, der alles abändert, um auf jeden Fall die Notwendigkeiten dieser Zielvorstellung zu erfüllen. Sollte es nötig sein, werde ich wahrscheinlich alles dafür umkrempeln, und oft genug bekomme ich nicht einmal mit, was um mich herum eigentlich vorgeht, weil ich so sehr mit „meinem Ziel" beschäfitigt bin. Erwachsene haben immer irgendwelche Ziele, ganz besonders Eltern, Lehrer und Trainer.

M: Irgendwelche Ziele im Kopf zu haben bedeutet doch, dass man das Kind gar nicht wirklich sieht oder seinen Zustand gar nicht wirklich wahrnimmt.

J: Unser eigenes Ziel im Kopf zu haben bedeutet Scheuklappen zu tragen.

M: Unsere Ziele äußern sich of in Form von Konzentration. Unser Fokus wird eng – was manchmal auch angemessen ist. Aber fast ausschließlich auf unser Ziel ausgerichtet zu sein, ist einengend und übertrieben. Wenn man die meiste Zeit über Scheuklappen trägt, wird man zwangsläufig kurzsichtig. Wir müssen uns von dieser Konzentration oder diesem Ziel lösen, damit ein anderer Bewusstseinszustand entstehen kann und wir die Konzentration wie ein Instrument benützen, nur dann, wenn wir sie benötigen. Unsere Kinder scheinen wir unablässig zu drillen.

J: Es ist eine Frage des Fokus. Kinder, besonders Kleinkinder, sind global ausgerichtet. Bis zum Alter von sieben, acht Jahren, vielleicht sogar noch länger, lernen sie in Blöcken. Sie lernen etwas sofort, als Ganzes. Ein Krabbelkind entdeckt plötzlich die aufrechte Haltung. Es sieht dies nicht als eine Folge von Bewegungen, sondern als ein abgeschlossenes Produkt.

M: Der Zellbiologe Bruce Lipton, Ph.D., veröffentlichte kürzlich eine interessante Studie über Gehirnwellen und wie sie sich entsprechend dem Wachstum und der Entwicklung des kindlichen Gehirns verändern. Du hast vorhin Montessoris Beschreibung des absorbierten Zustands von Kleinkindern angeführt wie auch

Piagets Beobachtung, dass die frühe Kindheit von einer fraglosen Akzeptanz des Gegebenen charakterisiert zu sein scheint.
Neueste Studien über die Aktivität der Gehirnwellen in unterschiedlichen Entwicklungsstadien zeigen auf, dass das kindliche Gehirn vor der Geburt und während der ersten fünf Lebensjahre Aktivität hauptsächlich im Delta- und Thetawellenbereich aufweist, ähnlich wie es im Zustand der hypnotischen Trance der Fall ist (Laibow, 1999). Deltawellen (0,5 – 4 Hz) werden mit einem unbewussten, schlafähnlichen Zustand assoziiert. Dies erklärt den absorbierten Zustand des Gehirns eines Kleinkindes wie auch seine fraglose Akzeptanz der Erwachsenenumgebung, die ihm als Modell dient.
Im Alter zwischen zwei und sechs Jahren beginnt das kindliche Gehirn, erhöhte Aktivität aufzuweisen, die im Thetawellenbereich liegt (4 – 8 Hz). Aktivität in diesem Bereich ist charakteristisch für den Zustand, den wir häufig frühmorgens noch halb schlafend und halb aufwachend erfahren. Im Alter von sechs Jahren weist das kindliche Hirn die höhere Aktivität von Alphawellen auf (8 – 12 Hz), die Zustände ruhiger Bewusstheit charakterisieren. Betawellen (12 – 35 Hz), die mit aktiver, fokussierter Konzentration und Aufmerksamkeit assoziiert werden, treten erst im Alter zwischen zehn und zwölf Jahren auf.
Mein Ziel, dass John-Michael mit fünf Jahren Klavier üben müsse, zu seinem eigenen Besten, war ein reichlich abstraktes Ideal, das ich dem traum- / tranceähnlichen Gehirn meines Sohnes aufoktroyieren wollte. Erwachsene und Kinder leben in völlig verschiedenen Welten. Es sei denn, dass der Erwachsene dies erkennt und sein Verhalten anpasst, um dadurch für eine dem Entwicklungsstadium des Kindes und dessen spezifischen Bedürfnissen angepasste Modellumgebung zu sorgen, sind Schwierigkeiten, Frust, Konflikte und Verzweiflung vorprogrammiert.
Das Ziel der Erwachsenen muss es in erster Linie sein, sich auf die Wellenlänge des Kindes einzustellen; sich mit dem Kind auf einer Frequenz zu treffen, die das Kind verstehen kann, und dann auf dieser gemeinsamen Frequenz zu kommunizieren, zu „spielen“. Das Kind ist nicht in der Lage, dies für den Erwachsenen zu tun.

Jeder Lernprozess entfaltet sich in den drei Stadien, die den Kompetenzzyklus ausmachen. Am Anfang macht das Kind eine erste Bekanntschaft mit einer neuen Fähigkeit oder einem neuen Wissen... Im zweiten Stadium füllt es die grob erstellte Bekanntschaft mit Details an... Das dritte Stadium ist eine Phase der Übung und Abwandlung der neuen Fertigkeit, das heißt, sie wird immer wieder und immer noch einmal wiederholt.

Die magische Welt des Kindes

Die Natur treibt das Kind dazu an, ein vollständiges, unspezifisches oder vorbehaltloses Wissen über die Welt zu erwerben. Das Kind ist dazu bestimmt und dafür ausgerüstet, Informationen und Erfahrungen frei von Wert, Bedeutung, Zweck oder Nützlichkeit zu erlangen. Erwachsene neigen dazu, den Wert jeder Erfahrung und allen Wissens an den Maßstäben der Kultur zu messen und zu beurteilen. Eine Intelligenz, die darauf getrimmt ist, eine Information nach Wert oder Nutzen zu beurteilen, schließt sofort andere Möglichkeiten aus, weil sie nur nach dem sucht, was nützlich sein könnte. Eine offene, flexible Logik kann auf diese Weise nicht entwickelt werden, wohl aber eine Art leichtfertiger Schlauheit, die von dem von Angst heimgesuchten Wissen unserer Kultur als ‚geistreich' fehlinterpretiert werden kann.

Die magische Welt des Kindes

Eltern, Lehrer und Trainer müssen sich auf den Geist des Kindes einstellen und ihn verkörpern – das ist die Lernaufgabe für den Erwachsenen und gleichzeitig ein unschätzbares Geschenk. Es ist die Wiederentdeckung des kindlichen Geistes.

J: Für gewöhnlich verstehen und sehen wir einfach nicht, was das Kind eigentlich bräuchte. Wir sind nur ständig damit beschäftigt, Dinge von einem Kind einzufordern, damit unsere Erwachsenenvorstellungen möglichst erfüllt werden.

M: Angenommen, das sei die Norm, nicht die Ausnahme. Welche Alternativen gibt es? Welche angemessenen Erwiderungen?

J: Die Schwerpunktverlagerung geht weg von den Zielen der Erwachsenen und deren vorherbestimmten Resultaten und muss sich auf das Kind zubewegen, muss das Kind dort abholen, wo es ist; sich fragen, was es braucht, jeden Augenblick neu, um die Notwendigkeit der gegebenen Situation zu erfassen. Zu dieser gegebenen Situation gehört nicht nur das Kind; der Erwachsene, die Eltern oder der Elternteil sind ebenso daran beteiligt. Jeder Beteiligte bringt seine Pläne und Vorstellungen mit ein, was durchaus legitim ist. Das Kind hat Bedürfnisse; der Erwachsene ebenfalls. Die Bedürfnisse beider sind legitim. Die Herausforderung liegt immer darin, die Brücke zwischen beiden zu finden. Hier brauchen wir die Einblicke der Intuition.

M: Das Kind will all die wunderbaren Sachen im Supermarkt auskundschaften; die Mutter erwartet eine Dreiviertelstunde später Gäste. Der Konflikt ist unausweichlich. Einer von beiden wird in Tränen ausbrechen. Die Herausforderung besteht darin, beide Notwendigkeiten, beide Bedürfnisse als legitim zu betrachten, und das heißt auch, sie für gleichwertig, für gleich wichtig zu halten. Ist es möglich, den Forscherdrang des Kindes und die mütterliche Eile unter einen Hut zu bringen?

J: Ist das Kind für die Eltern da oder sind die Eltern für das Kind da? Die Eltern müssen für das Kind da sein. Erwachsene bzw. Eltern überleben auch ohne Kinder; Kinder ohne Eltern nicht. Nur der Erwachsene besitzt die Fähigkeit, die Erwachsenenwelt und die Welt des Kindes gleichzeitig zu inkorporieren. Kinder zu Erwachsenenbedingungen treffen zu wollen, ist lächerlich. Der

Erwachsene, der über die Scheuklappen seiner Ziele hinaussieht, ist transzendent. Gleiches gilt für ein Kind, das versucht, die Seite der Erwachsenen zu sehen. Wenn man die Eltern-Kind-Beziehung so sehen kann, wird sie zu einem geistigen Übungsweg für beide.

M: Das wirft eine der wichtigsten Fragen überhaupt auf. Warum haben wir eigentlich Kinder?

J: Nur sehr wenige Kinder werden bewußt gezeugt, weil die Eltern dieses Kind wirklich wollten.

M: Man hört doch immer wieder von Fällen, wo kinderlose Paare alles Mögliche auf sich nehmen, um ein Kind zu bekommen. Was ist das für ein brennender Wunsch, unbedingt ein Kind haben zu wollen? Ist das Kind für die Eltern da oder sind die Eltern für die Kinder da?

J: Für viele Eltern sind Kinder eine Art Selbsterfüllung. Die Eltern brauchen ein Kind; das Kind braucht Eltern. Aber ist das Verhältnis gegenseitig?

M: Ich habe ein Kind, um mein Bedürfnis zu erfüllen – das passt zu meinen „Zielen“. Die Beziehung ist schon vorbelastet, noch ehe das Kind gezeugt wurde, denn der Grund, das Kind zu haben, liegt in meinen Zielen. Der Wunsch, dass es natürlich ein gut geratenes, feines Kind sein muss, dass es dies und das zu lernen habe, ist ebenfalls mein Ziel. Würde ich es hingegen tatsächlich als meine Aufgabe und Verantwortung betrachten, für das Kind da zu sein, dann würde ich schauen, was es mir sagen und zeigen will, und davon ausgehend spielerisch, schöpferisch und grundlegend anders handeln. Das würde dazu führen, dass die Beziehung fundamental anders wäre. Meine Ziele verhindern im wahrsten Sinn des Wortes, dass ich mein Kind wirklich sehe.

J: Hier kommt unser Verantwortungsgefühl ins Spiel. Nach unserem Verständnis und unseren Zielvorstellungen haben wir die Verantwortung für das Kind, aber dazu gehört nicht, dass wir uns die von uns selbst gesetzten Signale von unserem Kind holen. Wenn man sich tatsächlich und wirklich für das Wohlergehen des Kindes verantwortlich fühlt, muss man die Bedürfnisse des Kindes verstehen und darauf antworten. Das größte Bedürfnis

Plato sagte, wenn er die Musik bestimmen könnte, die junge Leute anhören, könne er die Gesellschaft formen. Carol Gilligan von der Harvard-Universität bezeichnete junge Mädchen als „zuversichtlich mit elf und verwirrt mit sechzehn“. In Elfjährigen beobachtete sie eine Klarheit, eine geistige Reinheit und eine gesunde Selbsteinschätzung, die in den Jahren danach zerschmettert wurde. Mit dieser Zerstörung werden Millionen von Dollars gemacht, und das zerstörte Kind wird zum zerstörenden, aber konsumierenden Erwachsenen.

Der nächste Schritt der Menschheit

der Kinder ist, dass wir wirklich verantwortlich für sie sind, aber was bedeutet oder beinhaltet das? Wir denken für gewöhnlich, unsere Ziele wären gefragt.

M: Alice Miller hat in *Am Anfang war Erziehung* geschrieben, welches die Gewalt beschreibt, zu der es jedes Mal dann kommt, wenn unsere Ziele uns wieder einmal vollkommen blind für das eigentliche Geschehen in uns selbst oder in unserem Kind machen. Wir haben Kinder, weil sie zu unseren Plänen gehören. Wir wollen Erfüllung finden, – auch das gehört zu unseren Zielen. Wenn wir dann immer zu ihrem Besten so weitermachen, nötigen wir sie dazu, Klavierstunden zu nehmen – eine der Verlängerungen unserer Ziele. Nun sagen wir, dass Erwachsene eine Veränderung vornehmen müssen, um wirklich verantwortlich für ihre Kinder handeln zu können, dass wir andere Ziele haben sollten oder noch besser: gar keine. Plötzlich tritt die transformierende Kraft des „Bonding“ auf den Plan. Am Anfang stand zwar die Erfüllung der eigenen Bedürfnisse, aber die überwältigende Zuneigung zu diesem neuen Menschenwesen hebt dich darüber hinaus. Plötzlich ist dein größtes Bedürfnis, die Bedürfnisse dieses Kindes zu erfüllen. Urplötzlich transformiert die Wirklichkeit dieses neuen Wesens die Ziele der Eltern, und wir sprechen von Bonding. Bonding setzt die Transformation in Gang. Wenn kein Bonding erfolgt, bleiben uns bloß noch unsere Zielvorstellungen mit ihrer Gewalt. Stimmt das soweit noch, oder habe ich mich verzettelt?

J: Nein, nein, stimmt haargenau.

M: Die Mutter hat also ein Bedürfnis, ihre Einkäufe zu erledigen, und das Kind hat das natürliche Bedürfnis, zu lernen, was sich als reines Spiel ausdrückt. Wenn wir die Verbindung zu unseren eigenen Bedürfnissen aufgeben und nur noch die der anderen erfüllen, verlieren wir das Gleichgewicht, unsere Integrität. Bonding meint eine Beziehung, in der die Bedürfnisse beider gleich wichtig sind und respektiert werden.

J: In seinem Buch *And The Skylark Sings With Me* beschreibt David Albert, Ph.D. seine Beziehung zu seiner unglaublich wachen Tochter. Albert fasst den Entschluss, alles zu versuchen, um mit ihr Schritt zu halten, weil ihre Bedürfnisse derart intensiv, schwerwiegend und ungewöhnlich sind, dass er alles andere aufgibt, um sich ganz dieser Aufgabe zu widmen. Er stellt fest, dass sie ihn ständig über seine Grenzen hinausführt. Dann versteht er eines Tages, dass dies ja auch umgekehrt der Fall ist – Beziehungen sind gegenseitig. Eigentlich hatte er nur seine Agenda erfüllen wollen. Es wurde zur größten Herausforderung seines Lebens. Sie lieferten sich ein Rennen, aber nicht gegeneinander. Die Herausforderung bestand daraus, immer einen kleinen Vorsprung zu halten, alles andere würde nicht zu ihrer Beziehung passen – ein Unterfangen, das ihm alles abverlangte. Nach seinen eigenen Aussagen war es leichter zu promovieren, als diesem brillanten Kind immer einen Schritt voraus zu sein. Genau das aber wünschen Kinder sich sehnlich. Ständig senden sie diese Nachricht aus: Ich brauche etwas – kannst du mir dabei helfen? Und um ihnen dabei zu helfen, müssen wir unsere Zielvorstellungen fallen lassen und selbst noch einmal wirklich wachsen. Es ist ein außerordentliches Abenteuer – für beide.

M: Kinder laden uns immer dazu ein, mit ihnen zu wachsen, dazu müssen sie nicht brillant oder besonders wach sein.

J: Viele Menschen würden dies verneinen, aber es trifft dennoch zu. Die Herausforderung ist die, immer auf Empfang zu gehen und zu lauschen, welche Signale unsere Kinder aussenden, jeden Augenblick. Dann wird man seine Freude haben!

M: Wenn wir also beschreiben wollten, wie eine Optimale Lernbeziehung aussieht, dann würde sie so ähnlich aussehen.

J: Sie ist dann gegenseitig, wenn beide das Beste aus sich herauslocken. In *Die magische Welt des Kindes* habe ich an einer Stelle gesagt, dass das Kind das Beste aus den Eltern herausholt und dass Elternschaft unsere eigene tiefgehendste Erziehung ist. Unser Menschsein findet im Leben mit der nächsten Generation seine Erfüllung. Das für das Kind angestrebte Ziel ist unser Ausgangspunkt. Jede Stufe bereitet uns für die nachfolgenden fünfzehn Jahre vor und bringt gleichzeitig die aktuelle Entwicklungsstufe zum Abschluss. Indem wir das Kind durch jede Stufe begleiten, werden wir für die nachfolgende vorbereitet.

M: Eine der ersten Ideen, die ich aufschrieb, um die „Touch the

Die Behauptung, jedes Kind sei ein potentielles Genie, mag lächerlich, vielleicht sogar grausam klingen, aber viel lächerlicher und ganz sicher noch grausamer wäre es, die aktuellen statistischen Angaben zur Standardnorm für das zu erheben, was bei Kindern und Jugendlichen natürlich ist.

Die magische Welt des Kindes

So wie der Tag der Nacht weicht und die Nacht in den Tag übergeht, ist alles eine Vorbereitung für etwas anderes, sich heranbildendes ... Die Matrix entwickelt sich progressiv vom Konkreten zum Abstrakten, oder, anders ausgedrückt, von der rein physischen Welt der Gebärmutter, Mutter, Erde und des Körpers hin zur rein geistigen Welt des Denkens. Dieser Zyklus entfaltet sich entsprechend einem in allen Kulturen ungefähr gleich verlaufenden genetischen Fahrplan.

Die magische Welt des Kindes

Future"-Idee zu definieren, war, dass die Geburt eines jeden neuen Menschenwesens eine kostbare Gelegenheit ist, zu lernen, zu wachsen und Erfüllung zu finden. Das gilt für die Kinder, aber eben auch für uns Erwachsene. Bonnies größtes Glück war dieses Gefühl starker innerer Verbundenheit. Sie hatte die Möglichkeit, die Welt noch einmal neu wahrzunehmen, indem sie sie durch die Augen des Kindes betrachtete – diesmal als Erwachsene.

J: Sie musste ihre Ziele fallen lassen und sich auf jeden Augenblick einlassen.

M: Ja, du musst im Augenblick sein, um eine Raupe zu entdecken, als sähest du sie zum ersten Mal – wie sie aussieht und sich anfühlt. Wenn wir mit unseren Kindern neugierig sind und staunen, kehren unser eigener neugieriger Forschergeist und unsere Fähigkeit zu staunen zurück. Für die meisten Erwachsenen wurden Neugier und Staunen schon lange durch die üblichen erwachsenen Zielvorstellungen ersetzt. Die Kraft und Zuneigung dieser inneren Verbindung ermöglicht uns eine umwälzende Veränderung, die daraus besteht, das Kind nicht durch die Brille unserer Pläne zu sehen, sondern so, wie es ist und wo es steht. Schon in der Bibel heißt es: ‚Wenn ihr nicht werdet wie die Kinder, könnt ihr nicht in das Himmelreich kommen.' Das unschuldige Staunen unserer Kinder zu teilen, ist eine Einladung ins Himmelreich.

J: In *Die magische Welt des Kindes und der Aufbruch der Jugend* habe ich gesagt, dass jeder Moment für ein Kind der erste Moment ist, der Erwachsene ihn jedoch eher aus der Sicht eines Hochschulabsolventen erlebt. Wir erleben die gleiche Handlung, aber von einem völlig anderen Standpunkt aus. Wenn man so will, sind wir der liebe Gott für das Kind, die allmächtige Vaterfigur, die Sohn und/oder Tochter gute und perfekte Gaben bringt. Es vermittelt uns den Hauch einer Ahnung, worum es im nachfolgenden Entwicklungsstadium geht, was Transzendenz ist. Jedes Entwicklungsstadium überwindet die Beschränkungen des vorherigen und lässt sie hinter sich. Als Eltern sind wir zu Mentoren geworden, zu Mittlern, zu Vorbildern. Wir bieten ein Modell. Unsere Elternrolle sollte uns auf eine höhere Stufe des gleichen Wachstums- und Entwicklungsprozesses führen, den unsere Kinder durchlaufen, und dadurch finden wir zu uns selbst. Dieser Vorgang ist wirklich eine Transformation.

M: Du hast immer wieder gesagt, dass die Geburt eines Kindes völlig neue Intelligenzen eröffnet, ganz sicher in der Mutter, und wenn die Beziehung zum Vater nicht beeinträchtigt ist, werden sie auch in ihm ihren Widerhall finden. Ein Baby wird zum Auslöser neuer Möglichkeiten, die vorher nicht existierten.

J: Hier liegt der springende Punkt. Ich bin an der spirituellen Entwicklung des Menschen interessiert, und die Elternrolle ist oder kann zu einer spirituellen Entwicklung führen – Kirchensteuer und Kirchgänge nicht. Die nächste Stufe meiner eigenen Entwicklung zu entdecken, indem ich meinem Kind zur Verfügung stehe – das ist etwas Gewaltiges.

M: Wenn ich nun also diese sogenannte Eltern-/Mentorrolle oder die Rolle eines Lehrers intelligenter und flexibler angehen möchte, wo fange ich an?

J: Zunächst einmal ist es notwendig, sich der menschlichen Entwicklung als einer offenen Entwicklung, die keine Grenzen hat, anzunähern. Die Annäherung an das Unendliche, Grenzenlose geschieht durch Entwicklungsstadien, die zwar ihre eigenen Begrenzungen enthalten, welche sich aber mit jedem neuen Stadium erweitern, und diese Erweiterung mündet ins Unendliche, ins völlig Offene. Wenn man sich dem Grenzenlosen, Unendlichen zu früh nähert, ohne die dorthin führenden Stadien durchlaufen zu haben, verliert man die Orientierung. Idealerweise nähert man sich dem grenzenlos Unendlichen – unserer göttlichen Natur, wenn man so will – auf dem Weg der sorgsam begrenzten Entwicklungsstadien und erlangt so die höchsten Stufen menschlicher Entwicklung, die niemals vor ihrer Zeit erlangt werden können. Dass Kinder ein solch stufenweises Herangehen brauchen, ist klar ersichtlich; nicht ersichtlich ist, wo diese Herangehensweise genau hinführt. Nur indem man die Entwicklungsstadien durchläuft, kann sich das Unbekannte entfalten.

M: Es gibt eine Vielzahl von Methoden, um bestimmte Verhaltensweisen hervorzubringen. Mittels Konditionierung und Modifizierung können wir jemanden dazu bringen, einen Schläger

Irgendwie und unter allen Umständen macht der Körper die Umsetzung des von Hypnotiseuren suggerierten Begriffsystems möglich. Der gleiche Vorgang findet im Feuerläufer statt, der die in unserer Existenz extremste der bekannten Ursache-Wirkung-Beziehungen außer Kraft setzt oder umgeht. Irgendwie wird der Stoff gefunden, um die Vorstellungen des Geistes umzusetzen und zu verwirklichen. Eine begriffliche Anforderung verändert die gewöhnlichen Lebensmechanismen.

Crack in the Cosmic Egg

zu schwingen, zu tanzen, zu singen. Wir können Menschen in bestimmte Bahnen lenken.

J: Und sie einengen.

M: Wir können sie durch Belohnungen und Strafen dahin bringen, dass ihr Verhalten vorhersagbar wird. Genau das ist die kulturelle Beschränkung, mit der wir unsere Entwicklung behindern.

J: Mit unserer jetzigen Vorgehensweise können wir diese Grenzen niemals erweitern. Sie ist nicht in der Lage, über die Grenzen unserer Kultur hinauszugehen, und unsere Kultur, unsere ganze Lebensart, befindet sich in einem abartigen Zustand.

M: Wenn wir so weitermachen wie bisher, bleibt unsere menschliche Entwicklung stecken. Unsere Handlungsweise blockiert im wahrsten Sinn des Wortes den Zugang zu unserem unendlichen Potential und verhindert dessen Entwicklung, weil wir als Eltern und als Gesellschaft nicht damit aufhören, uns selbst und unseren Kindern alle möglichen Beschränkungen aufzuerlegen – immer zum eigenen Besten, wohlgemerkt.

J: Die Grenzen, die wir unseren Kindern stecken, sind keine Grenzen, sondern Zwangsjacken. Ausdehnung ist gar nicht möglich, weil unsere Kultur selber eine Erweiterung dieser Grenzen nicht zulassen kann. Unsere Kultur ist in bestimmten Denkmustern festgefahren, welche die durch sie hervorgerufenen Probleme gar nicht lösen können. Evolution bedeutet das Entstehen neuer Denk- und Seinsweisen, um die bestehenden engen Grenzen aufzuheben. Die Antwort der Evolution auf Grenzen ist Grenzerweiterung, aber darauf reagieren wir bisher nur mit einer Anerkennung der Grenzen. Allerdings beginnen wir auch einzusehen, dass wir in einer ganz bestimmten Struktur gefangen sind, die ein enormes Gewaltpotential erzeugt, dass unsere Kinder diese Gewalt ausagieren und dass diese Gewalt droht, uns alle zu zerstören. Wir können auch nicht einfach aufstehen und diesen Ort verlassen, an dem wir schon so lange feststecken, ohne mit dem Finger auf unsere kulturelle Konditionierung zu deuten, die uns alle fest im Griff hat.

M: Bleiben wir bei der Evolutionsmetapher. Könnte man sagen, dass wir dabei sind, neue Strukturen zu entwickeln, Grenzen neu und weiter zu definieren, so dass sie über das augenblickliche Eltern-Lehrer-Modell hinausgehen? Das ist es doch, was wir vorschlagen, nicht wahr? Ohne eine solche neue Herangehensweise treten wir weiterhin auf der Stelle, stagnieren, stecken in einer kulturellen Sackgasse.

J: Die nirgends hinführt.

M: Wir versuchen, den nächsten Sprung zu formulieren, die nächste, der Entwicklung angepasste Erweiterung der Beschränkungen, die wir allem auferlegen.

J: Um zum jetzigen Zeitpunkt die Zwänge unserer gewaltsam und mörderisch gewordenen Kultur hinter uns zu lassen, müssen wir erkennen, dass die Zielvorstellungen der Eltern ein Produkt eben dieser Kultur sind, die zu wissen glaubt, was für das Kind gut ist. Die Absicht ist, die Aufmerksamkeit der Eltern von ihren vorgegebenen, die Gewalt einfach nur fortsetzenden Plänen auf das Kind zu verlagern, um dann zusammen mit ihm neue Vorstellungen zu entdecken und zu erstellen, die seinen wirklichen Bedürfnissen besser Rechnung tragen. Wir müssen damit anfangen, nicht zu wissen.

M: Was wissen wir denn schon wirklich?

J: Wir können Dinge nicht vor ihrer Zeit herausfinden oder wissen.

M: Eine anpassungsfähige Kindererziehung beginnt damit, dass man nicht weiß, was zu tun ist. Man kann es gar nicht wissen. Zu denken, man wisse etwas, hält die Gewalt am Leben.

J: Kindern unsere starren Zielvorstellungen aufzuzwingen ist ein Akt der Gewalt.

M: Und an ihnen festzuhalten heißt, dem Fortschreiten der Entwicklung Riegel vorzuschieben.

J: Wir müssen den nächsten Schritt der Evolution Hand in Hand mit jedem neuen Leben entdecken, das noch nicht von den Zwängen konditioniert wurde, die uns dazu bringen, uns gegenseitig umzubringen. Das gelingt uns nur durch Intuition, indem wir Einsichten gewinnen, uns dem Kind öffnen und auf die Signale, die es aussendet, einstellen. Das allein ist bereits ein revolutionärer Schritt.

M: Echtes Beobachten und Intuition führen unweigerlich zu neuen

Vernünftige Eltern werden ihrem zahnlosen, sich noch von Muttermilch ernährendem Säugling kein Riesensteak in den Mund schieben, und wenn es noch so nahrhaft wäre, weil dem Säugling ganz offensichtlich die erforderlichen Werkzeuge fehlen, um solch schwere Nahrung assimilieren und verdauen zu können. Die Eltern magischer Kinder wissen, dass es sich mit den Wachstumsnährstoffen des Gehirn/Geist-Systems ebenso verhält. Ein prälogisches Kind zur Logik von Erwachsenenschritten und -einstellungen zu zwingen oder auch nur zur Logik eines Sechsjährigen, ist ganz besonders schädlich.

Die magische Welt des Kindes

Einsichten, und neue Einsichten bringen neue Modelle hervor.

J: War es nicht der Prophet Jesaja, der sagte, ein Kind würde uns führen? Warum? Weil ein Kind noch nicht von den immer gleichen, sich wiederholenden Zwängen eingeengt ist. Wenn wir dem Folge leisten, voll und ganz darauf eingehen, d.h. die Bedürfnisse der sich ständig entfaltenden, dem Fahrplan der Natur folgenden Ziele sehen und erfüllen, die wir nicht im Voraus kennen, nur jeden Augenblick neu entdecken können, indem wir uns auf unsere Kinder und die Signale, die sie aussenden, einstellen, dann finden wir auf diese Weise auch unsere eigene Erfüllung.

M: Begriffe wie Kreativität, Nicht-Wissen und Inspiration oder bildhafte Formulierungen wie „offen sein", für Inspirationen „empfänglich sein" bringen uns in Richtung echten Spiels, d.h. des Zustands, in dem wir uns befinden, wenn wir wirklich spielen. Wir sollten die Elternrolle als einen spielerischen, kreativen Vorgang betrachten. David Bohm hat das Denken als *die* wesentliche Beschäftigung der Wissenschaft (in unserem Fall der Elternschaft) beschrieben, ein Denken, das durch schöpferische Wahrnehmung entsteht, die sich spielend ausdrückt. Er beschrieb, dass spielerisches Denken zu vorläufigem Wissen führt, das in äußere Handlungen einfließt und als neue, frische Wahrnehmung und neues, frisches Wissen zurückkommt – ein Vorgang ständiger Anpassung, Verwandlung und Erweiterung der bestehenden Wissensstrukturen. Er vertrat die Auffassung, dass Wissen (in unserem Fall wieder die Elternrolle) keine starre, unveränderliche Konstante ist, wie etwa eine Datenbank, sondern vielmehr ein Prozess ununterbrochener Veränderung, eher vergleichbar mit einem lebendigen Organismus. Wenn ernsthafte Widersprüche auftreten, gilt es, so Bohm, zu kreativer Wahrnehmung und freiem, offenem Spiel zurückzukehren, die den Zustand unserer Beziehungen inklusive dessen, was wir Wissen nennen, transformieren. Und das ist der Schlüssel. Wissen oder auch unsere Elternrolle, losgelöst von dem Zyklus ständiger Erneuerung und Verwandlung, wird zu einer Gefahr.

Erwachsene betrachten ihre Welt durch ein ausgeklügeltes Netz von überkommenen Behauptungen, einem Erbe aus grauer Vorzeit, das sie als Heranwachsende unbewusst übernahmen, in der Schule rigoros eingehämmert bekamen, für die absolute Wahrheit hielten und als unabdingbar für ein Verständnis der Wirklichkeit, Überleben und Akzeptanz innerhalb der Gesellschaft. Erwachsene sehen die Welt durch dieses komplexe Gitter abstrakter Ideen, ganz ähnlich wie das Kleinkind seine Welt durch das Netz der Phantasie betrachtet.

Die magische Welt des Kindes

Dass Bohm in diesem Zusammenhang von „vorläufigem“ Wissen spricht, halte ich für äußerst wichtig. Unser angesammeltes Wissen, unsere festen Überzeugungen, unsere Vorgehensweise als Eltern – unsere ganzen Erwachsenenvorstellungen können in der Tat nur vorläufig und nicht absolut und starr sein. Eine Vorgehensweise, die gestern funktioniert hat, muss heute nicht unbedingt funktionieren. Wir müssen willens sein, unser Vorgehen und unsere Einstellung dem Kind gegenüber ständig neu auszuwerten und zu aktualisieren. Unser Handeln darf nie erstarren.

J: Das ist der Aspekt, den er als vorläufig bezeichnet.

M: Die Elternrolle lässt sich nicht auf eine Formel reduzieren. Die atemberaubende Schlussfolgerung aus Bohms Behauptung ist die, dass jedes nicht ständiger Erneuerung und Anpassung unterworfene Wissen – hier bezogen auf unsere Pläne als Eltern, Lehrer und Ausbilder – seine Bedeutung verliert. Kindererziehung, die sich nicht als ein lebendiger, stets zu aktualisierender Prozess versteht, verliert ihre wahre Bedeutung oder wird zu einem Akt der Gewalt.

Ein Kind, dem niemals Fesseln angelegt werden, wird nie gebändigt werden müssen.

Biologie der Transzendenz

J: Und damit das möglich wird, müssen Erwachsene bereit sein, ihre *vor*gefertigten Meinungen, ihre *Vor*stellungen im wahrsten Sinn des Wortes aufzugeben. Sie müssen bereit sein, sich auf das Unbekannte einzulassen – und damit zu spielen.

Grundsätze für Höchstleistungen und optimales Lernen

Den jetzigen Augenblick haben wir noch nie zuvor erlebt. Noch nie zuvor, weder in unserer persönlichen Geschichte, noch in der Geschichte des Universums, hat es genau diesen gegenwärtigen Moment gegeben – mit der ihm eigenen Herausforderung und Freude, der Sonne und dem Mond, den Gezeiten und Planeten, den Sternen und dem Wind, der durch die Lüfte streicht. Und was für ein Wunder dieser Moment ist. Was für ein Geschenk es ist, ein Mensch zu sein, jeden Augenblick mit all unseren intakten Sinnen und Fähigkeiten erleben und ausloten zu können. Diese einzigartige Kombination verleiht uns unsere einzigartig menschlichen Merkmale. Begegnen wir diesem Moment, sehen, erfahren und bewerten wir ihn durch den Filter vergangener Ereignisse, durch den Filter all der Ideen und Meinungen, die wir angesammelt haben, unserer Glaubensgrundsätze und unseres sogenannten Wissens? Oder hören wir zu, beobachten wir, fühlen und antworten wir unvoreingenommen, ohne Ergebnisse vorherzusagen, ohne zu versuchen, diesen magischen Moment zu beherrschen oder in unsere vorbestimmten Muster einzupassen?

Ein Großteil dessen, was wir Kindererziehung nennen, ein Großteil unseres Bildungswesens bis hin zu organisierten sportlichen Aktivitäten ist nichts weiter als der Versuch, Kinder per Belohnung oder Bestrafung zu einem Verhalten zu bewegen, das uns angebracht erscheint – ein endloser Prozess, den wir Erwachsenen rechtfertigen und verteidigen, indem wir behaupten, dies sei „nur zu ihrem Besten“. Dies impliziert doch wohl unweigerlich, dass wir wissen, was ihnen zum Besten gereicht;

dass wir wissen, wie sie handeln und wie sie nicht handeln sollten; dass wir wissen, was und wie sie denken und fühlen sollten. Wenn wir ein Kind sehen, und besonders unser eigenes, das sich nicht so verhält, wie es unserer Vorstellung von einem „richtigen" Verhalten entspricht, halten wir es für unsere Verantwortung, korrigierend einzugreifen. Es nicht zu tun, käme uns verantwortungslos vor.

Unsere normale, als notwendig empfundene Reaktion als Eltern, Erzieher und Trainer auf Kinder beinhaltet immer ein gewisses Vorurteil. Rassismus ist ein Vorurteil gegenüber einer Person aufgrund ihrer Hautfarbe oder ihres ethnischen Hintergrunds. Eltern haben ihren Kindern gegenüber oft ähnliche Vorurteile. Ein *Vor*urteil ist eine *vor*gefertigte Meinung, eine Beurteilung, zu der wir *vor*her schon gekommen sind und auf die wir reagieren, die nicht auf der aktuellen Situation in diesem Augenblick beruht, sondern auf Überzeugungen aus der Vergangenheit, auf Annahmen, die in diesem brandneuen Augenblick zutreffend oder auch nicht zutreffend sein mögen. Je stärker unser Glaube an die „Richtigkeit" und „Notwendigkeit" des Vorurteils, der vorgefertigten Meinung, desto nachdrücklicher werden wir darauf bestehen. Dieses starre, unnachgiebige Aufzwingen unserer Erwachsenen-Vergangenheit auf die Gegenwart und Zukunft des Kindes entwickelt seine eigene Dynamik, zu der Konflikte und Widerstand gehören. Widerstände und Konflikte reduzieren das Maß an Energie und Aufmerksamkeit, das uns zur Verfügung steht, um die einzigartigen Möglichkeiten und Herausforderungen dieses Augenblicks vollständig anzunehmen. Auf all das nehmen wir Bezug, wenn von den Zielen, Zielvorstellungen und Plänen der Erwachsenen die Rede ist.

Genauso wie die vom Fernsehempfänger aufgefangenen, bestimmten Frequenzen darüber bestimmen, was wir auf dem Bildschirm sehen, bestimmen die Wellenfelder der Frequenzen, zu denen unsere neuronalen Gehirnstrukturen resonant sind, die Beschaffenheit dessen, was wir als unsere materielle, intellektuelle und emotionale Wirklichkeit wahrnehmen, die Wirklichkeit unserer Gedanken und unseres Bewusstseins.

Der nächste Schritt der Menschheit

Rufen wir uns die magischen Eigenschaften ins Gedächtnis, die wir nach Ashley Montagu an Kindern am meisten bewundern:

„Neugierde ist eine der wichtigsten; Einfallsreichtum, Verspieltheit, Offenheit, die Bereitschaft, Dinge auszuprobieren, Flexibilität, Humor, Energie, Freude an neuen Ideen, Aufrichtigkeit, Lernbereitschaft, und

vielleicht die kostbarste und umfassendste aller Eigenschaften – das Bedürfnis, zu lieben.

Erwachsene können nicht verstehen, dass diese kindlichen Eigenschaften der kostbarste Besitz unserer Spezies sind, den wir hegen, pflegen und wertschätzen müssen [und zwar täglich, ein Leben lang]. Sie sind nicht in der Lage, zu sehen, dass Kinder den Reichtum der Erwachsenen durch ihren Reichtum an Möglichkeiten weit übertreffen. Auf sehr konkrete Weise ‚wissen' Kinder instinktiv viel mehr über so manchen Wachstumsaspekt als Erwachsene; deshalb haben Erwachsene in dieser Hinsicht mehr von Kindern zu lernen als umgekehrt."

Ashley Montagu
Growing Young, The Genius of Childhood, Recaptured

Unsere Herausforderung als Erwachsene, ob Eltern, Lehrer oder Trainer, ist es, diese Eigenschaften zu aktiven Bestandteilen unserer „Agenda", unserer Zielvorstellungen zu machen. Zusätzlich und als Gegengewicht zu all den wunderbaren Dingen, die wir mit unseren Kindern teilen möchten – zu ihrem Besten natürlich – sollten wir wissbegierig bleiben, ideenreich und erfinderisch sein, verspielt, offen, experimentierfreudig, flexibel; wir sollten lachen, Energie haben und Gefühle zeigen können, für neue Gedanken empfänglich sein, nicht lügen, Spaß am Lernen haben – und lieben.

Die Einstellung der Voreingenommenheit gehört zu keiner dieser Eigenschaften oder Zustände. Keine dieser Eigenschaften basiert auf vorgefertigten Meinungen oder „Wissen". Verspielt sein ist ein Zustand, eine Beziehungseigenschaft. Ideenreich, flexibel, empfänglich, ehrlich sind Beschreibungen von Seinszuständen. Diese kindlichen Eigenschaften unterscheiden sich gewaltig von den diktatorischen, die viele Erwachsene an den Tag legen, sobald Kinder – und insbesondere unsere eigenen – mit ihrem Verhalten unsere Vorstellung von dem, was ein „gutes" Kind tut oder nicht tut, herausfordern. Wenn wir Kindern unseren gesammelten Weisheits- und Informationsschatz ohne diese

Wenn wir beginnend mit den Fähigkeiten des Kleinkinds jedes nachfolgende Entwicklungsstadium mit dem vorhergehenden vergleichen, den jeweiligen Zuwachs an Fähigkeiten berechnen, dies bis ins Erwachsenenalter fortsetzen und sodann den darüber hinausgehenden Zuwachs ebenfalls berechnen würden, bekämen wir vielleicht eine Ahnung von dem uns innewohnenden Entwicklungspotential.

Der nächste Schritt der Menschheit

kindlichen Eigenschaften aufzwingen, sieht die Beziehung ganz anders aus als es der Fall wäre, wenn diese Eigenschaften in der Beziehung gegeben sind.

In keiner Weise streiten wir die Notwendigkeit und den Wert von Informationen, Weisheit und Ratschlägen ab. Ganz gewiss nicht. Worauf wir hinweisen, ist die Tatsache, dass die Natur und Qualität der Beziehung – und dazu gehört, ob diese kindlichen Eigenschaften im Erwachsenen vorhanden sind oder nicht – das, was ein Kind von uns lernt und woran es sich erinnert, drastisch verändert.

Montagu gibt mehr als deutlich zu verstehen, dass Entwicklung keineswegs das Aufgeben dieser kindlichen Eigenschaften bedeutet – wie es viele von uns Erwachsenen getan haben –, sondern ihre Bewahrung.

Richtlinien

Von Alan Watts, einem originellen Übersetzer östlicher Philosophie, gibt es die Aussage, dass man den Wind nicht in einer Papiertüte einfangen kann. In der Übersetzung bedeutet dies nichts anderes, als dass das Leben in ständiger Bewegung ist, dass es Wachstum ist, Veränderung, Auflösung, ständiges Entstehen. Das gleiche gilt für Intelligenz, für Sie, für mich, für unsere Kinder. Weder Leben noch Intelligenz können auf Formeln oder zu starren, vorhersagbaren Mustern reduziert werden, was allerdings die Zielvorstellung von Eltern wie auch die des Bildungswesens im Allgemeinen zu sein scheint. Welch ein Konflikt! Wissen und Glaubensvorstellungen werden zu festen Metaphern für die lebendigen, dynamischen Vorgänge namens Mensch. Wie das Leben selbst und die Intelligenz ist auch die Kindheit ein dynamischer Prozess, in dem sich alles ständig verändert. Worte und Ideen können die Dynamik zwar beschreiben, sind aber nicht der eigentliche Vorgang. Die Beschreibung ist nicht das Beschriebene. Die Bilder, Ideale und Symbole, die wir uns von unseren Kindern und uns selbst machen, sind genau das – Bilder, nichts weiter als Bilder. Konflikte sind unausweichlich, wenn wir das eine mit dem anderen verwechseln oder versuchen, den lebendigen Vorgang einzudämmen, damit er in unsere Metaphern passt. So sehr wir es auch versuchen mögen – man kann den Wind nicht in einer Papiertüte einfangen.

Der multidimensionale Mensch

Wir existieren in multiplen Realitäten und drücken sie auch gleichzeitig physisch (sensorisch, materiell), emotional (kognitiv, in Beziehung setzend), symbolisch (metaphorisch, rational) und spirituell (nicht-materiell, subtile Energien) aus. Jede Realität, jede Intelligenz ist, wie Howard Gardner es in seiner Theorie der multiplen Intelligenzen beschrieb, „real", wirklich. Die Wirklichkeit, die Daniel Goleman in seinem Buch *Emotionale Intelligenz* beschreibt, unterscheidet sich drastisch von unserer intellektuellen, symbolisch-metaphorischen Realität. Jedes Realitätssystem steuert seine eigene Dimension und wirkt auf sie ein. Gedanken beeinflussen andere Gedanken; Gefühle andere Gefühle. Gedanken können auf Gefühle wirken, und Gefühle können sich in der Form von Gedanken ausdrücken. Jedes steht für sich, kann auf andere Dimensionen einwirken und tut es auch. Diese multiplen Realitäten drücken sich mehr oder weniger gleichzeitig als Wahrnehmung aus. Zumindest haben sie das Potential, es zu tun. Keine dieser Realitäten ist einer anderen überlegen. Jede einzelne ist „real" und hat ihren einzigartigen Anteil an diesem wunderbaren komplexen Gebilde, das wir Menschsein nennen.

Unser kosmisches Ei ist die Endsumme all unserer Vorstellungen über die Welt, Vorstellungen, die definieren, was die Wirklichkeit für uns sein kann. Der Sprung ist eine bestimmte Denkweise, durch die die Vorstellungskraft dem gewohnt Weltlichen entfliehen und ein neues kosmisches Ei erzeugen kann.

Crack in the Cosmic Egg

Ganzheitliches Lernen und Leben berücksichtigt diese Dimensionen mit ihren Potentialen, entwickelt sie und integriert sie in zusammenhängende, fließende Beziehungen. Gedanken, Gefühle und Handlungen ergänzen sich, sind voneinander abhängig und gleichen sich aus. Keine der Dimensionen gerät mit den anderen in Konflikt.

Unsere Absicht ist es, multiple Realitäten in der Beziehung zwischen Erwachsenen und Kindern zu ermöglichen, zum

Ausdruck zu bringen und zu erweitern. Die aktive Kraft jedes einzelnen Grundsatzes liegt in seinem Potential, starre Grenzen und vorgefertigte Urteile aufzuweichen, die Teil unserer erwachsenen Zielvorstellungen sind. Daher bestehen die Grundsätze nicht aus Formeln, festgelegten Regeln oder gar Richtlinien. Wir sagen niemandem: „So musst du dein Kind erziehen." Ganz im Gegenteil setzen wir Kompetenz voraus und versichern, dass Sie und Ihr Kind unbegrenzte Intelligenz besitzen und verkörpern. Ähnlich wie zenbuddhistische Koans oder Schulungsmethoden anderer spiritueller Systeme helfen unsere Grundsätze vielmehr, Widerstände sowie unnötige Begrenzungen und Beschränkungen aufzulösen, die wir uns durch unsere Überzeugungen und Vorurteile selbst auferlegen. Innere Widerstände zu beseitigen erlaubt Geist, Körper und Gefühlen, wieder in einen natürlichen Zustand zurückzukehren. Diese Veränderung des Zustands lässt sich vielleicht mit dem Resetknopf an unseren Computern vergleichen. Wenn die Daten unserer unterschiedlichen Programme – unsere Überzeugungen – miteinander in Konflikt geraten, blockiert das Betriebssystem oder ist weniger leistungsfähig. Zum Glück genügt in diesem Fall ein Druck auf den Resetknopf, und schon werden die einander widersprechenden Daten gewissermaßen weggeputzt und das System in seinen ursprünglichen optimalen Zustand zurückversetzt. Die Verlagerung der Aufmerksamkeit von Konflikt zu Spiel kommt dem Resetvorgang gleich. Sie setzt den gesamten Organismus wieder instand und definiert seine Beziehung zum Universum neu. Sie versetzt uns in unseren „Ausgangszustand" zurück, aus dem heraus wir dem Kind und dem Augenblick unbelastet begegnen und es so wahrnehmen, wie es ist – nicht wie wir „meinen", dass es sein sollte.

Untersuchungen mit siebenjährigen Schülern belegen, dass die unterschwelligen Ansichten, die ein Lehrer über seine Schüler hegt, eine tiefgreifende Wirkung auf sie haben. Unter einem Lehrer, der an sie glaubt und „weiß", dass sie ihre Sache gut machen, zeigen sie gute Leistungen; unter einem Lehrer, der keine hohe Meinung von ihnen (und vermutlich von sich selbst auch nicht) hat, fallen die Leistungen ab. Genauso wie unsere persönlichen Einstellungen unsere Gesundheit und unsere Beziehungen beeinflussen können, ohne dass wir uns ihrer bewusst sein müssen, können sie auch unsere Kinder beeinflussen.

Der nächste Schritt der Menschheit

Erstes Grundprinzip: Dem „Sein" Aufmerksamkeit schenken

(Der Modellimperativ)

Dieses erste Grundprinzip erweitert unsere Achtsamkeit, die dann gleichzeitig unsere Ziele und unseren Zustand erfasst und respektiert. Erwachsene neigen dazu, äußerst einseitig ihren Zielen Priorität einzuräumen und den aktuellen Zustand ihrer Beziehung zu ignorieren. *Dem „Sein" Aufmerksamkeit zu schenken* und dem Augenblick größere Aufmerksamkeit entgegenzubringen, schließt beide ein, erfordert jedoch ein größeres Maß an Achtsamkeit und Sensibilität. Es bewirkt, dass wir weniger reflexartig und mechanisch handeln, und stellt somit eine große Veränderung unseres Zustands dar. Mit zunehmender Aufmerksamkeit erweitern sich unsere Fähigkeiten, und unser Leben wie auch unsere Beziehungen werden multidimensional.

Dieses erste Grundprinzip würdigt den Modellimperativ, würdigt stadien- und zustandsspezifisches Lernen, multiple Realitäten und Intelligenzen sowie nicht-materielle Feldwirkungen und Bedeutungsfelder und integriert sie in die Beziehung. Es ermutigt Erwachsene, die Veränderung zu *sein*, die sie in anderen zu sehen wünschen, anstatt von anderen zu verlangen und zu erwarten, dass diese den eigenen Erwartungen entsprechen. Die Anwendung dieses Prinzips ist in jedem Alter hilfreich, aber besonders aber im Umgang mit Kleinkindern. Je konkreter deren Erfahrung, desto wichtiger wird dieses Prinzip. Die Botschaft ist erstaunlich einfach. Je jünger das Kind, desto mehr *ist* der Zustand der Beziehung das, was in jeder Situation gelernt wird. Langsam erst, in dem Maß, wie Körper, Geist und Gefühle des Kindes sich heranbilden und entwickeln, entwickelt sich auch die Fähigkeit zur Abstraktion. Aber abstrakte Ideen können nie die Bedeutung oder die Informationen ersetzen, die in der Beziehung zum Ausdruck gebracht und geteilt werden. Die Beziehung ist ein Informationskanal, durch den das Abstrakte vermittelt wird. Marshall McLuhan hat dies vor Jahren so ausgedrückt: Das

Medium *ist* die Botschaft. Die Form *ist* der Inhalt. In diesem Fall entspricht die Form dem Zustand der Beziehung; die Beziehung selbst ist der Primär*inhalt*, der gelernt und erinnert wird.

Für das Kleinkind sollte idealerweise die konkrete Beziehung oder das Geschehen das Abstrakte beinhalten oder verkörpern, ohne es jedoch zum Mittelpunkt der Beziehung zu machen. Ein einfaches Beispiel ist der Versuch, einem Kleinkind mathematisches Denken beizubringen, beispielsweise Gewichte, Maße, Brüche. Ein Elternteil setzt sich mit Papier und Bleistift bewaffnet neben das Kind und beginnt, diesem den Unterschied zwischen 1/2 und 3/4 mit Worten zu *erklären*, wie man es in der Schule auch täte, mit Worten, die abstrakte Vorstellungen zum Inhalt haben. Der andere Elternteil holt Backpapier herbei und trifft allerlei Vorbereitungen, um Schokoladenkekse zu backen. Welche Aktivität würde Ihnen mit fünf, sechs Jahren mehr Freude machen? Ich würde mich in jedem Alter für die Schokoladenkekse entscheiden, und Sie vermutlich auch. Also, 2 Tassen Mehl, 1/2 Tasse Butter, 1/4 Tasse Zucker, 3 Tassen Schokoladenstückchen… das war nur ein Scherz und soll heißen 1/2 Tasse Schokoladenstückchen.

> Jedes Stadium öffnet Fähigkeiten, die über jene des vorherigen Stadiums hinausgehen. Obwohl man im Rückblick deutlich sieht, dass das vorherige Stadium das nachfolgende in jeder Hinsicht vorbereitet, gibt es während eines Stadiums keinerlei Hinweise auf die bevorstehende machtvolle Entfaltung neuen Potentials.
>
> *Der nächste Schritt der Menschheit*

Die Kekse stellen eine die abstrakten Vorstellungen verkörpernde Beziehung dar; im anderen Fall definieren die abstrakten Vorstellungen die Beziehung. Die Beziehung modelliert das Abstrakte, ohne dass dieses zum Ziel der Lernerfahrung gemacht wird. An der Oberfläche wird gespielt, in den tieferen Schichten wird gelernt, ganz natürlich, ja automatisch, ohne Anstrengung. Genau genommen können das Kleinkind und das Kind der mittleren Altersgruppe so ziemlich alles, was sie lernen müssen, durch Spiel lernen, vorausgesetzt, der Erwachsene kann spielen.

In dem Maß, wie wir Erwachsenen uns von den falschen Auffassungen und engen Grenzen, die wir für uns selbst akzeptiert haben, befreien, erlangen wir in natürlicher Weise Zugang zu einem ungleich breiteren Spektrum an Möglichkeiten, zu denen wir werden, denen wir Form geben und die wir wiederum als Modell zur Verfügung stellen. Diesen umfassenderen Zustand müssen wir unseren Kindern nicht „beibringen". Sie erreichen diesen expansiveren, spielerischen Zustand ohne Anstrengung, indem sie an unserem Feld teilhaben, und sie werden den Zustand bzw. die Qualität der Beziehung aufnehmen und lernen, nicht notwendigerweise eine spezielle Fähigkeit. Ein optimaler Zustand ist die optimale Umgebung, in der Fähigkeiten sich entfalten können. Und darum geht es.

Wenn wir über die Grenzen, die wir uns selbst und unseren Kindern auferlegen, hinausgehen wollen, muss die Veränderung beim Erwachsenen beginnen, und zwar jetzt, in diesem gegenwärtigen Augenblick. *Dem „Sein" Aufmerksamkeit zu schenken* begünstigt eine solche Veränderung. Eltern empfinden für ihre Kinder Liebe, Fürsorge und Zuversicht – machtvolle Katalysatoren, deren Hebel durch dieses Grundprinzip angesetzt werden. Wenn uns auch sonst nichts anderes gelingt, als dieses Prinzip zu verinnerlichen und zu verkörpern – *dem Sein mit Aufmerksamkeit zu begegnen* –, werden unsere Bemühungen bereits eine echte Revolution bewirken. Es wird in den Erwachsenen eine drastische Veränderung in Gang bringen, die sofort ihren Widerhall im Leben unserer Kinder finden wird, in der Gesellschaft, in der Welt.

Zweites Grundprinzip
Geborgen genug, um zu spielen

(Beschützen, Dazugehören, der Ort der Geborgenheit)

Optimale Lernbeziehungen bieten psychologische Sicherheit. Der Ausdruck *bedingungslose Liebe* beschreibt die vollständige psychologische Geborgenheit, das völlige Angenommensein und das Gefühl des Dazugehörens. Um andere bedingungslos lieben zu können, muss man sich selbst ebenso lieben. Leicht gesagt, aber meistens nicht so leicht getan. Ständig vergleichen und beurteilen wir uns, rechtfertigen uns und verteidigen uns oder andere. Die *Zone*, der Zustand des *Flow*, und echtes *Spiel* entstehen nur in den seltenen Augenblicken, wo wir uns *geborgen genug fühlen, um zu spielen*.

Der Modellimperativ impliziert, dass Erwachsene sich selbst sicher und geborgen fühlen müssen, damit sie ihren Kindern

Die Natur sieht vor, dass unsere Entwicklung vom Konkreten zum Abstrakten durch eine Abfolge von Verlagerungen der Matrix – von einer Matrix zur nächsten – stattfindet. Das lateinische Wort Matrix bedeutet ‚Schoß, Mutter, Mutterschoß'. Es beschreibt eine dreifache Bedingung: 1. ein Quell von Möglichkeiten; 2. die Energie, um diese Möglichkeiten zu erforschen; 3. eine sichere Umgebung, die dieser Erforschung förderlich ist. Der Mutterschoß ist ein idealer Vergleich, gewährt er neuem Leben doch die Möglichkeit, zu entstehen, die Energie, seine Möglichkeiten zu erkunden, sowie die für die Erkundung erforderliche, behütete Umgebung.

Die heilende Kraft

Sicherheit, einen sicheren Hafen bieten können. Wie finden wir, die wir in einer Wettbewerbsgesellschaft erzogen wurden, diese Sicherheit in uns selbst, die wir noch dazu auf unsere Kinder ausdehnen können? Das zweite Grundprinzip, *Geborgen genug, um zu spielen,* beschäftigt sich mit dieser Herausforderung, der wir alle gegenüberstehen.

Sind die Anforderungen, die wir an unsere Kinder stellen, in irgendeiner Weise bedrohlich? Wird eine von uns erhoffte, von unserem Kind nicht erbrachte Leistung oder ein unseren Erwartungen nicht entsprechendes Verhalten unserer Kinder von ihnen als persönliches Versagen interpretiert? Sind Missbilligung, Ablehnung, Vertrauensverlust und ein verbeultes Selbstwertgefühl Teil des Preises, den unsere Kinder für ihr ‚Versagen' bezahlen müssen? Werden der eigene Wert und die Selbstachtung an der Leistung bemessen? Ist Zustimmung oder Anerkennung durch andere integraler Bestandteil unseres Selbstwertgefühls? Oder ist uns und unseren Kindern bewusst, dass Verhalten und Leistung eine Sache sind und unser grundlegender Charakter, unsere Essenz, unser Geist, unsere Seele, unser Wert als Mensch etwas ganz anderes? Menschen, die sich über diesen Unterschied vollständig klar sind, sind in der Tat rar.

Fred Shoemaker, ein Golfprofi und der Begründer des *Extraordinary Golf (EG),* hat es so ausgedrückt:

Angst ist stets ein Feind der Intelligenz und legt den biologischen Plan der Natur lahm. Tritt Angst auf, verengt sich im gleichen Augenblick die Intelligenz und beschränkt sich auf die Suche nach einem Ausweg aus der Angst. Dies mag zu einer schlauen Mentalität führen, wie man sie braucht, um auf der Strasse zu überleben oder zu einer kulturell gerade noch akzeptierten Frühreife. In jedem Fall jedoch ist die von der Natur vorgesehene biologische Entwicklung unterbrochen.

Die magische Welt des Kindes

„Mit einundzwanzig Jahren hatte ich an mehr als dreihundert Golfturnieren teilgenommen. Außer meinen Eltern stellte mir nach einem Turnier nie jemand die wirklich interessanten Fragen wie zum Beispiel „Was für ein Mensch soll aus dir werden, wenn du dauernd mit Schlägern und Bällen herumhantierst?" „Wozu das alles? Hat es irgendeinen bestimmten Zweck?" Solche Fragen wurden nie gestellt. Ich dachte, dass die mir entgegengebrachte Zuneigung irgendwie mit meinen Treffern zusammenhing und dass auch mein Charakter und meine Trefferquote irgendwie miteinander zu tun hatten. Ich habe 41.000 Golfstunden gegeben, und in all den Jahren hat nicht ein einziger Mensch diese zwei wirklich auseinander gehalten. Irgendwie weiß man schon, dass man das gleiche wunderbare menschliche

Wesen ist, ob man nun 41 oder 61 spielt. Aber das ist in der Regel nicht die Reaktion, die wir bekommen. Von Anfang an bringt man uns bei – und wir glauben es –, dass das, was wir sind, und das, was wir leisten, miteinander verknüpft sind. Dies ist ein Mythos, eine große Lüge."

Persönliches Gespräch
FRED SHOEMAKER
Direktor, *Extraordinary Golf*

Das zweite Grundprinzip, *Geborgen genug, um zu spielen*, ist vielleicht der wichtigste Schritt auf dem Weg zur *Optimalen Lernbeziehung*. Kann ich mich mit meiner ganzen Aufmerksamkeit und Energie dem jetzigen Augenblick widmen oder muss ich irgendwo etwas zurückbehalten, um mich notfalls schützen zu können? Erinnern wir uns an die Beschreibung von zwei äußerst unterschiedlichen „Zuständen" des Gefäßsystems, die der Zellbiologe Bruce Lipton beschreibt: Wachstum/Erweiterung und Verteidigung. Im Wachstumszustand (der dem Zustand der Geborgenheit entspräche) findet ständig eine Erneuerung und Erweiterung des Potentials statt. Fühlt sich die Person bedroht, wird die Erweiterung durch den Schutzmechanismus ersetzt. Es ist möglich, äußerst ausgeklügelte und komplexe Verteidigungsfähigkeiten auszubilden, allerdings auf Kosten anderer Potentiale. Das gilt für alles Lebendige und besonders für neues menschliches Leben.

Wenn Kinder keinen sicheren Hort haben, wenn sie keine Sicherheit kennen, sondern stattdessen Bedrohung erfahren, Schaden erleiden oder ein Trauma erleben müssen, schotten sie sich hinter einem dicken Verteidigungswall gegen die Welt ab, der sie nicht vertrauen können. Dieses Verhalten schädigt die Entwicklung der Nervenzellen und resultiert in völlig anders geartete Wissensstrukturen.

Die Hauptaufgabe und Verantwortung von Eltern und anderen Bezugspersonen ist es, das Kind zu beschützen, ihm die physische und psychologische Sicherheit zu geben, die Kinder für

Montessori stellte die Behauptung auf, dass eine in der frühen formativen Phase verlassene Menschheit zur größten Gefahr für ihr eigenes Überleben wird. Die Untersuchungen Allan Schores zeigen, dass wir alle eine Art Halb-Verlassenwerden erfahren, das sich in unserer Kultur verewigt und unser emotionales Beziehungssystem ernsthaft beeinträchtigt.

Biologie der Transzendenz

eine gesunde Entwicklung brauchen. Dazu muss an allererster Stelle die Beziehung zu den Eltern oder anderen Erwachsenen eine absolut gesicherte sein. Wenn die Quelle der Sicherheit für das Kind (Eltern oder Bezugsperson) zu einer Gefahr oder Bedrohung wird, führt dies zu einem Zusammenbruch des kindlichen Lernens, der Leistung und des Wohlbefindens.

Das Leitmotiv lautet: *Geborgen genug, um zu spielen.* In einer der wohl am meisten zitierten Textstellen aus der Bibel, dem Vaterunser, wird uns auf einer ganz praktischen Ebene ein sehr einfacher Rat gegeben: „Und vergib uns unsere Schuld, wie auch wir vergeben unseren Schuldigern." Die Vorurteile, mit denen wir uns selbst, andere und unsere Kinder belasten, sind eine Schuld. Sie belasten unsere Integrität, unser Selbstwertgefühl. Wenn wir diese einfache Aussage vollständig auf uns selbst und unsere Kinder anwenden, verwandeln wir die Beziehung in eine Beziehung, die von bedingungsloser Liebe und echter Akzeptanz geprägt ist. Der Schlüssel dazu ist, diese bedingungslose Akzeptanz innerhalb unserer Beziehungen zu modellieren, indem wir sehr klar zwischen Persönlichkeit und Leistung unterscheiden. Die Herausforderung besteht darin, Wege zu finden, auf denen wir mitteilen können, dass die vielleicht zu verbessernde Leistung oder das Verhalten nichts mit der Persönlichkeit und dem wirklichen Wert der Person zu tun haben.

Drittes Grundprinzip
Unerwartetes willkommen heißen
(Annahmen beiseite lassen)

Um Neues entdecken zu können, müssen wir Altes beiseite lassen. Auch das ist leichter gesagt als getan. Warum? Weil das Vergleichen von neuen Sinnesinformationen mit bereits bekannten oder mit zu Erwartendem eine primäre Funktion der Assoziationsareale des Gehirns ist. Es geschieht automatisch, wie das Atmen, und findet ohne jegliche Unterbrechung im Hintergrund unserer

Aufmerksamkeit statt. Sobald etwas auftaucht, mit dem wir noch nicht vertraut sind, gehen wir in volle Alarmbereitschaft über – ein Phänomen, das wir als Überraschungseffekt kennen. Wir wachen im wahrsten Sinn des Wortes auf und geben der fremden Erfahrung unsere volle Aufmerksamkeit. Wer weiß, es könnte ein Alien sein! Keine Zeit „nachzudenken". Unser Überleben könnte auf dem Spiel stehen.

Unser Normalzustand ist nicht von solcher Wachheit gekennzeichnet. Uns auf die Erfahrungen der vergangenen Jahre verlassend, „nehmen wir an", dass heute auch nicht viel anders sein wird als gestern. Wir gehen davon aus, dass der Boden immer noch fest ist, dass die Schuhe da stehen, wo wir sie immer hinstellen, dass der Schulbus pünktlich kommt. Unsere Beziehung zur Welt, zu unseren Kindern, zu so ziemlich allem, basiert auf tausenderlei Annahmen. Wenn die äußere Umgebung unsere inneren Annahmen zu bestätigen scheint, fühlen wir uns ziemlich wohl, sind zufrieden, ja selbstzufrieden. Ist das einmal nicht der Fall, werden wir sofort nervös und fühlen uns unwohl, denn dann sind die Dinge nicht so, wie sie sein „sollten".

Annahmen in Bezug auf konkrete, berechenbare Objekte wie Bäume und Berge sind eine wunderbare Sache; dynamische, schnell sich verändernde Beziehungen wie der Wind oder das Wetter beispielsweise sind weniger vorhersagbar.

Je dynamischer und abstrakter die Form, desto weniger zuverlässig sind unsere Annahmen und desto schneller brechen sie zusammen. Intelligenz ist fließend, dynamisch, manchmal unordentlich bis chaotisch und nicht vorhersagbar. Unsere Annahmen bezüglich dessen, was sein oder nicht sein sollte, sind bei genauer Betrachtung nichts weiter als sehr grobe Anhaltspunkte, wenn wir es mit intelligenten, dynamischen, lebenden Systemen wie zum Beispiel einem Kind zu tun haben. Konflikte zwischen dem, „was ist" und dem, wie es aufgrund unserer Annahmen „sein *sollte*", sind unausweichlich, wenn wir unsere Annahmen zur absoluten Wahrheit küren.

Die meisten unserer Annahmen sind jedoch stillschweigend implizierte; sie werden nicht ausgesprochen. Sie operieren unter-

Die Natur gibt nie ein funktionierendes System auf, sondern baut neue, erweiterte und effizientere Systeme darauf auf. Sie scheint mit jedem evolutionär neuen Gehirn eine Hinzufügung vorgenommen zu haben, die die Fehler des älteren Systems korrigiert und eine Erweiterung der Fähigkeiten darstellt. All dies ist unser Erbe in der Form dreier neuronaler Blaupausen, die durch die sich ständig verändernden Gegebenheiten unserer Umwelt ihren eigentlichen Inhalt erhalten. Das macht unsere außerordentliche Anpassungsfähigkeit aus. Die auffallenden Unterschiede zwischen unseren drei Strukturen stellen für uns jedoch Segen und Fluch zugleich dar. In integrierter Form stellen diese drei Systeme uns ein grenzenlos offenes Potential zur Verfügung, die Fähigkeit, über Beschränkungen und Grenzen hinauszugehen. Scheitern wir daran, sie zu integrieren, ist unser Geist ein Haus, das im Unfrieden mit sich selbst liegt, unser Verhalten ein paradoxer Bürgerkrieg und wir selbst unser ärgster Feind.

Biologie der Transzendenz

halb unserer Achtsamkeitsschwelle. Aus den unzähligen Annahmen, die wir für wahr halten, mögen einige zutreffen; viele aber tun es nicht. Es mag uns nicht bewusst sein, aber wir halten sie alle für die Wahrheit. Unsere Annahmen sind reflexartiger Natur, daher sind automatische Kniescheibenreflex–Reaktionen oft genug unsere erste Reaktion. In der Vergangenheit hat die Menschheit nicht zuletzt wegen dieser mechanischen Reflexe überlebt.

Die Natur folgt einem dreifachen Entwicklungsmuster: 1. Jede neue Struktur wird auf dem Fundament der vorhandenen neuronalen Strukturen aufgebaut. 2. Jedes neue, sich entwickelnde Gehirn inkorporiert in die neuen Funktionen die primitivere Grundlage, auf der es aufbaut, und verändert deren Natur in eine zum neuen System kompatible. 3. Das neue, integrierte System dient sodann wiederum einer höheren evolutionären Entwicklung als Ausgangspunkt – und all dies ist echte Transzendenz.

Biologie der Transzendenz

Beziehungen werden mehr oder weniger durch solche uns nicht bewussten Muster definiert. Unsere persönlichen Vermutungen oder Annahmen stammen von anderen, stammen aus dem großen Sammelbecken namens Kultur. Eine Kultur drückt sich durch ihre Individuen aus, und durch deren Beziehungen werden die speziellen Annahmen, die jene Kultur definieren, weitergegeben. Jeder hat an diesem Vorgang seinen Anteil, indem er/sie die gesammelten Annahmen dieser Kultur in seinen/ihren Beziehungen widerspiegelt. Nicht mitzumachen würde den Dissidenten zu einem Geächteten machen, oder noch schlimmer, zu einem Verrückten.

Wir *entscheiden* uns nicht dafür, entsprechend unseren Annahmen zu handeln, es geschieht automatisch. Annahmen oder auch Vermutungen sind vorgefertigte Muster und als solche fehlt es ihnen an bewusster Achtsamkeit und wahrer Intelligenz. Das ist ein wichtiger Punkt; er ist es wert, wiederholt zu werden. Vorgefertigte Reaktionen, automatische Reaktionen haben sehr wenig oder keine wahre Intelligenz. Wenn wir auf andere in dieser reflexartigen, vorgefertigten Weise reagieren, ist unser Verhalten ein mechanisches.

Annahmen sind nicht per se etwas Schlechtes; sie erfüllen wichtige Funktionen. Im Umgang mit lebendigen, dynamischen und intelligenten Systemen jedoch besteht die Herausforderung darin, nicht völlig von solchen Vorurteilen beherrscht zu sein. Zwischen dem automatisch aufblinkenden „das ist richtig" oder „das ist falsch" und unserer eigentlichen Antwort muss ein Raum geschaffen werden, ein Abstand. Wenn wir ohne diesen Abstand sofort reagieren und handeln, wird unser Leben, werden unsere Beziehungen von unseren Annahmen dominiert und definiert.

Die Annahme, dass wir wissen, wie es richtigerweise zu sein hat, impliziert doch, dass alles andere falsch sein muss, nicht wahr? Das Leben ist ein Kampf. Das ist richtig, und das ist falsch. Wenn sie – und damit meinen wir den Rest der Menschheit und besonders unsere Kinder – Dinge einfach nur so machen würden, wie *wir* (eigentlich meinen wir *ich*) es möchten, wäre die Welt ein besserer Ort. Ein Großteil unserer Kinderziehung besteht aus dieser Schlacht. Wir, die Eltern, *wissen*, worüber wir sprechen, und „bei Gott, du, das Kind, solltest besser tun, was man dir sagt, denn sonst ...". Mein Vater nannte das „ein Donnerwetter loslassen". Auf dynamische, intelligente Systeme mit starren mechanischen Annahmen zu reagieren führt zu Konflikten, und Konflikte führen oft zu Gewalt. In dem Maß, wie unser Leben komplexer wird, begegnen wir der Welt mit immer mehr Annahmen.

Um *das Unerwartete willkommen heißen* zu können, müssen wir die Vorstellung beiseite lassen, dass unsere Annahmen und Reaktionen die „einzigen" oder einzig „richtigen" sind. Anstatt sofort in der üblichen Weise zu reagieren, die davon ausgeht, ja erwartet, dass alles im Leben sich unseren engen Ansichten anzupassen habe – „und ich mache es richtig, basta!" –, nehmen wir diesen ersten Eindruck zwar zur Kenntnis, halten ihn aber nicht wie bisher für die absolute und notwendige Wahrheit, sondern für vorläufig, für eine von vielen Möglichkeiten. Einen Abstand zu lassen zwischen der automatischen Reaktion (auf unsere Annahme) und der eigentlichen Antwort erlaubt etwas Unvorhergesehenem, auf dem Plan zu erscheinen, einem neuen Muster etwa oder etwas nie für möglich Gehaltenem. *Unerwartetes willkommen zu heißen* schafft eine neue, flexible Beziehung. Dadurch wird das ganze Leben mit all seinen Beziehungen flexibler und fließender.

Viertes Grundprinzip
Greife die Signale deiner Kinder auf

(Die Kunst des Zuhörens und Beobachtens)

Kinder geben uns Signale; die ganze Umwelt gibt uns Signale. Diese Hinweise aufzunehmen ist die goldene Regel der Optimalen Lernbeziehung. Es bedeutet, dass Erwachsene ihre Fähigkeit des Beobachtens und des Zuhörens vertiefen müssen. Sie müssen für die äußeren Signale der Kinder empfänglich werden, aber auch den sich ständig verändernden inneren Zustand zu lesen verstehen. Wirkliches Zuhören, genaues Hinsehen und intuitives Erspüren ist eine Kunst, für die man einen ruhigen und gleichzeitig wachen, empfindsamen Geist braucht sowie ein Herz voll liebevoller Zuneigung. Wenn sich unsere Gedanken um unsere Ziele drehen, werden wir genau das und nichts anderes sehen. Anstatt zu sehen, zu hören und zu verstehen, wer in diesem Augenblick wirklich vor uns steht, werden wir das Verhalten des Kindes – insgeheim oder offen – anhand unserer vorgefertigten Meinungen beurteilen. Wir werden nicht sehen, was *ist*, sondern nur was unserer Meinung nach *sein sollte*.

Ein menschliches Gehirn hat durchschnittlich zehn Milliarden Neuronen oder denkende Zellen, doch die Intelligenz stützt sich nicht so sehr auf die Anzahl der Neuronen als vielmehr auf die Anzahl der Verbindungen zwischen den Zellen. Ein Neuron kann bis zu 10.000 Verbindungsbahnen (Dendriten und Axone) mit anderen Zellen erstellen – oder fast keine. Eine einzige Zelle kann direkt mit bis zu 600.000 anderen Zellen verknüpft sein. Diese Verknüpfungen sowie die Muster des rhythmischen Feuerns der Zellen machen die Verarbeitung von Informationen möglich. Je größer die Anzahl von Verknüpfungen, desto stärker die Kapazität des Gehirns.

Die magische Welt des Kindes

Kindern mit unseren starren Auffassungen zu begegnen ist Verrat an ihrer und unserer eigenen wahren Natur. Innerhalb weniger Tage verändern Kinder sich; es ist, als hätten wir alle paar Tage ein neues Kind. Sich entwickelnde Fähigkeiten verschieben ihre Wirklichkeit vom Physischen zum Emotionalen und zunehmend zum Abstrakten. Im ersten Teil des Buches wurden die kindlichen Entwicklungsstadien mit ihren Schwerpunkten umrissen. Diese Schwerpunkte können als allgemeine Orientierungshilfe dienen und es Erwachsenen erleichtern, ihre Erwartungen und ihr Verhalten an die entwicklungsbedingten Bedürfnisse und im Entstehen begriffenen Fähigkeiten des sich entwickelnden Kindes anzupassen. Es geht darum, den unfertigen, sich erst entwickelnden Fähigkeiten des Kindes nicht bereits die Erwartungen der Erwachsenen aufzudrücken. Ein weit verbreitetes Beispiel dafür ist die Teilnahme von Kindern im voradoleszenten Alter an professionell organisierten Wettkämpfen z.B. der Little League; ein anderes klassisches Beispiel ist die Nötigung zu verfrühten Lese- und Schreibübungen. Dies sind Beispiele für Zielvorstellungen Erwachsener, die die Entfaltung der natürlichen biologischen Entwicklung des Kindes verdrängt. Um die Zuneigung nicht zu verlieren und Anerkennung zu gewinnen, werden die Kinder versuchen, den verfrüht präsentierten Anforderungen gerecht zu werden, können unsere Erwartungen aber für gewöhnlich nicht erfüllen. Solche frühen Versagenserfahrungen bohren sich tief in die Psyche ein und werden zu einem festen Bestandteil des sich formenden Selbstwertgefühls des Kindes. Unsere verfrühten Anforderungen blockieren außerdem die vollständige Entwicklung der Fähigkeiten, die dem jeweiligen Alter und Entwicklungsstadium des Kindes wirklich entsprechen würden. Die unvollständige Entwicklung früherer Stadien gefährdet und beeinträchtigt die optimale Entwicklung nachfolgender Stadien. Die persönliche Entwicklung gerät ins Stocken, und damit die Evolution der Kultur, der Spezies Mensch.

Die Signale von Kindern aufnehmen zu können setzt voraus, dass der Erwachsene sich in einem ausgeglichenen Zustand befindet, in dem er zuhören kann, beobachten kann, sich einfühlen und neugierig sein kann – kurz: ein Zustand, der nicht komplett Vorurteilen verhaftet ist. Nur in einem solchen vorurteilsfreien Zustand ist man mit Herz und Geist in der Lage, wirklich das zu sehen, von dem zu lernen und auf das zu erwidern, *was ist.* Ein Erwachsener in diesem Zustand lernt aus der Beziehung, indem er daran teilnimmt. Wir müssen es schaffen, unsere Reaktionen aus dem *Reflexsystem*, wie David Bohm es nennt, herauszuholen. Reflexe beinhalten wenig oder keine Intelligenz. In einer Beziehung Intelligenz zuzulassen, anstatt den Reflexen einfach nachzugeben, erfordert ein Mehr an Energie und Aufmerksamkeit. *Die Signale der Kinder aufzugreifen* bedeutet genau das – extra Energie, Aufmerksamkeit und Intelligenz. Nach Hinweisen zu suchen stellt eine ganz andere Qualität von Aufmerksamkeit dar als zu wissen, was richtig und falsch ist.

Die Agenda der Natur ist nichts anderes als ein Plan von wahrhaft großartigen Ausmaßen, ein geradliniger Entwicklungskurs, eingebaut in unsere Gene ... Irgend etwas ging schief mit diesem Plan, irgendwo in der Geschichte, und wiederholt sich in jedem von uns. Wie es natürlich und zu erwarten ist, kommt es bei der Aktualisierung des Plans vor, dass wir hin und wieder stolpern. Aber wir korrigieren unseren Kurs nicht, wie es natürlich und zu erwarten wäre, d.h. wir folgen nicht unserer Absicht und stellen unsere Ausrichtung auf den Plan nicht wieder her. Wir verwickeln uns in die Natur unseres Stolperns, in den momentanen Fehler, und versuchen, den Fehler zu korrigieren anstatt den Kurs. Und an diesem Punkt stürzen wir ab.

Die heilende Kraft

Diese subtile, aber drastische Verlagerung der Aufmerksamkeit und Energie durchdringt die ganze Beziehung. Das Kind merkt, dass es gesehen, ernst genommen und verstanden wird. Kinder vertrauen Erwachsenen, die solche Umsicht und Aufmerksamkeit in die Beziehung einbringen. Sie fühlen sich respektiert und bringen ihrerseits Respekt freimütig zum Ausdruck. Vertrauen, Respekt, eine gemeinsame Verständnisgrundlage und kreatives Lernen formen die Beziehung.

So zu beobachten bedeutet, tatsächlich *nicht* zu wissen, was das Kind oder man selbst im nächsten Augenblick sein wird. Vorhersagen und Kontrolle mögen in der Beziehung ebenfalls ihren Platz finden, aber eben nicht die ganze Beziehung ausfüllen. Das finden Eltern, Erzieher und andere Bezugspersonen recht bedenklich, denn sie kontrollieren gern. Wir möchten Eltern dazu ermutigen, selbst wieder mehr Kind zu sein, die Welt zu sehen, zu fühlen und zu erfahren, als machten wir jede Begegnung, jede Erfahrung zum ersten Mal, diesmal jedoch als gereifte Person. Die Hinweise der Kinder ernst zu nehmen, eröffnet neue Welten des Einfühlungsvermögens und des Verständnisses. Und siehe – alles ist neu geworden.

Fünftes Grundprinzip
Aus der Tiefe voll und ganz antworten
(Das Erwachen der Intelligenz)

In seinem Buch *Future Shock* warnte Alvin Toffler davor, dass die zunehmende Schnelllebigkeit unserer Kultur unser Leben drastisch verändern wird. Wir haben immer etwas zu tun, sind dauernd beschäftigt, bewegen uns immer an unseren Grenzen, unsere Nerven sind gestresst und haben zu viele Verpflichtungen. Untersuchungen haben gezeigt, dass Anforderungen, die einen Kontextwechsel erfordern, mehr Stress auslösen als Anforderungen innerhalb des gleichen Kontextes. Ein Anruf unseres Dreijährigen im Büro z.B. löst mehr Stress aus als Anforderungen, die direkt mit der Arbeit zu tun haben. Dem Dreijährigen zuzuhören und zu antworten, während wir im „Geschäftsmodus" sind, macht eine Kontextverlagerung erforderlich. Plötzlich werden wir von zwei oder mehreren Seiten gleichzeitig gefordert. Die Aufmerksamkeit teilt sich; unser Reaktionsvermögen ist beeinträchtigt. Auf jede der Situationen werden wir eher oberflächlich, mechanisch und daher nicht optimal reagieren.

Um aus der *Tiefe voll und ganz antworten* zu können, müssen zwei Dinge gegeben sein: ungeteilte Aufmerksamkeit und Raum (Zeit, Muße, Abstand) zwischen der konditionierten, reflexartigen Erwiderung oder Reaktion und dem Unerwarteten. Wenn es diesen Abstand nicht gibt, übernimmt das Reflexsystem, und wir reagieren mit unseren gewohnten vorherbestimmten Mechanismen.

Wenn mitten in der Schwangerschaft eine Veränderung des emotionalen Zustands der Mutter von negativ nach positiv eintritt, passt sich die Gehirnentwicklung des Fötus dieser Veränderung an.

Biologie der Transzendenz

Die ersten vier Grundprinzipien entwickeln und stärken die Aufmerksamkeit, wodurch wir uns des eigenen Zustands bewusster werden. Wir fühlen uns geborgen genug, um spielen und unsere Geborgenheit auf die Kinder ausdehnen zu können. Wir lassen unsere Zielvorstellungen beiseite und laden das Unerwartete ein. Wir hören dem Kind zu, sind Beobachter und greifen die Hinweise, die es uns gibt, auf, anstatt dem Augenblick unsere Pläne überzustülpen. Jede dieser spielerischen Handlungen erfordert ein Mehr an Aufmerksamkeit, und genau diese vermehrte Aufmerksamkeit verwandelt uns und unsere Beziehungen. Und wozu das alles? mag man fragen. Um auf das Leben mit all seinen Facetten und Herausforderungen tief und vollständig antworten zu können.

Wirkliche Veränderungen in uns und unseren Beziehungen zeigen sich in unserer Reaktion auf den gegenwärtigen Augenblick. Der Philosoph J. Krishnamurti hat es vereinfacht so ausgedrückt: „Reinkarniere jetzt." Mit dieser Aussage stellte er zweierlei in Frage: die Rolle des Wissens und die Rolle der Zeit bei dieser Verwandlung. Mit „Wissen" meinte er unser Reflexsystem, unsere Konditionierungen und die in unserem Wissen implizierten Annahmen. Mit „Zeit" meinte er „Werden", das Bekannte (die Vergangenheit) zu nehmen, um etwas vollkommen Neues daraus entstehen zu lassen. Die Vergangenheit kann sich endlos modifizieren, so dass wir das Gefühl haben, Fortschritte zu machen, obwohl wir in Wirklichkeit an das gleiche alte Muster gefesselt sind.

„Die Zukunft wird genau wie das sein, was ich jetzt habe, es sei denn, ich verändere mich grundlegend. Das ist eine simple Tatsache. Wenn ich heute bösartig, grausam und brutal bin, wie ich es in der Vergangenheit auch schon war, werde ich es morgen wieder sein. Davor kann man nicht einfach weglaufen. Wenn ich heute dauernd mit allen im Streit liege, mit meiner Frau, meinem Mann, werde ich morgen nicht anders sein. Morgen ist demnach jetzt. Um diese Kette zu zerstören, die uns gefangen hält, muss jetzt eine Veränderung stattfinden."

J. Krishnamurti
Ojai, Kalifornien, 1985

Vor vielen Jahren hat Ram Dass (Richard Alpert, Ph.D.) in seinem Buch *Sei jetzt hier* die „ewige Gegenwart" allgemeinverständlich dargestellt und geltend gemacht, dass die Zukunft sich um sich selbst kümmert, wenn wir der Gegenwart unsere ungeteilte Aufmerksamkeit widmen. In neuerer Zeit hat Eckhart Tolle die gleiche Idee in seinem Buch *Jetzt* beschrieben. Kreativität, Intelligenz und Erkenntnis sind nicht das Ergebnis unserer Gewohnheiten, des Reflexsystems. Intelligenz wird nicht gelernt oder zusammengetragen, sondern ist angeboren. Sie ist mit jeder Zelle unseres Körpers, mit der ganzen Natur verwoben. Die Herausforderung besteht darin, den Zugang zu dieser enormen Intelligenz zu finden und dem gegenwärtigen Augenblick sowohl mit dem Reflexsystem als auch mit Einsicht und Intelligenz zu begegnen. Was hier recht kompliziert klingen mag, ist in Wirklichkeit gar nicht so schwer; es ist sogar so einfach, dass man den Eindruck hat, *nichts zu tun*. (*Nichts Tun* von Steven Harrison, ein weiteres Buch über Bewusstsein, das verwandelt).

Die angeborene Intelligenz hat immer unser Wohl und das unserer Beziehungen/Umwelt im Auge. Das Reflexsystem, unser

Wissen und dessen gesammelte Annahmen blockieren oft den Zugang zu dieser inneren Weisheit und verhindern, dass wir sie erfahren. Reflexe sind wie Halbstarke, die an einem ruhigen Sommernachmittag ihre Ghettoblaster aufdrehen. Die unaufdringlichen Klänge der Natur, unserer Natur – der Wind in den Bäumen, die Vögel, der Klang unserer innewohnenden Weisheit – werden vom Gelärme der halbstarken Reflexe völlig übertönt, die darauf bestehen, dass die Welt ihnen gefälligst zuzuhören habe. Wenn wir unsere Zielvorstellungen beiseite legen und das Unerwartete einladen und willkommen heißen, erkennen wir die Notwendigkeit für Reflexe an und respektieren sie, sind aber auch gleichzeitig offen für die aus der Tiefe aufsteigende Weisheit und Intelligenz, die immer neu und kreativ ist, niemals „bekannt". Intelligenz „handelt" spontan und natürlich, ohne dass wir irgendetwas zu „machen" hätten. Wenn wir unserer Intelligenz Raum geben, ihr die Möglichkeit geben, sich auszudrücken, machen wir die Entdeckung, dass unsere Reflexe nur eine von vielen Möglichkeiten sind. Genau dann öffnet sich die Tür zu wirklichem, echtem Spiel. O. Fred Donaldson beschreibt es sehr zutreffend:

„Wahres Spiel ist der tiefste Wesenszug unserer Natur und viel wichtiger als die Spiele und Regeln, die wir erfinden. Wahres Spiel ist sowohl eine allumfassende Sicht der Wirklichkeit als auch eine Übung der Freundlichkeit, die all unsere Beziehungen durchdringt. Auf diese Weise zu spielen bedeutet, wirklich „Verbindung aufzunehmen" und von unserer wirklichen Natur und der Welt zutiefst berührt zu sein. Echtes Spiel kultiviert einen immer neuen Sinn dafür, von der Welt bezaubert zu sein und sich auf sie einzulassen. Es entwickelt Gelassenheit, Achtsamkeit und eine Flexibilität, die helfen, mit Stress, Überraschungen oder Herausforderungen aggressionsfrei umzugehen. Durch wahres Spiel werden völlig andere Verhaltensweisen entwickelt als die, zu denen unsere dominante Wettbewerbskultur ermuntert. Unsere Antworten kommen aus der Tiefe, sind universeller und authentischer. Wenn die Begrenzungen unserer kulturellen Identität durch wahres Spiel aufgehoben werden, zeigt sich die dynamische Beziehung zwischen Erforschen und miteinander

Der Forschung zufolge arbeitet unser Gehirn vermittels neuronaler "Felder" – Ansammlungen von Neuronen, die als Einheiten operieren. Das Neuron ist eine große Gehirnzelle, die in einer bestimmten Frequenz vibriert und stirbt, wenn die Schwingung aufhört ... Im Neokortex sind Neuronen zu Feldern von ungefähr einer Million organisiert, die durch Dendriten und Axonen miteinander verbunden sind. Ein einziges ausgewachsenes Neuron steht bei dieser Gruppenbildung mit durchschnittlich zehntausend anderen in Verbindung. Die so entstehenden Netzwerke erzeugen unterschiedliche Ausformungen von Informationserfahrungen durch den Austausch von Frequenzen oder „Information" zwischen Neuronen und Feldern ... Neuronen enthalten die Information ebenso wenig wie der Transistor oder die Radioröhren die Stücke enthalten, die sie abspielen. Sie „übersetzen" Potentialfrequenzen, zu denen sie in Resonanz stehen und auf die sie „eingestimmt" oder „eingestellt" sind.

Der nächste Schritt der Menschheit

Lernen – die Dynamik der zwei Gesichter Gottes. Wahres Spiel ist wahre ökologische Intelligenz. Das Einfühlungsvermögen, das durch wahres Spiel entsteht und sich entwickelt, muss in alle Aspekte der Familie, der Gemeinschaft und des Berufslebens integriert werden. Die Intelligenz wahren Spiels zu entdecken, eröffnet uns noch einmal die kindliche Genialität, die die meisten von uns schon vor langer Zeit verloren haben."

O. Fred Donaldson, PH.D.
Essay über Wahres Spielen mit Michael Mendizza

Die goldene Regel lautet: Spiele an der Oberfläche; die Arbeit findet darunter statt … Heranwachsende Intelligenz ist niemals ein bewusster Vorgang: begriffliche Veränderungen geschehen immer unterbewusst.
Die magische Welt des Kindes

Auf das Kind *aus der Tiefe voll und ganz zu antworten* anstatt automatisch-mechanisch und oberflächlich zu reagieren, findet seinen positiven Widerhall in der Beziehung. Je mehr der Erwachsene aus der Tiefe antwortet, desto mehr ist das Kind gefordert, ebenso zu erwidern. Neue Muster und Möglichkeiten tauchen auf, die zu unerwartetem und kreativem „Handeln" befähigen. Aus dem Spiel mit dem Neuen entstehen Rückmeldungen, neue Herausforderungen, die zu Erkenntnissen verarbeitet werden, welche das Kind und den Erwachsenen verändern. Jeder ist für den anderen genau der Katalysator, der benötigt wird, um über die engen Grenzen der gegenwärtigen Muster, Gewohnheiten und Reflexe hinauszugehen. Auf immer neue Weise sind sie Mentoren füreinander da, und jeder wird durch das fließende, sich ständig verändernde Spiel der Beziehung gleichsam immer wieder neu geboren. Aber ist es wirklich immer so neu und schöpferisch? Nein, nicht immer, aber die Möglichkeit, etwas Neues zu entdecken, ist in jedem Augenblick gegeben, und diese Möglichkeit verändert alles.

Sechstes Grundprinzip
Stellen Sie sich vor...
(Noch ein paar Dinge über Fernsehen und Computer)

Imagination, unsere Vorstellungskraft oder Phantasie, ist von immenser Bedeutung. Warum das so ist, wird durch die Betrachtung von damit in Verbindung stehenden Prozessen wie Sprachentwicklung, logischem und schöpferischem Denken und höherem Lernen, Computern, Gebrauch und Missbrauch des Fernsehens und Aggression verständlicher.

Das fünfte Grundprinzip, *aus der Tiefe voll und ganz zu antworten*, öffnet der schöpferischen Intelligenz die Tür und die Möglichkeit, sich in unseren Beziehungen und durch sie auszudrücken. Diese Intelligenz ist ständig anwesend; sie köchelt gewissermaßen direkt unterhalb unserer Achtsamkeitsschwelle. Stehen wir ihr nicht länger im Weg, lassen wir Zielvorstellungen und Vermutungen beiseite, beruhigen den Geist und – da ist sie. David Bohm und J. Krishnamurti nannten diese unbegrenzte angeborene Weisheit *Einsicht*. Wer Augen hat zu sehen, der sehe.

Eine andere Form der Kreativität, der wir aktiv nachgehen, ist die Vorstellung. Einstein wusste, dass Vorstellung wichtiger ist als Wissen. Er verstand, dass unsere größten Entdeckungen und die bedeutendsten Kunstwerke zuerst in der inneren Welt der Imagination oder Vorstellung geschaffen und fein ausgearbeitet werden. Unsere Tagträume und Kindheitsphantasien sind alles andere als Zeitverschwendung; sie stellen die Grundlage für jedes höhere Lernen dar. Und doch wird die Kraft der Vorstellung kaum entwickelt. Für die Entwicklung dieser Fähigkeit gilt der gleiche Modellimperativ wie für alle anderen Fähigkeiten. Es bedarf eines gereiften Erwachsenen, der als Modell dient, sowie einer unterstützenden Umgebung – und das Kind geht spontan, spielerisch darauf ein. Ohne äußeres Modell, ohne entsprechende Herausforderung der Umgebung findet keine Entwicklung statt.

Für William Blake ist die Vorstellungskraft unser „göttliches Genie."

Crack in the Cosmic Egg

Das Lexikon definiert den Begriff „Imagination" als das Vermögen, innere, dem Sinnessystem nicht präsente Bilder zu schaffen. Die Umweltreize, die solche inneren Bilder hervorrufen, sind beschreibende Wörter, Symbole und Metaphern. Die Sprachumgebung zählt zu den stärksten Einflüssen in der frühen Kindheit. Im Jahr 1991 konnte man in der *Newsweek* lesen, dass 1950 v.F. (vor dem Fernsehzeitalter) der Durchschnittsjugendliche über ein gesprochenes Vokabular von 25 000 unterschiedlichen Wörtern verfügte. Der Sprachschatz heutiger Jugendlicher umfasst 10 000 Wörter, was eine entsprechende Verminderung der Fähigkeit zu kritischem und kreativem Denken bedeutet.

Unser kosmisches Ei ist die Endsumme all unserer Vorstellungen über die Welt, Vorstellungen, die definieren, was die Wirklichkeit für uns sein kann. Der Sprung ist eine bestimmte Denkweise, durch die die Vorstellungskraft dem gewohnt Weltlichen entfliehen und ein neues kosmisches Ei erzeugen kann.

Crack in the Cosmic Egg

Sagging Syntax, Sloppy Semantics, and Fuzzy Thinking (was soviel heißt wie ‚zusammengebrocher Satzbau, schlampige Wortbedeutung und schwammiges Denken') – so beginnt das fünfte Kapitel von Jane Healy's wundervollem Buch *Endangered Minds, Why Children Don't Think, and What We Can Do About It.* Sie beschreibt, wie sprachliche Fähigkeiten, in Wort und Schrift, unser Denken organisieren und definieren. Ein reichhaltiges Vokabular und die Fähigkeit, sich sprachlich in unterschiedlichster Art und Weise auszudrücken, verbessert das Verständnis für abstrakte Konzepte, Verhältnisse und Beziehungen sowie kritisches und schöpferisches Denken – den Nebenprodukten der Imagination.

„Schreiben als Ausdruck des Denkens könnte man als die Fahrprüfung der Sprache bezeichnen. Eine alarmierende Zahl von Schülern besteht diese Prüfung nicht. ‚Nur wenige unserer Studenten können sich schriftlich ausdrücken', klagt Archie E. Lapointe, leitender Direktor des National Assessment of Educational Progress (NAEP – amerikanisches Schulleistungstestsystem). ‚Die meisten sind nicht in der Lage, sich schriftlich angemessen auszudrücken, es sei denn, die Aufgabenstellung ist äußerst einfach.'
Wohldurchdachtes und strukturiertes Schreiben entspringt einem Geist, der im analytischen Umgang mit Worten geübt ist. Wie gut, kreativ oder wertvoll die Ideen eines Schülers auch sein mögen, ihre Wirkung hängt von der Sprache ab, in die sie verpackt werden... Die verbalen Fähigkeiten, die beim Lesen und Schreiben zur Klärung der Beziehungen führen, erfüllen die gleiche Aufgabe in der Mathematik.

Aus Studien mit mathematisch höchst begabten Kindern geht hervor, dass sie oft auch auf sprachlichem Gebiet besonders begabt sind."

JANE HEALY, PH.D.
Endangered Minds

Das zentrale Thema ihres Buches ist der Einfluss von Umwelt und Kultur auf Entwicklung und Funktion des Gehirns – in anderen Worten der Modellimperativ. Unterstützt wird Healy darin von einer Pionierstudie, die Marion Diamond, Professorin für Neuroanatomie an der Universität von Berkeley in Kalifornien, durchführt. „Für uns, die wir auf diesem Gebiet forschen und tätig sind, besteht kein Zweifel daran, dass Kultur Gehirne verändert, und es besteht auch kein Zweifel daran, dass die Gehirne von Kindern dabei sind, sich zu verändern."

Healy beschreibt ferner, dass neue, „fortschrittliche" standardisierte Lesetests für heutige Neuntklässler bezeichnenderweise leichter sind als die Lesetests für Viertklässler im Jahr 1964. Der Großteil der Jugendlichen kann zwar lesen, aber nur wenige sind in der Lage, Texte zu verstehen, die über das Grundschulniveau hinausgehen. Schon die Aufgabe, Schlussfolgerungen aus einem einfachen Text zu ziehen, einer Gedankenkette zu folgen oder auf der Grundlage von dargelegten Tatsachen eigene Gedanken zu entwickeln und zu begründen, stellt für viele eine große Herausforderung dar. Der NAEP schätzt, dass lediglich 5% der heutigen Highschool-Absolventen in der Lage sind, die herkömmlichen Anforderungen eines Universitätsstudiums zu erfüllen. Die Gesellschaft und ihr Arbeitsmarkt werden zunehmend abstrakter und komplexer, während gleichzeitig die Fähigkeit, mit Abstraktem und Komplexem umzugehen, abnimmt. Was ist die Ursache dafür, und was können wir dagegen unternehmen?

Jede Form von Spiel ist ein Training in metaphorisch-symbolischem Denken, dem Fundament jeder Bildung und allen höheren Lernens.

Der nächste Schritt der Menschheit

Trotz der unbestrittenen Tatsache, dass Kinder, die gut lesen, aus Familien stammen, in deren Leben das Lesen eine große Rolle spielt, lesen viele Eltern gar nicht. 80% Prozent der Bücher in unserem Land werden von etwa 10% der Bevölkerung gelesen.

Der Anteil der Leser in den USA nimmt sogar noch ab, und die drastischste Abnahme ist in der Altersgruppe von Jugendlichen unter 21 zu verzeichnen, so Dr. Bernice Cullinan von der New York University. Sie berichtet von einer großen Gruppe „typischer" Fünftklässler, die befragt wurden, wieviel Zeit sie außerhalb der Schule mit Lesen verbringen. 50% gaben an, täglich vier Minuten und weniger zu lesen; 30% zwei Minuten und weniger; 10% gar nicht. Die gleichen Kinder saßen jedoch im Durchschnitt 130 Minuten täglich vor dem Fernseher.

Doch Kinder, so gibt Cullinam zu bedenken, werden nur dann gut, analytisch und mit Verständnis lesen, wenn sie geübte Leser sind – in anderen Worten, wenn sie *viel* lesen.

„Wir werden immer mehr zu einer ‚aliteraten' Gesellschaft, d.h. wir können lesen, tun es aber nicht. Wir überfliegen kurz die Schlagzeilen und greifen dann sofort nach dem Fernsehprogramm. Bücher werden weder aus Vergnügen gelesen noch, um sich zu bilden, nicht einmal um der Information willen. Ein solches Verhalten macht auf drei kritische Punkte aufmerksam: 1. die Beziehung der Erwachsenen, die als Modell dienen, zur geschriebenen Sprache; 2. die schwerwiegende Verlagerung vom beschreibenden Wort als Kommunikationsmittel hin zum graphischen Bild. In drastischer Weise äußert sich diese Verlagerung in der Familie, wo Unterhaltung, Geschichten erzählen und die goldenen Tage des Radios von Computern und Fernsehapparaten verdrängt wurden und 3. wie diese beiden Einflüsse, das Modell und die Umgebung, die Entwicklung des Gehirns und das Verhalten in verschwörerischer Weise beeinflussen."

Jane Healy, Ph.D.
Endangered Minds

Beschreibende Worte, Symbole und Metaphern sind die Nährstoffe des heranwachsenden Gehirns. Sie nähren es und stellen ihm die Anforderungen, die zur Heranbildung und vollen Entwicklung der Vorstellungskraft führen. Fernseh- und Computerbilder, die nicht abstrakt, sondern konkret sind, müsste man in unserem Vergleich als „Junkfood" bezeichnen, Kalorien, die die für das Wachstum so dringend benötigten Nährstoffe ersetzen. Wenn wir fernsehen oder am Computer sitzen, sind die Hirnzentren, die für kritisches und kreatives Denken benötigt werden, nicht beteiligt. Eine ‚Gehirndiät', der es an abstrakten Symbolen und Metaphern fehlt, führt zu einer Unterernährung und Unterentwicklung dieser Hirnzentren. Und wie bei jeder Entwicklung bauen auch hier die nachfolgenden Entwicklungsstadien auf den formbildenden früheren Stadien auf.

Die vollständige Entwicklung jedes unserer Hirnzentren trägt zu dem Spiel des Bewusstseins bei, das wir „Realität" nennen. Die Entwicklung und damit auch Realität eines taub oder blind geborenen Kindes unterscheidet sich gewaltig von der eines Kindes, bei dem diese Sinne intakt sind. Jede neue, sich entfaltende und entwickelnde Fähigkeit beeinflusst sowohl früher bereits entwickelte Fähigkeiten als auch später sich entfaltende. Weltsicht, Möglichkeiten und Chancen eines Menschen, der lesen und schreiben kann, sind völlig anders als die eines Analphabeten. Das Gleiche gilt für die Vorstellungskraft. Es geht nicht um Inhalte. Wir sprechen über Fähigkeiten und wie die Entwicklung einer Fähigkeit auch alle anderen beeinflusst, ein Leben lang. Das Vorhandensein und die Entwicklung der Chancen – oder ihr Nicht-Vorhandensein – hat einen tiefgreifenden Einfluss auf alles Nachfolgende, und die beschreibende Sprache ist der Schlüssel.

Sprachentwicklung beginnt vor der Geburt. Die für die Entwicklung der Vorstellungskraft kritische Phase liegt ungefähr zwischen dem zweiten und dem siebten, achten Lebensjahr. Die meisten der „kindlichen" Qualitäten, die Ashley Montagu in seinem Buch *Growing Young* (*Zum Kind reifen*) beschreibt, beinhalten Imagination – Neugierde, Verspieltheit, Experimentierfreudigkeit, Flexibilität, Humor, Empfänglichkeit für neue Ideen, Lernfreude. Keine einzige dieser Eigenschaften ist reflexartig, und sie entstehen auch nicht ausschließlich in den sensomotorischen oder emotionalen Hirnzentren. Die späteren, ‚abstrakteren' Hirnzentren interpretieren den Fluss an sensorischen und emotionalen Informationen, die von den älteren Hirnzentren an sie weitergeleitet werden und belegen die als

Keine Bildvorstellungen zu entwickeln bedeutet, dass keine Phantasie und Vorstellungskraft vorhanden ist. Das ist viel schwerwiegender als nicht tagträumen zu können. Es heißt, dass Kinder die Bedeutung von mathematischen Gleichungen oder die Semantik der Worte nicht „sehen" können, auch nicht die Bedeutung chemischer Formeln oder den Begriff der Zivilisation, wie wir ihn kennen. Sie können die Feinheiten unserer Verfassung oder Menschenrechtsklausel nicht begreifen und sind von Abstraktionen dieser Art ernsthaft (und zu Recht) gelangweilt. Sie können nur spüren, was ihr physisches System direkt bombardiert; ohne solche Bombardierung werden sie unruhig und nervös. Wegen ihres sensorischen Defizits erzeugen sie sich Stimuli durch ständige Bewegung oder heftige Wortgefechte untereinander, was oftmals fälschlicherweise für Frühreife gehalten wird, aber eigentlich nichts anderes ist als eine sprachliche Hyperaktivität, die die Lücken in der gewohnten Bombardierung füllen soll.

Der nächste Schritt der Menschheit

In meinem Buch *Die magische Welt des Kindes* habe ich einige der drängenden Probleme zur Sprache gebracht, mit denen sich technologieorientierte Gesellschaften heutzutage konfrontiert sehen. Sie sind offenbar das Resultat einer unausgewogenen Einstellung der Technologie selbst gegenüber. Die dort diskutierten Probleme haben sich seither so verschärft, dass jede Hoffnung auf eine Lösung in unserer Zeit in weite Ferne gerückt zu sein scheint Denken wir nur an den sich noch immer wie eine Epidemie ausbreitenden Autismus unter Kindern; an Kinderschizophrenie, Gehirnschäden mit ihren geistig-körperlichen Funktionsstörungen; an den Zusammenbruch der Familie, die steigende Selbstmord-rate unter Kindern, den Zusammenbruch schulischer Disziplin und die Lernunfähigkeit junger Menschen – all dies im Verbund mit einem allgemeinen Verfall sozialer Verhaltensweisen und zunehmender Verwirrung unter den Erwachsenen.

Die heilende Kraft

wichtiger eingestuften Erfahrungen und Zustände mit Namen oder Wörtern/Symbolen. Wir nehmen an diesem schöpferischen Vorgang teil, indem wir uns dieser Worte und Symbole bedienen, um innere Bilder zu erstellen. Das kreative Spiel dieser Bilder lässt uns neue Muster und Möglichkeiten entdecken, die wir dann gebrauchen, um Einfluss auf unsere Umgebung zu nehmen, sie zu verändern. Innere Vorgänge wirken auf äußere, diese auf innere und erzeugen einen kreativ-dynamischen, reziproken Prozess ohne Ende. Wird keine Vorstellungskraft entwickelt, hört dieser expansive, schöpferische Zyklus auf. Wir können uns dann buchstäblich keine neuen Formen und Möglichkeiten vorstellen. Ohne die Kraft der Vorstellung sind wir in einer reflexartigen, mechanischen Ursache-Wirkung-Welt gefangen, die sich unserer Kontrolle entzieht. Ohne die Kraft der Imagination ist Hoffnung als Träger neuer Alternativen oder einer besseren Zukunft völlig bedeutungslos.

Innerhalb einer Spezies gibt es Individuen, die aus dem gesamten Spektrum an entwickelbaren Fähigkeiten ganz unterschiedliche Fähigkeiten bis zu einem hohen Grad entwickeln. So mancher Spitzenathlet beispielsweise kann mit Leichtigkeit in einem Marathon laufen, aber der Überblick über sein Konto mag ihm schwer fallen. Dichter vermögen mit Worten ganze Kunstwerke zu weben, aber treffen nicht ein Mal den Basketballkorb. Wird eine Fähigkeit entwickelt, verändert sich das innere Bild, das durch die Sinne und Gehirnsysteme, die diese Fähigkeit ausdrücken, ins Bewusstsein projiziert wird. Man könnte sagen, dass die spezifischen Merkmale und Intensität einer Fähigkeit durch die weitere Entwicklung der Fähigkeit verstärkt werden, mehr hervortreten, und deshalb in der Wahrnehmung eine größere Rolle spielen. Spektrum und Vielfalt der Fähigkeiten sind spezies-spezifisch. Die speziellen Fähigkeiten, die ein Individuum entwickelt, sind erfahrungsabhängig und stimmen mit der Modellumgebung überein.

Verändere das Vorbild – den Modellimperativ –, verändere die Umgebung, und die speziellen Fähigkeiten, die entwickelt werden, verändern sich ebenfalls, zusammen mit dem inneren

Vorstellungsbild und der Weltsicht, die allen Beziehungen ihre Form gibt. Tag um Tag, jeden Augenblick leben wir mit und unter dem Einfluss dieser wechselseitigen Dynamik, die hin- und herspringt und unsere gesamte persönliche Entwicklung genauso beeinflusst wie wir unsere äußere Umgebung. Schöpfer und Schöpfung sind in diese sich spiegelnde, gegenseitig abhängige Beziehung eingeschlossen.

Diese Beziehung zwischen Umwelt und Entwicklung, Schöpfer und Schöpfung hat sich über Jahrmillionen hinweg entfaltet und dabei eine immer größere Fähigkeit zur Abstraktion ausgebildet. Der Mensch entwickelte sich, entdeckte das Feuer, erfand Werkzeuge, schuf Symbole, Wörter und Sprachen, die für konkrete und vorgestellte Dinge standen. Sehr schnell begannen die abstrakten Symbole mit der äußeren Umgebung als Quelle für geistige Bilder zu konkurrieren. Geschichten wurden erfunden, die das sich entwickelnde Gehirn-Geist-System mit inneren Bildern überfluteten, welche den äußeren Sinnen nicht vorlagen. Schulen wurden gegründet, die die Vorstellungskraft nähren und fördern sollten. Mitte des 20. Jahrhunderts kam diese Entwicklung ins Stocken.

Wenn eine Kultur oder eine Person erst einmal in einen Zustand der Angst gestürzt ist, ist keine der eigenen Anstrengungen gegen diese negative Kraft wirksam. Einzig Einsicht oder Erkenntnis besitzt die Macht, diese negative Kraft zu überwältigen und das System in einen Zustand des Gleichgewichts zurückzuführen. Zwänge und Gewalt versagen immer. Geistige Ganzheit kann nicht aus den Handlungen oder Gedanken einer gespaltenen Person entstehen, nur durch eine Art Gnade, die Macht der Erkenntnis, die schlagartig im Gehirn aufblitzt.

Die heilende Kraft

„Etwa zehn Jahre nachdem wir damit begonnen hatten, den Müttern in den Hospitälern systematisch die Säuglinge wegzunehmen, auf diese Weise jedes Bonding unmöglich machten und die Entwicklung der Dynamik (oder strukturellen Kopplung) zwischen Herz und limbischem System unterbanden, führten wir das Fernsehen ein. Der größte Schaden wird nicht so sehr durch den Inhalt angerichtet [das gleiche gilt für Computer]; er ist vielmehr neurologischer Art und möglicherweise bereits irreparabel.

In den meisten Familien wurde das Geschichtenerzählen durch Fernsehen ersetzt und das Geschichten erzählende Radio wurde zum plärrenden Musikautomaten. Sogar die ganz normalen Alltagsgespräche wurden durch das Fernsehen abgelöst. Eltern spielten immer weniger mit den Kindern – es gab ja Fernsehen. Alle saßen um den Kasten, und nicht einmal die Kinder selbst spielten mehr miteinander. So entwickelte sich keine Fähigkeit zum Spiel mit seinen inneren Bildvorstellungen. Ein Nintendo kann nie Ersatz für phantasievolles Spiel sein.

Das Fernsehen überflutet das Gehirn mit ‚unechten' (weil vorgefertigten) Reaktionen, die das Gehirn als Reaktion auf Reize (Wort, Musik) eigentlich selbst zu produzieren lernen sollte. Als Folge davon entfällt ein Großteil der Strukturkopplung zwischen Geist und Umgebung, metaphorische Bilder entstehen nur spärlich, wenige der höheren Kortexbereiche kommen ins Spiel, und auch symbolische Strukturen entwickeln sich, wenn überhaupt, nur in geringem Maß. Formeln wie $E=mc^2$ bleiben einfach nur Zeichen auf dem Papier, denn es fehlt die metaphorische Fähigkeit, diese Symbole an den Neokortex weiterzuleiten, wo die Konzeptualisierung oder Begriffsbildung stattfindet. Infolgedessen bleibt auch die Ausbildung der symbolischen Begriffssysteme als eine seiner Hauptaufgaben aus.

Das Ausbleiben von Bildvorstellungen bedeutet, dass keine Phantasie und Vorstellungskraft vorhanden ist. Das ist viel schlimmer als einfach nicht tagträumen zu können. Es bedeutet, dass Kinder keine inneren Bilder ‚sehen' können; die Bedeutung eines mathematischen Symbols oder die Semantik eines Worts nicht sehen können; dass sie die Bedeutung einer chemischen Formel nicht erfassen können und auch nicht die Bedeutung von Konzepten oder Begriffen wie ‚Zivilisation' in einem uns bekannten Sinn. Sie können die Feinheiten unserer Verfassung und der Menschenrechtsklausel nicht verstehen und sind von Abstraktionen dieser Art ernsthaft (und zu Recht) gelangweilt.

Sie können nur empfinden, was ihr Körpersystem unmittelbar tangiert oder bombardiert; ohne ein solches Bombardement werden sie sofort unruhig und fühlen sich unwohl. Wegen des sensorischen Defizits erzeugen sie sich Stimuli dadurch, dass sie ständige Bewegung oder heftige verbale Interaktionen suchen, was oftmals fälschlich für Begabung gehalten wird, aber eigentlich eine Art verbaler Hyperaktivität ist, welche die Lücken zwischen den gewohnten Bombardements füllen muss. [Nicht entwickelte Phantasie und Vorstellungskraft ist auch ein Schlüssel zum Verständnis für das Aufmerksamkeitsdefizit und ähnliche Störungen bei Kleinkindern, die zu einer regelrechten Volkskrankheit geworden sind.]

Im fünften Lebensjahr schaut das amerikanische Kind durchschnittlich 6000 Stunden fern – in einem Alter, das eigentlich den Zenit seiner traumähnlichen Welt des Spiels darstellt. Gerade dann schicken wir es in die Schule, zwingen es zum Stillsitzen – in diesem Alter ist das meiste zielgerichtete Lernen sensomotorisch – und verlangen von ihm, mit abstrakten symbolischen Systemen (Buchstaben und Zahlen) umzugehen, für die die meisten Kinder noch gar keine Neuralstrukturen entwickelt haben. Da sie aber das natürliche Bedürfnis haben, ihren Modellen nachzueifern, versuchen sie es und können es nicht. Ihr Selbstwertgefühl bricht zusammen; Scheitern und Schuldgefühle bereiten den Nährboden für Ärger und Wut. Selbst nach der Einschulung schauen sie genau so viel fern wie vorher, und das heißt konkret, sie verbringen mehr Zeit vor dem Fernseher als in der Schule. Landesweit nimmt die tägliche Fernsehzeit mit jedem Jahr sogar noch zu.

1963 zeigten Untersuchungen eine direkte, Eins-zu-eins-Entsprechung zwischen dem Inhalt von Fernsehprogrammen und Verhaltensweisen. Gewalt im Fernsehen (das gilt selbstverständlich auch für Computerspiele) erzeugt in jungen Menschen ebenfalls Gewalt. Das weiß mittlerweile wirklich jeder. Die Gewaltbereitschaft nimmt zu, wenn man sich erst einmal an Gewalt als Lebensstil gewöhnt hat und sie für normal hält, und dann erscheint alles andere eher langweilig. In einer Stunde Kinderprogramm kommen sechzehn Gewaltakte vor; nur acht pro Stunde in einem Programm für Erwachsene. Sind unsere Kinder schließlich zu Teenagern herangewachsen, haben sie geschätzte 18 000 grausame Morde im Fernsehen gesehen, ihrem primären Kriterium für das, was ‚wirklich' ist. Das Leben wird als billiger Gebrauchsartikel dargestellt, den man wegwerfen kann. Und dennoch verdammen wir sie für ihre Gewalttätigkeit."

Der nächste Schritt der Menschheit

Das Kleinkind geht durch eine Phase intensiven Benennens von allem, was es sieht (die „Mama, was ist das?"- Periode). Es ist eine Zeit sprachlicher Formgebung, und das gelernte Wort ist der Schlüssel, der diesen spezifischen Teil des „brachliegenden Chaos der Natur" aufschließt und dem Gehirn ermöglicht, Ordnung zu schaffen, das heißt, einen Begriff, ein Konzept zu bilden. Die Fähigkeit des Wortes, Dinge von einem undifferenzierten Ereignis in eine Wahrnehmungsordnung anzuheben, ist exakt das, was das kindliche Gehirn braucht, um seine Weltsicht zu organisieren. So hat die Bewegung von der Konkretheit hin zur Abstraktion begonnen. Die geschaffene Denkordnung wird schließlich die ewige Welt des menschlichen Geistes sein, die letztendliche Matrix, in die wir eingehen müssen, wenn unser körperliches Dasein vorüber ist.

Die heilende Kraft

Unsere Kritik am Fernsehen und an Computern (und die Gefahr insbesondere für Kleinkinder) hat damit zu tun, dass diese Technologien gefälschte Bildfertigprodukte liefern, die nicht zu dem bilderstellenden Vorgang im Gehirn führen, das diese Bilder ja eigentlich selbst erzeugen sollte. Die Grundregel jeglicher Entwicklung lautet: Ohne entsprechenden Reiz aus der Umwelt wird eine bestimmte Fähigkeit nicht entwickelt.

Spiel ist das Wesen der Phantasie; es ist das freie, offene Spiel von Geist und Körper, das der Imagination ihre Bedeutung verleiht. Unseligerweise haben viele Erwachsene ein wahres Spieldefizit. Es fehlt ihnen an Phantasie und an einer offenen, spielerischen Einstellung zum Leben. Für alles und jedes gibt es die „richtige" Art und Weise, wie man es tun muss, und wenn das Leben nicht diesen Erwartungen entspricht, nun, jeder weiß, was dann eintritt: Konflikte, Enttäuschung und Ärger. Das Gleiche spielt sich erwiesenermaßen bei Kindern ab. Kinder, die Spiel und Vorstellungskraft entwickelt haben, sind weniger aggressiv und gewalttätig als Kinder, die beides nicht entwickelt haben. Stuart Browns Untersuchungen mit verurteilten Schwerverbrechern zeigten eine ähnliche Wechselbeziehung zwischen aggressivem Verhalten und mangelnder Phantasie/Spiel.

Die Eigenschaften, die wir an unseren Kindern ja eigentlich so schätzen – und die wir uns selbst erhalten sollten, auch wenn wir „erwachsen" geworden sind: Neugier und Spielfreude, Experimentierbereitschaft, Flexibilität, Humor, Offenheit für neue Ideen und andere Vorstellungen, lebenslange Wissbegierde –, haben alle mit der Kraft der Vorstellung, mit Phantasie zu tun. Immer wenn wir mit diesen Eigenschaften auf ein Kind zugehen oder uns der Welt stellen, stärken und entwickeln wir sie. Den Kasten auszuschalten ist ein phantastischer erster Schritt in diese Richtung, der vielen extrem schwer fällt, was nur allzu deutlich macht, wie abhängig, ja süchtig wir nach diesen „falschen" Bildern sind. Unseren Kindern eine ihrem Alter entsprechende Lektüre vorzulesen ist eine enorme Hilfe. Während der Mahlzeiten mit den Kindern zu reden, ihnen eigene Kindheitsgeschichten zu erzählen oder zusammen mit ihnen Geschichten zu erfinden, sich einen Ausflug auszudenken – jedweder Gebrauch beschreibender Sprache, die innere Bilder erzeugt, Information mitteilt und neue Möglichkeiten „herbeiträumt", erweitert das Vorstellungsfeld und alles, was es enthält.

Siebtes Grundprinzip
Erneuerung

(Reinkarniere jetzt)

Diesen gegenwärtigen Augenblick hat es noch nie zuvor gegeben. Begegnen wir ihm mit den gleichen alten Mustern wie immer oder mit dem Gefühl von Wunder, Aufregung und Bereicherung, das wir als Kinder empfanden? Jedes der bisher beschriebenen Prinzipien – dem Sein die volle Aufmerksamkeit schenken (Modellimperativ), geborgen genug, um spielen zu können (Schutz, Zusammengehörigkeit, Sicherheit), das Unerwartete willkommen heißen (Vermutungen beiseite lassen), die Hinweise von Kindern aufnehmen (die Kunst des Zuhörens und Beobachtens), aus der Tiefe voll und ganz antworten (authentische Gefühle und Bedürfnisse) und die Imagination – bricht unsere geistigen und körperlichen Gewohnheiten ein wenig auf. Mit jedem „Sprung“ oder Riss in diesem Gewohnheitsgefüge sind wir, und sei es nur für einen Augenblick, weniger mechanisch, machen wir gleichsam einen Schritt in neues, unbekanntes Territorium und spüren die dort vorhandene Kraft. Wir sind gespannt, aufmerksam, neugierig. Unsere ganze gebündelte Aufmerksamkeit und Intelligenz ist bereit, sich dem Augenblick zu stellen, zu lernen und dadurch zutiefst eine Verwandlung zu erfahren. Und welcher fremdartigen Kreatur begegnen wir dort? Unserem eigenen, sich verändernden Spiegelbild und dem unserer Spezies, den Kindern, die wir lieben, der Zukunft der Menschheit.

Wie ein Mime, der mit seinem Spiegelbild tanzt, wird jede Bewegung des einen vom anderen verkörpert; im gleichen Augenblick erfahren beide eine Veränderung, die Veränderung verwandelt den nachfolgenden Augenblick, und das ganze wiederholt sich, eine Verwandlung folgt der anderen von Augenblick zu Augenblick in einem Tanz der Verwandlung. Mit jedem neuen „Sprung“ in unseren Gewohnheiten, mit jeder neuen Wahrnehmung lernen wir. Dieses Lernen wird verinnerlicht und bringt sich selbst zum Ausdruck, reinkarniert, jetzt.

Erinnern wir uns daran, wie sehr der emotionale Zustand der Mutter die Eigenschaften, Beschaffenheit und Form des embryonalen Gehirns bestimmte. Allan Schore zeigt, dass die gleichen Positiv-negativ-Direktiven auch Wachstum, Form und Beschaffenheit des Gehirns im Säugling/Kleinkind während der ersten zwei Lebensjahre nach der Geburt bestimmen. Einer der wichtigsten Wachstumsschübe des Gehirns findet nach der Geburt statt, und das Schicksal des neuen neuronalen Materials unterliegt dem gleichen Modellimperativ wie (das des neuronalen Materials) vor der Geburt. „Verwende oder verschwende es“, lautet das Motto, und die Art und Weise, wie das Gehirn gebraucht wird, bestimmt darüber, wie es sich heranbildet und entwickelt.

Biologie der Transzendenz

Dieses Prinzip der Erneuerung wurde auf S. 67 von David Bohm in einem Gespräch mit Rupert Sheldrake und Renee Weber wunderbar formuliert. Bohm kam auf die Quantentheorie zu sprechen und die Beziehung zwischen Energie (Geist) und Materie. Um zu beschreiben, wie „Bedeutung" (oder Information) Materie organisiert, bediente er sich der Analogie eines Balletts mit der begleitenden musikalischen Untermalung.

Zwischen dem, wie wir uns die Welt da draußen denken, und dem, was wir als da draußen seiend erfahren, besteht eine Verbindung. Die Energie der Gedanken und die der Materie modifizieren sich gegenseitig und stehen in einer wechselseitigen Beziehung zueinander. Zwischen Geist und Wirklichkeit kommt es zu einer Art grober Spiegelwirkung.

Crack in the Cosmic Egg

„Elektronen in einem supraleitenden Zustand [den wir vielleicht die Zone oder optimale Lernbeziehung nennen würden] bewegen sich z.B. in einer geregelten, koordinierten Weise und werden so nicht gestreut. Im Normalzustand verhalten sie sich wie eine unorganisierte Menschenmenge. Wenn man dies mit einem Ballett vergleicht, könnte man sagen, dass die Wellenfunktion im supraleitenden Zustand der Partitur *entspricht – einer Art Information – und der Tanz der Bedeutung der Partitur …*

Die Bedeutung der gesamten Partitur liegt darin, dass sie die Zahl der unabhängigen Tänze und ihren Inhalt festlegt. Um diese Analogie eines Balletts noch etwas zu verbessern, wollen wir annehmen, dass die Partitur der Wellenfunktion nicht festgelegt ist, sondern vom Anfangszustand der Teilchen abhängt. Der Tanz würde sich entsprechend dem Anfangszustand der Tänzer verändern."

David Bohm
Wissenschaftler und Weise, von Renee Weber

Als Antwort auf die Frage, was er denn damit meine, dass die „Partitur der Welle" nicht festgelegt sei, beschrieb Bohm, dass Dirigenten meistens von Notenblättern ablesen und die Tänzer sich in einer vorbestimmten Weise bewegen. Wir können das vielleicht mit unserem normalen Elternverhalten und den üblichen Belohnungen und Strafen vergleichen. In Bohms Erneuerungs-Analogie dirigiert der Dirigent sein Orchester spontan, indem er sich auf den (Anfangs-) Zustand der Tänzer und ihre Bewegungen einstellt. Die Tänzer inspirieren den Dirigenten, der die Inspiration in sich aufnimmt und sie als neue musikalische Partitur ausdrückt. Diese neue Musik inspiriert die Tänzer zu neuen Bewegungen, die wiederum den Dirigenten inspirieren – Schöpfer und Schöpfung spiegeln sich gegenseitig in einem nicht endenden Tanz schöpferischer, phantasievoller Entwicklung. Dieser Zyklus der Verwandlung und Erneuerung führt alle Prinzipien in einem einzigen fließenden, kreativen Vorgang zusammen. Dieser Grundsatz hebt auch die Erfahrung der Erwachsenen-Kind-Beziehung aus ihren mechanischen, vorherbestimmten Mustern heraus und eröffnet einem lebenslangen Prozess des Lernens, der Neugierde, des Verspieltseins, der Bereitschaft zu experimentieren, der Flexibilität und dem Humor die Tür. Wenn wir David Bohms wesentliche Beschreibung der Wissenschaft paraphrasieren und auf die Elternrolle anwenden, stellen wir Folgendes fest:

Die Elternschaft umfasst aus kreativer Wahrnehmung heraus entstehendes Denken und Handeln, das durch Spiel zum Ausdruck gebracht wird. Das sich entfaltende Spiel führt zu vorläufigen Verhaltensweisen, die Handlungen bewirken und als frische, neue Wahrnehmung und neue Einsicht zurückkehren. Dieser Vorgang führt im Erwachsenen und im Kind zu einer fortwährenden Anpassung, die selbst ständigem Wachstum, ständiger Verwandlung und Erweiterung unterworfen ist. Der Umgang mit Kindern und die Mentorenrolle, die wir wahrnehmen, sind daher nichts Starres und Festgelegtes, das sich auf stetige Weise unendlich vermehrt, sondern ein Prozess ununterbrochener Veränderung. Treten ernsthafte Widersprüche in der Eltern-Kind-Beziehung auf, müssen wir zu kreativer Wahrnehmung und freiem Spiel zurückkehren, die die Beziehung wieder verändern und neue Erkenntnisse ermöglichen. Von diesem schöpferischen Prinzip der Erneuerung getrennte Kindererziehung oder Bildung führt unweigerlich zu Konflikten.

Genau diese Konflikte mit ihren impliziten Widerständen verhindern, dass wir jeden Tag unseres Lebens in der *Zone* sind, im Zustand optimalen Lernens.

Bei dem Versuch, unseren Fehler zu korrigieren, richten wir unser Augenmerk auf den Fehler und verlieren damit die Richtung unserer Entwicklung aus den Augen. Nun geschehen mehrere Dinge. Zum einen sind wir vom Kurs abgekommen und bewegen uns in einer Richtung, die unserer Entwicklung entgegenwirkt. Jetzt ist unser Fehler richtungsweisend, er ist zum Pseudokurs geworden. Der Fehler selbst ist nicht entwicklungsfähig, und die Richtung des Fehlers weist immer nur wieder auf ihn. Unser Wachstum ist auf halbem Weg ins Stocken geraten. An diesem Punkt ist unser Denken von Bewusstheit und Erkenntnisintelligenz, die den geradlinigen Kurs darstellen, losgelöst. Aus der Not heraus versucht das Denken, autonom zu werden, das heißt, das fehlerhafte Denken versucht, sich selbst zu korrigieren, anstatt sich wieder am Entwicklungskurs auszurichten.

Die heilende Kraft

Spielerische Eltern – die optimale Lernbeziehung

Beratend an der Zukunft der Menschheit mitzuwirken ist ein Geschenk, eine große Verantwortung und eine ungemeine Herausforderung. Es ist eine Aufgabe von solchem Ausmaß, dass unser Bestes gerade gut genug ist. Wenn wir die Aufgabe annehmen, müssen wir – die Erwachsenen – zusammen mit unseren Kindern wachsen und lernen. Leichter gesagt als getan.

Wenn man versteht, das Spiel das Wesen echten Lernens ist, wird die ungeheure Verantwortung entschärft. Unsere Unterteilungen in falsch/richtig, siegen/verlieren sind fehl am Platz, wenn wir wirklich spielen. Es gibt kein Versagen, wenn Eltern, Lehrer und Trainer sich vollkommen auf die Kinder einstellen, auf sie eingehen, ihnen aus der Tiefe voll und ganz zuhören und in gleicher Weise antworten, wenn wir neugierig sind, mit Überraschungen rechnen, aus dem Augenblick lernen und aus dem neu Gelernten zu einer neuen Antwort finden.

Als wir das Radfahren lernten, als wir lernten, Baseball zu spielen, zum ersten Mal den Umfang eines Kreises berechneten, die ersten Fahr- und Tanzstunden nahmen, unsere ersten sexuellen Erfahrungen machten, das erste Haus bauten und unzählige andere Dinge lernten, haben wir all das nicht genau so gelernt – indem wir unsere ganze Aufmerksamkeit darauf richteten, um der Herausforderung zu begegnen? Der Unterschied ist, dass Kinder sich ständig verändern und wir tun es ebenfalls. Um darauf angemessen antworten zu können, brauchen wir ein Modell, das so flexibel ist wie wir selbst. Mit einem solchen Modell ist vollendetes Können nicht irgendein Fixpunkt, sondern eine Reise ohne Ende, ein Prozess, ein Tanz, Bewegung.

„Vollendetes Können ist jener unerklärliche Vorgang, durch den etwas Schwieriges oder gar Unmögliches mit Übung leicht und sogar zum Vergnügen wird. Vollendung heißt lernen und wieder lernen, ein Leben lang tun, wozu wir sowieso ausgestattet sind. Vollendung lässt den Ausgang offen. Es ist eine Reise, auf der das Ziel mit jedem zurückgelegten Kilometer in weitere Ferne rückt. Mit jedem Schritt tun sich neue Möglichkeiten auf.

Das ganze Leben ist unser Lernumfeld, besonders mit Kindern. Was könnte für uns selbst, für unsere Kinder und die ganze Gesellschaft besser sein, als sich die volle Entwicklung und Verwirklichung des Potentials eines jeden Einzelnen zum Ziel zu setzen? Auf dieses Ziel hinzuarbeiten, besonders mit den eigenen Kindern, ist eine der größten Herausforderungen und Möglichkeiten überhaupt. Der wirkliche Sieger im Spiel des Lebens ist derjenige, der in der Lage ist, wirklich zu lernen und sich jeden Tag zu verändern. Ob er dann einen bestimmten Wettkampf gewinnt oder nicht, ist völlig unerheblich, denn er gewinnt sowieso.“

Persönliches Gespräch
GEORGE LEONARD
Erzieher, Autor, *Education & Ecstasy, Mastery, This Life We Are Given*

David Bohm hat einmal gesagt, dass Einstein deshalb mehr als Newton sah, weil er auf Newtons Schultern stand. Gibt es eine bessere Möglichkeit, unseren Ausblick zu erweitern und unser höchstes Potential zu entfalten und zu entwickeln, als die, unsere Kinder so hoch wie möglich zu halten und so die neue Welt, die sie schaffen, wahrzunehmen und zu erforschen? Der Zustand echten Spielens ist der optimale Zustand, in dem sich diese Beziehung entfalten kann. Welch erstaunliches, wunderbares Geschenk.

Staatsreligionen bilden sich als Überlebensstrategie der Seele und sind die pseudoheiligen Handlanger der Kultur. Kultur, Mythos und Religion entstehen durch (unsere) Projektionen unserer transzendenten Natur und werden wiederum zur Ursache unserer Projektionen. Jede Wirkung ist zugleich ihre eigene Ursache, und jede bringt die andere zum Entstehen. Alle drei miteinander verzahnten Systeme halten sich durch die periodisch auftretende Gewalt aufrecht, die sie in uns erzeugen … Die Eigenschaften oder Merkmale einer Religion oder eines Mythos gehören zur Stärke der Kultur, die Religionen und Mythen entstehen lässt und verkörpert. Ob man nun eine Religion oder einen Mythos zugunsten einer oder eines anderen aufgibt, hat auf die sie automatisch hervorbringende Kultur keine Wirkung. Die Wissenschaft sollte Religionen angeblich verdrängen, wurde aber einfach nur zu einer neuen Form von Religion, zu einer noch stärkeren Stütze der Kultur und zu einem weiteren Deckel, der den Geist einsperrt.

Biologie der Transzendenz

Teil 3

Gespräche zwischen Joseph Chilton Pearce und Michael Mendizza

Erstes Gespräch

San Francisco, Kalifornien

J: Zwei Dinge sind wichtig – Spiel und Geborgenheit. Spiel bietet dem Kind Sicherheit; spielen bedeutet, sicher zu sein. Im Spielzustand kommen keine Fehler vor, gibt es keine Möglichkeit für psychologische Schäden. Aber solch echtes Spiel findet erst dann statt, wenn für eine entsprechend geborgene Umgebung gesorgt ist. Ist das der Fall, wird der Spielzustand selbst für das Kind zum Ort der Geborgenheit, von dem es nie getrennt ist, weil es ihn immer in sich trägt. Aber zuerst muss die Umgebung für Geborgenheit sorgen.

M: Wie definieren wir Spiel?

J: Wir können einige seiner Eigenschaften beschreiben, zum Beispiel imitierendes Spiel, phantasievolles Spiel, darstellendes Spiel usw., aber Spiel selbst ist ein so fundamentaler, universeller Prozess, dass es sich schwerlich definieren lässt, ähnlich wie Leben. Wie definiert man Leben? Was meinen wir damit? Spiel fällt in die gleiche Kategorie.

Spiel selbst ist ein so fundamentaler, universeller Prozess, dass es sich schwerlich definieren lässt, ähnlich wie Leben. Wie definiert man Leben? Was meinen wir damit? Spiel fällt in die gleiche Kategorie.

M: Spiel ist die natürliche Ausgangsbasis für optimales Lernen, für persönliche Bestleistungen, für Wohlbefinden. Es scheint die engen Grenzen, die wir unabhängig von Alter und Beschäftigung erfahren, zu unterhöhlen und zu verwandeln. Auf jeder Stufe unserer Entwicklung stoßen wir auf Grenzen, und Spiel hilft uns, sie zu überschreiten. Es stellt eine sehr spezielle Art von Beziehung her, eine Beziehung von besonderer Qualität.

J: Für ein zweijähriges Kind ist Spiel etwas ganz anderes als für einen Zwanzigjährigen, aber es gibt etwas an diesem „Zustand“, das konstant bleibt. Spiel verkörpert einen Aspekt, der außerhalb altersspezifischer Eigenschaften steht. Es verändert sich mit uns.

M: Wir lernen etwas, und der Lernvorgang beinhaltet eine Art Spiel. Wir üben das Gelernte ein. Es wird uns bald zur Gewohnheit, und das, was uns so schwer fiel – zum Beispiel Autofahren – erfordert später nur noch wenig Aufmerksamkeit. George Leonard nennt diesen Vorgang vollendetes Können, Meisterschaft. Wird etwas aber zu einer mechanischen Reaktion, ist es kein Spiel mehr. Spiel hebt uns immer wieder aus dieser mechanischen Reaktion oder Beziehung zur Welt heraus. Spiel verbindet uns mit dem gegenwärtigen Augenblick.

Spiel kann nur im Jetzt stattfinden. Neue Fertigkeiten werden sofort dem sensomotorischen Gehirn übergeben, wo sie, ohne allzu viel Aufmerksamkeit zu erfordern, beliebig oft wiederholt werden können. Spiel ist unsere einzige Möglichkeit, die Beschränkungen dieses aus Wiederholungen bestehenden Lebensstils hinter uns zu lassen.

J: Spiel kann nur im Jetzt stattfinden. Neue Fertigkeiten werden sofort dem sensomotorischen Gehirn übergeben, wo sie, ohne allzu viel Aufmerksamkeit zu erfordern, beliebig oft wiederholt werden können. Spiel ist unsere einzige Möglichkeit, die Beschränkungen dieses aus Wiederholungen bestehenden Lebensstils hinter uns zu lassen.

M: Unter Evolution wurde auch das Überleben des Stärksten verstanden, aber ohne Spiel wäre sie gar nicht möglich. Es würden sich einfach immer nur die gleichen Muster wiederholen.

J: Spiel durchbricht die Muster, die unsere Gewohnheiten schaffen.

M: Und dann wird die neue Entdeckung oder Reaktion selbst zum Muster.

J: Jede wiederholte Reaktion wird ein Muster. Wir nennen dies Lernen, aber es ist nicht Lernen, sondern Konditionierung. Echtes Lernen ist gleichzeitig wirkliches, echtes Spiel, zu dem ein Grad an Aufmerksamkeit gehört, der in einer mechanischen, vorherbestimmten Reaktion nicht vorhanden ist.

M: Du hast beschrieben, wie der „Sprung im kosmischen Ei" jener Augenblick neuer Erkenntnis, sich immer wieder schließt. Wenn der Spalt sich auftut, durch eine Beleidigung etwa, eine plötzliche Freude oder Einsicht, sind wir offen. Wir sind wach und mit ungeteilter Aufmerksamkeit bei der Sache. Bald danach beginnt der Spalt sich wieder zu schließen oder zu vernarben, und die neue Wachheit wird zu einer alten Gewohnheit. Dann ist der Spalt wieder geschlossen. Spiel ist eine spezielle Energie, eine Energie mit einer speziellen Qualität und einer speziellen Aufmerksamkeit, die uns vor dem Gefängnis dieser vorherbestimmten, sich ewig wiederholenden, mechanischen Gewohnheiten bewahrt, und das besonders im Hinblick auf unsere Beziehungen.

J: Beziehungen, die nicht verspielt sind, werden mechanisch.

M: Um uns aus den Gewohnheiten zu befreien, die wir doch ständig neu schaffen, müssen wir diesen hohen Grad an Aufmerksamkeit auf den Augenblick richten.

J: Wodurch unsere Beziehungen jeden Augenblick neu definiert und geformt werden.

M: Diese zusätzliche Aufmerksamkeit ermöglicht es uns, nicht in vorherbestimmter, mechanischer Weise zu reagieren. Ohne Aufmerksamkeit übernehmen unsere Gewohnheiten die Situation. Unsere Beziehungen werden von unseren Gewohnheiten dominiert. Diese zusätzliche Aufmerksamkeit oder Energie – das ist Spiel. Spiel bringt diese extra Energie in einen Augenblick und ermöglicht in jedem Alter, in jeder Situation die Entdeckung von etwas Brandneuem.

J: Spiel bedeutet ungeteilte Aufmerksamkeit.
Nicht ein Quäntchen Energie ist für irgendetwas anderes übrig. Deshalb sind Kinder in diesem ungeheuer kreativen Prozess so vollständig absorbiert. Dabei beklagen wir uns, unsere Kinder könnten sich nicht konzentrieren. Spiel ist vollkommene Aufmerksamkeit, und diese Aufmerksamkeit ist Lernen. Durch das Spiel lernen Kinder, ihre Aufmerksamkeit zu bündeln und zu organisieren.

Kinder verwandeln alles in Spiel und spielen mit allem, wenn man sie lässt. Es gibt absolut keine Grenzen dafür, womit gespielt werden kann. Die ganze Welt ist ein Spielzeug für das Kind, wie auch jedes Ereignis in seinem Leben. Vom Aufwachen bis zum Schlafengehen ist jeder Moment eine Gelegenheit, zu spielen, und das bedeutet ungeteilte Aufmerksamkeit auf dieses Ereignis oder Objekt, in jedem einzelnen Augenblick.

M: Was uns wieder zum Thema Geborgenheit zurückbringt. Wenn wir uns nicht sicher und geborgen fühlen, ist es unmöglich, die Aufmerksamkeit derart zu konzentrieren.

J: Unsere Aufmerksamkeit ist geteilt, wenn wir keine Sicherheit verspüren. Wir sprechen dann von Aufmerksamkeitsstörung- oder defizit. Ein Teil der Aufmerksamkeit versucht, sich der aktuellen Aufgabe zu widmen; ein anderer Teil versucht, sich gegen das Gefühl, nicht sicher zu sein, zur Wehr zu setzen. Optimales Lernen und persönliche Bestleistungen werden dann möglich, wenn unsere Aufmerksamkeit gebündelt ist, wenn sie nicht teilweise zu Verteidigungszwecken vergeudet werden muss. Tritt etwas Schmerzhaftes ein, teilt sich die Aufmerksamkeit, das Spiel endet, was den Lernvorgang behindert, die Leistung beeinträchtigt und unser Wohlbefinden ebenfalls.

M: Was ist das Schlüsselwort dieser als Aufmerksamkeitsdefizit bezeichneten Störung? Aufmerksamkeit.

J: Betrachte die persönliche Geschichte eines durchschnittlichen Kindes. Wo kommt wirklich ungeteilte Aufmerksamkeit vor? Beim Spielen. Das ist Teil unserer Definition. Spiel ist der Zustand ungeteilter Aufmerksamkeit.

M: Ein guter Anfang.

J: Wir haben gerade begonnen, Spiel tatsächlich zu definieren – als den Zustand ungeteilter Aufmerksamkeit. So habe ich das noch nie betrachtet.

M: Nun, Aufmerksamkeit auf was?

J: Kinder verwandeln alles in Spiel und spielen mit allem, wenn man sie lässt. Es gibt absolut keine Grenzen dafür, womit gespielt werden kann. Die ganze Welt ist ein Spielzeug für das Kind, wie auch jedes Ereignis in seinem Leben. Vom Aufwachen bis zum Schlafengehen ist jeder Moment eine Gelegenheit, zu spielen, und das bedeutet ungeteilte Aufmerksamkeit auf dieses Ereignis oder Objekt, in jedem einzelnen Augenblick.

M: Ungeteilte Aufmerksamkeit – was bedeutet das?

J: Ganzsein. Was auch immer die Anforderung sein mag, ich bin nicht geteilt. Ich bin ganz; ganz in mir selbst und ganz in meiner Beziehung zur Welt.

M: Unser Zustand des Ganzseins oder das Gefühl, nicht ganz zu sein, wirkt sich entscheidend darauf aus, wie wir die Welt erfahren und eine Beziehung zu ihr finden.

J: Es wirkt sich auf das aus, was wir lernen, wie wir etwas tun, auf unser Wohlbefinden. Eigentlich sollte uns diese Fähigkeit zu vollkommener, ungeteilter Aufmerksamkeit als ein Werkzeug im Umgang mit jeder Herausforderung dienen. Die meisten von uns können sie aber so nicht anwenden, weil wir innerlich zerrissen, geteilt sind, und das bedeutet: Wir können nicht mit unserer

Eigentlich sollte uns diese Fähigkeit zu vollkommener, ungeteilter Aufmerksamkeit als ein Werkzeug im Umgang mit jeder Herausforderung dienen. Die meisten von uns können sie aber so nicht anwenden, weil wir innerlich zerrissen, geteilt sind, und das bedeutet: Wir können nicht mit unserer Welt spielen. Warum können wir nicht mit unserer Welt spielen? Weil zuviel „auf dem Spiel" steht.

Welt spielen. Warum können wir nicht mit unserer Welt spielen? Weil zuviel „auf dem Spiel" steht.

M: Da sind wir wieder bei der Geborgenheit und beim Bonding.

J: Stuart Brown hat gezeigt, dass Tiere in freier Wildbahn nicht spielen, wenn Menschen in der Nähe sind. Sie können dann nicht spielen; sie müssen sich schützen, verteidigen. Folglich haben wir nicht das Glück, wilden Tieren beim Spiel zuschauen zu können – unsere bloße Gegenwart verhindert es. Der gleiche Effekt tritt bei Kindern auf. Sobald die Eltern auftauchen, ist das Spiel vorüber – es sei denn, sie spielen mit. Plötzlich ist Anerkennung wichtig, und das Kind kann nicht mehr spielen.

M: Die volle Aufmerksamkeit geht in die Brüche, wenn wir Zuschauern gefallen möchten.

J: Vollständige, ungeteilte Aufmerksamkeit charakterisiert den Spielzustand, und dieser Zustand wiederum erzeugt ungeteilte Aufmerksamkeit. Das gleiche trifft auf Geborgenheit zu und auf die Aufmerksamkeit selbst. Spiel erfordert ein ungeteiltes, vollständiges Absorbieren der Aufmerksamkeit, und genau das ist immer der Zustand des Spiels. Die gesamte, gesammelte Energie ist dort, erzeugt ihren eigenen Zustand, und dieser Zustand ist Freude, Glück.

M: Man könnte sagen, dass Freude transzendent ist. Spiel befreit uns von den Grenzen und Zwängen, die unsere Gewohnheiten uns auferlegen. Die Erfahrung, von Grenzen und Zwängen frei zu sein, ist beglückend. Wir haben immer die Möglichkeit, dieses wunderbare offene Fenster zu entdecken; können lernen und wachsen, wenn wir in jedem Augenblick nur genügend aufmerksam sind. Wenn wir diese Qualität der Aufmerksamkeit nicht einbringen, überrennen uns unsere Gewohnheiten, und wir handeln wie Maschinen. Ohne die zusätzliche Energie und Aufmerksamkeit, die wir Spiel nennen, stecken wir in unseren Gewohnheiten fest und tun nichts weiter, als immer und immer wieder die gleichen alten Muster zu wiederholen.

J: Das macht Spiel zum entscheidenden Katalysator jeder Entwicklung.

M: Eine volle Entwicklung braucht volle Aufmerksamkeit.

J: Und diese Aufmerksamkeit kann sich auf alles richten. Ein Kind mag stundenlang unabgelenkt im Sandkasten spielen. Oder nur ein paar Minuten; dann lenkt es seine Aufmerksamkeit auf etwas anderes und ist vollkommen darauf konzentriert. Erwachsene sind in der Regel nicht bereit, ihrer Welt diese Art konzentrierter Aufmerksamkeit zu geben, es sei denn, es passt zu irgendwelchen künstlich gesetzten Bedingungen, z.B. beim Klavierüben oder Meditieren. Deswegen leben Erwachsene in einer so kleinen, einengenden Welt. Kinder bringen diese Qualität der Aufmerksamkeit in jede ihrer Beschäftigungen ein.

M: Solange, bis wir ihnen durch unser Verhalten unsere künstlich geschaffenen Einschränkungen beibringen.

J: Spiel ist ein Zustand, in dem wir Alternativen entdecken, selbst hervorbringen oder uns ihnen öffnen, die die Einschränkungen des gegenwärtigen Augenblicks überschreiten. Das Kind hat nur eine Garnrolle zur Verfügung, obwohl das, was es imitiert, eine Dampfwalze oder der Müllwagen ist. Durch sein Spiel ist es in der Lage, über die Begrenztheit der Garnrolle hinauszugehen und in einer ganz anderen Welt zu agieren. Und jetzt sind wir bei der entscheidenden Rolle, die der Vorstellungskraft zukommt. In der Vorstellung erzeugt das Kind Bilder, die für das äußere Sinnessystem nicht vorhanden sind. Sodann übertragen sie ihre inneren Bilder auf die Welt und bringen diese in Übereinstimmung mit den inneren Bildern. Sie verwandeln die Welt entsprechend ihren inneren Bildern. So sah Michelangelo die Statue im Stein, bevor er sich daran machte, sie aus dem Stein herauszuarbeiten. So sieht der Wissenschaftler nicht nur eine Welt in einem Sandkorn, sondern alle Kräfte des Universums in einem Kubikzentimeter leeren Raums. Durch das Spiel erheben wir uns über die offensichtlichen Zwänge und Grenzen des gegenwärtigen Augenblicks. Genau das tut das Kind, wenn es spielt. Kinder gebrauchen und schulen diese Fähigkeit, die Welt für sich selbst auf völlig neue Weise entstehen zu lassen. Das ist das Wesen der Kreativität, die dann im begnadeten Wissenschaftler oder Künstler zur Reife kommt. Die Fähigkeit des Kindes, sich mit einer Sache vollkommen zu beschäftigen, so zu tun, als wäre die Garnrolle ein Lastwagen, ist das Fundament für all das.

Durch das Spiel erheben wir uns über die offensichtlichen Zwänge und Grenzen des gegenwärtigen Augenblicks. Genau das tut das Kind, wenn es spielt. Kinder gebrauchen und schulen diese Fähigkeit, die Welt für sich selbst auf völlig neue Weise entstehen zu lassen. Das ist das Wesen der Kreativität, die dann im begnadeten Wissenschaftler oder Künstler zur Reife kommt. Die Fähigkeit des Kindes, sich mit einer Sache vollkommen zu beschäftigen, so zu tun, als wäre die Garnrolle ein Lastwagen, ist das Fundament für all das.

M: Spiel heißt auch, Beziehungen herzustellen. Kinder wollen jede neue Erfahrung ganz machen, sich uneingeschränkt darauf einlassen.

J: Sie möchten darin aufgehen.

M: Für mich ist die Fähigkeit zur Absorption gleichbedeutend mit Wachstum und Lernen.

J: Alle universellen Eigenschaften des Spiels finden sich bereits im frühesten Spiel des Kleinkinds. Und plötzlich trifft uns die Erkenntnis, dass diese universellen Merkmale dem fortschreitenden Prozess der Entfaltung von Intelligenz zugrunde liegt.

M: Absorption und Aufmerksamkeit sind ein und dasselbe. Die Fähigkeit, etwas zu absorbieren oder völlig aufzunehmen, ist die Fähigkeit, aufmerksam zu sein. Wie vollständig wir dann aufmerksam sind, das wiederum ist Lernen. Was meinen wir also, wenn wir von einem Kind sagen, es leide an dieser Störung, diesem Aufmerksamkeitsdefizit? Es bedeutet, dass das Kind nicht fähig ist, etwas zu absorbieren, einer Sache keine Aufmerksamkeit schenken kann; dass es nicht in der Lage ist, in eine Erfahrung hineinzuwachsen und mit ihr zu wachsen, weil die Aufmerksamkeit nicht gebündelt, sondern fragmentiert ist.

Unser Ziel ist es, für eine Umgebung oder Lernerfahrung zu sorgen, die die Lernfähigkeit des Kindes optimiert, damit es der Welt in all ihren Variationen mit 100% seiner Aufmerksamkeit begegnen, sie absorbieren, die Erfahrung meistern und Grenzen welcher Art auch immer überschreiten kann. Eigentlich ein ziemlich erstaunlicher Vorgang. Die Qualität der Aufmerksamkeit ist zustandsspezifisch. Der Zustand formt den Inhalt und gibt ihm seine Bedeutung. Man könnte sagen, dass der *Zustand der Inhalt ist.*

Unser Ziel ist es, für eine Umgebung oder Lernerfahrung zu sorgen, die die Lernfähigkeit des Kindes optimiert, damit es der Welt in all ihren Variationen mit 100% seiner Aufmerksamkeit begegnen, sie absorbieren, die Erfahrung meistern und Grenzen welcher Art auch immer überschreiten kann. Eigentlich ein ziemlich erstaunlicher Vorgang.

J: Das beschreibt Maria Montessori in ihrem Buch *The Absorbent Mind.* Es ist in der Tat notwendig, deutlich zu machen, dass sich die Fähigkeit, einer Sache volle Aufmerksamkeit zu schenken, durch alle Entwicklungsstadien hindurchzieht, bis wir schließlich bei dem Wissenschaftler angelangen, der sich mit der gleichen ungeteilten Aufmerksamkeit in eine bestimmte Problemstellung vertieft.

Das Kind oder der Erwachsene, der die Fähigkeit zu voller Aufmerksamkeit besitzt, betrachtet die Welt und nimmt sie so, wie sie ist. Sie gehen immer genau mit dem um, was ist, in jedem Augenblick neu, und gleichzeitig erzeugen sie innere Bildvorstellungen, die sie auf die äußere Situation übertragen, um damit die Zwänge und Grenzen, die sie vorfinden, zu überschreiten.

Wenn das Kind zufällig einen Löffel in unsere Richtung wirft und wir ihn zurücklegen, erkennt das Kind ein Spiel darin und tut es wieder und wieder, und noch einmal. Es hat seine Welt verändert. Der Löffel ist nicht länger das, was er einmal war. Die Beziehung zu allem verwandelt sich, weil es ihn in ein Spiel verwandelt hat. Dann gehen wir zu begrifflichen Objekten über. Ein bestimmtes Objekt kann für etwas anderes stehen – hier haben wir eine Metapher. Als nächstes übertragen wir diesen Vorgang auf die Interaktionen zwischen Personen und haben interaktives Spiel. Wenn wir Monopoly spielen, ist das nichts anderes als reines begriffliches, metaphorisches Spiel.

M: Am Anfang war das Spielobjekt vielleicht ein Löffel; ziemlich schnell war es dann die Reaktion der Eltern.

J: Sie haben die Bühne des interaktiven Spiels betreten.

M: Es gab eine Erkenntnis, welche die Bedeutung der Erfahrung verändert hat.

J: Wenn der Zustand des Spiels sich im Kind festigt und wachsen kann, wird dies zur Herangehensweise, deren das Kind sich in jeder Situation bedient. Alles wird offen sein. Es wird sich nie in den Zwängen des Augenblicks verstricken.

M: Wenn nicht, ist es ein Gefangener.

J: Das Potential für diese transformierende Erkenntnis oder Einsicht ist angeboren, aber seine Entwicklung ist erfahrungsabhängig. Ein Kind, mit dem man spielt, spielt. Das Kind, das Liebe erfährt, liebt. Die Erkenntnis, die die Erfahrung veränderte, war in der Erfahrung nicht enthalten. Irgendetwas veränderte sich im Kind, eine neue Wahrnehmung. In genau diesem Augenblick wurde eine neue Beziehung zwischen dem Kind und der äußeren Erfahrung erstellt. Seine Welt wurde buchstäblich verändert. Es ist enorm wichtig, diese transformierende Kraft des Spiels zu entdecken. Diese Entdeckung befähigt das Kind, die Welt, in der es lebt, mitzugestalten.

Irgendetwas veränderte sich im Kind, eine neue Wahrnehmung. In genau diesem Augenblick wurde eine neue Beziehung zwischen dem Kind und der äußeren Erfahrung erstellt. Seine Welt wurde buchstäblich verändert. Es ist enorm wichtig, diese transformierende Kraft des Spiels zu entdecken. Diese Entdeckung befähigt das Kind, die Welt, in der es lebt, mitzugestalten.

M: Wir haben den Begriff „transzendent“ verwendet.

J: Richtig, Kinder überschreiten die gewohnten Mechanismen des Lebens. Sie leben in einem teilnehmenden Universum, nicht in einem mechanischen.

M: Diese schöpferische Fähigkeit zur Erkenntnis muss begrüßt, ermutigt, unterstützt und genährt werden.

J: Genau, und zwar durch den Erwachsenen, der zusammen mit dem Kind in jedem Alter und in jeder Entwicklungsphase spielt. Das Kind wird jedes Ereignis in ein Spiel verwandeln. Warum? Weil Spiel die beste Art zu lernen ist, und das trifft auch für Erwachsene zu.

M: Wie handelt man im Interesse sowohl des Kindes als auch des Erwachsenen? Wie findet man das Gleichgewicht? Wenn wir die Signale und Hinweise unserer Kinder wirklich beachten, müssen wir uns auf echte Entdeckungen gefasst machen. Was mich beunruhigt, ist die Tatsache, dass unser gegenwärtiges Verständnis von Elternschaft die Entwicklung erstickt. Wir erlauben weder dem unermesslichen Potential unserer Kinder noch unserem eigenen, sich zu entfalten. Unsere Grenzen sind zu starr.

J: Bei jeder Öffnung müssen wir versuchen, die ausgesendeten Signale zu sehen und zu erspüren, welches Bedürfnis wirklich vorliegt und erfüllt werden sollte. Das ist immer eine Herausforderung. Erst wenn der Augenblick da ist, wissen wir, was zu tun ist, nie im Voraus.

Wir müssen unschuldig werden, in gewisser Weise wie Kinder, um das klar zu sehen. Wir müssen mit den Augen eines Kindes sehen und wie ein Erwachsener handeln, denn wir sind für die Kinder das Modell.

M: Der Erwachsene muss wie ein kleines Kind werden, um der Herausforderung gerecht werden zu können.

J: Wir müssen uns auf die Wellenlänge des Kindes einstimmen, auf ihr bleiben und dann unsere reife Erwachsenen-Wellenlänge anzapfen und handeln. Das ist immer eine Herausforderung. Es ist wirklich das Unbekannte, eine Bedrohung unserer Weltsicht. *Die* eine Frage, die wir uns stellen müssen, ist doch, ob wir unsere Gewohnheiten kopieren wollen, unsere Grenzen und die Gewalt,

> Die eine Frage, die wir uns stellen müssen, ist doch, ob wir unsere Gewohnheiten kopieren wollen, unsere Grenzen und die Gewalt, oder ob wir sie hinter uns lassen wollen. Und in diesem Augenblick haben wir die Wahl. Die Entscheidung, über sie hinausgehen zu wollen, wird uns immer aus unseren gewohnten, bequemen Bahnen reißen. Bohm hebt hervor, dass Gewohnheiten bequem, sind, weil sie Reflexe sind. Sie wiederholen sich und wiederholen sich und wiederholen sich in endloser Abfolge. Das ist die kulturelle Verschlusshaube, die uns den Blick über uns selbst hinaus versperrt.

oder ob wir sie hinter uns lassen wollen. Und in dem Augenblick haben wir die Wahl. Die Entscheidung, über sie hinausgehen zu wollen, wird uns immer aus unseren gewohnten, bequemen Bahnen reißen. Bohm hebt hervor, dass Gewohnheiten bequem sind, weil sie Reflexe sind. Sie wiederholen sich und wiederholen sich und wiederholen sich in endloser Abfolge. Das ist die kulturelle Verschlusshaube, die uns den Blick über uns selbst hinaus versperrt.

M: Ein Großteil unserer Zielvorstellungen ist unbewusst. Das kindgleiche Staunen, die Offenheit, Neugierde und Wissbegierde, die Frische, das Beobachten, die Freude an der Möglichkeit neuer Erkenntnisse, all das ist ausgeschlossen, wenn wir uns nach unseren gewohnten Programmen richten.

J: Stimmt genau.

M: Wir fügen diesen kindlichen Qualitäten unsere Erwachsenenerfahrungen und Weisheiten hinzu. Das erzeugt im Erwachsenen eine interessante Dynamik zwischen offenem Spiel und praktischer Erfahrung.

J: Sie müssen alle ins Spiel einfließen. Wenn man nur so tut, als wäre man ein Kind, ist das, als wollte ein Blinder einen anderen Blinden führen. Das Kind braucht ein Modell, das ihm auf seiner Stufe entgegenkommt. Nur der Erwachsene kann das Kind auslösen.

M: Aus den Grenzen, die in diesem Augenblick erfahren, ausgelotet und überschritten werden.

J: Und es ist das kindgleiche Modell, das den Erwachsenen aus den Beschränkungen seines vergewaltigten Zustands auslöst. Durch die Gegenseitigkeit der Handlung, in der der Erwachsene die Einstellung aufgeben muss, er befände sich im Besitz der perfekten Zielvorstellungen und auf das Kind zugeht, auf dessen Bedürfnisse schaut, stellt er fest, dass seine eigenen Bedürfnisse dadurch ebenfalls erfüllt werden. Dies öffnet ihn für eine völlig neue Erfahrung.

M: Um für neue Möglichkeiten offen zu sein, müssen wir den Glauben beiseite lassen, dass wir die „richtige" Antwort schon im Voraus „wissen". Beiseite lassen heißt nicht aufgeben. Aber wir müssen bereit sein, unsere festen Auffassungen und Formeln zeitweise auszusetzen, um wirklich beobachten zu können. Unser erster Reflex mag richtig oder auch völlig falsch sein; aber wir wissen es niemals, es sei denn, wir lassen unsere Vorstellungen einmal beiseite mit der Bereitschaft, frisch und unverbraucht hinzuschauen. Das eröffnet neuen Erkenntnissen den Weg.

J: Der Trick ist also, unsere Zielvorstellungen als einen Vorschlag zu verstehen, nicht als eine absolute, in Stein gemeißelte Wahrheit.

M: Sie dürfen nicht mehr als vorläufigen Charakter besitzen.

J: Was wir als unsere „Agenda" bezeichnet haben, ist nicht wirklich etwas gänzlich Unbewegliches. Es ist lebendig; in diesem Augenblick können wir uns für etwas öffnen, das wir bisher noch nicht entdeckt haben.

M: Wir erfahren diese Dynamik zwischen kindgleicher Unschuld, Staunen und Offenheit für Neues sowie unsereren Erwachsenenvorstellungen. Optimale Kindererziehung umfasst beides. Unsere Antwort auf das Kind ist provisorisch. Wir tun unser Bestes und sehen dann, was geschieht. Wichtig ist unsere Bereitschaft anzuerkennen, dass das, was wir für die „beste" oder „richtige" Erwiderung „halten", falsch sein kann. Alles unterliegt einer ständigen Veränderung. Wir, Erwachsene, Kinder, Umstände, sind dynamische Prozesse, immer in Bewegung. Deshalb müssen wir unsere Vorstellungen durch genaues Beobachten auch ständig aktualisieren, indem wir die Hinweis der Kinder aufnehmen und aus der Tiefe, voll und ganz, antworten.

Die Erwachsenenvorgabe wird immer unter der Auffassung geschehen, dass sie aus gutem Grund immer das Richtige tun. In diesem „Tanz" oder Zwiegespräch mit dem Kind muss der Erwachsene bereit sein, die Annahme, dass alles, was er/sie tut, „immer richtig" ist, beiseite zu lassen. Weil man nie mit absoluter Sicherheit sagen kann, was das Kind im nächsten Augenblick wirklich braucht.

J: Wir müssen verstehen, dass die Elternrolle eine Reise ist, kein fester Endpunkt, an dem man ankommt. Es ist ein Lernprozess. Eltern müssen in jedem Augenblick von jedem Augenblick lernen, genauso wie die Kindheit aus ununterbrochenem Lernen besteht.

M: Eltern machen ihre Vorgabe, müssen dann aber bereit sein, aus der Reaktion des Kindes zu „lernen". Seine Reaktion wird mir sagen, ob meine Vorstellungen angebracht waren oder nicht.

J: Genau. Mein Zeichen von Respekt und Akzeptanz der Signale, die es aussendet, signalisiert dem Kind, dass es sicher ist, sich zu öffnen und weitere Signale zu senden – wie ein Ball, der hin- und her geworfen wird. Was eigentlich hin- und her geworfen wird, sind Gefühle und Bedürfnisse und die Bedeutung, die sie in diesem Augenblick haben. Die Erwachsenenvorgabe wird immer unter der Auffassung geschehen, dass sie aus gutem Grund immer das Richtige tun. In diesem „Tanz“ oder Zwiegespräch mit dem Kind muss der Erwachsene bereit sein, die Annahme, dass alles, was er/sie tut, „immer richtig“ ist, beiseite zu lassen. Weil man nie mit absoluter Sicherheit sagen kann, was das Kind im nächsten Augenblick wirklich braucht.

M: Hier wird das Beobachten wichtig.

J: Und die Fähigkeit, im Augenblick zu leben. Diese Fähigkeit ist eigentlich ein Nebenprodukt. Wenn man sie als Ziel anstrebt, wird sie nie entstehen. Aber man wird feststellen, dass das Leben im Augenblick einfach geschieht – durch ehrliche Zuneigung und wirkliches Beobachten.

Die Fähigkeit, im Augenblick zu leben, ist eigentlich ein Nebenprodukt. Wenn man sie als Ziel anstrebt, wird sie nie entstehen. Aber man wird feststellen, dass das Leben im Augenblick einfach geschieht – durch ehrliche Zuneigung und wirkliches Beobachten.

M: Es scheint unmöglich zu sein, keine Zielvorstellungen zu haben.

J: Als Erwachsener.

M: Das Kind reagiert auf uns und zeigt uns dadurch, ob unsere Vorgabe angebracht war oder nicht.

J: Man kann nie sagen, dass die Dynamik im Erwachsenen beginnt oder im Kind; sie ist schnell wie ein Blitz und findet in beiden statt. Ich schaue oft jungen Rehen zu, die unter den Apfelbäumen grasen. Oft sind sie richtig übermütig, springen hierhin und dorthin, sind plötzlich wie in heller Aufregung, rennen im Kreis, bleiben unvermittelt stehen. Die Alten grasen dabei ungestört weiter. Dann rennen die Jungen zu ihnen, animieren sie zum Mitspielen und werden meistens ignoriert. Sie springen wieder davon und kommen erneut angerannt, diesmal aus einer anderen Ecke, und wiederholen ihre Bewegungen. Plötzlich bewegen sich die Großen, und das Spiel beginnt. Es ist sonnenklar. Der Kleine muss seinen Kopf durchsetzen. Das Ganze hat etwas Klischeehaftes an sich. Bei uns spielt sich das Gleiche ab.

M: Du hast in diesem Zusammenhang von Spiel gesprochen.

J: Weil es das ist, was wieder entdeckt werden muss.

M: Provisorisch oder vorläufig heißt also, sowohl mit dem Kind und seinem Verhalten eine spielerische Beziehung einzugehen als auch in gleicher Weise spielerisch mit meinen eigenen Überzeugungen, meinem Wissen umzugehen.

J: Genau.

M: Vorläufig bedeutet auch temporär, kurzfristig, bedingt, unbeständig, nicht absolut gewiss, festgelegt oder vollkommen. Ich verfolge, wie der Ball über das Netz fliegt und wieder zurückkommt – dadurch lerne ich. Zum Lernen gehört diese anpassungsfähige Verspieltheit. Wenn meine Vorgabe auf der Grundlage von Fürsorge für den anderen und mich geschieht und als Vorschlag unterbreitet wird, bin ich automatisch weniger dogmatisch, weniger aggressiv und intelligenter.

J: Wir bringen in die Situation das ein, wozu wir in der Lage sind, und akzeptieren die Tatsache, dass wir das Ergebnis weder vorhersagen können noch im Griff haben. Unsere Handlung ist provisorisch. Die Beziehung beruht auf Gegenseitigkeit und muss so biegsam, so flexibel sein, dass die Integrität unserer guten Absicht nicht verletzt wird, die weiterhin intakt bleibt. Provisorisch oder vorläufig umfasst natürlich auch Vorausschau, weise Voraussicht. Wir haben nicht die Fähigkeit, die Zukunft vorhersagen, deshalb bleibt uns gar nichts anderes übrig, als freudig zu akzeptieren, dass unsere Handlungen provisorischer Art sind. Eigentlich „spielen" wir ja immer, wir haben es nur vergessen. Mit unserem „Wissen" immer unter der Prämisse umzugehen, dass es vorläufigen Charakter hat, wäre selbst bereits eine großartige Lernleistung.

M: Wäre uns das wirklich klar, würde es in uns, den Erwachsenen, eine tiefgreifende Veränderung bewirken – und in der Beziehung zu Kindern. Bitten wir also Erwachsene, sich selbst ehrlich anzusehen, ihr Verhältnis zu Wissen, zu ihren Ideen, ihren Ansichten zu überprüfen; bitten wir sie, diesen gegenüber eine spielerische Haltung einzunehmen, sich des provisorischen Charakters bewusst zu sein, anstatt sie als absolute, korrekte Größen zu verstehen. Schon allein eine solche Schwerpunktverlagerung beseitigt den ungeheuren Druck, immer Recht haben zu müssen.

J: Eigene Anschauungen zu rechtfertigen und zu verteidigen ist das genaue Gegenteil der Einstellung, die sich ihres vorläufigen Charakters bewusst ist und nach vorne sieht. Statt nach vorne zu schauen, schauen wir sozusagen dauernd in den Rückspiegel.

M: Unsere Anschauungen und Überzeugungen zwingen uns dazu, immer zurückzuschauen.

J: Unsere gewöhnlichen festen Vorstellungen, Anschauungen und unverrückbaren Auffassungen, die wir alle in die Zukunft hinüberretten möchten, sind die Vergangenheit, Dinge, die schon lange geschehen und verankert sind. Diese versuchen wir, in die Zukunft mitzunehmen, in der Zukunft zu verankern, und irgendwie klappt das nicht. Wir unternehmen riesige Anstrengungen und kommen doch nirgendwo anders hin, als wo wir bereits sind.

M: Wir verhindern die Entdeckung von Neuem und engen dadurch uns selbst und ganz besonders das Kind ein.

J: Man stelle sich nur diese Verzweiflung vor – da kommt man auf diese Welt, und was wird aus einem? Nichts weiter als eine geklonte Kopie der Vergangenheit. Vielleicht klingt das alles recht theoretisch, aber jeder einzelne dieser Punkte zeigt die Einschränkungen, die falschen Grenzen, die Zwänge, die wir uns und unseren Kindern aufbürden. Und ich kann mich des Gedankens nicht erwehren, dass sie der Nährboden sind, auf dem sich die Gewalt ungehindert fortpflanzt. Wir müssen den Wiederholungsmechanismus unterbrechen.

Man stelle sich nur diese Verzweiflung vor – da kommt man auf diese Welt, und was wird aus einem? Nichts weiter als eine geklonte Kopie der Vergangenheit. Vielleicht klingt das alles recht theoretisch, aber jeder einzelne dieser Punkte zeigt die Einschränkungen, die falschen Grenzen, die Zwänge, die wir uns und unseren Kindern aufbürden. Und ich kann mich des Gedankens nicht erwehren, dass sie der Nährboden sind, auf dem sich die Gewalt ungehindert fortpflanzt. Wir müssen den Wiederholungsmechanismus unterbrechen.

M: Es ist nicht leicht einzusehen, dass diese Konditionierung einen Akt der Gewalt darstellen soll.

J: Ich habe es einmal als Verrat bezeichnet, und ein Verrat ist ein Akt der Gewalt. Wenn man den menschlichen Geist verrät, indem man ihn auf die beschriebene Weise durch Grenzen einengt, ist dieser Verrat ein Akt der Gewalt.

M: Könnte man soweit gehen zu sagen, dass jedes auf einengenden Konditionierungen basierende Lernmodell gewalttätig ist, weil es die grenzenlose Natur des menschlichen Geistes verrät?

J: Zwischen Konditionierung und Lernen ist ein himmelweiter Unterschied.

M: Nehmen wir die Little League. Fast ihr gesamtes Training wird zu einer Konditionierung. Und fast jede Konditionierung wird durch äußere Belohnungen oder Strafen verstärkt. Der Gebrauch von Belohnung und Strafe ist gewalttätig. Es handelt sich bei beiden um ein und dasselbe.

J: Gewalt, der drohende Faktor.

M: Belohnungen sind ebenso gewalttätig wie Strafen. Beide konditionieren uns, damit wir innerhalb vorgegebener Muster bleiben.

J: Die einzige Möglichkeit, diesen Zyklus der Gewalt aufzubrechen, der die Menschheit plagt, der Erde Schaden zufügt und unseren Kindern aufgebürdet wird, ist es, den Mechanismus der Konditionierungen zu durchbrechen. Konditionierungen sind der Nährboden, auf dem die Gewalt sich fortpflanzt. Um den Gewaltmechanismus zu kappen, müssen wir die Konditionierungen kappen. Spiel bringt das zuwege.

Die einzige Möglichkeit, diesen Zyklus der Gewalt aufzubrechen, der die Menschheit plagt, der Erde Schaden zufügt und unseren Kindern aufgebürdet wird, ist es, den Mechanismus der Konditionierungen zu durchbrechen. Konditionierungen sind der Nährboden, auf dem die Gewalt sich fortpflanzt. Um den Gewaltmechanismus zu kappen, müssen wir die Konditionierungen kappen. Spiel bringt das zuwege.

M: Wir haben von „zustandsspezifischem Lernen“ gesprochen. Unser jeweiliger emotionaler, psychologischer und physischer Zustand ist in alles, was wir lernen, eingeschlossen. Wenn die Lernumgebung Belohnungen und Strafen einsetzt, stellt die drohende Gewalt, die mit Belohnungen und Strafen einhergeht, einen Großteil dessen dar, was wir lernen.

J: Obwohl Belohnungen für erbrachte Leistung verteilt werden, schwingt dennoch die Möglichkeit, zu versagen, unausgesprochen mit.

M: Unsere Lernfähigkeit ist unbegrenzt. Die einzige Begrenzung ist das Lernmodell und natürlich die Einschränkungen, die wir durch Konditionierung selbst schaffen. Strukturelle Grenzen gibt es nicht; wir sind selbst der einengende Faktor.

J: Wir müssen begreifen, dass wir konditioniert sind. Solange wir auf unsere Kinder mit unseren Konditionierungen reagieren, geben wir unweigerlich unsere Gewalt an sie weiter.

M: Unsere Beschränkungen.

J: Von wo muss die Unterbrechung ausgehen? Nicht vom Kind. Der Erwachsene muss die Unterbrechung herbeiführen. Aber wie sollen die Erwachsenen das anstellen? In den Lehren großer Lehrer finden sich zahlreiche Hinweise darauf, dass es durch die Kinder, und nur durch Kinder möglich ist, weil sie noch nicht konditioniert sind. Und wie soll man noch einmal zum Kind werden? Wie soll ein Erwachsener das bewerkstelligen? Nur durch die Elternrolle. Das habe ich noch nie jemanden sagen hören. Der direkteste Weg, noch einmal Kind zu werden, ist es, Eltern zu sein.

M: Vielleicht gibt es andere Wege. Fred Donaldson gelang es, indem er viel Zeit mit Kindern, in der Natur und mit wilden Tieren verbrachte. Man kann wie ein Kind werden, wenn man in der Lage ist, die Signale von einem Golden Retriever aufzunehmen. Aber leider wurde der Golden Retriever nur allzu gut von uns konditioniert. Aus diesem Grund hat Fred wilde Tiere als Spielgefährten gesucht. Nur sie können uns zeigen, wie unsere wahre Natur aussieht.

Wir sprechen über die Elternrolle und wie man sich um Kinder kümmert. Der Erwachsene entdeckt also diesen großartigen Schlüssel zum Himmelreich – die Möglichkeit, durch die Elternrolle wieder wie ein kleines Kind zu werden. Dadurch verschafft er sich Zugang zu einer ihm bislang unbekannten Seinsebene und gelangt so jenseits der gewalterzeugenden Konditionierungen. Ein wahrlich erstaunlicher, unerwarteter Sprung.

J: Wir sprechen über die Elternrolle und wie man sich um Kinder kümmert. Der Erwachsene entdeckt also diesen großartigen Schlüssel zum Himmelreich – die Möglichkeit, durch die Elternrolle wieder wie ein kleines Kind zu werden. Dadurch verschafft er sich Zugang zu einer ihm bislang unbekannten Seinsebene und gelangt so jenseits der gewalterzeugenden Konditionierungen. Ein wahrlich erstaunlicher, unerwarteter Sprung.

M: Unsere Freundin Suzanne Arms hat einmal geäußert, dass eine Frau, die feststellt, dass sie schwanger ist, die Möglichkeit hat, sich dieser gewaltigen neuen Möglichkeit zu öffnen oder sich davon bedroht zu fühlen, zusammenzubrechen und hinfort eine defensive Haltung einzunehmen. Wenn man versucht, das Unbekannte vorherzusagen oder kontrollieren zu wollen, schürt man die Angst.

J: Grenzen zu überwinden birgt immer Risiken.

M: Ich will es einmal ‚verletzlich' nennen. Die frühe Kindheit ist wie ein Fenster, durch das sich die Gelegenheit bietet, ganz neue Welten zu entdecken und zu lernen, aber wir brauchen dieses starke *Bonding*, das uns die Sicherheit gibt, die wir auch brauchen, um uns in das Unbekannte vorzuwagen. Wenn ich Bonding sage, bedeutet das für mich auch, dass ich keinen Schaden verursache. Ich möchte nicht, dass irgendetwas diesem wunderbaren kleinen Schatz schadet, und am allerwenigsten ich selbst, in meiner Ignoranz und mit meinen unangemessenen Verhaltensweisen, meinen Beurteilungen. Ich will meine festgefahrenen Beschränkungen nicht an dieses kostbare neue Leben weitergeben. Für mich war das die Bondingerfahrung. Die Aufgabe grenzt ans Unmögliche.

Das Kind war für mich der einzige Katalysator, der stark genug war, mich zu Veränderungen zu bewegen. Liebe, Geld, es ist alles nicht stark genug, um diese Veränderung herbeizuführen. Geld und das, was wir im Allgemeinen für Liebe halten, verstärken unsere Konditionierungen doch nur.

J: Das Wohlergehen der Nachkommen ist einer unserer frühesten, tiefsitzendsten Instinkte. Das Überleben der Art hängt davon ab. Er ist äußerst stark.

M: Der Wunsch, dieses neue menschliche Wesen nicht zu verletzen, motivierte mich ungemein, mein Verhalten genau zu untersuchen. Meiner Frau war sonnenklar, dass sie die kostbare Gelegenheit hatte, ihre eigene, kindgleiche Natur wieder zu entdecken. Da wären also diese beiden Dinge – sich der eigenen Grenzen bewusst zu werden und die eigene kindgleiche Natur wieder zu entdecken, beides transformierende Erfahrungen.

Spiel mit der ihm eigenen intensiven Präsenz, Aufmerksamkeit, Umsicht und Zuneigung befreit uns von dem Druck, perfekt sein zu wollen.

J: Ich erinnere mich an eine Begebenheit, die Marshall Klaus einmal geschildert hat. Eine Mutter hatte gerade ihr erstes Kind zur Welt gebracht. Sie tat alles, was man so tut, aber es war mechanisch, ohne rechte Begeisterung. Plötzlich, am achten Tag nach der Entbindung, erhielt er einen Anruf von ihr, und sie erzählte ihm in atemloser Begeisterung, sie hätte plötzlich gespürt, dass sie für dieses Kind töten könnte – für sie eine unfassbare, unglaubliche Regung. Ihr anfänglicher Mangel an Regung für das Kind und dann dieser plötzliche Durchbruch erzeugte ein sehr viel stärkeres Bild in ihr als es das allmähliche Erwachen des Gefühls der Verbundenheit im Allgemeinen tut. Es traf sie wie eine Bombe. Sie war ob der leidenschaftlichen Gefühle, die sie plötzlich für das Kind empfand, völlig aus dem Häuschen. Derartig machtvolle Gefühle hatte sie bis dahin noch nie empfunden.

M: Meistens externalisieren wir diese starken Gefühle, um das Kind vor äußeren Gefahren zu schützen. Wir können diese Energie aber auch internalisieren und benutzen, um die Grenzen, die wir für gegeben halten, zu überschreiten.

J: Diese Urkraft gegen die falschen Konditionierungen einsetzen, die wir mit uns herumschleppen. Du hast dich plötzlich als Gefahr für das Kind gesehen, vielleicht sogar die größte Gefahr.

M: Genau. Der Feind bin ich, meine Konditionierungen, meine Defensivität und meine starren Ansichten.

J: Mein Meditationslehrer sagte einmal: „Es gibt da draußen nichts Böses außer der Spiegelung von etwas, das in dir selbst schlummert.“ Und ich wusste, dass es stimmte. Weiter sagte er: „Unsere größte Aufgabe ist es, der Welt zu vergeben, und das beginnt damit, dass wir uns selbst vergeben.“

M: Spiel mit der ihm eigenen intensiven Präsenz, Aufmerksamkeit, Umsicht und Zuneigung befreit uns von dem Druck, perfekt sein zu wollen. Wir tun etwas, schauen zu, lernen und integrieren das Gelernte in den nächsten Schritt, wenden es auf das nächste Ereignis an.

Das ist die Macht dieses unglaublichen Gehirns, das wir besitzen. Es sind nur die späteren Hinzufügungen der Evolution, die jüngsten Gehirnstrukturen, die zu solch komplexer, spontaner Kreativität fähig sind.

J: Reptilien sind dazu nicht in der Lage, aber das Reptil im Menschen kann sich so verhalten. Ich erinnere mich an den Holocaust. Als ich mich damals in Amerika umhörte, spürte ich plötzlich, dass wir den nächsten vom Zaun brechen könnten, schon morgen. Wir hätten eine Million Freiwillige, Menschen, die mit Leidenschaft hassen. Wenn man ihnen ein Ziel dafür gäbe, würden sie Entsetzliches anrichten.

M: Das heißt, verzeihen muss gleichzeitig innerlich und äußerlich geschehen.

J: Weil wir beides sind.

Was auf die Eltern zutrifft, gilt voll und ganz auch für Lehrer. Wenn unser Anliegen eine Veränderung des Bildungswesens ist, wenn wir wollen, dass es jenseits der Grenzen gelangt, die uns umbringen, dann müssen Eltern und Lehrer zusammenarbeiten.

M: Du hast das Thema Gewalt angeschnitten. Wenn wir uns nicht verändern, die Grenzen, die wir uns in unserer Aufgabe als Eltern, Lehrer und Erzieher besonders von kleinen Kindern auferlegen, nicht weiter stecken, werden wir auch weiterhin das, was wir haben, einfach kopieren. Und was wir jetzt haben, ist extrem beschränkt. Die gesamte Struktur ist von Gewalt durchzogen. Sowohl unsere Erziehung als auch unser Bildungswesen begehen einen Verrat am menschlichen Geist, weil sie uns nötigen, weil sie uns festlegen und an vorgegebene Muster fesseln. Die ansteigende Selbstmordrate bei Kindern ist ein Protest gegen diese Form von

Gewalt.

J: Wir müssen Lehrer und Erzieher unbedingt in den Dialog mit einbeziehen; sie sind die zweiten Eltern unserer Kinder. Was auf die Eltern zutrifft, gilt voll und ganz auch für Lehrer. Wenn unser Anliegen eine Veränderung des Bildungswesens ist, wenn wir wollen, dass es jenseits der Grenzen gelangt, die uns umbringen, dann müssen Eltern und Lehrer zusammenarbeiten.

M: Jeder Lehrer ist Teil des Systems, das wir Bildungswesen nennen. Um die Gewalt zu beenden, müssen beide Systeme – Erziehung und Bildung – ihre Grenzen auf diese revolutionäre Art und Weise verändern. Bewegt sich nur die eine Seite und die andere nicht, funktioniert das Ganze nicht.

J: Wir müssen die Grenzen überwinden, die diese Gewalt hervorbringen. Das bedeutet wiederum, neue Grenzen zu entdecken, innerhalb derer sich das gesamte soziale Gefüge verändern kann.

M: Können wir das Wort „System" wirklich verwenden? Wenn wir an die Elternrolle denken, an Kultur, dann bringen wir das nicht mit dem Begriff „System" in Verbindung. Trotzdem sind es Systeme.

J: Jeder nimmt Signale von allen anderen innerhalb des Systems auf. Auch wenn jemand das Gefühl hat, etwas allein zu tun, ist man doch innerhalb des Systems. Seit Jahren laufen wir auf parallelen Gleisen. Wir haben es mit unbekannten Faktoren zu tun, und es gibt einfach keine einfachen Lösungen oder endgültigen Formeln. In meinem Buch *Crack in the Cosmic Egg* habe ich den Pfad, auf dem wir uns derzeit befinden, mit einem Güterzug ohne Bremsen verglichen, der einen Berg hinunterrast. Die Zugführer sind wir selbst, und wir werfen die Gleise vor dem Zug aus, immer das Beste hoffend.

M: Der Zug hat nicht nur keine Bremsen, er wird auch immer schneller.

J: Und das Parallelgleis liegt zwischen Eltern und Lehrern.

M: Wie wir wissen, stand die preußische Armee Vorbild für unser Bildungssystem. Kurz vor der industriellen Revolution begannen wir damit, militärischen Drill in die Klassenzimmer zu bringen. Die treibende Kraft der industriellen Revolution waren wirtschaftliche Werte, welche die menschlichen Werte ersetzten. Die industrielle Revolution war ein maschinenorientiertes System, basierend auf Wiederholung und Effizienz. Erinnere dich an Charlie Chaplin in *Modern Times* – er wird halb wahnsinnig bei dem Versuch, alle Schrauben am Fließband festzuziehen. Das Bildungssystem, das sich entwickelte, entsprach den Notwendigkeiten dieser Epoche. Es war nie dazu gedacht, das Beste im Menschen zutage zu fördern und zu unterstützen.

J: Überhaupt nicht.

M: Die Weiterentwicklung des Menschen zu fördern war damals nicht Sinn und Zweck und ist auch nicht Sinn und Zweck unseres heutigen Bildungssystems.

J: Es soll den Anforderungen der Wirtschaft dienen.

M: Und dazu, Menschen so zu konditionieren, dass sie lernen, effizient zu arbeiten. Das ist der wirkliche Zweck und genau das, was es tut. Marshall Rosenberg, der mit John Holt zusammenarbeitete, stellte fest, dass alle paar Jahre wieder der Ruf nach Bildungsreformen laut wird. Die Reformer treten auf und führen ihre Reformen gegen eine Vielzahl von Widerständen durch. Die Kinder sind glücklicher, lernen besser und mehr, schneiden in den Prüfungen besser ab. Und innerhalb kürzester Zeit verschwinden die Reformprogramme wieder. Sie sind nicht dauerhaft. Marshall begründet ihr Verschwinden damit, dass das System es sich nicht zur Aufgabe macht, die Entwicklung des Menschen zu fördern. Es wurde eingerichtet, um unserer Kultur und ihren Institutionen zu dienen. Wir haben uns das nur nicht klar vor Augen geführt. Unsere Kinder in ein solches System einzugliedern, ist Verrat am menschlichen Geist. Wenn wir davon sprechen, dass Erwachsene die Eltern-Kind-Beziehung neu angehen müssen, sie als provisorisch betrachten und dadurch Raum für Neues, Unbekanntes schaffen sollen, entdecken wir plötzlich, dass wir die Autorität abschaffen, die des Systems und unsere eigene.

Wenn wir davon sprechen, dass Erwachsene die Eltern/Kind-Beziehung neu angehen müssen, sie als provisorisch betrachten und dadurch Raum für Neues, Unbekanntes schaffen sollen, entdecken wir plötzlich, dass wir die Autorität abschaffen, die des Systems und unsere eigene.

J: Ja, genau. Erst wenn wir damit aufhören, die Autorität zu sein, wird die Beziehung eine wirklich gegenseitige.

M: In dem Moment, wo wir unsere festgelegten Zielvorstellungen beiseite lassen, verschwindet die Autorität samt ihrer Gewalt.

J: In dem Augenblick, wo diese Beziehung entsteht, verschwindet die Autorität, d.h. das Gesetz im biblischen Sinn wird aufgehoben. Man kann nicht gleichzeitig beides haben – Liebe und Gesetz. Eltern sind die Kultur, sie wissen es nur nicht. Sie haben nicht die Absicht, aber sie sind unweigerlich die Kultur, die sich selbst durch ihre Regeln und Bestimmungen kopiert, die wir unseren Kindern mit bester Absicht aufzwingen.

Man kann nicht gleichzeitig beides haben — Liebe und Gesetz. Eltern sind die Kultur, sie wissen es nur nicht. Sie haben nicht die Absicht, aber sie sind unweigerlich die Kultur, die sich selbst durch ihre Regeln und Bestimmungen kopiert, die wir unseren Kindern mit bester Absicht aufzwingen.

M: Wir opfern der Kultur unsere Kinder und meinen es doch nur gut.

J: Wir opfern ihre wahre Entwicklung, um die Kultur am Leben zu erhalten.

M: Das ist es.

J: Denk nur an Abraham, der Isaak opferte. Wir opfern unser Erstgeborenes. Um was zu versöhnen? Dieses eigenartige Ding namens Kultur, für das auch Kriege angezettelt werden. Ohne periodische Kriege würde dieses Ding namens Kultur seinen Zusammenbruch erfahren. Die Geschichte der Menschheit zeigt periodische Kriegsausbrüche, Massenmord. Dann ist es vorüber. Wir haben Buße getan. Wir haben dieses große Blutopfer gebracht. Danach folgt eine Periode des Friedens, aber der Frieden kann nicht aufrechterhalten werden. Die Auflösung beginnt. Die große Masse wendet sich gegen sich selbst. Wie kann man sie wieder zusammenbringen? Man findet einen Feind und ruft wieder Krieg aus. Durch dieses neuerliche Opfer unserer Söhne herrscht wieder für eine Weile Frieden.

Es wird gesagt, dieser Kreislauf sei dabei, zusammenzubrechen. Korea und Vietnam waren die ärgsten Krisen, die schlimmsten Zusammenbrüche. Krieg funktioniert nicht mehr, weil wir nicht länger ein einziges Ziel haben, auf das wir uns konzentrieren können.

M: Die alten Muster funktionieren nicht mehr.

J: Der Kreislauf von Krieg und Frieden, mit dessen Hilfe Kulturen sich bewahrt haben, ist zusammengebrochen. Kulturen driften auseinander. Gewalt bricht aus, auf jeder Ebene.

M: Global und im persönlichen Bereich brechen die traditionellen Systeme zusammen. Gewalt breitet sich aus. Unsere Kinder begehen Selbstmord.

J: Selbstmord ist die ultimative Form der Gewalt.

M: Wir pressen den Ballon zusammen, und er beult sich an Stellen aus, wo wir es nicht erwarten, sagen wir: an nicht-traditionellen Orten. Es wäre nützlich, wenn wir all das auf uns selbst beziehen könnten. Wie wirken diese Kräfte auf unsere eigenen Familien?

J: Das dramatischste Symptom ist das Auseinanderbrechen der Familie selbst. Es fügt dem Kind einen enormen Schaden zu. Sie werden verraten, verletzt, der stabilen Struktur beraubt, innerhalb derer sie wachsen und funktionieren könnten, und das ist gewalttätig. Die Kultur gebraucht Angst, um sich stabil zu halten, und wir tun das gleiche mit unseren Kindern, wenn wir sie belohnen und bestrafen, um sie zu konditionieren.

Das dramatischste Symptom ist das Auseinanderbrechen der Familie selbst. Es fügt dem Kind einen enormen Schaden zu. Sie werden verraten, verletzt, der stabilen Struktur beraubt, innerhalb derer sie wachsen und funktionieren könnten, und das ist gewalttätig. Die Kultur gebraucht Angst, um sich stabil zu halten, und wir tun das gleiche mit unseren Kindern, wenn wir sie belohnen und bestrafen, um sie zu konditionieren.

M: Wir atmen Kultur. Sie umfasst bestimmte Werte, Sichtweisen. Der Zellbiologe Bruce Lipton beschreibt, wie Zellen eine Art Proteinfilter benutzen, um die Umgebung zu interpretieren. Kultur erzeugt spezielle Wahrnehmungsfilter, ähnlich gefärbten Brillengläsern, die dem, was wir sehen, eine bestimmte Färbung verleihen. Wir sind selbst diese Filter. Du hast beschrieben, wie die Gefühlsumgebung der Mutter das Gehirn des Kindes formt, und die Gefühle der Mutter werden von der Kultur geprägt.

J: Sie ist die Kultur.

M: Die Kultur gibt dem kindlichen Gehirn buchstäblich Form, indem sie die Erfahrungen der Mutter filtert.

J: Was du eben beschreibst, ist als *biologische Kulturaneignung* bezeichnet worden. Die Kultur beeinflusst die Biologie in einer die Kultur unterstützenden Weise. Veränderungen in der einen spiegeln sich in der anderen wider. Gregory Bateson sagte einmal, dass „wir die Natur sind". Geist und Natur bilden eine untrennbare Einheit. Krishnamurti sagte oft, dass „wir die Welt sind" und er meinte es wörtlich. Wir meinen uns selbst, wenn wir von Natur sprechen.

M: Krishnamurti war nicht davon überzeugt, dass Wissen und Zeit für die Transformation des Zustands der Menschen eine Rolle spielen. Kultur und die Zielvorstellungen der Erwachsenen bedienen sich des vorhandenen Wissens, der Vergangenheit, zu keinem anderen Zweck als dem, das Verhalten der Kinder vorherzusagen und zu kontrollieren. Das ist unsere Tradition. Das Wort „Tradition" kommt vom lateinischen *traduce*, was verraten bedeutet. Vorhandenes Wissen – die Vergangenheit – begeht Verrat an der immensen schöpferischen Intelligenz, die sich nur von Augenblick zu Augenblick durch die Lücken oder Risse in unseren Anschauungen ausdrücken kann. Die Intelligenz des Spiels existiert nur im gegenwärtigen Augenblick. Wir werden zu unserem eigenen Feind, wenn wir zu stark an der Vergangenheit mit ihrem Wissen kleben, an unseren Auffassungen, unserer „Agenda". Damit verraten wir die Gegenwart, den jetzigen Augenblick mit seiner immensen schöpferischen Intelligenz. Spiel öffnet uns und lädt diese frische schöpferische Intelligenz wieder ein. Und wo beginnt das Spiel? In jedem von uns – dadurch, dass wir die Art und Weise verändern, wie wir uns auf alles beziehen, was wir gelernt haben. Wir benutzen vorhandenes Wissen spielerisch, und wir spielen mit unseren Anschauungen, anstatt sie zu rechtfertigen und zu verteidigen.

J: Um diese Veränderung, von der wir gesprochen haben, zustande zu bringen, müssen wir das Verhältnis zu unserem vorhandenen Wissen neu definieren, eine neue Beziehung dazu herstellen. Bohm hat Wissen als etwas Lebendiges dargestellt, das in Bewegung ist, Veränderung erfährt, sich wandelt, erweitert und niemals endgültig ist. Somit brauchen wir eine ganz neue Sicht von uns selbst und unserer Beziehung zu Kindern. Wir brauchen ein neues Paradigma, eine radikal andere Art, uns, unsere Kinder und die Welt zu sehen und zu ihnen in Beziehung zu treten. Bringen wir eine solche Veränderung im Erwachsenen und der Erwachsenen-Kind-Beziehung zuwege, verändert sich alles. Verändern wir uns nicht, bleibt alles wie gehabt.

Wir brauchen ein neues Paradigma, eine radikal andere Art, uns, unsere Kinder und die Welt zu sehen und zu ihnen in Beziehung zu treten. Bringen wir eine solche Veränderung im Erwachsenen und der Erwachsenen-Kind-Beziehung zuwege, verändert sich alles. Verändern wir uns nicht, bleibt alles wie gehabt.

Zweites Gespräch

Santa Cruz, Kalifornien

Um sich selbst nicht das Wasser abzugraben, bietet die Kultur uns Nachahmungen – ich nenne sie kulturelle Fälschungen. Als Jugendlicher habe ich das selbst erlebt. Die ganze Welt scheint einem offen zu stehen, man ist voller Erwartung des Großartigen, das in der Luft zu liegen scheint. Die Werbung verkündet, dass zum Glück nur noch der neue Wagen und die Freundin fehlen. Für das Wahre, Echte, das wir eigentlich ersehnen, bietet die Kultur uns eine Fälschung und verwandelt unsere Sehnsucht (nach etwas anderem) in zerstörerische, materielle Gier.

M: Wie kommt es, dass Kinder akzeptieren und genauso werden, wie wir sind, inklusive unserer Grenzen, anstatt das ihnen innewohnende Talent und Potential zu entdecken und zu entwickeln?

J: Aufgrund des Modellimperativs und der Tatsache, dass unsere Kultur eine Kultur des Verlangens, des Auch-Habenwollens ist. Ich erinnere mich an eine Ostereiersuche. Ein Kind findet ein Osterei, und alle anderen kommen herbeigerannt. Das Osterei ist bereits gefunden worden.
Sobald Futter entdeckt wird, kommen alle Vögel angeflogen. Bei uns ist das genauso. Das Zweijährige angelt sich ein Spielzeug, und alle anderen wollen es auch. Ein Grundbedürfnis oder Grundverlangen, das oft Schreckliches anrichtet. Der Tisch mit den Sonderangeboten interessiert uns erst, wenn wir sehen, dass alle anderen dort scheinbar fündig werden. Sofort denken wir, wir könnten leer ausgehen. Also wühlen wir mit. Auf dem Nährboden dieses gierigen Habenwollens blüht die Wirtschaft, blühen die Industrien. Das Fernsehen lebt üppig davon.

M: Der Osten lehrt, dass Verlangen zu Leid führt und daher losgelassen werden muss.

J: Verlangen ist die Antriebskraft des Universums. Transzendenz strebt nach etwas anderem und überschreitet unsere Ansammlung von Beschränkungen. Verlangen nährt die Kreativität. In fast allen meinen Büchern vertrete ich die Ansicht, dass wir von einer unbeschreiblichen Sehn*sucht* getrieben werden, einem Verlangen.

Und um sich selbst nicht das Wasser abzugraben, bietet die Kultur uns Nachahmungen – ich nenne sie kulturelle Fälschungen. Als Jugendlicher habe ich das selbst erlebt. Die ganze Welt scheint einem offen zu stehen, man ist voller Erwartung des Großartigen, das in der Luft zu liegen scheint. Die Werbung verkündet, dass zum Glück nur noch der neue Wagen und die Freundin fehlen. Für das Wahre, Echte, das wir eigentlich ersehnen, bietet die Kultur uns eine Fälschung und verwandelt unsere Sehnsucht (nach etwas anderem) in zerstörerische, materielle Gier.

M: Die Nachahmungen überschatten unsere wirkliche Natur.

J: Genau. Wir müssen die Grenzen unseres gegenwärtigen Zustands überschreiten und nach etwas anderem streben. Aber wir wissen nicht, wonach.

M: Wir neigen dazu, Menschen von hier nach dort zu schicken. Hier tut es weh. Kauf diese Pille oder iss das, und die Schmerzen werden verschwinden.

J: Wir sind immer genau hier, und wo wir sind, sind auch unsere Probleme. Die Frage lautet also: Wie gehen wir damit um? Wir sind mit der sehr realen Tatsache konfrontiert, dass unsere Kinder sich umbringen. Der Planet ist überbevölkert. Depression und Verzweiflung nehmen überhand.

M: Niemand will etwas Negatives hören, auch wenn es stimmt. Wir haben mehr Millionäre als je zuvor. Wir haben auch mehr Menschen als je zuvor, hauptsächlich Frauen und Kinder, die in Armut leben, aber das ignorieren wir. Unsere Kultur möchte uns glauben machen, dass alles in Ordnung ist. Bloß nicht für Unruhe sorgen.

J: Viele Menschen sind ob dieser Situation in großer Besorgnis, aber die meisten glauben einfach, was ihnen vorgesetzt wird.

M: Zum Beispiel von den Medien.

J: Sie glauben, was man ihnen sagt. Dass wir schon im Kindergarten Computer brauchen, zum Beispiel. Spätestens in der Schule aber müssen wir sie doch haben! Trotzdem sind viele sich bewusst, dass irgendetwas grundsätzlich schief läuft. Der Apfel ist wurmstichig, und wir dekorieren ihn. Vor fünfzig Jahren konnte Rachel Carson die Menschen bewegen, aber heute ist die große Mehrheit nicht

Feste Positionen geben Menschen das Gefühl von Sicherheit. Sie identifizieren sich damit und verteidigen sie.

an tiefschürfenden Themen interessiert. (Rachel Carsons Bücher informierten über die Wirkung von Pestiziden und anderen nicht abbaubaren Umweltgiften. *Anm. d. Ü.*)

M: Kommen wir zu unseren elterlichen Zielvorstellungen zurück, die ebenfalls die Kultur sind. Unsere Fähigkeit, diese Vorstellungen beiseite zu lassen oder nicht, hängt davon ab, wie tief wir selbst im Werte- und Glaubenssystem der Kultur eingebettet sind. Je mehr wir uns mit unseren Vorstellungen identifizieren, desto resistenter sind wir, was Veränderung anbelangt, und desto fundamentaler sind wir ausgerichtet. Fundamentalisten haben ein tief sitzendes Bedürfnis danach, dass alles möglichst genau festgelegt ist. Sie brauchen das, um sich sicher fühlen zu können.

J: Feste Grenzen, auf die sie sich verlassen können.

M: „Die" Wahrheit. „Der" Weg. „Die" richtige Art und Weise, etwas zu tun. So und nicht anders. In einer dynamischen, sich ständig verändernden Welt an irgendeiner Position festzuhalten, daran zu hängen, erzeugt Widerstand, Konflikt.

J: Feste Positionen geben Menschen das Gefühl von Sicherheit. Sie identifizieren sich damit und verteidigen sie.

M: Diese Verteidigungsreaktion ist ein eingebauter Mechanismus, der unser Denken durchdringt, das, was wir glauben und wie wir uns verhalten. Er ist in die Kultur eingebaut, ist die Kultur.

J: Wir können die Kultur nicht einfach auflösen.

M: Wir können die von ihr geschaffenen Grenzen erweitern. Wir können die Regeln ändern, nach denen die Kulur und wir funktionieren. Wir können uns die innere und äußere Falle, in der wir sitzen, bewusst machen und neue Regeln aufstellen. Wir können auf ein neues Betriebssystem umstellen, das flexibler ist, anpassungsfähiger und besser in der Lage, mit den Anforderungen, vor denen wir stehen, umzugehen. Die Kindheit ist eine sich endlos erneuernde Herausforderung. Alle paar Tage haben wir ein anderes Kind. Kinder immer dort abzuholen, wo sie gerade sind, erfordert ein enormes Maß an Anpassungsfähigkeit, eine enorme Flexibilität, eine enorme Bereitschaft, Dinge neu zu betrachten, genau hinzuschauen, zu lernen und eben nicht so zu reagieren, wie wir es immer tun, sondern anders. Neu.

J: Da verlangt man ziemlich viel.

M: Stellen wir uns ein paar Fragen: Wie würden die Dinge aussehen, wenn wir den Übergang schon geschafft hätten und das neue Paradigma Gültigkeit hätte, wir schon danach leben und aus ihm heraus wachsen würden? Was wären das für neue Werte, die uns dazu brächten, auf diese hoffentlich besser geeignete, anpassungsfähigere und intelligentere Art und Weise auf Kinder einzugehen? Wie würden sie in uns Eltern zum Ausdruck kommen? Wie würden sie unser Bildungssystem verändern?

J: Du hast mir diese Fragen schon einmal gestellt, als ich an meinem neuen Buch *Biologie der Transzendenz* schrieb, und ich habe mich damals schon gescheut, zu antworten. Anzunehmen, wir könnten vorhersagen, was geschehen wird, wenn wir diesen oder jenen Schritt tun, bringt uns doch automatisch in das gleiche Muster zurück, aus dem wir uns zu befreien suchen. Wir versuchen, ein Ergebnis vorherzusagen und zu kontrollieren. Die Herausforderung, die Aufgabe ist doch die, sich dem Unbekannten zu öffnen; nicht zu wissen, was das Kind als nächstes tun wird, was als nächstes geschehen wird; einfach festzustellen, ob das Potential des Kindes erweitert werden kann, ohne die eigene Integrität deswegen zu verlieren. Darin sehe ich die Herausforderung und zugleich die Freude – zu sehen, ob aus jemandem mehr werden kann als aus uns wurde.

Anzunehmen, wir könnten vorhersagen, was geschehen wird, wenn wir diesen oder jenen Schritt tun, bringt uns doch automatisch in das gleiche Muster zurück, aus dem wir uns zu befreien suchen. Wir versuchen, ein Ergebnis vorherzusagen und zu kontrollieren. Die Herausforderung, die Aufgabe ist doch die, sich dem Unbekannten zu öffnen; nicht zu wissen, was das Kind als nächstes tun wird, was als nächstes geschehen wird; einfach festzustellen, ob das Potential des Kindes erweitert werden kann, ohne die eigene Integrität deswegen zu verlieren. Darin sehe ich die Herausforderung und zugleich die Freude – zu sehen, ob aus jemandem mehr werden kann als aus uns wurde.

M: Und indem wir zuschauen, teilhaben, treten wir in den Prozess ein.

J: Und entdecken Neues, Unerwartetes. Nur dadurch, dass wir uns öffnen, kann dies geschehen.

M: Derart offen zu sein, ist das Wesen wahren Spiels.

J: Es ist Spiel.

M: Spiel bedeutet, für das allgegenwärtige Unbekannte offen zu sein, zu staunen und für Entdeckungen in dieser wichtigsten aller Beziehungen bereit zu sein. Ich liebe dieses Kind und will nicht, dass ihm irgendein Schaden zugefügt wird, ganz besonders nicht durch mich. Das erfordert große Sorgfalt, großes Feingefühl. Gleichzeitig befreit uns wirkliches Offensein mit seiner spielerischen Natur von dem Druck und den Zwängen all dessen, was wir wissen; dem Druck der Erwartungen, die wir hegen, dem Druck, eine gute Figur machen zu wollen. Wenn wir die Elternrolle als echtes Spiel verstehen, befreit uns das von den durch die Kultur auferlegten Zwängen.

J: Wir müssen uns nicht länger an vorherbestimmte Ergebnisse anpassen.

> Ein Ergebnis bedeutet ein Endziel. Ein Punkt, wo man angekommen ist, an dem das Spiel vorüber ist. Wahres Spiel kennt keine solchen Endpunkte oder Resultate; es ist ganz einfach sein eigener Zustand. Es führt nirgendwo hin, weil es dieses Irgendwo, wo man meint, ankommen zu können, nicht gibt. Spiel ist sein eigener Zustand. Es gibt kein Endziel oder Endresultat über diesen Zustand hinaus.

M: Es befreit uns vom Zwang der Anpassung.

J: Und urplötzlich begreifen wir, dass es gar keine „Ergebnisse" gibt.

M: Was meinst du damit?

J: Ein Ergebnis bedeutet ein Endziel. Ein Punkt, wo man angekommen ist, an dem das Spiel vorüber ist. Wahres Spiel kennt keine solchen Endpunkte oder Resultate; es ist ganz einfach sein eigener Zustand. Es führt nirgendwo hin, weil es dieses Irgendwo, wo man meint, ankommen zu können, nicht gibt. Spiel ist sein eigener Zustand. Es gibt kein Endziel oder Endresultat über diesen Zustand hinaus.

M: Für mich ist der Zustand echten Spiels das, was die Optimale Lernbeziehung zwischen Eltern und Kindern erzeugt. Universell betrachtet, ist es die optimale Beziehung zum Leben selbst.

J: Dem stimme ich zu.

M: Wie wirkt sich das auf mein Verhalten aus, wenn ich akzeptiere, dass meine Elternrolle zu keinem Endresultat führt?

J: Es führt zu keinem Endresultat, weil es ein fortwährender Prozess ist – das ist alles.

M: Und wie bringt einen das nach Harvard? Wir bringen unsere Kinder in die Vorschule, damit später einmal etwas aus ihnen wird, sie es in unserer Kultur zu etwas bringen können. Deshalb stecken wir sie in die Little League – damit etwas aus ihnen wird. All unsere guten Absichten als Eltern kreisen um Resultate.

J: Mit diesem Argument musst du vorsichtig sein. Du darfst es nicht zu früh ins Feld führen, weil sonst niemand mehr weiterliest.

M: Warum?

J: Es erschreckt sie zu Tode, wirklich. Unser genetisches System bietet einen bestimmten begrenzten Zustand, vorgegebene Einschränkungen an (engl.: boundaried condition), innerhalb derer alles funktioniert, – aber die Grenzen sind wichtig. Howard Gardener, Miles Stoffer und andere erkannten alle die Tatsache an, dass es Prädispositionen für bestimmte Erfahrungen gibt. Die Einzelheiten der tatsächlichen Erfahrung, mit anderen Worten der Inhalt, ist allerdings unbestimmt.

Das genetische System ist nicht der Träger des eigenen Inhalts. Der Inhalt steckt nicht in der Blaupause. Den Inhalt muss die Familie einbringen. Darüber habe ich mich seit *Crack in the Cosmic Egg* lang und breit ausgelassen. Die Blaupause unseres genetischen Systems ist für die Grenzen verantwortlich. Sie stellt eine vorgegebene Einschränkung dar, die von den Eltern respektiert werden muss. Diese Vorgaben des genetischen Systems müssen eingehalten werden, aber innerhalb dieser Grenzen wird alles bestens funktionieren. Der Inhalt, den wir als Eltern liefern, ist recht unterschiedlicher Art, muss aber zu den Grenzen passen. Und wie weiß man das? Nur indem man beobachtet, dem Kind zuschaut und seine Signale auffängt.

Jetzt sind wir wieder beim Modellimperativ. Wenn das Signal zu dem bereits wartenden Abdruck passt, schließen sich die Schaltkreise. Das nenne ich eine vorgegebene Einschränkung. Neugeborene tasten ihre neue Umgebung unaufhörlich ab. Sie schauen nicht einfach so in der Gegend herum; sie schauen nach etwas Bestimmten, das zu ihrer inneren Erwartung passt.

Diese Vorgaben des genetischen Systems müssen eingehalten werden, aber innerhalb dieser Grenzen wird alles bestens funktionieren. Der Inhalt, den wir als Eltern liefern, ist recht unterschiedlicher Art, muss aber zu den Grenzen passen. Und wie weiß man das? Nur indem man beobachtet, dem Kind zuschaut und seine Signale auffängt.

M: In einem deiner Bücher hast du das Beispiel vom Schloss und dem dazu passenden Schlüssel verwendet. Proteine, so Bruce Lipton, besitzen eine solche Schloss- und Schlüsselstruktur. Proteinrezeptoren mit einer bestimmten Form passen zu der Form eines entsprechenden Moleküls. Der Rezeptor und die entsprechende Umgebung passen zueinander wie Schraube und Mutter.

J: Oder wie eine begrenzte Vorgabe (*boundaried condition*).

M: Das Kind sucht also etwas. Es versucht, ein Pendant zu einer Erwartung zu finden, die in seine Struktur eingebaut ist.

J: Vor vielen Jahren fand man heraus, dass der Herzschlag der Mutter eines dieser wichtigen Dinge ist, die das Kind sucht. Sie lauschen, aber nicht einfach auf eine Stimme, sondern auf den Herzschlag, der auf zellulärer Ebene eingeprägt ist. Man fand heraus, dass es jeder Herzschlag sein kann. Der Herzschlag ist universell, daher kann es jeder x-beliebige Herzschlag sein. In einem Sturm ist jeder Hafen recht. Ganz offensichtlich ist der Heimathafen der beste Ort, an dem man sein kann. Dort fühlt man sich am sichersten.

Jedes Entwicklungsstadium öffnet Eltern und Kindern neue Fenster, neue Möglichkeiten. Das ist das Wichtigste. Zu viel lernen zu wollen stellt eine Gefahr dar, denn dann wird es meine Agenda, und die übertrage ich in meine Erfahrung. „Ach du liebe Güte, die kleine Susi ist heute schon vier Jahre alt geworden, aber sie kann dies immer noch nicht, und jenes nicht und ....“ Wenn wir so sprechen, machen wir alles zunichte. Trotzdem ist nichts Falsches daran, eine allgemeine Vorstellung davon zu haben, was in welchem Entwicklungsstadium möglich ist.

M: Wenn wir wirklich Vertrauen haben und unser Kind wirklich mit Einfühlungsvermögen aufmerksam beobachten, können wir nicht anders, als eine Geste zu machen. In jedem Alter, in jedem Entwicklungsstadium stehen wir „in Beziehung“ zueinander. Wir bieten dem Kind eine Antwort, und das Kind nimmt unser Signal auf und erwidert darauf – es ist wie ein Tanz. Wir machen die Angabe, sie geben den Ball zurück. Jede Geste wird zu einer Rückmeldung, die unsere nächste Antwort verändert, so dass wir nicht mit einem unserer Mechanismen, einem unserer gewohnten Muster reagieren.

In jedem Alter, in jedem Entwicklungsstadium stehen wir „in Beziehung“ zueinander. Wir bieten dem Kind eine Reaktion, und das Kind nimmt unser Signal auf und erwidert darauf – es ist wie ein Tanz. Wir machen die Angabe, sie geben den Ball zurück. Jede Geste wird zu einer Rückmeldung, die unsere nächste Reaktion verändert, so dass wir nicht mit einem unserer Mechanismen, einem unserer gewohnten Muster reagieren.

J: Diese neue, andere Erwiderung wird durch Spiel entdeckt und ausgedrückt.

M: Wir möchten zeigen, dass es die Option gibt, eine frische, neue, diesem einzigartigen gegenwärtigen Augenblick angemessene Erwiderung zu finden, und dazu ermutigen. Unsere Reaktionen auf das Kind mögen auf der Vergangenheit basieren, auf unseren Zielvorstellungen, aber der Trick ist, nicht durch die Vergangenheit gefesselt zu sein. Wir wollen die Grenzen erweitern, so dass sie sowohl die Vergangenheit mit einbeziehen als auch vollkommen Neuem Raum geben. Wenn wir uns verbunden fühlen, wenn wir feinfühlig und achtsam sind, uns wirklich umeinander kümmern, echte Liebe empfinden, dann wird unsere angeborene

Intelligenz zwischen unseren vergangenen Konditionierungen und neuen, geeigneten Antworten vermitteln. Diese lassen sich in keinem Buch finden. Wir müssen nicht einmal über Entwicklungsstadien Bescheid wissen. Wir müssen buchstäblich gar nichts wissen. Spiel kennt keine Autoritäten.

J: Die einzige Autorität sind der Augenblick und unsere Dynamik mit der ihr eigenen Integrität.

M: Es gibt weder eine äußere noch eine innere Autorität.

J: Und was vor fünf Minuten war, muss nicht notwendigerweise in diesem Augenblick so sein.

M: Echtes Spiel kommt ohne Regeln aus, ohne feste Richtlinien. Sich aus Büchern Wissen zusammenzutragen, über Entwicklungsstadien und dergleichen Bescheid zu wissen, mag intellektuell befriedigend sein, birgt aber eine Gefahr.

J: Dass wir aus diesem Wissen ein Programm machen. Dadurch wird der ganze Prozess vereitelt.

M: Wenn Wissen und Informationen zu Autoritäten werden, wird die wahre Intelligenz blockiert und kann nicht erwidern. Wonach wir trachten, ist Wissen plus Intelligenz.

J: Das kommt mir wie eine Offenbarung vor. Bis jetzt eben war ich der Meinung, dass man umso besser gerüstet ist, je mehr man über den Körper lernt und versteht. Aber dann überträgt man den intellektuellen Prozess in die Erfahrung, und das wird unweigerlich den rein intuitiven Vorgang stören, den es zu entdecken gilt.

M: Wir haben den Ausdruck „provisorisch" oder „vorläufig" verwendet. Unsere Vorgaben sind Vorschläge, keine absoluten Wahrheiten. Wie bieten etwas an und sehen dann staunend zu, was geschieht. Wir erhalten eine Rückmeldung, nehmen sie wahr und passen uns an. Es ist eine schöpferische Dynamik, und sie ist ungemein wichtig. Als Jean Liedloff in Südamerika unter Eingeborenen lebte, musste sie betroffen zugeben, dass westliche Mütter Bücher lesen, die von Ärzten, noch nicht einmal von Ärztinnen, geschrieben wurden, um zu lernen, wie man sich richtig um Kinder kümmert. Sie empfand es als Demütigung, zugeben zu müssen, dass Mütter ihrer natürlichen Intelligenz und ihrem Einfühlungsvermögen kein Vertrauen schenken. Heutzutage nimmt man diesen Prozess nicht einmal mehr wahr, weil die künstliche Nachahmung der Kultur sich durchgesetzt hat.

J: Als ich *Die magische Welt des Kindes* schrieb, erzählte mir die Frau eines Arztes in Uganda, dass die Kinder von Eingeborenen keine Windeln kannten. Die Mütter wissen, wann ein Kind ‚muss.' Dass dies nicht der Fall sein könnte, war für sie schlicht unbegreiflich. Das ist wieder genau der Punkt. Unsere Agenda, diese Erweiterung unseres angesammelten Wissens, hat das intuitive Einfühlungsvermögen verdrängt.

M: Spiel impliziert ein neues Verhältnis zu unserem Wissen und zu unserer Kultur. Es verursacht Risse und Sprünge in der Mauer unserer Anschauungen; der Mörtel wird brüchig. Wo Spiel aufhört, beginnen Dogmen. Dann halten wir Wissen oder Informationen sowie unsere persönlichen Anschauungen fälschlicherweise für unantastbare Größen, und wir legen dieses unbewegliche, steife, beengende Korsett unseren Kindern an.

Wir stellen die Integrität dessen, was Eltern wissen, keineswegs in Frage; alles, was wir erreichen möchten, ist, dass sie ihre persönlichen Überzeugungen und Vorstellungen als Vorschläge begreifen, die im lebendigen Labor der Beziehung getestet und überarbeitet werden müssen.

J: Wir stellen die Integrität dessen, was Eltern wissen, keineswegs in Frage; alles, was wir erreichen möchten, ist, dass sie ihre persönlichen Überzeugungen und Vorstellungen als Vorschläge begreifen, die im lebendigen Labor der Beziehung getestet und überarbeitet werden müssen.

M: Eltern wissen eine ganze Menge, und vieles daran mag korrekt sein. Aber an Informationen, an persönlichen Ansichten, an „das sollte man" und „das sollte man nicht" unnachgiebig festzuhalten, macht uns blind dafür zu sehen, was in der Beziehung in diesem gegenwärtigen Augenblick wirklich stattfindet. All unser Wissen macht uns blind, statt uns zu nützen.

J: Wir wollen Eltern nicht provozieren. Sie müssen auch niemandem etwas beweisen. Wir verlangen nicht, dass sie ihre Sicherheit/ Geborgenheit aufgeben. Wir bitten sie nur, sich für die Möglichkeit zu öffnen, dass ihre Grenzen erweiterbar sind.

M: Wir dürfen die direkte, tatsächliche Beziehung nicht mit der Information verwechseln. Die Information ist der „Inhalt". Die notwendige Veränderung hat wenig mit Inhalt – Information, Wissen – zu tun. Wir brauchen eine tiefer greifende Veränderung, eine, die sich darauf auswirkt, wie wir uns zu dem, was wir wissen, in Beziehung setzen, die unser Verhältnis zu vorhandenem Wissen verändert.

J: Jedes Mal, wenn wir eine persönliche Überzeugung angreifen oder ernsthaft herausfordern, muss sie sich verteidigen.

M: Genau darum geht es.

J: Stimmt.

M: Diese Neigung zur Verteidigung ist vorhanden und aktiv, sogar wenn etwas, an das wir glauben, sich ganz klar als falsch erweist.

J: Wenn wir uns angegriffen fühlen, hören wir im gleichen Augenblick nicht mehr zu, schauen uns die Sache auch nicht mehr an, sondern beginnen sofort mit der Verteidigung. Das einzige, was zu uns durchdringt, sind die Verteidigungsmechanismen, die uns Begründungen für die Verteidigung liefern und uns vor dem, was wir hören, beschützen.

M: Ist es überhaupt möglich, nicht so starr zu werden? Wir sind selbst konditioniert worden zu glauben, dass es eine „richtige" Art gibt, Dinge zu tun. Das eine ist richtig, das andere falsch. Es hat eine starke Tradition, festgefahrene Meinungen zu haben. Wenn meine Vorstellung von Kindererziehung eine ganz andere ist als deine, haben wir bereits einen Konflikt. Wenn meine Zielvorstellungen nicht zu denjenigen meines Kindes passen, wird es Streit geben. Die Ursache für Konflikte liegt genau da, in unserer gewohnheitsmäßigen Identifizierung mit und Verteidigung von Vorstellungen, Glaubensgrundsätzen und Wissen.

Um noch einmal auf deine Feststellung zurückzukommen, dass sich herzlich wenig an unserer Beziehung zu Kindern geändert hat. Du hast diese Problematik seit über dreißig Jahren im Auge. In der Art und Weise, wie Erwachsene Kinder sehen und behandeln, hat sich nichts wirklich bewegt. Warum?

Wir sind selbst konditioniert worden zu glauben, dass es eine „richtige" Art gibt, Dinge zu tun. Das eine ist richtig, das andere falsch. Es hat eine starke Tradition, festgefahrene Meinungen zu haben. Wenn meine Vorstellung von Kindererziehung eine ganz andere ist als deine, haben wir bereits einen Konflikt. Wenn meine Zielvorstellungen nicht zu denjenigen meines Kindes passen, wird es Streit geben. Die Ursache für Konflikte liegt genau da, in unserer gewohnheitsmäßigen Identifizierung mit und Verteidigung von Vorstellungen, Glaubensgrundsätzen und Wissen.

J: Die starren Positionen müssen fließend werden, denn sie sind das Wesen von Glaubensgrundsätzen jedweder Art, ob es nun mein Credo als Republikaner ist, als Demokrat, Amerikaner, Christ, Jude, Farbiger, Weißer. Wenn wir das übersehen, werden wir immer Konflikte haben, und die Konflikte werden in unserer zunehmend technologisierten, überbevölkerten Welt an Intensität zunehmen. Nicht ein bestimmter Glaube ruft einen Konflikt hervor, sondern unsere Identifikation mit unseren Überzeugungen. Das Bild, das wir von uns selbst haben, ist ein Konstrukt von Überzeugungen, die wir rechtfertigen und auch mit Gewalt verteidigen. Kultur ist nur der äußere Ausdruck dieser Identifikation und Aggression.

M: Die meisten Menschen sind so bedroht und gehetzt, dass sie zu einem lebendigen Verteidigungswall werden. Wie lässt sich das vermitteln, ohne dass sie sich (einmal mehr) bedroht fühlen?

J: Eltern müssen Anerkennung und Bestätigung für das, was sie richtig machen, erhalten. Unsere Aufgabe kann es niemals sein, ihre Integrität zu verletzen, ihre Sicht der Dinge, ihre Sicht der Welt. Wozu wir anregen können, ist, dass sie ihre Sicht von sich selbst und ihren Kindern erweitern. Wir bieten eine Erweiterung an, einen Weg, der ihre Integrität stärkt und Konflikte reduziert; einen Weg, auf dem sich optimales Lernen, Leistungen und Wohlbefinden erlangen lassen.

Eltern müssen Anerkennung und Bestätigung für das, was sie richtig machen, erhalten. Unsere Aufgabe kann es niemals sein, ihre Integrität zu verletzen, ihre Sicht der Dinge, ihre Sicht der Welt. Wozu wir anregen können, ist, dass sie ihre Sicht von sich selbst und ihren Kindern erweitern.

M: Selbstverteidigung erhöht den Wunsch nach einer starken Agenda, in der wir die Autorität sind. Als Autorität projizieren wir unsere Vorstellungen und Überzeugungen, anstatt unserer innewohnenden Intelligenz zuzutrauen, dass sie die für jeden neuen Augenblick geeignete Antwort findet.

J: Ganz besonders Eltern. Es steht so viel auf dem Spiel.

M: In deinem neuen Buch gehst du auf dieses Projektionsproblem ein.

J: Es ist der fundamentale Irrtum unserer Spezies.

M: Diese Autorität, die wir aus unserer Unsicherheit und ständigen Verteidigungsbereitschaft heraus erzeugen, hindert unsere wahre Intelligenz daran, uns zu zeigen, wo unsere Kinder wirklich stehen. Ja, da ist ein Wurm im Apfel, und der Wurm sind wir.

J: Wir sind beides – der Apfel und der Wurm.

M: Wir sind die Lösung und das Problem. Gibt es vielleicht irgendwo einen „Kippschalter", ein Konzept, damit wir endlich aufhören können, wegen unserer Elternrolle derart nervös zu sein? Uns entspannen und die Reise endlich genießen können?

J: Das Buch *Living Joyfully With Children* von Bill und Win Sweet weist in diese Richtung.

M: Können wir uns der Aufgabe als Eltern nicht mit einem „sanften

Blick" nähern, wie George Leonard es nennt, anstatt „Löcher zu bohren"? Die Elternrolle ist kein Problem, das man lösen muss. Es ist ein Schatz, den man entdecken kann.

J: Wir schlagen ja nicht vor, dass Eltern alles über Bord werfen, sondern nur, dass sie in ihrer Annäherung an das Kind einen weiteren Blickwinkel wählen.

M: Das ist der Punkt.

J: Ich stellte fest, dass meine Kollegen nicht bereit waren, über die Tatsache zu diskutieren, dass 749°C in direktem Kontakt mit der Haut auch nach einer Stunde keineswegs eine Wirkung auf sie haben müsse. Sie zeigten sich zunehmend irritiert. In *Crack in the Cosmic Egg* habe ich ausführlich darüber geschrieben. Jeder Riss in unserem Glaubenssystem wird sehr schnell mit Narbengewebe versiegelt. Es ist das stärkste Gewebe in unserem Körper und wenig durchlässig für Veränderungen. Das Narbengewebe unseres Verteidigungssystems umfasst alle wichtigen Gehirnsysteme, das physische, emotionale und intellektuelle.

Jeder Riss in unserem Glaubenssystem wird sehr schnell mit Narbengewebe versiegelt. Es ist das stärkste Gewebe in unserem Körper und wenig durchlässig für Veränderungen. Das Narbengewebe unseres Verteidigungssystems umfasst alle wichtigen Gehirnsysteme, das physische, emotionale und intellektuelle.

M: Der Vorschlag, die Beziehung zu Kindern vollkommen zu verändern, ist ein Riss in unserem traditionellen Glaubenssystem, und unsere Traditionen, unsere Gewohnheiten, werden sich dagegen zur Wehr setzen. Unsere mentalen und emotionalen Immunsysteme verschließen jeden Riss.

J: Die Absicht des Intellekts ist es, alles sauber und ordentlich unter Verschluss zu bringen.

M: Dem Intellekt geht es immer um diese Art Verschluss. Der Trick ist, ständig neue Risse zu verursachen. Wenn man alle Risse schließt, hat man hinterher ein ziemlich stabiles Mauerwerk.

J: Hier haben wir wieder unseren begrenzten Zustand. Man muss in der Lage sein, mit diesen Grenzen spielerisch umzugehen, neue Risse zu finden oder zu verursachen, und genau das bringt Spiel ganz von selbst zustande. Aber der Druck der Bestätigung ist freilich immens.

M: Erwachsene müssen sich anstrengen, um die Risse in ihren Glaubenssystemen zu finden. Wenn wir das Bohm'sche Reflexsystem ignorieren, nicht mit Energie und Aufmerksamkeit auf es achten, funktionieren unsere alten Anschauungen im Automatikmodus.

Kinder besitzen noch keine Sammlung von Glaubensgrundsätzen, festen Meinungen und Beurteilungen. Für sie sind die Risse groß, und genau darin liegt die Genialität des Spiels, die Genialität des ‚kindgleichen' Zustands.

J: Nichts unter Verschluss.

M: Alles liegt offen.

J: Piaget beschrieb, wie Kinder das Gegebene fraglos akzeptieren.

M: Sobald etwas unter Verschluss gerät, lastet ein Gewicht darauf. Je wichtiger eine Anschauung, desto größer das Gewicht. Ein Schwarzes Loch ist eigentlich ein strahlender Stern. Aber die Anziehungskraft ist so stark, dass das Licht nicht nach außen dringen kann. Deshalb erscheint er schwarz. Das gleiche trifft auf unser Bewusstsein zu, das Licht des Staunens und der Aufmerksamkeit. Mit zunehmendem Alter schaffen wir uns eine Vorstellung von uns selbst, die wir verteidigen. Je größer die Notwendigkeit zur Verteidigung, desto stärker ist das Gewicht oder die Anziehungskraft dieser Vorstellung. Schon bald wird sie so stark, dass sie unsere Aufmerksamkeit und unser Staunen innerhalb der Grenzen des Bekannten festhält. Das hindert die Aufmerksamkeit daran, sich der Beziehung zu widmen, die gleichsam die Schnittstelle des Lebens ist.

J: Selten sehen wir die Kinder, wie sie sind. Wir sehen nur unsere Zielvorstellungen und ruhen nicht, bis wir das Kind unter Verschluss gebracht und unsere Position bestätigt haben.

M: Diese Verschlusshaltung verstärkt unsere Beschränkungen noch mehr. Jede neue Generation macht die gleichen Fehler, und so verwehren wir der Menschheit den Durchbruch zu ihrem noch nicht entwickelten Potential. Buddha, Sokrates und andere sagten: „Prüft!" Zweifeln ist erlaubt. Richtiger Zweifel öffnet die Tür. Und diese provisorische, spielerische Sicht muss muss von innen heraus kommen. Sie kann nicht von außerhalb kommen. Alles von außen Kommende wird als Bedrohung wahrgenommen und bekämpft. Die Intelligenz des Spiels entspricht unserer wahren Natur, aber unser Grundbedürfnis nach Sicherheit hält alles unter Verschluss, sodass wir unsere wirkliche Natur vergessen.

J: Die Kraft, die eine Kultur am Leben erhält, nährt sich aus der

Unsicherheit. Würden wir echte Sicherheit finden, wäre dies das Ende der Kultur. Die Schule erzeugte in mir eine schreckliche Unsicherheit, die ich nur dadurch beseitigen konnte, dass ich mich den kulturellen Erwartungen ergab und beim Reifenhüpfen eben mitmachte. Allan Shore vertritt die Auffassung, dass wir Kleinkinder nur durch Scham dazu bringen, sich in unsere Gesellschaft einzugliedern, dass wir ihnen dann aber die Geborgenheit sofort zurückgeben müssen, weil sie sonst für den Rest ihres Lebens einen Schaden davon tragen. Meine Frage lautet natürlich: Ja müssen wir sie denn überhaupt zum ‚Sichschämen' bringen? Gibt es denn wirklich keinen anderen Weg, sie zu „Wissenden" zu machen, als durch Scham, Demütigung und Gewalt? Würden wir ihnen diese Scham nicht einflößen, gäbe es keine Kultur. Und obwohl wir sie hinterher loben, lebt die Kultur dennoch von diesem Schamfaktor. Vom Augenblick der Geburt an werden wir bezichtigt – des Unvollständigseins, Unzulänglichseins, dass uns alles Mögliche fehlt. Die Eltern haben das Gefühl, dass sie das Kind konditionieren, wiegen und messen müssen, damit die Kultur es für würdig befinden kann.

Die Kraft, die eine Kultur am Leben erhält, nährt sich aus der Unsicherheit. Würden wir echte Sicherheit finden, wäre dies das Ende der Kultur.

Das Kind wird als unwürdig gebrandmarkt. Von Anfang an sind wir Angeklagte: Sünder, Versager, Unwürdige – und das kann der menschliche Geist nicht ertragen. Wir sind Versager des Systems, alle. Kinder unterwerfen sich entweder einem Leben als elende Versager und gehen mit dem System konform, oder sie schnappen sich das Gewehr und lassen dich wissen, wie sie sich wirklich fühlen. Mein Leben lang habe ich diesen Aufschrei in mir unterdrückt. Ich bin nicht schuldig.

Von Anfang an sind wir Angeklagte: Sünder, Versager, Unwürdige – und das kann der menschliche Geist nicht ertragen. Wir sind Versager des Systems, alle. Kinder unterwerfen sich entweder einem Leben als elende Versager und gehen mit dem System konform, oder sie schnappen sich das Gewehr und lassen dich wissen, wie sie sich wirklich fühlen.

M: Wenn man sich all dessen bewusst ist und in Beziehung zu einem Kind, das man liebt und für das man Sorge trägt, steht, wie kann man verhindern, dass es ein Opfer des Drucks wird, den die Kultur ausübt?

J: Du meinst, wie kann ich verhindern, dass ich dem Kind antue, was mir angetan wurde?

M: Dem urteilenden, interpretierenden Geist, diesem intellektuellen Prozess, muss es darum gehen, alles unter Verschluss zu bekommen. Das ist sein Job. Er ist es, der den Geist des Erwachsenen verengt und einengt und im Kind das tiefe Gefühl des Versagens erzeugt.

J: Wie Bohm gesagt hat, ist alles Wissen organisch, lebendig, dynamisch. Deshalb dürfen wir unser angesammeltes Wissen nur als etwas Provisorisches, Vorübergehendes betrachten, dürfen nicht zu stark daran kleben und es sofort unter Verschluss halten, ganz besonders nicht die Glaubenssätze und Bilder, die wir in Bezug auf uns selbst und unsere Kinder pflegen.

M: Alles, was dem Intellekt unterkommt, wird entweder in die bestehende Ordnung integriert, geschluckt wie von einer Amöbe, oder es wird verworfen. Man könnte sagen, dass der Intellekt über sein eigenes Immunsystem verfügt. Jeder Fremdkörper, der nicht mit der vorherrschenden Ordnung übereinstimmt, wird angegriffen, assimiliert oder verworfen. Jeder Glaubenssatz, jede Beurteilung hat ihr Gegenteil. Konflikte sind daher bereits in unsere Denkstruktur mit eingebaut.

J: Beurteilungen liegen an der Wurzel von Konflikten. Aber dessen sind wir uns gar nicht bewusst.

Jeder unserer Glaubenssätze, jede unserer Vorstellungen und Lernerfahrungen hat als fließende Erfahrung begonnen. Die Welt ist diese fließende, ihre eigene Integrität und Intelligenz besitzende Bewegung. Wir fangen mit Intelligenz an, und das Gedächtnis friert alles ein. Der Intellekt friert die Intelligenz zu Klötzen, und die Bewegung hört auf. Die Intelligenz verschwindet. Unsere Agenda verliert ihre Fließnatur und damit ihre natürliche Intelligenz. Wir begegnen dem sich im Fluss befindlichen Kind mit unseren Mauern aus Klötzen. Klötze sind hart und unbeweglich. Sie sind starr, haben ihre Lebenskraft verloren. Sie sind auch nicht länger intelligent.

M: Wir engen Dinge ein, wenn wir sie benennen. Wir geben einem Ding einen Namen und ordnen es einer Kategorie zu. Damit haben wir es unter Verschluss gebracht. Es wird ein mentaler Klotz, ein Backstein. Die ursprüngliche Erfahrung war fließend. Der Vorgang des Benennens und Beurteilens hat den lebendigen Augenblick eingefroren, in einen mentalen Klotz verwandelt. Klötze, Bausteine sind hart und unbeweglich, geben nicht nach. Jeder unserer Glaubenssätze, jede unserer Vorstellungen und Lernerfahrungen hat als fließende Erfahrung begonnen. Die Welt ist diese fließende, ihre eigene Integrität und Intelligenz besitzende Bewegung. Wir fangen mit Intelligenz an, und das Gedächtnis friert alles ein.

Der Intellekt friert die Intelligenz zu Klötzen, und die Bewegung hört auf. Die Intelligenz verschwindet. Unsere Agenda verliert ihre Fließnatur und damit ihre natürliche Intelligenz. Wir begegnen dem sich im Fluss befindlichen Kind mit unseren Mauern aus Klötzen. Klötze sind hart und unbeweglich. Sie sind starr, haben ihre Lebenskraft verloren. Sie sind auch nicht länger intelligent. Das Gedächtnis besitzt keine Intelligenz. Intelligenz ist organisch, fließend, beweglich.

Mentale Klötze – unsere Anschauungen etc. – sind gegen Veränderungen extrem widerstandsfähig. Durch das stark ausgeprägte Verteidigungssystem bewahren sie ihre Integrität. Sie bekämpfen alles, was nicht mit ihnen konform geht. Ein Großteil unserer so genannten Kindererziehung und Bildung taugt wunderbar dazu, unsere Kinder zu versteinern. Viele Märchen bedienen sich dieses Bildes.

Marshall Rosenbergs *Gewaltlose Kommunikation* zum Beispiel verlagert unsere Aufmerksamkeit vom Stress und den Konflikten dieses Prozesses auf die Intelligenz des Herzens, unsere Gefühle und Bedürfnisse. Gefühle und Bedürfnisse basieren nicht auf Glaubenssätzen.

Mangelndes Wissen, mangelnde Weisheit oder Information sind nicht unser Problem. Darum ist es auch nie gegangen. Vielmehr müssen wir den Mörtel und die Ziegel lockern, die uns daran hindern, unseren Kindern in einer dynamischeren, wirklich intelligenten und sensiblen Weise zu begegnen.

J: Deine Formulierung, dass Wissen Intelligenz beendet, jede Bewegung beendet und seine Stellung verteidigt – darum geht es.

M: Glaubenssätze haben ihr eigenes Immunsystem. Wenn etwas nicht dazu passt, wird es geschluckt oder abgestoßen. Ein gewaltiger Kraftakt ist nötig, damit Neues eindringen kann, und je älter wir werden, desto stärker ist der Widerstand, den wir aufbauen. Alles hat die Tendenz, unsere Voreingenommenheit, unsere Vorurteile zu verstärken. Wir verschanzen uns immer mehr, und unsere Verteidigungsstrategien werden immer ausgeklügelter. Neue Wahrnehmungen haben es sehr schwer, dieses „Immunsystem" zu durchdringen, weil wir mit dem spielerischen Aspekt unseres Wesens nicht mehr in Verbindung sind.

J: Die Gehirnforschung legt nahe, dass wir ab dem fünfzehnten Lebensjahr Widerstände gegen Veränderungen aufbauen. Wir werden sehr faul, wollen nur noch mit dem, was wir schon gelernt haben, herumspielen. Die Tabakindustrie beispielsweise macht sich dieses Wissen zunutze und unternimmt alles, um das Rauchen bis zum 15. Lebensjahr zur Gewohnheit werden zu lassen. Dann hat sie ihre Kunden für den Rest des Lebens.

Wir haben es eigentlich mit einem offenen System zu tun, nicht mit einem geschlossenen. Selbst wenn das Gehirn im Alter von fünfzehn Jahren myelinisiert, geschieht das, um alle Energie und Aufmerksamkeit für die Öffnung und Entwicklung des großen präfrontalen Gehirns freizusetzen, das ungleich viel größer als die anderen Gehirnstrukturen ist und dessen „Infrastruktur" erst mit etwa einundzwanzig Jahren zum Abschluss kommt. Und wofür? Es eröffnet uns grenzenlose Möglichkeiten – der Himmel ist die einzige Grenze. Aber stattdessen geschieht nichts. Warum? Weil wir uns schämen und uns verschließen, um uns zu verteidigen.

M: Unser mangelndes Sicherheitsgefühl, unser Mangel an wirklichem Bonding, drängt uns in die Defensive und erzeugt ein Gefühl von Schwere in unserem Bewusstsein. Die Wahrnehmung wird dann zu einer Art Schwarzem Loch. Das Licht der Aufmerksamkeit kann nicht entweichen und bleibt stecken. Aufmerksamkeit ist der Brennstoff für Wachstum und Entwicklung. Die präfrontalen Stirnlappen erhalten nicht die Energie, die sie für ihr Wachstum und ihre Entwicklung bräuchten. Und deshalb geschieht nichts.

J: Weil die Neuralverbindungen nicht gebildet werden. Allan Shore behauptet, dass die Verbindungen, die während des ersten Lebensjahres aufgebaut werden, im zweiten Lebensjahr buchstäblich wieder abgebaut werden. Wir denken, dass wir nur zum Besten des Kleinkindes handeln, es darauf vorbereiten, ein Mitglied der Gesellschaft zu werden, das weiß, wie man sich benimmt, aber in Wirklichkeit unterbrechen wir die Verbindungen zwischen den beiden wichtigsten Strukturen des Gehirnsystems, dem ältesten und dem jüngsten. Das alte emotionale Gehirn hat gar keine andere Wahl, als sich mit den alten Verteidigungsmechanismen zu verbinden, denn ab diesem Punkt fühlen wir uns bedroht und müssen uns schützen. Das ist die Erkenntnis, zu der wir in der Diagnose der Krankheit, mit der wir es zu tun haben, kommen müssen. Erst dann können wir ein Heilmittel verschreiben.

Wir denken, dass wir nur zum Besten des Kleinkindes handeln, es darauf vorbereiten, ein Mitglied der Gesellschaft zu werden, das weiß, wie man sich benimmt, aber in Wirklichkeit unterbrechen wir die Verbindungen zwischen den beiden wichtigsten Strukturen des Gehirnsystems, dem ältesten und dem jüngsten. Das alte emotionale Gehirn hat gar keine andere Wahl, als sich mit den alten Verteidigungsmechanismen zu verbinden, denn ab diesem Punkt fühlen wir uns bedroht und müssen uns schützen.

Drittes Gespräch

Nevada City, Kalifornien

J: Allan Schore hat die menschliche Entwicklung als „erfahrungsabhängig" beschrieben. Dem würde ich hinzufügen, dass die Erfahrung zu den Bedürfnissen in jedem Entwicklungsstadium passen muss, wenn wir eine optimale Entwicklung erwarten. Jede Stufe der Entwicklung hat ihre eigenen begrenzten Bedingungen, und das ist auch notwendig. Wir beginnen mit dem physischen, sensomotorischen System, das seinen spezifischen Satz an Bedingungen, Erwartungen oder Bedürfnissen hat, die erfüllt werden müssen. Als nächstes öffnet und entwickelt sich im Verlauf des evolutionären Prozesses das emotionale kognitive System mit seinen spezifischen Bedingungen, die ihm Grenzen setzen. Unsere Erfahrung, und damit ist unsere Umgebung gemeint, muss zu den Bedürfnissen und Erwartungen in jedem Stadium passen, damit Wachstum stattfinden kann. Das nächste Stadium beginnt mit der Entwicklung der großen neokortikalen Strukturen. Auch dies ist ein begrenzter Zustand. Die Grenzen, innerhalb derer wir leben, erweitern sich mit jeder neuen Struktur, die hinzugefügt wird, mit jedem neuen Entwicklungsstadium, das sich entfaltet.

Die neuen Grenzen umfassen die alten. Sie stützen sich auf sie, integrieren sie, überschreiten sie und transformieren die alten Grenzen in neue. Wie auch immer sie beschaffen waren, wir erheben uns über sie und gehen mit jedem Schritt über sie hinaus. Der gesamte Lebensprozess, eigentlich sogar die Evolution selbst, ist darauf ausgelegt, die Grenzen und Beschränkungen jeder vorhergehenden Stufe zu überwinden. Alles Leben ist von Anfang an transzendent.

Der transzendenten Natur des menschlichen Bewusstseins wird dadurch Rechnung getragen, dass sichergestellt wird, dass die Erfahrungen gemacht werden können, die notwendig sind, um jedes Stadium vollständig zu entwickeln. Dadurch werden die frühen, rein auf das Überleben der Spezies angelegten reflexartigen Fähigkeiten wie Fortpflanzung und Verteidigung in die höheren, reflektierenden Fähigkeiten integriert, d.h. die niederen Systeme werden in höhere verwandelt. Ist dies nicht der Fall, dominieren die niederen Überlebenssysteme unser Leben, und wir geraten dauernd in Schwierigkeiten.

M: Und wie lässt sich das alles auf die Elternrolle übertragen?

J: Der transzendenten Natur des menschlichen Bewusstseins wird dadurch Rechnung getragen, dass sichergestellt wird, dass die Erfahrungen gemacht werden können, die notwendig sind, um jedes Stadium vollständig zu entwickeln. Dadurch werden die frühen, rein auf das Überleben der Spezies angelegten reflexartigen Fähigkeiten wie Fortpflanzung und Verteidigung in die höheren, reflektierenden Fähigkeiten integriert, d.h. die niederen Systeme werden in höhere verwandelt. Ist dies nicht der Fall, dominieren die niederen Überlebenssysteme unser Leben, und wir geraten dauernd in Schwierigkeiten. Grenzen ständig zu erweitern liegt in unserer Natur. Es geschieht auch ganz von selbst, wenn jedes Entwicklungsstadium mit den Erfahrungen versorgt wird, die für seine vollständige Entwicklung notwendig sind.

M: Was schlagen wir den Eltern also vor? Dass sie auf jeder Stufe die Grenzen des Kindes erweitern oder dass sie einfach die gegenwärtige Stufe genau erforschen und sich voll entwickeln lassen?

J: Es ist unsere Aufgabe sicherzustellen, dass das Kind die Erfahrungen machen kann, die notwendig sind, um das jeweilige Stadium so vollständig wie möglich zu entwickeln. Das sensomotorische System kann nur dadurch erweitert werden, dass wir zum nächsten Entwicklungsstadium weiterschreiten, welches dann das vorhergehende, niederere Stadium umfasst und automatisch erweitert. Die niedere Stufe zu erweitern, ohne über sie hinauszugehen, ist unmöglich. Genau das passiert mit unseren aufgebrachten Teenagern. Wir bestehen darauf, dass sie ein Stadium erweitern, das nicht erweiterbar ist. Sie stecken darin fest und können ihr Verhalten nicht modifizieren. Also machen sie Schwierigkeiten. Wenn ein Stadium sich dem nächsten öffnet, transformiert es die Natur der vorhergehenden Stadien.

Allan Schore hat sehr deutlich gemacht, dass mit dem Öffnen des zweiten Stadiums die Natur des niederen ersten Stadiums transformiert wird. Die Verhaltensänderung kommt durch die höhere Struktur zustande. Die niedere Struktur kann sich nicht selbst modifizieren. Das muss man verstehen. Eine Idee wird ungeboren bleiben oder eine Totgeburt sein, wenn wir keine angemessene

Sprache finden, eine Metapher, die diese Idee übersetzt.

Alle bisherigen Beobachtungen – über die wahre Natur des Spielzustands; dass Wissen, und besonders Wissen über uns selbst, provisorisch ist; dass die nächste Generation zu beraten und zu begleiten für Erwachsene eine transformierende Reise der Entwicklung ist – sind solide, tiefgründige Erkenntnisse. Bohm und andere haben ihnen eine Grundlage gegeben, aber selbst sie werden auf eine höhere Stufe gehoben werden, denn keiner von uns ist im Besitz der ganzen Wahrheit. Alles ist provisorisch, vorläufig, aber die Sprache, die diese Ideen vermittelt, ist dennoch wichtig.

Allan Schore hat sehr deutlich gemacht, dass mit dem Öffnen des zweiten Stadiums die Natur des niederen ersten Stadiums transformiert wird. Die Verhaltensänderung kommt durch die höhere Struktur zustande. Die niedere Struktur kann sich nicht selbst modifizieren. Das muss man verstehen. Eine Idee wird ungeboren bleiben oder eine Totgeburt sein, wenn wir keine angemessene Sprache finden, eine Metapher, die diese Idee übersetzt.

M: Können wir unser jetziges Gespräch als ein Mittel verwenden, um Metaphern zu finden, die diese Ideen beinhalten und weitervermitteln?

J: Das haben wir bereits getan – auf unterschiedlichste Weise.

M: Einzigartig an dieser Forschungsreise ist, dass wir eigentlich überhaupt nicht über Kinder reden. Wir beschreiben die Natur von Erwachsenen, die, wenn wir sie richtig verstehen, zu einer bedeutsamen Veränderung der Kindheit selbst führen wird. Gelingt es uns nicht, diese Verwandlung im Erwachsenen zu bewirken, bleibt die Kindheit und mit ihr die ganze menschliche Entwicklung da stecken, wo sie ist – in der Degeneration, im Verfall begriffen.

J: Wir stehen also wieder vor der Schwierigkeit, Eltern, Lehrern und Lesern das Problem so zu präsentieren, dass sie die Gelegenheit zur Erweiterung sehen, anstatt sich angegriffen zu fühlen und zu meinen, sich verteidigen zu müssen. In alledem steckt etwas höchst Unangenehmes.

M: Und das wäre?

J: Dass wir unsere Annahmen ständig neu überprüfen müssen, wenn wir über diese Dinge reden. Seit über dreißig Jahren befasse ich mich mit dieser Problematik, und jedes Mal, wenn ich den Eindruck habe, zu einer abschließenden Einschätzung kommen zu können, gibt es irgend etwas Neues zu berücksichtigen, und alles verschiebt sich. Das Thema veraltet deswegen auch nicht. Es entwickelt sich wie ein Kind, wie wir alle.

M: Für Neues offen zu sein, verändert unsere Beziehung zu allem.

Jede Interaktion mit einem Kind ist wie ein Schachzug. Auch die Bewegung eines einfachen Bauern auf dem Schachbrett verändert die Beziehung aller anderen Figuren zueinander im Verhältnis 2 hoch 64. Das ist eine 22-stellige Zahl. Und wir dürfen den provisorischen Charakter unserer Züge nicht aus den Augen verlieren, weil jeder Zug, jede Bewegung, diese gegenseitige Dynamik auslöst und, wie in einem Spiegelsaal, zurückgeworfen wird. Wir schlagen den Eltern vor, in ihrer Beziehung zu den Kindern eine ähnliche Stellung zu beziehen. Fantastisch.

J: Jede Interaktion mit einem Kind ist wie ein Schachzug. Auch die Bewegung eines einfachen Bauern auf dem Schachbrett verändert die Beziehung aller anderen Figuren zueinander im Verhältnis 2 hoch 64. Das ist eine 22-stellige Zahl. Und wir dürfen den provisorischen Charakter unserer Züge nicht aus den Augen verlieren, weil jeder Zug, jede Bewegung, diese gegenseitige Dynamik auslöst und, wie in einem Spiegelsaal, zurückgeworfen wird. Wir schlagen den Eltern vor, in ihrer Beziehung zu den Kindern eine ähnliche Stellung zu beziehen. Fantastisch.
Aus meiner Sicht ist das ein Zustand wahren Verzeihens. Wir bieten eine Antwort mit vorläufigem Charakter, also konfrontieren wir niemanden mit absoluten Größen und bleiben für den eigentlichen Inhalt des gegenwärtigen Augenblicks offen. Wenn wir nicht zusammen mit dem Kind im gleichen Augenblick sind, verpassen wir gleichsam das Schiff – und das Kind verpasst es zusammen mit uns.

M: Nicht voll und ganz anwesend zu sein ist Verrat an uns selbst und dem Kind. Verrat geht mit Gewalt einher. Wer nur halb anwesend ist, partizipiert nicht voll und ganz, bekommt nicht alles mit, und das Kind fühlt sich verlassen. Vielleicht haben sie uns ein kleines Goldstück gebracht, aber wir hängen wieder einmal am Telefon und sehen den neuen Schatz nicht einmal. Das Kind hat den Eindruck, dass sein Schatz wertlos ist und wirft ihn zurück in den See. Die Erfahrung wird Teil seiner Selbsteinschätzung. Alle haben verloren. Gewalt existiert auf vielen Ebenen.

J: Jeder Übergriff ist Gewalt. Die englischen Ausdrücke *violation* und *violence* haben den gleichen Wortstamm. Wenn ein Kind sich verraten fühlt, ist es verletzt.

M: Übersehen zu werden oder sich kein Gehör verschaffen zu können, wird von Kindern als Verrat empfunden; es ist wie eine Verletzung, eine Schändung.

J: Kinder spüren diesen Verrat, wenn sie auf diese Weise verletzt werden; wenn sie zu einem bestimmten Verhalten genötigt werden, das auf Kosten dessen geht, was in ihnen ist.

M: Das ist der Verrat.

J: Und diese Verletzung, diese Gewalt, die sie erfahren, wird dann ausagiert. Sie werden nicht einfach nur in das Verteidigungssystem gezwungen und dort eingesperrt, vielmehr wird ihre gesamte innere Entwicklung verraten.

M: Wenn ein Kind hinfällt und sich das Knie aufschürft, ist das eine Sache, aber wie oft weinen Kinder aus psychologischen Gründen? Der Großteil dieser Schmerzen kommt aus dem Gefühl, verraten, ignoriert und nicht als derjenige respektiert worden zu sein, der sie in diesem Moment wirklich sind.

J: Ich erinnere mich an eine Situation in einer Familie in Wyoming. Das Kind saß in seinem Hochstuhl, und ich saß neben ihm. Der Vater war einerseits ein sanfter Mensch und ein liebender Vater, aber er war der Vater, und das durfte niemand vergessen. Der Kleine hörte also „nein!" und barst in Tränen. Sie rollten ihm nicht einfach die Wangen hinunter, sie sprangen ihm, als er „nein" hörte, förmlich aus den Augen. Noch nie hatte ich ein Kind derart weinen gesehen. Es war ein Ausdruck größter Pein ob dieser schrecklichen Erfahrung, die ihm widerfuhr. Und dann begann er, „nein" zu sagen. Er schaute sie an und sagte „nein, nein, nein." Er versuchte, sich daran festzuhalten, denn das war eine Verletzung. Er bekämpfte Feuer mit Feuer. Ich dachte damals nicht, dass dies Gewalt war, die ausagiert wurde oder werden würde, in welchem Umfang das auf dieser evolutionären Stufe auch der Fall sein mochte. Diese Gewalt wird ausagiert werden. Sie werden verletzt, und sie werden diese Gewalt ausagieren.

Wenn ein Kind hinfällt und sich das Knie aufschürft, ist das eine Sache, aber wie oft weinen Kinder aus psychologischen Gründen? Der Großteil dieser Schmerzen kommt aus dem Gefühl, verraten, ignoriert und nicht als derjenige respektiert worden zu sein, der sie in diesem Moment wirklich sind.

M: Wir haben die „goldene Regel" des Einfühlungsvermögens, und dazu gehört, auf die Signale des Kindes zu achten und sie aufzunehmen. „Behandle andere so, wie du selbst behandelt werden möchtest." Das kann in beide Richtungen ausschlagen. Ein Mensch ohne Bonding könnte daraus ableiten, dass man anderen besser zuvor kommen sollte und ihnen was auch immer antut, bevor sie dazu kommen, es einem anzutun. Aber der Weg des Mitgefühls ist der des Einfühlungsvermögens, weil wir ihren Schmerz spüren. „Behandle andere so, wie du selbst behandelt werden möchtest" bedeutet, die Signale der Kinder aufzufangen und zu lesen. Diese Regel ersetzt alle anderen.

J: Die einzig feste Regel ist, dass alles provisorisch ist.

M: Wir bitten die Eltern um nichts anderes als darum, die Vorrangstellung des Zustands anzuerkennen und wertzuschätzen, und den Inhalt für sich selbst sorgen zu lassen. Wenn wir den richtigen Zustand kultivieren ...

J: ... entsteht der passende Inhalt aus dieser Interaktion. Ein Zustand ist eine Interaktion zwischen uns selbst und dem anderen. Es ist ein Zustand, an dem nicht nur ich beteiligt bin oder nur der andere.

M: Es ist eine Beziehung ...

J: Der Zustand selbst ist gleichzeitig Form und Funktion. Das herauszufinden bedeutet, extrem fließend und dynamisch zu sein.

M: Wir ermutigen Erwachsene, dem tatsächlichen Zustand ihrer Beziehung zu Kindern Beachtung und Aufmerksamkeit zu schenken, weil dieser Zustand wie ein Filter ist, der der Erfahrung Bedeutung verleiht. Der Zustand der Beziehung gibt der Erfahrung eine Form. Selbstverteidigungskünstler, Athleten und Schauspieler verstehen die Vorrangstellung des Zustands, andere weniger.

J: Lernen ist zustandsspezifisch. Was gelernt wird, hängt von der Natur des Zustands ab, und doch schenken die meisten dem Zustand keinerlei Beachtung.

M: Als Kind litt ich an Dyslexie. Buchstabieren zu müssen war eine Demütigung. Jeden Tag heulte ich mir die Augen aus. Ich kann mich an nichts Schrecklicheres erinnern. Noch heute empfinde ich beim lauten Lesen oder Buchstabieren großes Unbehagen. Mein Sohn hatte ein Problem mit den Augen und große Mühe, schreiben zu lernen. Er nahm den Stift zur Hand und begann zu weinen. Wir versuchten, ihm beizubringen, wie man den Buchstaben „A“ schreibt, aber was er wirklich lernte, waren Frust und Tränen. Er lernte den Zustand. Wir betonen die Notwendigkeit von Bonding und Grundvertrauen und stellen das Herz in den Vordergrund, Gefühle und Bedürfnisse, die jedes für sich die Aufmerksamkeit weg vom Inhalt und auf den Zustand verlagern. Der Inhalt kümmert sich um sich selbst, wenn wir den Zustand – und damit die Beziehung – optimieren.

J: Auf Prüfungen konnte ich mich nie ordentlich vorbereiten, weil es im ganzen Haus nur einen einzigen sicheren Ort gab, und das war das Zimmer meiner Mutter. Aber bei ihr lief dauernd das Radio, und sie unterhielt sich auch stundenlang mit meinen Schwestern. So ging es einfach nicht. Eines Abends war mein Bruder einmal zu Hause. Ich hatte am nächsten Tag eine Prüfung, und so ging ich in sein Zimmer, wo ich mich absolut sicher und wohl fühlte. Dann geschah etwas Komisches. Die Prüfung war im Fach Arithmetik, das mir große Mühe bereitete, aber ich schnitt mit hundert Punkten ab. Ich war total verblüfft darüber, wie leicht ich den Lernstoff im Unterricht aufgenommen hatte. Es machte richtig Spaß. Genau das ist zustandsspezifisches Lernen. Wie ein Blitz aus heiterem Himmel traf mich der Gedanke, wie einfach es im Grunde genommen war.

M: Lernen.

J: Wirkliches Lernen. Schau dir das Durchschnittskind an. Wo ist seine Geborgenheit? In der Schule werden sie ständig bombardiert. Auf dem Spielplatz müssen sie sich verteidigen. In der Little League müssen sie sich sowieso ständig verteidigen. Der einzige Ort, wo sie sich nicht verteidigen müssen, ist vor dem Fernsehgerät oder am Computer.

M: Früher war es der Sandkasten.

J: Das war einmal.

M: Wir verlieren die Erwachsenen aus dem Blick. Wo ist ihr Ort der Geborgenheit?

J: Sie sind von allen Seiten unter Beschuss. Erwachsene legen Kindern Beschränkungen selten aus Sorge um deren Wohlergehen auf, sondern aus Furcht, als schlechte Eltern gelten zu können. Sie bewegen sich in einem riesigen Netzwerk von Beurteilungen.

M: Wenn die Eltern oder Lehrer schon keinen Ort der Geborgenheit haben oder kennen, wie sollen sie ihn ihren Kindern bieten können? Wo soll man ansetzen?

J: Bei den Erwachsenen.

M: Dem Modell.

J: Spiel ist sich selbst Ort der Geborgenheit. Als ich noch klein war, wusste ich das. Der Zustand beim Spielen war ein sicherer Ort, an dem man nie Fehler machte. Es gab gar keine Möglichkeit, Fehler

Mein Sohn hatte ein Problem mit den Augen und große Mühe, schreiben zu lernen. Er nahm den Stift zur Hand und begann zu weinen. Wir versuchten, ihm beizubringen, wie man den Buchstaben „A" schreibt, aber was er wirklich lernte, waren Frust und Tränen. Er lernte den Zustand.

Schau dir das Durchschnittskind an. Wo ist seine Geborgenheit? In der Schule werden sie ständig bombardiert. Auf dem Spielplatz müssen sie sich verteidigen. In der Little League müssen sie sich sowieso ständig verteidigen. Der einzige Ort, wo sie sich nicht verteidigen müssen, ist vor dem Fernsehgerät oder am Computer.

zu machen. Es gab keine Möglichkeit für Zensur.

In echtem Spiel wurde nie jemand zensiert. Es ging nicht darum, irgendjemand zu beurteilen oder etwas Bestimmtes zu erreichen. Das begann erst mit der Pubertät. Jede Art von Spiel war uns ein sicherer Hort, und wir wollten die ganze Zeit spielen, um an diesem Ort bleiben zu können. Unsere Herausforderung ist, Wege zu finden, um die Beziehung der Erwachsenen zu den Kindern in diesen spielerischen Zustand anzuheben.

M: Wenn der Erwachsene sich nicht geborgen fühlt, kann er auch kein Ort der Geborgenheit für ein Kind sein oder ihm Geborgenheit bieten.

J: Wie sollen wir ein Kind lieben, wenn wir selbst nie geliebt worden sind? Wenn wir etwas nicht haben, können wir es nicht geben. Wir müssen die Liebe in uns selbst finden, bevor wir sie an das Kind weitergeben können, und das gleiche trifft auch auf Gefühle der Sicherheit und Geborgenheit zu.

In echtem Spiel wurde nie jemand zensiert. Es ging nicht darum, irgendjemand zu beurteilen oder etwas Bestimmtes zu erreichen. Das begann erst mit der Pubertät. Jede Art von Spiel war uns ein sicherer Hort, und wir wollten die ganze Zeit spielen, um an diesem Ort bleiben zu können. Unsere Herausforderung ist, Wege zu finden, um die Beziehung der Erwachsenen zu den Kindern in diesen spielerischen Zustand zu bringen.

M: Die Unsicherheit, die wir empfinden, erzeugen wir selbst – dadurch, wie wir denken. Und Konflikte scheinen ein integraler Bestandteil unseres Denkens zu sein. Urteile und Anschauungen sind Gedanken. Gedanken erzeugen Konflikte. Konflikte färben unsere Wahrnehmung, was die Art und Weise, wie wir auf die Welt reagieren, verändert. Warum also wechseln wir nicht die Färbung? Bis zehn zu zählen, wenn man wütend ist, ist ein Versuch, den Zustand zu verändern. *HeartMath* verwendet die *Freeze Frame-Technik*, wie einen Schalter, um die Aufmerksamkeit von diesem Zustand weg und auf einen anderen zu lenken. Betätige den Schalter, und die Farbe des Zustands ändert sich von blau zu gelb oder rot. Verändere den Zustand, und die Erfahrung wird durch vollständig andere Werte gefiltert. Unsere Interpretation des Augenblicks und damit auch unsere Erwiderung darauf ist eine vollkommen andere.

In einer Welt voller Bedrohungen sehen wir alles blau, sorgen uns um die Meinung der anderen, darum, welches Bild wir abgeben, um die Sicherheit der Kinder – Gedanken, die alle aus dem gleichen Zustand entstehen. Der Inhalt hängt mit unserer Wahrnehmung zusammen. Was wir hier beschreiben, hat wenig mit intellektuellem Inhalt zu tun. Wir möchten Erwachsene dazu ermutigen, den Zustand echten Spiels zu entdecken und von diesem sicheren, kreativen Ort aus auf das Leben zu antworten.

J: Das Primärmotiv muss einem echten, einfühlenden Verständnis für den anderen entspringen. Welches ist die beste Erwiderung oder Antwort im Interesse des Kindes? Welche ist für mich und nicht zuletzt welche ist für die Kultur die beste?

M: Unsere Rechtfertigungen sind ziemlich ausgetüftelt. Der Intellekt rechtfertigt seine Agenda ja damit, dass alles „zu ihrem Besten" sei. „Du machst jetzt sauber, oder es setzt was!" Zu ihrem Besten. Wir lügen uns in die eigene Tasche.

J: Noch tückischer ist, dass Kinder lernen müssen, zu gehorchen. Sie müssen gehorchen, weil man das in unserer Kultur so macht. Das habe ich von Eltern und Lehrern immer wieder gehört. Erwachsene meinen, sie besäßen das Recht auf Autorität, egal wie die Anweisung lautet. Sie bestehen aus Prinzip auf Gehorsam und rechtfertigen das auch, was jeder Menschlichkeit entbehrt.

M: Der Satz „zu ihrem Besten" hat nichts mit wirklichem Bonding zu tun. Er entspringt dem Intellekt, nicht der Intelligenz, nicht wirklichem Einfühlungsvermögen. Handlungen aus Prinzip entstehen aus der Identität oder dem Selbstverständnis des Erwachsenen heraus, nicht aus wirklichem Verständnis und wahrer Intelligenz. Manche der Fähigkeiten, die die Natur entfaltet, dienen nur dem Überleben. Unser Intellekt mit seinen Selbstbildern ist ganz offensichtlich ein Überlebensmechanismus. Unsere Identität entwickelte sich als ein Verteidigungsreflex.

Noch tückischer ist, dass Kinder lernen müssen, zu gehorchen. Sie müssen gehorchen, weil man das in unserer Kultur so macht. Das habe ich von Eltern immer wieder gehört. Erwachsene meinen, sie besäßen das Recht auf Autorität, egal wie die Anweisung lautet. Sie bestehen aus Prinzip auf Gehorsam und rechtfertigen das auch, was jeder Menschlichkeit entbehrt.

J: Das behauptet Schore.

M: Aus meiner Sicht ist der Intellekt grundsätzlich eine Verteidigungsstruktur; Einsicht hingegen ein vollkommen anderer Zustand.

J: Eine andere Ordnung von Intelligenz. Das Ego oder diese Vorstellung vom Selbst könnte in dieselbe Kategorie fallen.

M: Wie?

J: Wie der Intellekt.

M: Das meine ich auch.

J: Ich behalte das einmal provisorisch im Kopf, aber mach nur weiter. Ich will sehen, wohin das führt.

M: Wir haben gesagt, dass Zustände Inhalt sind. Wir können ein Problem nicht auf der Problemebene lösen, und das Problem, mit dem wir in der Eltern-Kind-Beziehung zu tun haben, entsteht aus dem Zustand, der die Beziehung zugleich erzeugt und definiert. Impliziert nicht die simple Anerkennung der Tatsache, dass der Zustand der Ursprung des Problems ist, dass wir das Problem schon halb gelöst haben? Ergibt das einen Sinn?

J: Als ich mit meinem Bruder zusammen war, war das ein besonderer Zustand. Das Fach, für das ich an diesem Abend zu lernen hatte, war völlig unerheblich. Der Inhalt war nebensächlich. In diesem Zustand nahm ich einfach Inhalt auf, mit großer Leichtigkeit, und am nächsten Tag war der Kontext Schule verändert. In der Prüfung hatte ich gleichsam Flügel. Nichts konnte mir etwas anhaben. Ich hatte die Situation im Griff. Ich konnte das nicht wiederholen, weil es mir nicht wieder glückte, in diesen Zustand zu gelangen. Aber ich hatte verstanden, dass das Fach in diesem Zustand nebensächlich war.

M: Darum ging es.

J: Das heißt, der Zustand ist seine eigene Funktionsordnung, ist sich selbst Zweck genug.

M: Genau, und optimales Lernen und Höchstleistung sind Nebenprodukte.

J: Der Inhalt hat nichts mit dem Zustand zu tun.

M: Er ist ein Nebenprodukt.

J: Der Zustand kann jegliche Art von Inhalt umspannen und mit Leichtigkeit in sich aufnehmen.

M: Der Zustand, den wir Spiel oder *Flow* nennen, ist kein Gefühl.

J: *HeartMath* stellte ganz klar, dass die Intelligenz des Herzens kein Gefühl ist. Die Intelligenz, die wir den optimalen Zustand nennen, durchläuft die emotionalen Zentren und kontrolliert die Emotionen, ist selbst jedoch eine höhere Ordnung der Funktion. Sie hat direkte Verbindungen mit dem emotionalen System, aber sie verändert es, weil sie eine höhere Funktion ist.

M: Fred Donaldson verwendet das Wort „Zugehörigkeit“, was andere Konnotationen hat als *Bonding*.

J: Wenn wir wissen, dass wir irgendwo hingehören, entspannen wir uns und unsere Verteidigungsreflexe. Immer, wenn die Dinge besonders gut laufen, ist dieses Zugehörigkeitsgefühl sehr stark. Ich gehöre zu mir, voll und ganz. Die äußeren Notwendigkeiten, die der Ursprung meiner Verteidigungsbereitschaft sind, verschwinden fast.

M: Wir sprechen immer wieder vom Kind, müssen aber eigentlich immer wieder zum Erwachsenen zurückzukommen. Wie können sie sich geborgen fühlen? Wie können sie dieses „Dazugehören" entwickeln? Was ist das für ein Zustand? Sie stehen ständig unter Beschuss, und gehen sie hierhin, sagt ein anderer: geh dorthin. Wenn Erwachsene ihren Zustand nicht ändern und sich nicht auf einer anderen Frequenz in Beziehung setzen können, werden wir einfach die gleichen Muster immer und immer wieder ausagieren. Wir bleiben stecken. Wir müssen eine Zustandsverlagerung vornehmen, um Zugang zu neuen Wahrnehmungsordnungen zu erlangen. Wie soll das gehen?

Die Intelligenz, die wir den optimalen Zustand nennen, durchläuft die emotionalen Zentren und kontrolliert die Emotionen, ist selbst jedoch eine höhere Ordnung der Funktion. Sie hat direkte Verbindungen mit dem emotionalen System, aber sie verändert es, weil sie eine höhere Funktion ist.

J: Diese Verlagerung kann nur in der Beziehung zum Kind stattfinden, durch die lebendige, dynamische Beziehung mit dem Kind. Deine Farbanalogie passt da sehr gut. Fast alles, was Erwachsene in der Gesellschaft tun, spiegelt den blauen Raum oder Zustand wider, in dem sie sich befinden. Deswegen stecken wir alle fest, und das ist leider keine Theorie. Wir sitzen alle in dem gleichen blauen Zimmer – bis auf das Kind. Das Kind stellt für den Erwachsenen eine äußerst kostbare Gelegenheit dar, das blaue Zimmer zu verlassen und die Welt aus einer ganz anderen Perspektive zu sehen. Diese Möglichkeit zeigen wir auf.

M: Wie können wir auf unsere Kinder und uns selbst in einer immer frischen Art und Weise antworten? Gibt es eine Methode, die es uns erlaubt, aus den kulturellen Fallen herauszurobben, in denen wir uns befinden?

J: Darauf gehe ich in meinem neuen Buch *Biologie der Transzendenz* ein. Dort heißt es an einer Stelle „wie ein Kind wiederkommen". Das bedeutet, dass wir aufgefordert sind, unsere wahre Natur zu verkörpern, die vor dem Übergriff der kulturell geprägten Vorstellungen vorhanden war. Wenn wir unsere wahre Natur verkörpern, wird dies zum größten Risikofaktor für dieses kulturell geprägte Selbstbild, falls wir es angenommen und uns mit ihm identifiziert haben. Seine Grenzen fallen zu lassen birgt ein hohes Risiko. Im Evangelium heißt es „gib dein Leben auf", und dies meint das Leben der Kultur. Es bedeutet, die von diesem kulturellen Selbstbild auferlegten Grenzen hinter sich zu lassen. „Hasst die Welt, die euch hasst" bezieht sich auf die Welt dieser Kultur.

M: Das Bild, das wir von uns haben, das Bild, das das Kind entwickelt, aufnimmt und zu dem es wird, ist wirklich ein Spiegel der Kultur.

J: Sie ist das einzige Modell.

M: Die kulturelle Identität ersetzt das, was wir unsere wahre authentische Natur nennen können. Würden Kinder im Zustand des Spiels erzogen, von Erwachsenen, die mit dem Leben und all seinen Beziehungen (im Sinne wahren Spiels) spielen, wäre das Selbstverständnis unserer Kinder ein völlig anderes als das, was wir jetzt haben. Sie wären von ihrem Selbstverständnis nicht behindert oder eingeschränkt. Sie hätten es gar nicht nötig, die Welt, die sie hassen, aufzugeben, weil sie sich mit dem kulturellen Bild ja von vornherein gar nicht identifiziert hätten.
Was wir also in Wirklichkeit meistens verteidigen, ist diese kulturelle Identität.

Es sind die kulturellen Vorstellungen, die unsere Aufmerksamkeit spalten. Ein Kind, dem ein Leben lang zu spielen erlaubt würde, würde durch diese kulturellen Vorstellungen nie eine Spaltung erfahren. Das ist es, was wir als eine ganze Person, als ein gesundes Kind bezeichnen. Ganz oder gesund bedeutet nicht geteilt, und das bedeutet, dass die Aufmerksamkeit nicht zusätzlich auf Verteidigung ausgerichtet werden muss.

J: Hin und wieder haben wir uns gegen eine physische Bedrohung zur Wehr zu setzen, die aber in der Regel schnell vorüber ist. Was wir hingegen ein Leben lang verteidigen, ist unser kulturell geprägtes Selbstbild. Allan Schore stellt in seinem Buch *Affect Regulation and the Origin of Self, The Neurobiology of Emotional Development* die Behauptung auf, dass ohne den Faktor Scham und die durch ihn herbeigeführte emotionale Kontrolle kein Selbst strukturiert wird. Das ist ein monströser Irrtum.

M: Er hat Recht, wenn wir davon ausgehen, dass die kulturelle Identität notwendig, gesund und vernünftig ist. Fred Donaldson sagt, „wenn Fred wirklich spielt, verschwindet er". Mihaly Csikszentmihaly beschreibt den gleichen Vorgang etwas akademischer in seinem Buch *Flow: Das Geheimnis des Glücks.* In optimalen Zuständen mit ihrer vollkommenen Aufmerksamkeit, ihrer Konzentration, ist keine Energie übrig, die nachschaut, wie gut wir sind. Das würde die kulturelle Identität tun und sich verteidigen. Bohm hat gleiches gesagt. Wir haben viele Hinweise darauf, dass unser kulturelles Selbstbild der einengende Faktor ist. Im Zustand konfliktfreien Verhaltens sind wir ganz. Keine Energie, keine Konzentration, die in dieses Bild, diese Identität, die wir unser „Selbst" nennen, gepumpt wird, in diese unsere kulturelle Identität. In dieser Hinsicht hat Schore Recht.

J: Stimmt.

M: Wenn wir ganz sind, nicht geteilt, ist das kulturelle Selbstbild inaktiv.

J: Im Spiel kehren wir zu unserem ursprünglichen, natürlichen Zustand der Ganzheit zurück.

M: Beziehungen sind Spiegel. Erwachsene in diesem optimalen Zustand des Spiels spiegeln ihren Kindern ein völlig anderes Bild. Wir schlagen von Grund auf anders geartete Wege im Leben mit Kindern vor, die nichts mit den gängigen kulturell konditionierten zu tun haben. Daraus resultierend werden Kinder eine vollständig andere Wahrnehmung des „Selbst" entwickeln, eine weitaus umfassendere und der Wirklichkeit entsprechendere.

J: Das ist eine heikle Sache, aber es stimmt schon. Scham ist ein Spiegel. Der Akt des Sichschämens wird dem Kind widergespiegelt als „du bist schlecht", „das ist falsch", „du bist nicht gut genug". Das ist der Spiegel unserer Kultur.

M: Das Kind betrachtet sich im Spiegel der Scham, sieht sich, und sein Selbstbild basiert auf dieser Reflexion. Sein eigenes inneres Bild davon, wer es ist, wird aufgrund dieser Reflexion erstellt.

J: Diese Widerspiegelung wirkt sich auf die gesamte Menschheit aus.

M: Wenn dieses Bild für wahr gehalten und akzeptiert wird, erhält es den Status eines Glaubenssatzes und muss verteidigt werden. Das Bild selbst ist dann egal. Sobald der Geist einem Bild den Status eines Glaubenssatzes zugeteilt hat, muss es verteidigt werden.

J: Der Fehler liegt darin, Bilder in Glaubenssätze statt in Handlungen zu übersetzen. Die eigentliche Funktion des Gedächtnisses wird verzerrt, missbraucht, wenn wir Glaubenssätze schaffen.

In optimalen Zuständen mit ihrer vollkommenen Aufmerksamkeit, ihrer Konzentration, ist keine Energie übrig, die nachschaut, wie gut wir sind. Das würde die kulturelle Identität tun und sich verteidigen. Bohm hat gleiches gesagt. Wir haben viele Hinweise darauf, dass unser kulturelles Selbstbild der einengende Faktor ist. Im Zustand konfliktfreien Verhaltens sind wir ganz. Keine Energie, keine Konzentration, die in dieses Bild, diese Identität, die wir unser „Selbst" nennen, gepumpt wird, in diese unsere kulturelle Identität.

Alles ist Handlung.

M: Alles *ist* Handlung.

J: Und die allem zugrunde liegende Handlung ist Liebe. Das Leben liebt sich selbst – das ist der biologische Ausgangspunkt. Ich liebe das Leben. Das Leben liebt sich selbst. „Die Ewigkeit liebt die Zeit" hat William Blake geschrieben. *Bonding* ist genau dasselbe; es beginnt mit der Mutter, wird auf das Kind übertragen und erweitert sich schließlich auf das ganze Universum.

M: Dieses Band, diese Handlung – Liebe – braucht kein Selbstbild, um zum Ausdruck zu kommen. Liebe hört auf, wenn das Selbstbild anfängt. Oder wie Fred Donaldson es ausdrückt: „Wenn Fred da ist, gibt es kein Spiel." Und Patch Adams beschreibt Spiel als Liebe in Aktion

Die allem zugrunde liegende Handlung ist Liebe. Das Leben liebt sich selbst – das ist der biologische Ausgangspunkt. Ich liebe das Leben. Das Leben liebt sich selbst. „Die Ewigkeit liebt die Zeit" hat William Blake geschrieben. *Bonding* ist genau dasselbe; es beginnt mit der Mutter, wird auf das Kind übertragen und erweitert sich schließlich auf das ganze Universum.

J: Hier liegt das Kernstück von allem.

M: Wenn Spiel der Spiegel ist, wird sich die Natur des Selbstbildes ununterbrochen erweitern und sich mit dem Band zusammen verändern.

J: Unsere Verbindung mit dem Lebensprozess erweitert sich mit jedem Entwicklungsstadium.

M: Es wäre verrückt, wenn der Säugling bei dem Selbstbild eines Säuglings stecken bliebe, oder das Kleinkind bei seinem Selbstbild. Das Selbstbild einzufrieren, egal auf welcher Stufe, ist verrückt. Und doch tun wir genau das. Beschämung, Strafen und Belohnungen nötigen uns dazu, ein kulturelles Bild von uns zu akzeptieren und uns damit zu identifizieren. Dabei bleibt es dann, bis auf die seltenen Augenblicke, in denen wir unser eigentliches Wesen im Spiel wieder entdecken. Das ist die *Zone*, der Bereich des Außerordentlichen. Auch *Flow* ist eine korrekte Bezeichnung. Unser wirkliches, unverfälschtes Selbst ist nicht statisch, es verändert sich in jedem Augenblick. In jedem Augenblick wird es durch die Natur unserer Beziehungen neu definiert.

J: Ohne Beziehungen existieren wir nicht. Es gibt nichts außer Beziehungen.

M: Durch die Dynamik der Beziehung erfahre ich in diesem Augenblick Erneuerung, werde ich wiedergeboren.

J: Freud und andere waren der Ansicht, dass Selbstzentriertheit etwas Böses ist. Aber zwischen dem Jetzt und der Ewigkeit gibt es keine andere Position als die selbstzentrierte. Einen Unterschied machen wir darin, dass das Selbstbild von Kindern mit Bonding in spielerischen Beziehungen geformt wird und sich, wie das Spiel selbst, ebenfalls ständig verändert. Das Band wird nie durch Scham oder Bestrafung zerrissen. Die spielerische Geborgenheit, die mit der Mutter beginnt, wird auf die Familie ausgedehnt, später auf die ganze Welt, auf die Gesellschaft und schließlich auf das ganze Universum. Das Band erweitert sich ins Unendliche.

M: In dieser optimalen Lernbeziehung wird meine Identität, mein Selbstbild, mit jeder Verbindung neu definiert und erweitert. Und das bin ich dann auch. Mystiker tun es als „Mein Vater und ich sind eins“ kund.

J: Die Beziehung geht von mir aus und erweitert sich. Dann stelle ich fest, dass es dieses unglaubliche Ding namens Schöpfung gibt. Und wenn mein Ort der Geborgenheit, meine Verbundenheit, sich erweitert hat, wie es von der Natur vorgesehen ist, beginne ich, mich mit diesem schöpferischen Vorgang zu verbinden und zu identifizieren. Wohin diese Beziehung führt, das weiß keiner.

Dann stelle ich fest, dass es dieses unglaubliche Ding namens Schöpfung gibt. Und wenn mein Ort der Geborgenheit, mein Band sich erweitert hat, wie es von der Natur vorgesehen ist, beginne ich, mich mit diesem schöpferischen Vorgang zu verbinden und zu identifizieren. Wohin diese Beziehung führt, dass weiß keiner.

Daniel J. Siegel & Mary Hartzell

Gemeinsam leben, gemeinsam wachsen

Wie wir uns selbst besser verstehen und unsere Kinder einfühlsam ins Leben begleiten können

Wie funktionieren Erinnerungen, Gefühle und Kommunikation im Geflecht unserer alltäglichen Beziehungen? Und wie können sie zu einer liebevollen und sicheren Beziehung zu unseren Kindern beitragen?
Unter Bezug auf neueste Forschungsergebnisse aus Hirn- und Beziehungsforschung erläutern Daniel Siegel und Mary Hartzell, wie sich zwischenmenschliche Beziehungen direkt auf die Entwicklung des menschlichen Gehirns auswirken. Feinfühlig skizziert das Autorenduo hierbei den Kern der Beziehung zwischen Eltern und Kind, indem sie den Blick auf die familiäre Interaktion Schicht um Schicht von den oftmals unangemessenen und eingeschliffenen Erziehungspraktiken befreien.
Ein praxisnahes Buch, das vor allem Eltern helfen kann, ihr eigenes Verhalten in größerer Tiefe zu verstehen.

O. Fred Donaldson

Von Herzen spielen

Die Grundlagen des ursprünglichen Spiels

Kinder spielen. Sie müssen es nicht „lernen“, sie „nehmen es sich nicht vor“. Doch schon in frühester Kindheit wird das ursprüngliche Spiel von den kulturellen Praktiken vereinnahmt und ersetzt. Der Wettbewerb wird zur Leitschnur, und Praktiken, die der Erwachsenenwelt entstammen, verdrängen mehr und mehr die ursprüngliche Verbindung der Herzen zweier Spielender. Im ursprünglichen Spiel gibt es, fern jedem Wettbewerb, weder Gewinner noch Verlierer– Spiel ist eine Interaktion, die aus dem jeweiligen Moment heraus entsteht, aus der Beziehung. Donaldsons Grundlagenwerk über die Sprache des Spiels skizziert das Spiel als einen einzigartigen und praktischen Weg, Zugehörigkeit und Verbundenheit zu erfahren – eine Verbundenheit, die die meisten von uns seit frühester Kindheit vergessen haben.

Joseph Ch. Pearce

Biologie der Transzendenz

Die Fähigkeit zur Transzendenz, „die Fähigkeit, sich zu erheben und über etwas hinauszugehen", ist ein wesentliches Merkmal der menschlichen Natur. Es ist das dynamische Wechselspiel zwischen unserem Kopfhirn (Intellekt) und unserem Herzhirn (Intelligenz), das Transzendenz möglich macht, dies legen neueste neurokardiologische Forschungsergebnisse nahe. Welche Bedingungen können von Kindheit an zur Entfaltung der Transzendenz beitragen? Welche Faktoren verhindern sie? Und was brauchen Kinder – kleine wie große –, um die Intelligenz des Herzens entfalten und die Vielfalt der Gehirnstrukturen möglichst effizient entwickeln zu können? Joseph Ch. Pearce liefert in Biologie der Transzendenz Antworten – Einsichten für den nächsten und notwendigen Schritt der menschlichen Entfaltung, die eine neue Generation von Biologen und Neurowissenschaftlern aus ihren Forschungen gewonnen hat.

Joseph Ch. Pearce

Die magische Welt des Kindes und der Aufbruch der Jugend

Der Aufbruch der Jugend ist eine kraftvolle Zeit. Joseph Chilton Pearce beschreibt sie im Kontext der sexuellen und spirituellen Entwicklung.
Unnachgiebig wendet sich das Buch der Frage zu, was sich hinter den sozialen und psychischen Problemen Jugendlicher verbirgt. Hierin entfaltet es eine kraftvolle Kritik herkömmlicher Erziehungsmethoden, auf die viele der heutigen Probleme zurückzuführen sind. Joseph Chilton Pearce legt uns mit diesem Buch einen grundlegenden Leitfaden zur intelligenten und kreativen Entfaltung des menschlichen Potentials im Aufbruch der Jugend vor. Es ermöglicht uns, unsere Kinder zu verstehen und sie darin zu unterstützen, ihr volles Potential zu entfalten.

Magda Gerber & Allison Johnson

Ein guter Start ins Leben

Ein Leitfaden für die erste Zeit mit Ihrem Baby

Die Bedürfnisse von Babys und Eltern erfüllen – und dabei nicht ausgelaugt, sondern glücklich sein. Wer möchte das nicht? Magda Gerber beschreibt in Ihrem neuen Buch anschaulich den Schlüssel, der Eltern dabei helfen kann, ihre Kinder angemessen zu begleiten und in der Beziehung mit ihnen sich selbst besser kennenzulernen: Es ist der respektvolle Umgang mit dem Baby von Anfang an.

Myla & Jon Kabat-Zinn

Mit Kindern wachsen

Die Praxis der Achtsamkeit in der Familie

Das Leben mit Kindern als spirituelle Praxis – ein unverzichtbares Buch für alle, die Elternsein und die innere Kunst der Achtsamkeit in Einklang bringen wollen.
In diesem richtungsweisenden Buch zeigen Myla und Jon Kabat-Zinn, daß das Leben mit Kindern ein eigener Weg von ungeahnter Tiefe und Erfüllung sein kann.
Das Buch kann Eltern schon während der Schwangerschaft eine wertvolle Hilfe sein, begleitet sie durch die Höhen und Tiefen der ersten Jahre, gibt wertvolle Hinweise, wie Kinder, die in die Schule gehen, unterstützt werden können, und zeigt, daß es selbst dann nicht zu spät sein muß, neue Wege zu gehen, wenn die Kinder erwachsen sind.

Detaillierte Informationen und umfangreiche Leseproben unserer Bücher finden Sie im Internet unter www.arbor-verlag.de

arbor

Mit Kindern wachsen e.V.

Neue Perspektiven und Wege im Leben mit Kindern

Im Verein *Mit Kindern wachsen* befassen wir uns nunmehr seit mehr als 15 Jahren mit neuen Wegen im Leben mit Kindern. Diesen Wegen ist gemeinsam, dass sie Kinder nicht nach unseren wohlmeinenden Vorstellungen „erziehen", sondern sie von Anfang an als fühlendes Subjekt respektieren, ihre Integrität bewahren und es ihnen erlauben wollen, sich nach ihrem eigenen inneren Gesetz zu entfalten – und dies sowohl in der Familie als auch in Kindergarten und Schule. In unserer Zeitschrift stellen wir verschiedene Ansätze und Autoren vor, deren Arbeit die innere und äußere Neuorientierung im Umgang mit Kindern unterstützen und begleiten kann. Wir hoffen, dass wir dazu beitragen können, Kinder und ihre Entwicklungsbedürfnisse besser zu verstehen, sie einfühlsam ins Leben zu begleiten und Wege zu finden, mit ihnen zu wachsen. In diesem Sinne hoffen wir, dass unser Angebot für Sie viele Anregungen enthalten wird.

Mit Kindern wachsen
Wippertstr. 2 • D-79100 Freiburg
Tel. 0049(0)761/4799540 • Fax - 4799541
info@mit-kindern-wachsen.de
www.mit-kindern-wachsen.de

4 x im Jahr

Mit Kindern wachsen

Die Zeitschrift für alle, die mit Kindern neue Wege gehen wollen!

Unsere Autoren

Frithjof Bergmann, O. Fred Donaldson, Magda Gerber, Mary Hartzell, Gerald Hüther, Jesper Juul, Myla und Jon Kabat-Zinn, Katharina Martin, Marie Martin, Michael Mendizza, Joseph Chilton Pearce, Marshall B. Rosenberg, Daniel Siegel, Anna Tardos, Lienhard Valentin, u. a.

Unsere Themen

- Ein guter Start mit Säuglingen und Kleinkindern
- Achtsamkeit im Leben mit Kindern
- Lernen/Intelligenzentwicklung
- Spiel und Kreativität
- Elternsein als Weg
- Alternative Schulmodelle
- Neue Horizonte für Jugendliche
- Neueste Entwicklungen der Gehirnforschung

\+ Buchtipps und Veranstaltungen

Sie erhalten die Zeitschrift im Abonnement oder über eine Fördermitgliedschaft im Verein Mit Kindern wachsen. Der Preis für ein Jahresabo beträgt 25,- EUR (28,- EUR im Ausland • 45,- CHF) incl. Versandkosten. Zum Einstieg bieten wir ein Schnupperabo an: 3 Ausgaben zum Sonderpreis von 15,- EUR (17,- EUR Ausland • 30,- CHF) incl. Versandkosten. Umfangreiche Leseproben und weitergehende Informationen finden Sie im Internet unter **www.mit-kindern-wachsen.de**

Mit Kindern wachsen
Wippertstr. 2 • D-79100 Freiburg
Tel. 0049(0)761/4799540 • Fax - 4799541
info@mit-kindern-wachsen.de